U0142083

慶祝莆田黃錦鋐教授八秩日本町田三郎教授七秩嵩壽論文集

慶祝莆田黃錦鋐教授八秩日本町田三郎教授七秩嵩壽論文集編委會編

文史哲出版社印行

町田三郎教授暨黃錦鋐教授合照

序

新世紀伊始，今年適值平日為東亞中國學界所景仰之黃錦鋐教授八秩、町田三郎教授七秩嵩壽，在此祝賀二位教授福壽康泰。

二位先生知交始於黃先生至九州大學文學部中國哲學史研究室訪問研究。自此以來，二先生往復於台北與福岡之間，論學言志而成為異國知己。二十多年來，非徒個人情誼深厚，於台灣與日本之中國學術交流亦多所促成。學人互訪、共同研究、學術研討會之召開與參與、留學生之教誨，成果豐碩，於斯學貢獻良多。此乃二先生深厚信賴與誠篤敬愛之所致也。

孔子以「老者安之、朋友信之、少者懷之」為人生理想，黃、町田二先生之深摯友誼，誠體得孔子所謂「安之、信之、懷之」之旨趣也。

欣逢二先生高壽誕辰，斯學之士為奉報其教誨之情於萬一，而撰述論文綜輯成冊，以為二先生深交而台、日中國學術交流之所以結實，承續二先生之志趣而永結學術情誼之象徵。

衷心祝賀二先生康泰，並感念致力於論文集付梓刊行之友人之心血而為是序。

九州大學大學院人文科學研究院教授　柴田篤誌於福岡

二〇〇一年六月吉日

慶祝 莆田黃錦鋐教授八秩 日本町田三郎教授七秩 嵩壽論文集目次

文　學

以孔子思想為主軸的中華文化之特質與前瞻

臺灣師範大學國文系所教授　賴明德

一、前　言

孔子的思想是中華民族文化精神的典型，也是從長期的實際生活中所體驗和孕育而成的哲學思維、倫理原則和政治理想。它的實踐性質重於理論性質，道德意識重功利意識。它根本發端，在於從個人的反省和對他人的感通之中，形成了對個體的關懷和群體的關懷。孔子思想上承唐堯、虞舜、夏禹、商湯、文王、武王、周公的聖哲道統，下開中華民族二千多年來儒家文化的傳承和發皇，始終主導著我們民族的成長和開展，國家的建造和安定。由於歷史和社會的種種因素，在孔子思想中雖沒有明顯揭示自由、平等、人權等概念，卻也分強調人性的尊嚴和人的相互尊重。以孔子思想爲主體所開展的儒家思想體系，約略可歸納爲下列三項：一是天人合一，二是內聖外王，三是仁民愛物。所謂「天人合一」是指人當效法大自然所顯示的高貴精神，將自己的道德生命與之合一。如大自然界日月無不普照，本質是光明正大的，所以人也理當效法之，以開拓光明正大襟懷；大自然界雨露所均，無分畛域，對萬物的養育是公正無私的，所以人也理當效法之，以培養公正無私的品德；大自然界星球的運轉是行健有恆的，所以人也理當效法之，發揮自強不息的精神，這便是天人合一的主要意義。所謂「內聖外王」是指人以修養心性培育理想的人格，將行為表率鍛鍊成具有卓越的領導才能，並將人格和才能結合，以服務群衆，促進社會的繁榮進步和文化的延續增長。所謂「仁民愛物」是指人與人之間，以仁慈的心地相互對待，以博愛的精神看待萬物。如群體之間，彼此的守望相助，權益的相互維護，困難的合力解決，群己關係的審慎正視；以及對動物、植物的愛護，對環境生態的保育，對各種水土資源的妥善開發和有效利用等。「天人合一在以道德實踐成就一切事業；內聖外王在以人文化成培育理想人格；人民愛物在以大同境界建構祥和社會這三項都可以從孔子思想中找到源頭活水我們今日所要體認的正是這種思想；所要弘揚的也是這種思想。

二、孔子的哲學思想在以道德實踐成就一切事業

孔子是好學的人，他的為學是「述而不作，信而好古」（論語述而篇．論語二字，以下省略）。他的學問，一方面是從現實的生活中踐履體悟而得，一方面是從歷史的經驗中認知體悟而得。無論是踐履體悟或是認知體悟，總是離不開一個「行」字，如論語載子張問仁於孔子，孔子說：「能行五者於天下，為仁矣……，恭、寬、信、敏、惠。」（陽貨篇）又自述為學的要訣說：「吾非生而知之者，

好古敏以求之者也。」（述而篇）「求」也是「行」的表現，所以孔子注重實踐，遠甚於注重理論，因爲理論只能導致觀念的改變，實踐纔能導致事實的改變。孔子的實踐思維也是從宇宙運行的規律和現象中體悟而得，他說：「天何言哉？四時行焉，百物生焉，天何言哉？」（陽貨篇）又在川上，說：「逝者如斯乎，不舍晝夜。」（子罕篇）這些話都顯示了實踐是成就一切事業的動力。實踐可使人從驗證中掌握正確的方向，認清事實的眞相，以避免發生弊端和禍害，所以孔子說：「多見闕殆，愼行其餘，則寡悔。」（爲政篇）又說：「攻乎異端，斯害也已矣。」（爲政篇）孔子這種實踐思維的精神，可謂平實而不涉玄虛，樸素而不尙新奇，與現時代的科學精神正相切合。

孔子是一位道德家，他認爲人一生的使命在以道德實踐去成就一切事業。他說：「天生德於予」（述而篇）又說：「人能弘道」（衛靈公篇）宋儒朱熹詮釋「道」是「人倫日用之間所當行也。」所以人間的一切回歸到理性與秩序的德行，所以要「克己復禮」（顏淵篇）；仁也是一種自愛與愛他人的表現，所以要「己欲立而立人，己欲達而達人」（雍也篇）；仁更是一種完全無私付出的犧牲奉獻，其極致能夠使人「殺身以成仁」（衛靈公篇）。「義」是一種「合宜」、「應該」的準則，如財富、利益的取得，名譽、聲望的建立，職務、地位的晉升，都當考慮其是否「應該」和「合宜」，要經由「見利思義」（憲問篇），「見得思義」（季氏篇）去體現，凡事首先當權衡是否合乎「義之與比」（里仁篇），再進一步實行「義然後取」（憲問篇），否則只有將它視如浮雲了。又如「禮」的本意是一種個人節制和社會規範，它的精神在以仁和義爲依歸，以仁攝禮，以義行禮。個人守禮，則言行合度；社會有禮，則秩序井然。仁、義、禮這三種道德是個人和社會的安定力、推動力，卻必須經由實踐，纔能顯示其意義和效用，否則只談論仁、義、禮而不實行仁、義、禮，個人的德行仍然無法提升，社會的發展仍然無法進步。

孔子的道德實踐也體現在忠恕之道上面，忠者盡己爲人，也就竭盡自己的智能：爲人謀劃則盡智，供職治事則盡能。恕者推己及人，也就是將心比心，自己的成就及喜悅，供人參與，和人分享；別人的不幸及痛苦，幫他解決，和他分擔。這些看起來雖是「人倫日月手之間所當行」的常事，卻是道德實踐的至高表現，所以孔門弟子曾參說：「夫子之道，忠恕而已矣。」（里仁篇）

孔子一生待人誠懇，對青年子弟期望殷切，勤奮如顏淵，被讚許爲好學；怠惰如宰予，被責備爲朽木；好勇如子路，孔子勉勵他要臨事而懼，好謀成；懶散如原壤，孔子怒斥他幼而不遜弟，長而無述焉。對於飽食終日無所用心和群居終日言不及義的人，總是一再嘆息他們個人難有成就，對社會人群，難有貢獻。這些無非都是從他道德實踐的思想中所流露出來的眞誠心聲。環顧當前的時代潮流，細察當前世道人心，孔子這種以道德實踐去成就一切事業的思想，實在值得我們反省、深思、感受。

三、孔子的教育思想在以人文化成培育理想人格

孔子是偉大的教育家，他的教育襟懷是「有教無類」，也就是不論其身分、地位、年齡、貧富，

受教育是每一個人應有的權利，這和當今政府所推行「教育機會均等」的政策全相符合。孔子所揭示的，教育原則是「因材施教」，也就是對「中人」施以一般教育，對「上知」和「下愚」的人施以特殊教育。這和當今「適應個性差異」的教育觀點也相一致。孔子的教育精神是學而不厭，誨人不倦（述而篇），也就是希望從事教育工作的人，要不斷的進修、研習，充實自己；教導別人，則當熱誠專一，而不產生職業倦怠。孔子教育目標是要經人文化成而培育出一種理想人格，這種理想人格的具體呈現，就是既有仁心，子有義行，且有禮貌的彬彬君子。而培育這種君子的方針是「志於道，據於德，依於仁，游於藝。」（述而篇）志道、據德、依仁三項是這種教育的指導原則，游藝一項則是落實的具體方案。「藝」或指禮、樂、射、御、書、數六種課程，禮、樂、書、數是文教課程，射、御是武備課程，用這樣的課程以教育出一種文武合一、術德兼修的人才。「藝」或指詩、書、易、禮、樂、春秋六種典籍。古時稱爲「經」，也就是指它含有自然界經常不變的道理和人類社會中應當遵循的倫理。這六種典籍，以它們的內涵而言：「詩」是流露情意，反映生活的文學作品；「書」是記錄君臣對話、政教制度的檔案文獻；「易」是闡釋宇宙演化，主變求通的哲學原理；「禮」是維繫倫常，促進和諧群體秩序；「樂」是陶冶心靈，達成敦睦的藝術教材；「春秋」是明斷是非，發揮正義的歷史教訓。就教化的功能而言：「詩」可使人的情性溫柔敦厚；「書」可使人的器識疏通知遠；「易」可使人心地潔靜精微；「禮」可使人的德行恭儉莊敬；「樂」可使人精神廣博易良；「春秋」可使人擅長屬辭比事。（禮記經解篇）以今日人文教育的課程加以對比，也就是文學和歷史並重，哲學和藝術兼賅，待人接物的禮節和安身立命的素養齊顧。讓學生透過這樣的課程學習，從認清自己進而關心別人；從充實自己進而幫助別人；本良知而熱愛社會國家，發揮至誠而關懷天地萬物。這種充滿人文精神、人文器度以培養理想人格的教育措施，也正是道德實踐的體現。

儒家的教育注重文武合一，術德兼修，所以施教的內容以六藝爲主。所謂六藝，有廣義和狹義兩種內涵。廣義的是指禮、樂、射、御、書、數；狹義的是指六經，即詩、書、易、禮、樂、春秋。講孔子的文教思想，自然要以六經爲主。所謂「經」，是指自然界經常不變的道理和人類社會應當遵循的倫理。孔子是一位實踐主義的道德哲學家，他施教的內涵自然以六經爲重點。歷史上曾經記載孔子刪詩、書，訂禮、樂，贊周易，修春秋、由此可知孔子在施教的時候，對這些教材是經過深入研究和有計畫的整理的，孔子所以採用六經教導學生，是因爲就六經的性質來說：「詩」是一種流露情意，反映生活的文學作品；「書」是一種記錄政教，呈現社會眞相的具體文獻；「易」是一種闡釋演化，主變求通的哲學原理；「禮」是一種維護倫常，促進和諧群體秩序；「樂」是一種陶冶心靈，達成敦睦的精神教材；「春秋」是一種明斷是非，維護正義的歷史教訓、就六經的功能來說，「詩」的教化可使人的性情變得溫柔敦厚；「書」的教化可使人的知識變得疏通知遠；「易」的教化可使人的心地達到潔靜精微；「禮」的教化可使人的德行達到恭儉莊敬；「樂」的教化可使人的精神成爲廣博易良；「春秋」的教化可使人的思維擅長屬辭比事。所以孔子的文教思想是講求教育的目的在使個人的才能和品格保持平衡的狀態；個人和群體維和諧關係；知識教育和道德教育等量齊觀；人文教育和社會教育互相融合。這一種文教思想和今天的文教思想實在沒有什麼多大的差異，但是孔子在二千五百年前都通盤的思考到了、以下逐項敘述孔子的文教思想：

㈠詩教——淨化人類心靈的素材

孔子教導學生，提到詩教的地方很多。例如他說：「詩三百，一言以蔽之，曰：思無邪。」意思是說詩經三百篇的內涵是思想純潔，情感眞摯的。用這樣的作品當教材，學生經過誦讀理解以後，心思情感自然會受到潛移默化，不但心靈會變得純潔善良，言行舉止在無形中也會顯得優雅高。所以孔子有一次告訴學生說：「不學詩，無以言。」孔子又有一次教導他的學生說：「小子，何莫學乎詩？詩可以興，可以觀，可以群，可以怨。邇之事父，遠之事君；多識於鳥獸草木之名。」這一段話可以說是孔子用詩經當作教材的極重要的理由。這一段話可以分三部分來詮釋：

第一部分，「興、觀、群、怨」是從人的情志心意說明詩的功用。

第二部分，「邇之事父，遠之事君。」是從家庭和社會的倫理說明詩的功用。

第三部分，「多識於草木鳥獸之名。」是從學習知識說明詩的功用。

所謂「興」，就是激發人們的心志意念；所謂「觀」，就是觀察社會的風俗人情；所謂「群」，就是溝通人群的思想感情；所謂「怨」，就是發洩心中的幽怨和不滿。這四件事情可以說是屬人格教育方面的事。

所謂「邇之事父，遠之事君。」是說從家庭的倫理，擴充到社會國家的倫理。因爲人倫的關係，最親近是父母子女的血統關係；比較疏遠的是國家社會的群體關係，中間還有兄弟姊妹、丈夫妻子、朋友同學的關係，一近一遠，正包括了一切的人倫關係。詩經中有很多的篇章可以啓發人們增強家庭的祥和美滿；促進人際關係的圓融和諧。如讀了〈關雎篇〉，可使夫妻間的感情變得親愛深厚；讀了〈蓼莪篇〉，可使做子女的增加對父母的孝心；又如讀〈凱風篇〉，自然會增加母子間的親情；讀〈棠棣篇〉，自然會加深兄弟間的手足之情；讀〈鹿鳴篇〉，自然會使長官和部屬之間相互關懷信賴。這些都是學了詩以後自然會受到的薰陶。所以，孔子說：「邇之事父，遠之事君。」這是著重在社會教育方面的事。

所謂「多識於鳥獸草木之名。」是說詩經內容所包含的知識層面非常廣闊，學習詩經可使人對動物、植物方面的知識變得豐富，增進對自然界的認識，充實生活方面的知能，這是屬於自然知識教育方面的事。孔子談到詩教的益處還有很多，因限於篇幅，所以擇要敘述如上。

㈡書教——記錄德化政治的文獻

《尚書》是記錄中國上古時代虞、夏、商、周等朝代的歷史事蹟和政治典章的文獻，內容所包含的思想有：敬天、法天、孝道、德治、民本、執中等項，也包含一分的自然科學，如天文、曆法。孔子非常重視書教，他的目的是要使學生能夠有條理地了解往古的歷史，並且透過對虞、夏、商、周各朝代流傳下來的典、謨、訓、誥、誓、命等原始文獻的解讀以了解古代的政治制度、倫理道德、社會現象等事情。孔子教導學生時，常常利用《尚書》中的話語做爲教材。例如有一次有人問孔子說：「你爲什麼不去做官，治理政事？」孔子便引用尙書的話說：「孝敬父母，友愛兄弟，將這些事情施行起來，以治理好大夫家政。」然後詮釋說，這就是治理政事，何必一定要做官纔是治理政事呢？

又有一次，孔子根據《尙書》的記載，讚歎堯、舜的德業，認爲他們做爲一個偉大的領袖，道德和器量眞像天一樣的高大廣遠，無法用言詞加以形容，堯、舜兩人就是具有這種高大廣遠的德量，纔建立了偉大的功業和燦爛的禮樂法度。

還有一次，孔子闡述尙書大義，讚美夏禹，說夏禹對自己的飲食很簡單，可是祭祀鬼神的供品卻很豐厚；自己的衣著很粗劣，可是祭祀時所供奉的禮服和禮帽卻很精美；自己的房子很矮子，可是卻盡了全力去疏通灌溉田地的水溝。孔子用這一個事例教導學生：像禹這樣一個偉大的領袖，對自己的生活儉樸刻苦；對國家人民的事情賣力苦幹，而且整治洪水以救災興，利使人民的經濟生活過得十分富裕，這眞是一個人格完美無缺，政治萬分成功的典型。孔子用《尙書》當教材以教導學生的例子還很多，因爲《尙書》是了解古代歷史、政治、社會的最好教材。

㈢易敎——詮釋宇宙人生的道理

易爲中華文化的本源，位居群經之首，經緯天地，含蓋萬物。舉凡我國古代的天文、地理、人倫、文字、曆算、數字、律呂、醫學、藝術，乃至百工之學，莫不導源於易。

《易經》是一部探討哲學義理的書籍，它的內容在說明宇宙、社會、人生永遠都是在變動的，人應當如何適應這種不斷變化的時空，將事情處理得恰到好處，這叫做「尙變」。同時也在說明人類在這種不斷變化的現象中，應當使文化不斷地創造革新，纔能適應宇宙、社會、人生不斷的變化，叫做「尚象」。

孔子喜歡讀《易經》，對《易經》有很深入的研究，也常常用《易經》做教材，教導學生。有一次他說：「多給我一些歲月來研習《易經》，便不會有大過錯了。」這等於在告訴學生：要多研究《易經》的道理，纔可以避免犯過錯。又有一次孔子的學生曾子說：「一位君子在思考問題時，是不會超越他的身份職位的範圍的。」這一句話是出自《易經》，可見曾子讀《易經》時特別有領悟，曾子的讀《易經》，自然是受到孔子的教導。又有一次，孔子告訴學生說：「南方人有一句話說：人如果沒有恆心，連巫師和醫生都做不成。」然後引述《易經》的話說：「一個人的德行如果不能守住有恆的道理，就難免要受到羞辱的。」這也是用《易經》當教材來教導學生。孔子對《易經》有很深入的研究，他在詮釋《易經》道理時，有時是總詮易經的原理；有時就《易經》的卦辭和爻辭來詮釋易理；有時引用《易經》的卦辭和爻辭來論證人世間的事情和道理。孔子用《易經》做教材來教導學生，特別強調兩件事情：一、是要不斷地進德修業，由進德修業提昇到崇德廣業。二、是要弁滿用謙，就是待人接物不可自滿，應該要謙虛。這些道理，無論古今中外，都是一樣的。

㈣禮敎——宣示社會秩序的指針

禮，原本是初民時代人類祭祀神明的宗教儀式，後來演變爲人類生活上的規範。它的功能幾乎和社會的秩序、國家的法律相同。如《左傳》一書便說：「夫禮，天之經也，地之義也，民之行也。」

孔子的爲人，不但知禮，而且好禮。他對夏禮、殷禮以及周禮，都有深入的研究。他在周遊列國時，到了宋國，還和學生在一棵大樹下習禮。由此可知孔子的精神、學問、生活和思想所寄託的，都在於禮這一件事。

孔子用禮當教材來教導學生的事例很多，如他有一次訴學生樊遲說：爲人子女，對於父母親應該要「生，事之以禮；死，葬之以禮，祭之以禮。」也就是說，當人子女的要奉養父母以表現孝道，必須以禮做爲指導的原則。又有一次，孔子告訴顏淵說：「克制自己的私欲，回復到禮的準則上去，這就是一種仁德的表現。」具禮的實踐原則就是：「不符合禮的準則的事物，就不去看；不符合禮的準則的言論，就不要聽；不符合禮的準則的話語，就不要說；不符合禮的準則的行爲就不要去做。」

禮對於人，不但具有指導的作用，而且具有節制的作用。指導的作用，可使人的行爲積極地合乎規範；節制的作用，可使人的行爲消極地不僭越規範。所以孔子又教導學生說：「一個人若是恭敬卻沒有禮加以節制，就會陷於勞苦不堪；若是謹愼卻沒有禮加以節制，就會陷於膽小畏怯；若是勇敢卻沒有禮加以節制，就會陷於悖逆作亂；若是直爽卻沒有加以節制，就會陷於急切傷人。」由此可知恭敬、謹愼、勇敢、直爽都是一種美德，但是如果沒有禮加以節制，就會流於勞苦、怯懦、悖亂、急切，反而變成了弊病。

孔子教導學生說：「君子能夠廣博地研習知識，又能用禮約束自己行爲，就不會背離正道。」意思是說若只是一味地追求各種知識，卻沒有一個中心目標，就會流於散漫而沒有心得。若能用禮加以約束，就有綜貫的軌跡，評斷的標準，這樣子，所學習到的知識，對做人做事纔有幫助。

孔子用禮當教材以教導學生的地方還很多。如：

「禮，如果只是講求外在形式的繁文縟節，還不如內在的性情眞實，外在的形式節儉來得好。」

又如孔子的學生有若說：

「禮的作用，以和諧最爲貴，古代聖王的主張也是以這一點最爲美好，無論大事、小事都要遵循這一個原則。」

有一次子貢想要廢除每月初一舉行告朔儀式時殺掉一隻活羊這一件事，孔子卻說：「賜啊！你愛惜那一隻羊，我愛惜的卻是告朔的禮節。」

像這些，都是孔子用禮當教材教導學生的例子。

㈤樂教──促進人群和諧的旋律

孔子不但瞭解音樂，喜愛音樂，而且經常用音樂的道理教育學生。例如他說：「興起美醜、善惡的意識在於詩；立身處世要靠禮；情操的完成在於音樂。」這即是說明：詩、禮、樂這三樣，彼此之間有很密切的關係。因爲人類的行爲，從天然的本性，形成了感情，表現在儀文節目的是「禮」；表現在語言詞藻的是「詩」；表現在聲音節奏的是「樂」，三樣都是從人類天然的本性中發出來，只是表現的方式不同而已。又說：「禮啊！禮啊！只是指玉帛這些祭品而已嗎？樂啊！樂啊，只是指鐘鼓這些樂器而已嗎？」因爲鐘鼓這些樂器，只是具備了一些聲音、節奏而已，是音樂的工具，不是音樂的內涵。音樂如果只有外在的形式，卻沒有內在的精神，那就是沒有掌握到音樂的根本。孔子認爲音樂的主要精神在呈現「仁」這一個美德，所以說：「一個人如果沒有仁慈的美德，行禮有什麼意義？一個人如果沒有仁慈的美德，奏樂有什麼意義？」什麼樣的音樂具有「仁」的美德呢？那就是韶樂，所以孔子說：韶樂不但內涵良善，而且音律優美啊！」至於武樂，孔子認爲它只是音律優美，內涵並未達到良善的境地。韶樂是一種非常典雅的音樂，也就是「雅樂」，所以孔子非常喜愛它。和雅樂相反的，是一種叫做「鄭聲」（鄭國的音樂），是一種非常放蕩淫亂的音樂，孔子非常討厭它，所以告訴學生說：「我討厭閒雜的紫色奪走了純正的朱色；討厭鄭國的樂聲擾亂了典正的雅樂；討厭巧言好辯的人顛覆國家這一類的事情。」孔子把鄭聲和花言巧語的惡人等量齊觀，所以說：「鄭聲是放縱淫蕩的；花言巧語的人是非常危險的。」因此「應當禁止鄭聲的流行，遠離花言巧語的人物。」

孔子因爲了解音樂，所以也喜歡音樂。論語裡面記載說：「孔子那一天如果去弔喪而流淚哭泣了，當天就不唱歌。」可見孔子平常如果不去參加弔喪而哭泣，是常常唱歌的。論語又記載，孔子聽到人家唱歌，一定要請他再唱一遍，然後跟著合唱起來。此外，孔子不但會鼓瑟，而且擅長擊磬，這些在論語一書裡都有記載。有一次，孔子和魯國的太師談論音樂演奏的過程，說：「音樂在開始演奏的時候，首先是要將五個音階、六種音律調整得很和諧；演奏起來，最初是音律純和，其次節奏分明，最後是樂聲宏亮，抑揚起伏，連綿不絕，形成高潮，以完成一個樂章。」由此可知孔子對樂欣賞的能力非常高明。

孔子對於音樂，並不只是自己能夠欣賞、歌唱和彈奏而已。最重要的是在推行樂教，也就是推音樂教育，使大家都能夠受到音樂的薰陶，形成美好的人格，進而塑造成一種充滿仁愛精神的理想社會。像子游在衛國的武城大力推展音樂教育，就是一個很好的例子，這自然是受到孔子教導的結果。

㈥春秋教——維護人間正義的權衡

孔子寫作《春秋》，是在他的晚年，大約是七十歲以後。整部《春秋》一共有一萬八千字，含蓋了魯國前後十二位君王，共二百四十二年的歷史。孔子寫作《春秋》的用意，據戰國時代的孟子說，是因爲「社會敗壞，正義消失，邪僻的言論和暴虐的行爲一再發生，甚至大臣把國君殺了，兒子把父親殺了的事情也一再發生。孔子很害怕這種反常的現象，會使道德崩潰，社會解體，所以才寫作《春秋》，想用以端正世道人心。」《春秋》這一部書，就它的形式來看，是一部史書，就它的內涵來看，卻是一部經書。因爲它的內容有「微言大義」。所謂「微言大義」，是孔子用以評斷是非善惡的權衡，也是他晚年論斷事物最成熟的解。他在《春秋》一書中，對於西元前七二二年到四八一年共計二百四十二年中，國際間發生的事，加以批評論斷，依據公理、正義，形成爲世界共同的輿論，作爲處理天下事的標準；以此維護國際秩序，保持世界和平，促進人類福祉。如《春秋》在魯隱公四年記載「衛州吁弒其君完」這一件事：完是衛桓公的名，州吁是衛國的公子，既是桓公的親屬，又是桓公的部下，州吁殺了他的君王，這是犯上作亂的反常事情，《春秋》記這一件事，特別用一個「弒」字，將州吁的罪惡很明白地顯示出來，這便是一種「惡惡」、「賤不肖」的「微言大義」。又《春秋》魯隱公元年記載「鄭伯克段于鄢」一件事。記鄭莊公的母親武姜生長子莊公時，因爲難產，便厭惡莊公而寵愛次子公叔段，莊公也故意縱容公叔段僭越擴權，最後再率兵將公叔段打敗趕走。這一件事情，鄭莊公的表現，既不像一個兄長，也不像一個國君；公叔段的行爲也有違做一個弟弟和臣下應有的表現。所以孔子稱莊公爲鄭伯，對公叔段直稱其名，對莊公攻伐公叔段的忝罰行爲不稱「伐」（上對下的征討），而稱「克」（平等的征討），都是含有「貶」的意思，這便是「微言大義」。又如《春秋》魯宣公十五年記載「宋人及楚人平」一事，其原委是楚莊王率領軍隊圍攻宋國，派他的大夫司馬子反登上附近的高地，以窺探宋國城內的虛實和防備的情形。恰好宋君也派他的大夫華元出來登上這一塊高地，和司馬子反碰上了。華元告訴子反說宋國的城內已經到了「易子而食之，析體而炊之」的危急狀況；子反也告訴華元說楚國一次前來只準備七天的糧食，糧食吃光還不能獲勝，就要回國，二人都很坦誠，不掩飾自己國家的隱情。後來子反勸告楚莊王取消這一次的戰役，讓楚、宋二國講和。這雖然是一件值得稱讚的好事，但是這一次的講和主要是出自兩個居下位之大夫的意思，不是由二國的國君作決定，用意雖好，卻未免擅權而有違禮法，所以孔子不稱司馬子反和華元二人爲大夫，而稱他們爲「人」，主要在「貶」他們，這便是「微言大義」。

司馬遷在史記的太史公自序中有一段話說：一個國家的政治領袖不可不熟悉《春秋》的道理，不然的話，人家在他的面前進讒言，挑撥離間，他也看不出來；在他的背後陰謀作亂，他也不曉得。一個政府機關的重要首長不可不熟悉《春秋》的教訓，不然的話，他只會墨守成規而不知處事得宜；遭遇變局卻不知如何進行危機處理。當政治領袖的和當政府首長的沒有人不想把事情做好，但是因為不熟悉《春秋》的義理，因而常常變成國家民族的罪魁禍首或亂臣賊子。這一段話充分說明了《春秋》一書具有「邇之事父，遠之事君」的教化功能。

孔子在施教方法上，認為啓發比灌輸重要，思考推理比純粹記誦重要，他說：「不憤，不啓；不悱，不發。舉一隅，不以三隅反，則不復也。」（述而篇）憤、悱是教學生運用思考，去求得更新的知識；舉一反三是教學生運用推理，去擴充更多的知識。教育的功能本是教人從「已知」去推求「未知」，也就是知識必須不斷去發展創新，人類才會不斷進步。因為既有的知識只是經驗的知識，發展的知識才是創新的知識。所謂「日知其所亡，月無忘其所能。」（子張篇）也就是日日當尋求發展的知識，月月當整理經驗的知識。以經驗知識做基礎，再以思辨、實驗的工夫去發展，這樣纔可以獲得創新的知識，所以孔子說：「溫故而知新，可以為師矣。」（為政篇）由以上二例，可知近代教育學家所提的種種啓發式教學法或創造式教學法等，孔子早在二千五百多年前，已經開其端了。

孔子終身都力學不怠，自稱對學問的熱切追求，是「發憤忘食，樂以忘憂，不知老之將至云爾。」（述而篇）又說：「吾十有五而志於學，三十而立，四十而不惑，五十而知天命，六十而耳順，七十而從心所欲，不踰矩。」（為政篇）這雖是他自己回顧一生德業進展的階段歷程，從另一個角度看，其實也是一種自我不斷進修的「終身學習」。

當前我國社會變遷快速，思想開放自由，競爭能力旺盛，價值取向多元。年輕一代的子弟，在此環境之下，知識水準雖然不斷提升，人格教育則有待加強；生活享受雖然富裕，心靈改革則急待進行，潛能開發雖然競爭激烈，人生目標則有待導正指點。值此政府正在大力從事教育改革，且漸具成效之際，孔子欲藉人文化成以培育理想人格的教育理念，以及種種深具啓示性的教育方法，實在有值得我們探討、參酌的重要價值。

四、孔子的政治思想在以大同境界建構祥和社會

孔子具有精湛宏深的歷史素養，對此以前歷代的政治演變，瞭如指掌，對周朝的政治制度，尤其嚮往。他說：「夏禮吾能言之」、「殷禮吾能言之」，又說：「周監於二代，郁郁乎文哉，吾從周。」（八佾篇）他的政治思想是一種「化民成俗」的德治思想。認爲政治首先應當「正名」，名正則言順，言順則事成，事成則禮樂興，禮樂興則刑罰中，刑罰中則人民言行纔能有所遵循。（子路篇）他更強調「爲政以德」，政治領袖應具崇高的道德人格，以爲民表率，領導國家人民，貴在公正無私，如季康子問「政」，孔子答以「政者，正也；子帥以正，孰敢不正？」（顏淵篇）蓋以公正治國，必能使人民深受感化，而蔚爲良風美俗，仁德所被，功效不可限量，所以說：「君子之德，風；小人之德，草；草上之風必偃。」（顏淵篇）「偃」即是感化。

孔子認爲政治的任務在安定社會民心，因此，執政的人需要具有明確的是非標準，他說：「唯仁者能好人，能惡人。」（里仁篇）爲了除暴安良，有時不得不輔之以刑罰。但是刑罰僅能制裁人的過

錯行爲，其爲效也速而暫；道德纔能興起人的反省覺悟，其爲效也久而長，所以又說：「道之以政，齊之以刑，民免而無恥；道之以德，齊之以禮，有恥且格。」（爲政篇）政治的任務也在養民安民，子貢問「政」，孔子告之「足食、足兵」；冉有在衛，孔子示以「庶」而後「富」；道千乘之國，則節用而愛人；論財富之策，則不患寡而患不均；使民以時，養民也惠，所以孔子的經濟理念，著重在全民均富。

孔子尤其注重人才的甄舉，主張以人才改造社會風氣，謂之「舉直錯諸枉，能使枉者直。」（爲政篇）又主張以人才服務國家政事，嘗謂他的學生之間，仲由性情果決，可派爲治理諸侯的稅賦；冉求多才多藝，可擔任卿大夫的家臣；端木賜擅長言詞，出使四方，不辱君命，可荐舉爲外交使節。孔子本人曾經周遊列國，具有宏觀的國際視野，主張以文化交流和人道關懷去敦睦各國邦交，促成國際政治的穩定和平，所以倡言「遠人不服，則修文德以來之，既來之，則安之。」（季氏篇）

孔子的社會思想寄託在「禮運大同」一章，要本著「大道之行也，天下爲公」的民主精神，以進行「選賢與能」的人才甄拔，以開展「講信修睦」的社會風氣。要本著「不獨親其親，不獨子其子」的博愛襟懷，以實施「老有所終，壯有所用，幼有所長，矜、寡、孤、獨、廢、疾者皆有所養」的各種社會福利政策和社會救濟措施。要本著「男有分，女有歸」的群體關懷，以達到人人工作機會均等，男女婚姻純正的社會常態。要本著「貨，惡其棄於地，不必藏於己」的積極投入，以開發天然物產；「力，惡其不出於身也，不必爲己」的無私奉獻，以規劃人力資源。最後則建構出一個「謀閉而不興，盜竊亂賊而不作，故外戶而不閉」，秩序至爲井然，治安至爲良好的祥和社會。如此，則全民福祉，於焉實現；全民前途，希望無窮。

當前，我們國家誠然政治高度民主，經濟穩定成長，司法健全，教育普及，人才進用的管道暢通，議會問政的氣象昌隆。然而所面臨的困境，則是國際地位遭遇挑戰，環境汙染令人擔憂，勞資對立問題時時湧現，自力救濟運動層出不窮，生活品質需再提升，道德風氣亟待加強。在此重要關鍵時刻，如果我們能夠參酌孔子的政治思想，弘揚孔子建構社會的理念，以建設我們的國家和社會，則深信我們國家的未來必將更臻於富強；社會的前景，必將更臻於繁榮。

五、當代文化思潮的反省和中華文化的前瞻

近兩個世紀以來，中華文化面對強勢西方文化的挑戰，傳統教育理念幾乎完全崩潰。到我們這一代，所接受的幾乎是徹底的西方式教育。然而西方文化發展到二十世紀末，已經問題叢生，我們有責任對此問題作出反省與思考。以下茲分數項作簡要探討：

一、**傳統與現代**：二十世紀初，人們普遍認爲傳統是落後的；現代是進步的、前瞻的，這種觀念呈現一面倒的情況。中國在五四運動後提出全盤西化的口號，於是西風徹底壓倒東風。但有趣的是，當我們儘量向西方學習，西方文化亦不停向前發展時，卻讓人發現，啓蒙時代的理想並未實現，科技的發展並未在地球上建立一個人間天國。相反地，在這個世紀中，人類歷經兩次世界大戰、韓戰、越

戰等戰亂以及環境汙染、生態被破壞等問題，人的素質並未因科技發達相對地提昇，有識之士反而對此文化提出強烈的批判。近年來美國發生多起青少年持槍掃射校園及路人等事件，使大家意識到，顯然是現在的文化出了問題。早在十九世紀後期，人們普遍已有世紀末的想法，到了二十世紀末，各種問題及危機都已經暴露出來，歐洲思想家對此提出嚴厲的批評和警告，認爲西方文化用堅甲利兵和強勢的軍事、商業文明，向世界全力傾銷，形成所謂理性的霸權，造成許多不公平的事情。例如白種人征服美洲大陸後，認爲印地安人野蠻，沒有文明，將其視爲動物，任意殺戮，心中卻不覺愧疚。但時至今日，美國流行的卻是印地安文化天人合一的情懷，他們體會到印地安人在精神層面有著深奧的道理，不容隨意抹煞。

二、科技與人文：中國的傳統文化是人文教育，到了現代則著重科技教育。新的科技發展以後，舊的知識就被揚棄。例如中醫的學術曾被認爲是落後的，不合科學的，但是近年來在日本、美國卻大行其道，許多學者正努力在研究中醫藥材治癌的療效。如果傳統的中醫及藥材也有治療的作用，我們不去驗證它的功效就予以否定，反而是人類自己的損失。過去人們認爲科技的研究是一種普遍性的方式，中國自古所流傳下來的人身穴道之說，以西方的觀念來看是無法理解及接受的，但是現今德國人製造機器，卻發現可以測量出氣的運轉。西方醫藥專家在實驗室中以傳統的方式研究人蔘的功效，徒勞無功，但是當換一種觀點去研究時，卻發現人蔘一方面可使人體神經安定，另一方面又有刺激的效果，所以人蔘對人體的功效是不能否定的。今日西方有識之士明白，西方之成爲世界領袖，只是因爲其在科技商業文明的單線發展，仗其優勢，形成霸權領導世界，其實並沒有足夠的知識與智慧來領導世界。近年來英美文化界，也發現到科學教育和人文教育不能有所偏廢。以開公司爲例，如果只雇用科學方面的人才，而科學知識日新月異，舊知識很快就會被淘汰，這些科技人才若改從事行政工作，就必須懂得溝通的技巧及如何管理。所以這些公司後來發現，他們也必須要有一些具有人文素養的人才，公司才得以順利運作。而科技的發展也慢慢在變化中，以往把物理當作科學的典範，但目前在醫學及生命科技方面最有突破。以往人們認爲人文是主觀的，科技是客觀的，它能守住價值的中立性；在這種觀點下，就把價值驅逐於科學之外，反映到今日的教育上就形成重科學、輕人文的傾向，從小學到大學皆然。過去將客觀的事實及主觀價值判斷二元對分，但是在現在已不全然是簡單的二分法了，價值觀念已無可避免地進入到科技之中，人人所知的環保觀念、健康保險都蘊涵著價值判斷。現今之試管嬰兒、複製羊，甚至以後要複製人，這些在實驗室中大量製造出的東西，立刻會影響到全人類，其中牽涉到複雜的生命、道德倫理等，僅僅只會掌握這些技術是無法面對其所造成複雜的問題的。

三、專業與通識：如前所述，中國傳統文化的教育是一種通識教育，到了現代知識突飛猛晉，大學裡學的是不同學科的專門知識，通識被擠到邊緣的地位。過去中國講求君子之道，就是一種通識教育；傳統英國牛津、劍橋大學所培養的是有通識的全人，而不是單方面的專家。現代知識爆炸，當然需要專業化，但如果不能有一種比較全面的看法，任由各領域單獨去發展，缺乏互相了解，缺乏更高一層的視野，就會產生很大的危機。

人不懂人文，所培養的是各種不同領域的專家，每位專家說的又是一套專家的語言，無法彼此溝通，在此情形下，如何形成共識？而共識就像陽光、空氣和水，擁有時不會想到它們的重要性，但是如果有一天它們需要用金錢去購買，危機也會隨之產生。科技不能停留在分裂的狀態中，有些問題要在科際間尋求共識，不能把人文價值撇棄在外。否則一旦原有的文化變成分崩離析狀態，就無望建立共識。

四、多元與共識：現在西方文化的啓發強調多元化的發展，而對統一的思想提出質疑。學科技的

在重視「多元」的同時，又要重新重視「共識」，這樣才能讓大家和平共處在同一個地球村內。

五、個體與群體：五四時代，講求個性的解放，對群體思想提出質疑，就某方面言之，並無不是，因爲當傳統內在的意義及價值信念逐漸消失之後，其沉澱後所實現出來的渣滓，有時是很有問題的。回顧中國儒家傳統，比較其在孔子時代和清代是有明顯的不同的，孔子對學生們並無絕對的威權，學生在他面前可以暢所欲言。但是儒家傳統發展到清朝，就成爲一種封閉的文化，其後西風東漸，視傳統文化是一種落後的東西，甚至欲去之而後快。但是孔孟學說是否就不合時宜了呢？人不能因爲科技的發展進就不再需要了解做人的道理。今日我們覺得單純的科技主義已經走過頭了，人之所以爲人，其中有一些共同的東西是可以通貫古今中外的。一九九三年世界宗教會議在芝加哥召開，有一位天主教非正統的神學家孔漢思（Hans Kung），因其所持觀點與教廷不合而被除去職務，他提出一個世界倫理（global ethic）這個世界倫理的理念及原則，即所謂不殺戮、不姦淫、不偷盜、不說謊，獲得各種宗教及文化層面普遍的支持及認同。他更找到了一個超越自己傳統的東西，拉丁文爲humanum，英

文爲humanity，翻譯爲中文就是「仁」，他所要表達的理念就是「己所不欲，勿施於人」。當年的會議中，雖然沒有中國儒家的代表與會，但孔子的思想卻成爲大會的共同宣言的基石之一。

六、創造與傳承：今日從傳統走向未來，希望世界和平相處，必須要有一種全球的視野，不能像過去一面倒的只有科技，而是要以全新的視野將科技及人文重新定位。近期的時代雜誌曾在「二十一世紀的景象」專輯（1999.11.8）中提到，人類在走向未來時會碰到各種不同的危機，人類是否有能力應付？當然人類不需悲觀絕望，因爲人心能夠「思想」，有趣的是，孟子在兩千多年前論人禽之別，就說：「心之官則思」。一方面在迎接新時代來臨時，必定要有新觀念，另一方面卻要重新回歸傳統，正如同西方傳統的原則humanity，和中國傳統的人道觀念是相通的。所以在追求科技的同時，不能放棄價值的選擇，而價值的選擇必須要開放、合乎人道，此點從古至今並無差異。所以一方面我們要與時推移，另一方面更要發揚那些萬古常新、跨越國界不變的眞理，才能讓人類在地球上和平相處，而不致於走向自我毀滅的道路。因此，我們必須揚棄二元對立或偏向一邊的思考方式，採取動態平衡的中庸之道，中華文化的發展正可以爲未來的世界指出一條光明的康莊大道。（本節採擷自劉述先教授在中華民國教育學術團體聯合會之演講紀錄〈世紀之交教育理念的回顧與前瞻〉）

六、結　語

總之，由以上簡單的分析，可知孔子的思想是博厚精深的，是具體可行的，是可大可久的，是對我們的國家和人類社會，都具有無比的啓示性的。

現時代是一個科技昌明，物質高度開發的時代，人們在追求物質的豐盛和享受物質的方便之餘，往往忽視對自我省察和實踐力行，孔子思想啓示人們當「克己復禮」，「吾日三省吾身」，以實際的修爲，反躬自省；以有恆的踐履，達成自我理想的實現。現時代是一個道德需要重振的時代，孔子思想重視理想人格的養成，啓示人們培養高尚的道德，要作「喻於義」的仁人君子，在自我的修持和充實之外，更要加強建立公共秩序，維護社會正義，不要只作整天盲目追求名利、權勢而「喻於利」的小人。現時代是一個人們需要相互尊重，家庭需要溫暖和諧，國家社會需要充滿諒解、愛心的時代，孔子思想啓示人們要「入則孝，出則弟，謹而信，泛愛衆，而親仁」，也就是發揚孝道，以塑造美滿的家庭；尊重他人，以建構祥和的社會；對自己的言行負責而有誠信；對群體的關懷存有豐沛的愛心。現時代是一個全球各地常因種族歧視而發生對立抗爭，甚而激烈排外的時代，孔子思想啓示人們「性相近也，習相遠也」，也就是人類向善的本性都相差無幾，只是後天的環境和發產生差異而已，所以人類應當發揮「四海之內皆兄弟也」的同理心和人類愛，消除種族歧視，平息國際紛爭，增強溝通合作，促進族群和諧，彼此互惠互補，共存共榮，一齊朝向地球村一大同世界的美麗遠景邁進。如果能夠如此，則深信孔子思想啓示世人所產生的效用，將必然如禮記大學篇所說：「在明明德，在親民，在止於至善。」亦如宋儒張橫渠所說：「爲天地立心，爲生民立命，爲往聖繼絕學，爲萬世開太平。」這不但是中華民族千秋萬世開展傳承的明燈，也是人類前途幸福繁榮不可或缺的指針。一九九五年一月二十日，民國八十三年農曆除夕，中共總書記江澤民發表新春對台講話，其中第六點說：「中華各族兒女共同創造的五千年燦爛文化，始終是維繫全中國人的精神紐帶，也是實現和平統一的一個重要基礎。兩岸同胞要共同繼承和發揚中華文化的優秀傳統。」同年四月八日中華民國李總統登輝在國家統一委員會發表回應江八點的談話，主張以中華文化爲基礎，加強兩岸交流。李總統說：「博大精深的中華文化，是全體中國人共同驕傲和精神支柱。我們歷來以維護及發揚固有文化爲職志，也主張以文化作爲兩岸交流的基礎，提昇共存共榮的民族情感，培養相互珍惜的兄弟情懷。在浩瀚的文化領域裡，兩岸應加強各項交流的廣度與深度，並進一步推動資訊、學術、科技、體育等各方面的交流與合作。也是面對二十一世紀，兩岸執政者不容推卸的責任。」

兩岸領導人的談話，都承認中華文化的重要性，這是以前從未曾有過的一項大事！我們深信如果兩岸都具有誠心誠意恢復對中華文化復興的信心，這不僅是促進兩岸和平、合作、統一的基礎，而且必然是中華民族復興的一大契機，更是促進亞太地區及全球和平繁榮的主要動力。

「顏子沒而聖學亡」的含義
——宋明思想史上的顏回

九州大學教授 柴田篤著
金培懿譯

前言

明正德六年（一五一一），王陽明（名守仁，一四七二—一五二八）曾寄給趕赴安南的盟友湛甘泉（名若水，一四六六—一五六〇）一封信。在這篇〈別湛甘泉序〉（《王文成公全書》卷七）中，王陽明對近世學者只是耽於分析道理和文章表現之事加以批判，闡說追求自得的重要性，並對湛甘泉以自得爲其學問基礎，表示贊同之意。四十歲的陽明經歷了「龍場大悟」，也已確立了「心即理」的哲學，但該文開頭卻寫道：「顏子沒而聖人之學亡」。因爲孔門之高弟顏回的死去，聖人（孔子）的學問也因而滅絕。這樣一句話，超乎陽明意料之外，引起了廣大的回響。不僅是良知心學的推動者，即使是批判良知心學者，也對此問題熱烈討論。這句話，爲何具有如此大的意義呢？最根本的是王陽明這句話中，究竟有著什麼含義？對陽明而言，顏回是什麼樣的人物？歷來的陽明學研究，似乎都沒有從正面來討論這個問題。本文將在回顧顏回於宋明思想史中，是如何被理解的同時，並試圖就此問題進行若干的考察。①

一、

在翻閱現存的《論語》時，顏回（字子淵）的名字直接出現的，全部共有二十一章。②將之大致區分的話，孔子評價、稱讚顏回的有十一章，言及顏回之死的有四章，有關顏回之行動和發言的則有六章。就如同「有顏回者好學，不遷怒，不貳過，不幸短命死矣。今也則亡。」（〈雍也篇〉）等所說的，孔子對顏回評價之高，是其對其他門人之評價所無法比擬的。同時，就如「顏淵死，子曰，天喪予。天喪予。」（〈先進篇〉）似的，對於顏回的死，孔子的悲嘆有著某種程度的異常。由《論語》中可見的顏回形象，總括地來說的話，原因或是在其學問、德行都比一般人優秀崇高，是孔子最愛的弟子這點，或是在其早夭，而引發孔子深沈的悲嘆這點。

形容、評價顏回人物形象的言論，並不只限於《論語》，相關資料散見於先秦、秦漢時期的文獻。顏回在《莊子》書中，作爲傳說的主要人物之一，屢次出現，在〈心齋〉（〈人間世篇〉）、〈坐忘〉（〈大宗師篇〉）等與道家式修養方法有關的文章中都被描寫到。魏晉以後，隨著老莊思想的流行，作爲一無爲自然的人物，孔子也被超越化，而此種傾向也影響到《論語》的顏子解釋。魏何晏的《論語集解》中，將「回也，其庶乎。屢空。」（〈先進篇〉）的「空」字，解釋成「虛中」，亦即解爲「使心成爲虛空狀態」。南朝梁皇侃的《論語義疏》中則更進一步地說，聖人（孔子）心體空寂虛無，賢人雖無法到達這樣的境界，但因其仰望聖人，所以有時候其心可以達到不受拘限的境界。③到了唐韓愈、李翱的《論語筆解》，則將顏回列爲「入聖人之奥」者，而特別彰顯之。只是，當時，例如將「屢空」解釋成「坐忘遺照」的境界似的，乃大膽地羼入了老莊式的解釋。④

西漢來，顏回雖然坐享文廟，被賦予次於孔子的地位，成爲儒者、文人所崇敬的對象，而寫出了類似〈顏子論〉和〈顏子贊〉的文章，然而誠如前文所述，在中世紀時老莊色彩濃厚的顏回形象，可說是具有相當的優勢。但這也可以說顏回那種「擇中庸，得一善則拳拳服膺而不失。」（《禮記》〈中庸〉）、「有不盡，未嘗不知，知之未嘗復行也。」（《周易》〈繫辭下，傳〉）所謂儒家式的好學有德之賢人印象，已經變得稀薄。而此種顏回形象，在宋代則產生了很大的變化。

二、

顏回年輕便逝世，因沒有直接繼承其學問的人，故從嚴格的意義上來說，所謂的顏子學統並不存在。而在將孔子與自己結合起來的學統意識中，明確定位顏子的構思，可說是宋代以後的事。北宋周濂溪（名敦頤，一〇一七—一〇七三）在《道書》中，立了所謂的〈顏子第二十三〉這章，說顏子即使過著極貧的生活，能夠「不改其樂」，是因爲其「見大者而忘小者，見大者則心泰」。更進一步地如下說道：

然則聖人之蘊，微顏子殆不可見。發聖人之蘊，教萬世無窮者，顏子也。⑤

聖希天，聖希聖，士希賢。伊尹、顏淵、大賢也。伊尹恥其君不爲堯舜，一夫不得其所，若撻于市。顏淵不遷怒、不貳過、三月不違仁。志伊尹之所志，學顏子之所學。⑥

誠如上述，周濂溪視顏回爲傳孔子學問之奧義於後世者，而給予高度的評價。在聖學的傳承上，周濂溪提出了所謂顏回乃是一決定性人物的見解，可說是一改歷來的顏回觀。進一步地，在以聖人爲志向、以賢人爲目標而學習的時候，作爲學習的具體典範，顏回突然被大書特書，這點也可說是刷新了自古以來傳統的顏回看法。作爲一夭折的賢人，顏回並非存在於另一世界，而是成了人們應該學習的對象。將周濂溪此種顏回形象更進一步往前推的，則是程伊川（名頤，一〇三三―一一〇七）的〈顏子所好何學論〉（《二程全書》，卷六十二）。此文乃十八歲的伊川於太學回答胡安定（名瑗，九九三―一〇五九）試問之文。孔子視爲「好學」者的，就只有顏回，其學乃是「至聖人之道」的學問。學之中心，在於「正其心，養其性」這點，有關顏子的話語，指的全都是作爲此學之道的言論。而伊川認爲孔子和顏子之間僅有的差異，便在相對於聖人的自然性，顏子還必需要有所謂「必思而後得，必勉而後中。」的功夫這點，作爲其結論，伊川如下說道：

孔子則生而知也，孟子則學而知也，後人不達以謂聖本生知非學可至而爲學之道遂失。不求諸己而求諸外，以博聞強記巧文麗辭爲工，榮華其言，鮮有至於道者，則今之學與顏子所好異矣。

如上所述，伊川以爲至聖之道，應該是朝向自己內在的學問才是，而這正有顏子好學的精神。如此一來，成爲貫穿宋學命題的「聖人，可學而至。」當中，顏子之學正好可以作爲一種理想的形態，活躍於前。伊川爾後雖述懷說道其兄弟二人學於周濂溪時，周濂溪曾經要他們「每令尋顏子仲尼樂處所樂何事」⑧然而在伊川的學問觀中，顏子所以具有重要意義的理由之一，或許也可以說是如前文我們所看到的，是受到了周濂溪顏回觀的影響。對伊川，或者是明道（名顥，一〇三七—一〇八五）而言，顏回成了一不可或缺的存在。以下，本文將就二程子的顏回觀而加以考察。⑨周濂溪說：「學顏子之所學」，程子繼承此說而如下說道：

聖人之德行，固不可得而名狀，若顏子底一個氣象，吾曹亦心知之，欲學聖人，且須學顏子。⑩

學者以顏子爲師，則於聖人之氣象類矣。⑪

程子以爲若能以顏子爲師，則可至聖人。其理由爲何？針對《論語》〈子罕篇．顏淵喟然章〉之語，伊川如下說道：

此顏子所以善學孔子而深知孔子者也。⑫

伊川視顏回是學孔子之道而能完全理解之人。若是，則顏子與孔子究竟哪裏不同？前文所舉的〈顏子所好何學論〉中，其被要求的雖然是需不需要功夫，但程子屢次舉出「有」與「無」的差異，來作爲其理由。

仲尼無迹，顏子微有迹。⑬

顏子，大率與聖人皆同。只這便有分別。⑭

程子說顏回仍留有判斷何爲善、行善之意志或作爲性。在這點上，便和「理與自己一致」的孔子，存在著些微的差異(《二程全書》，卷十六)。如果是這樣，其所捕捉到的「顏子之學」，究竟有著何種具體的內容？伊川如下說道：

大學之道，在明其明德。明德乃止於至善也。知既至，自然誠意。顏子有不善未嘗不知，知之至也。知之至，故未嘗復行。他人復行，知之不至也。⑮

在此，伊川依據《大學》的「致知」之工夫，而將顏子的「知」理解為「知之至」。有關於「格物致知」的方法，伊川如下說道：

或問，格物，須物物格之。還只格一物而萬理皆知。曰，怎生便會該通。若只格一物便通衆理，雖顏子亦不敢如此道。須是今日格一件，明日又格一件，相習既多，然後脫然自有貫通處。⑯

如上文所見，顯然地伊川認為：顏子之學不外就是踏實地實踐格物窮理。但是在有關顏子的事跡當中，程子屢次言及的，則是「回也不改其樂」這句。

顏子簞瓢非樂也，忘也。⑰

顏子非樂簞瓢陋巷也，不以貧累其心而改其所樂也。⑱

誠如上述，我們可以知道程子在論學時，顏子擔任了相當重要的角色。程子的顏回觀中必需附帶說明的是：其與伊川的孟子評價的關係。程子雖然推崇孟子「才高」(《二程全書》，卷二)、「於道有功」(《二程全書》，卷六)，但在將其與顏子相比時，對孟子的評價未必很高。誠如「孟子有英氣存焉。是以未若顏子之懿，渾然無圭角之可見也。」⑲「顏孟雖無大優劣，觀其立言，孟子終未及顏子」⑳等所說的，可以說顏子得到了更高的評價。所以乃說：「人須學顏子。有顏子之德，則孟子之事功自有。」㉑主張首先應該學顏子。

三、

接下來則就朱子（名熹，一一三〇－一二〇〇）的顏回觀來進行考察。朱子將自孔子而始的學統，追溯爲是孔子－曾參－子思－孟子，並以《四書》與之配合。這就是所謂的道統論，但是顏子並不屬於這條路線。雖然這麼說，但當然不是輕視顏回於孔門中的存在。〈中庸章句序〉中朱子說：「然當是時，見而知之者，惟顏氏、曾氏之傳得其宗。」所以，對聖學的傳授也如下說道：㉒

抑予聞之，古人之學，博文以約禮，明善以誠身，必物格而知至而後有以正心焉。此夫子顏曾子思孟子所相授受，而萬世學者之準程也。（《朱子文集》，卷七十八，〈復書記〉）㉓

又，朱子以繼承孟子以來之絕學者爲周子、二程，而彰顯之，就周濂溪，朱子以爲「惟先生，道學淵懿，得傳於天，上繼孔顏，下啓程子。」（《朱子文集》，卷八十天，〈奉安濂溪先生祠文〉）認爲周子的學問乃繼承了孔子、顏回之學。朱子雖認定「孔門只一箇顏子，合下天資純粹。」㉔但他說：「如顏子，已是殺周全了。只比之聖人，更有些未完。」㉕

以下，筆者對朱子顏回評價之特色，將由三點來進行考察。首先是朱子對顏回和子貢的評價問題，第二點則是朱子對所謂「顏子之樂」的評價問題。第三點則是圍繞「屢空」之解釋的問題。關於顏回和子貢，《論語》中雖可舉出兩個記載，以下則揭拳〈公冶長篇〉的本文來討論。

子謂子貢曰，女與回也孰愈。對曰，賜也何敢望回。回也聞一以知十，賜也聞一以知二。子曰，弗如也。吾與女弗如也。

朱子對孔子最後一句「吾與女弗如也」，如此解道：「夫子以其自知之明而又不難於自屈，故既然之，又重許之。此其所以終聞性與天道，不特聞一知二而已也。」㉖朱子將此句話視爲是孔子對子貢自我認識的高度評價。㉗《論語》本文的內容，很明顯的是在稱讚顏回，但是朱註卻反過來說這是對子貢極高的評價。

第二點對所謂的「顏子之樂」，朱子保持著極度愼重的態度。在《論語集註》〈雍也篇〉中，朱子引用了本文前面所揭舉的程子的解釋，並且進一步在引用了「昔受學於周茂叔」以下的文句之外，如下說道：

程子之言，引而不發。蓋欲學者深思而自得。今亦不敢妄爲之說。學者但當從事於博文約禮之誨。以至於欲罷不能而竭其才，則庶乎有以得之矣。㉘

程子說周濂溪「每令尋顏子仲尼樂處所樂何事」，是爲了使人人自得，是希望心不要胡亂地爲「顏子之樂」所觸動，而玩弄此境界，怠忽了「博文約禮的教誨」。所謂「博文約禮之教」，根據朱子的說法便是「格物致知」、「克己復禮」。朱子注意到了：對於省去究明天理的踏實實踐，而想要到達「樂」的境界，其所產生的弊害。朱子考慮到：「顏子之樂」若處理不善，無視於踏實的格物窮理之實踐，則會有流於想快速得到頓悟這種禪宗式想法的危險性。對於伊川將顏子的簞瓢解爲「忘」的說法（前文所引），朱子則給出了要注意：「非不善。但恐看者不子細，便入老佛耳。」㉙不可輕易地憧憬「顏子之樂」而玩弄之，不要忘記了重要之事，乃是要能從事學問，這就是朱子的主張。

已如上文所述，程子屢次揭舉「顏子之樂」。有一次程子就門人鮮于侁所說的「顏子樂道而已」，回答道：「使顏子而樂道，不爲顏子矣。」（《二程全書》，卷三十五）某人（王蘋）針對此語遂說道：「心上一毫不留。若有心樂道即有著矣。」㉚就此種說法，朱子如下說道：

程子之言，但謂聖賢之心與道爲一，故無適而不樂。若以道爲一物而樂之，則心與道二而非所以爲顏子耳。某子之云乃老佛之緒餘。非程子之本意也。㉛

對於根據將「顏子之樂」解爲「無執著」、「無心」，而使踏實的學問實踐被忽視一事，朱子在此可說是表現出了他的危機意識。對於門人有關「克己復禮」的文章，朱子所以說：「所云心齋坐忘者，亦非所以論顏子克己復禮之實也。」㉜也是由此考量而來。

第三點的「屢空」的解釋，也包含同樣的問題。「回也其庶乎，屢空。」（《論語》〈先進篇〉）的「屢空」，朱子解爲「空匱」，亦即「貧窮」之意（《論語集註》〈先進篇〉），而不解釋成「心空」（心爲虛無）之意。因爲此種解釋乃是基於祖述老莊的何晏之說而來的錯誤解釋（《朱子文集》，卷五十，〈答潘恭叔〉）。對於將顏子之學進行老莊式、佛教式的理解一事，我們可以知道朱子將之排除的姿勢，始終一致。㉝

程子在「聖人可學而至」上，力倡「學顏子」，相較之下，朱子可以說是相當低調。朱子不說無條件地「學顏子」。因爲無條件地「學顏子」，將會「學錯顏子」，朱子對此懷著強烈的畏懼。而與其說畏懼，毋寧說這是朱子對於陷入佛老之弊害，所發出的強烈警告。㉞而其對子貢的高度評價，也與之有關。

由以上的論述看來，朱子與程子的顏回觀，其面貌有些許差異一事，已相當清楚。朱子認爲程子對顏回的推舉過高，而致力使之回歸平常。爲了達到所謂「聖人可學而至」的目標，朱子欲使過於肥大、加熱的顏回像沈靜下來，因爲藉由程子而被解放的「顏回」，也可以說加封進了內含的毒害。而朱子的性即理的人性觀、格物窮理的工夫論，自不待言地，皆與其顏回觀互爲表裏。

四、

基於上述，以下將對王陽明思想中的顏回之意義進行考察。陽明在〈別湛甘泉序〉一文開頭所寫的「顏子沒而聖人之學亡」一語，當時似乎在王門中也讓成議論，王陽明回答弟子所謂：「不能無疑」之提問的話語，則見於《傳君錄》（卷上）。陽明以爲「見聖道之全省，惟顏子。」㉟陽明說這只要看《論語》〈喟然章〉便可知曉。在其說明中，陽明說：「道之全體，聖人亦難以語人。須是學者自修自悟。」㊱，而對顏子「博文約禮」的理解，陽明提示說其也是依據自得。若看到其他記載，陽明則將顏回的「自得之學」與子貢相比而加以論述。就《論語》〈女與回孰愈章〉，陽明如下說道：

子貢多學而識，在聞見上用功。顏子在心理上用功。故聖人問以啓之。而子貢所對，又只在知見上。故聖人嘆惜之，非許之也。㊲

此自不待言的，乃是根本否定朱子的解釋。如前文所述，朱子是將其看作是孔子對子貢自我認識的評價，然陽明則將其解釋爲子貢錯上加錯。相對於朱子對子貢的高度評價，陽明的評斷極爲嚴厲。陽明早期的門人徐愛，在《傳習錄》中便說：因爲子貢善於言語之中求聖人之教，所以孔子便告訴子貢說「予欲無言」（〈陽貨篇〉）㊳，這是孔子欲使子貢眞實地體察己心以求自得。此乃在指摘語言、知識皆有礙自得。陽明在〈別湛甘泉序〉中說顏子沒後，聖學「絕又二千餘年而周程續。自是而後，言益詳道益晦，析理益精學益支離。無本而事於外者益繁以難。」陽明認爲若一心只向由外部來修習語言、知識的話，則會迷失根本，遠離了「自得」㊴。王陽明所主張的，並不是像朱子學所說的一般，說是要藉由格物窮理來集積知識，使得心被規範在其應在的方向；而是主張藉由心本身本來的機能（良知），使其能體會道。亦即，作爲體現此種意義下之「自得」的人。在此，顏回的形象可以說是由一嶄新的視點被加以解說。《傳習錄》卷下中如此說道：

孔子無不知而作。顏子有不善未嘗不知。此是聖學眞血脈路。㊵

「知」是貫穿聖學的思想，得其「眞知」者，與孔子共同的，則還可舉出顏回之名。而此「眞知」不外就是王陽明所謂的「良知」。當弟子陳九川說他無法理解「格物致知者誠意之功夫」的意思時，陽明回答說：「惟濬所舉顏子事便是了。只要知身心意知物是一件。」㊶陽明所說的便是：身、心、意、知、物乃同一件事，良知則是貫串其全體，而陽明認爲顏子的「知」，正是表現此事者。亦即，我們可以說：作爲「致良知」之體現者的顏回形象，經由王陽明而被提出。以下便就陽明所說的「顏子之自得」的內容來進行考察。

就如之前所說的，陽明是在「博文約禮」的理解上來把握顏子的自得，其晚年在五十四歲時，著有〈博約說〉（收於《王文成公全書》卷七）。這篇文章乃是陽明回答門人南元眞問道：致良知的說法豈非與朱子所謂以「博我以文」爲先，以「約我以禮」爲後的說法相左這一疑問，而作成的。陽明的論點有二。亦即所謂如何把握「博文約禮」的意義？以及所謂如何理解〈顏淵喟然章〉全體。首先，有關「博文約禮」的解釋，朱子在《論語集註》〈子罕篇〉中引用侯仲良之言，將「博文」解爲「致知格物」，將「約禮」解爲「克己復禮」，而說其中儼然存有「教之序」也。「博文」是知識的擴充，「約禮」是主體（心）的收斂。「博我者」，亦即以天理的認識、集積爲優先事項。相對於此，陽明的解釋則有所不同。陽明認爲「博文」和「約禮」；「格物」和「致知」（致良知），都是同一件事。「文也者，禮之見於外者也。禮也者，文之存於內者也。文顯而可見之禮也。禮微難見之文也。」[42]這是說：在一切行動場合，「盡條理節目」者便是「博文」，「盡吾心之天理」者便是「約禮」。

博文而非約之以禮，則其文爲虛文。而後世功利辭章之學也。約禮而非博學於文，則其禮爲虛禮。而佛老空寂之學也。

陽明就這樣將「文」和「禮」視爲一體，以否定朱子分先後、內外的解釋。對陽明言，「博文」

和「約禮」都是根植於本心的。在此，陽明雖將「功利辭章之學」與「佛老空寂之學」置於兩端來加以批判，但在〈象山文集序〉（《王文成公全書》，卷七）文中，則指「世儒之支離」爲「不知吾心即物理；初無假於外也。」，指「佛老之空虛」爲「不知物理即吾心，不可得而遺也。」陽明說：如果像兩者一樣，以「心理爲二」，則「精一之學亡」。如此看來，所謂「博文約禮」，在〈象山文集序〉中陽明所宣言的，便是所謂的「聖人之學，心學也」，我們可以理解陽明所論述的，乃是心學的根本精神。

其次，另一個論點，筆者試圖就其對〈顏淵喟然章〉全體的理解，而來進行考察。陽明對該章的理解如下：顏回最初不能理解所謂道者，是不具有一定的方向和形體，是沒有窮盡的。所以即便其或仰、或鑽、或瞻，亦不能得道。後聽聞孔子的「博文約禮」之教，才知道「天下之事雖千變萬化，不出此心之一理。」而且理解到道不具有一定的方向或形體，無有窮盡。所以最後有「雖欲從之，末由也已。」之感，陽明於是理解說：「蓋顏子至是而始有眞實之見矣。」在《傳習錄》卷上，陽明斷言〈喟然章〉末尾之語，與《孟子》〈離婁・下〉的「文王望道而未之見」意義相同，是爲「眞見」。此種理解，與朱子的理解全然相異。朱子將本章開頭的「仰之彌高」以下，解說是顏淵「知夫子之道無窮盡、無方體而嘆之。」而陽明因爲將「博文約禮」解釋成是「心即理」之本質的表示，所以乃將此章解爲是顏回受孔子之教後，方始悟得道之本質。㊹如前文所述，王陽明視《論語》中的顏回，爲道的終極體現者：以下乃就其言及有關顏子的其他資料來進行考察。

《傳習錄》卷上載有。「顏子『不遷怒，不貳過』(〈雍也篇〉)亦是有未發之中而始能」，陽明的看法是：顏回乃得「未發之中」者。又，關於〈先進篇〉的「回也非助我者也」一語，朱子以爲此乃孔子「謙德」的表現，是孔子深讚顏回之語（《論語集註》〈先進篇〉）。然而陽明則以爲：問難越多，則道越盡精微，顏子因瞭然於胸中而無所問難，故沒有發揮孔子的精神（《傳習錄》，卷下）。又，就孔子對「顏淵問爲邦」(〈衛靈公篇〉)所回答的「行夏之時」以下的內容，朱子引用程子和尹子之語，解爲：孔子確立了「萬世常行之道」，此道爲「百王不易之大法」（《論語集註》〈先進〉）陽明則解釋說：因爲顏子了解政治之「大本大原」，所以孔子未言及此事，而只告之制度文爲之事。而因爲顏子是「克己向裏，德上用心的人」，孔子憂慮其外面末節或有疏略，故就其不足之處補充說明之。因爲是告顏子之語，所以陽明認爲將之解爲天下大事是錯誤的（《傳習錄》，卷上）。對於〈顏淵篇・克己復禮章〉，朱子也是將「一日克己復禮，天下歸仁」解爲「效驗」（效果）；但是陽明則說：「聖賢只是爲己之學，重功夫不重效驗」（《傳習錄》；卷下）

如上所見，有關環繞顏回的《論語》解釋，陽明反駁朱子說法的地方相當多，可以明顯看出其顏回觀乃與朱子的相對峙。最後，我們來看看關於「仲尼、顏子之樂」，陽明有著什麼看法。陽明舉出「仲尼、顏子之樂」，而說道：「樂是心之本體」。陽明認爲人類本來的狀態正是「樂」。而且「聖賢別有眞樂，而亦常人之所同有」，陽明以爲常人：「雖在憂苦迷棄之中，而此樂又未常不存。」[45]在《傳習錄》卷下，陽明回答「不知遇大故，於哀哭時，此樂還在否？」這一問題時，說道：「須是大哭一番了方樂，不哭便不樂矣。雖哭此心安處即是樂也。」㊻陽明把「仲尼、顏子之樂」，理解爲徹底重返根源性自我的狀態。若我們看到前文所述的王陽明的顏回觀，便不會覺得陽明將「顏子之樂」，解釋成「心之本體之樂」，會有什麼不可思議。而陽明的此種想法，則與歌詠出「樂是學，學是樂」的王心齋的〈樂學歌〉，聯結在一起。孕育出這首歌唱出「安住良知者的愉悅與緊張之一體感」㊼的〈樂學歌〉的，自不待言地，是藉由「樂」這個字，將孔子、顏子結合在一起的周子、程子，是在此發現所謂心靈的開放，本來自我的實現這一主題之結果的，王陽明的良知心學。

在此，不得不注意的一點是：王陽明的「顏子沒而聖人之學亡」一語，當然沒有所謂全盤否定顏子以後之儒學的意思。在〈別湛甘泉序〉中，陽明在這句話後接著說道：「曾子，唯一貫之旨，傳之孟軻。」又，在論述心學源流的〈象山文集序〉中也說：「孔孟之學惟務求仁而已。蓋精一之傳也。」而在所謂拔本塞源論（《傳習錄》，卷中）中也說道：「孔孟既沒，聖學晦而邪說橫。」並非對孟子的評價低，也決非輕視孟子傳承聖學的意義，而是對所謂「顏子」這一存在本身，陽明所賦予的價值，超越了上面所述之事。這句話表示出陽明心學所追求的教學立足點，不是聖學傳承的正統性，而是「自得」所具有的重大價值這一眞面目。

王陽明在顏子身上，看到了「心學」的模範。這可以說是返回到周子、程子以顏子爲「學至聖人」之具體典範，主張「學顏子」的地點，然而這毋寧說是將周、程之後，朱子慎重布滿的罩子一舉剝開，而將顏回解放開來。這在陽明晚年之高弟王龍溪身上，更形顯著。

王陽明說「顏子沒而聖學亡」，其實南宋陸象山（名九淵，一一三九－一一九二）也說過以下的話。

顏子問仁之後，夫子許多事業皆分付了。顏子沒，夫子哭之曰，天喪予、蓋夫子事業無傳。……夫子所分付顏子事業，亦竟不復傳也。㊽

五、

與象山這段話有所關連的，王龍溪（名畿，一四九八－一五八三）如下說道：

偈云：顏子沒而聖學亡，此是險語。畢竟曾子孟子所傳是何學，此須心悟，非言詮能所究，略舉其似。曾子孟子，尚有門可入，有途可循，有禮約可守。顏子則是由乎不啓之扃，達乎無轍之境，固乎無滕之緘。曾子孟子，猶爲有一之可守，顏子則已忘矣。㊾

龍溪一面說陽明之語爲「難解之語」，一面如此理解其意。雖然程子認爲顏子還殘留著與孔子相異的形跡和作爲性，但龍溪則從顏子身上，領會到從規範和形式中徹底的超越和解放。然後，看出了曾子和孟子之間，明確的差異。龍溪認爲：曾、孟之學乃是不同次元的學問。就這樣，當龍溪把象山所謂：孔子與顏子之事業，其後不傳這話，與陽明所謂：「顏子沒而聖學亡」的話，連結起來而加以掌握時，在此可以說便能夠設想出：孔子－顏子－象山－陽明這個相連接的系統。㊿

陽明也看出的顏子和子貢的對比，龍溪對之更加徹底地進行討論。

良知者德性之知，性無不善，故知無不良。明睿所照，默識心通，顏子之學。所謂嫡傳也。多學而識，由於聞見，以附益之，不能自信其心，子貢子張。所謂支派。㊿

龍溪繼承了陽明的想法，以爲德性之知並非依存，從屬於聞見之知，而是依據確信自己的本心，其機能才開始得以全然發揮。而龍溪認爲顏子的學問，便是立足於德性之知的學問。龍溪如此這般，以爲顏子之學乃聖學之主流，但傳承後世的卻是子貢、子張之流的學問，所以說：「顏子沒而聖學亡」。龍溪更進一步舉出提倡「德性之知」的良知的陽明，說：「先師所倡良知之旨，乃千聖之絕學，孔門之宗子。」（《王龍溪集》，卷九，〈與陶念齋·二〉）而且如下說道：

顏子從裏面無處做出來。子貢子張從外面有處做進去。無者難尋，有者易見。故子貢子張一派學術，流傳後世，顏子之學遂亡。

龍溪如此斷然地區別兩者的學問乃所謂：「德性之知」和「聞見之知」，「裏面之無」與「外面之有」。子貢的「多學」，因爲意識而妨礙了德性之知，顏子的知乃在空其意識，龍溪認爲這就是《論語》中的「屢空」（《王龍溪集》，卷八，〈意識解〉）。龍溪理解「顏子屢空」爲「減擔之法」，說明其乃返回無一物、空空的本體（《王龍溪集》，卷三，〈九龍紀晦〉、卷七，〈南遊會紀〉）。龍溪毫無忌憚地明言顏回的「空」是「道體（本質）」（《王龍溪集》，卷三，〈書累語簡端錄〉）。龍溪評價顏回學問中的「空」與「無」，並從中發現本心創造條理之原動力的積極性意義。朱子因爲察覺顏回身上有著學問可能流於空寂、毫無忌憚的危險性，故採取了所謂以踏實的學問實踐爲根據的愼重態度，然王龍溪則完全往相反的方向前進。將顏子的「知」理解爲德性之知的龍溪，說顏子的「不遠而復」，是「復此良知而已」（《王龍溪集》，卷九，〈答季彭山龍鏡書〉）。

如上文所述，對王龍溪而言，作爲表現良知學之本質的，沒有勝過「顏子之學」者。所以龍溪每每引用「顏子沒而聖學亡」一語，也不是沒有原因的。以下所引用的話語，便可直截了當地說明這件事。

老師良知之旨，原是千古絕學。顏子一生功夫，只受用得此兩字。自顏子沒而聖學亡。（《王龍溪集》，卷九，〈與孟兩峰〉）

結　言

有關「顏子沒而聖學亡」於陽明學，特別是由王陽明到王龍溪的意義，本文在此作一總結。顏子於生活、學問、行動上，其某種自我完成的形象，是象徵性表示一個以絕對信賴自我良知爲唯一根據的苦行僧形象的恰好例子。就像「求之於心而非也，雖其言之出於孔子，不敢以爲是也。」（《傳習錄》，卷中，〈答羅整菴少宰書〉）所說的一般，連孔子也被相對化了。從絕對自由的立場出發時，顏子是完美提示此境界者。但這即使是將歷史上的顏回，與自己等同化，也不是在將顏子視爲絕對。這句話，對於與顏子學問相異，即龍溪所謂的子貢、子張的學問而言，可說是一相反命題的同時，也可以說是對試圖安易地依靠所謂道學傳承這種想法的朱子學式的道統論，給予猛烈的一擊。

「顏子沒而聖學亡」這句話，未必是將有關歷史上顏回的學問傳承，當成問題，而是一句極限地表現出所謂聖學之存亡無他，與一己之心應有的狀態有關的這種良知心學之根本姿態的話。盡最大極限對良知的當下成就（現成）追根究底的王龍溪，所以愛用此語；或者相反地，批判陽明學的人們，會在這句話中嗅到危險的氣息，就某種意義而言，這也是理所當然的。

例如，從朱子學的立場來辯難陸王學和佛教，而著有《學蔀通辯》的陳建（號清瀾，一四九七—一五六七），其書中便揭舉了「顏子沒而聖學亡」一語，說：「信斯言，曾、思、孟子皆不足以語聖學，而陽明直繼孔、顏之絕學。」（續編，卷下），表露出其不滿之意。陳建認爲這句話不僅抵觸了朱子學式的道統論，同時有著只有陽明才是正統聖學的絕對性看法，遂嚴格批判說：「陽明之猖狂無忌憚，甚矣。」而呂涇野的門人楊應詔（號天遊）在《閩南道學源流》的自序中，便說聖學沒有所謂顏子、孟子沒後便消滅這回事。又，王門中也有章潢（號本清，一五二七—一六〇八），其著作《圖書編》中曾說：談聖學者皆言此語。他說：「顏子深潛純粹，終日如愚，善發聖人之蘊爾已。」，但又說：「只以天理歸諸此心之虛寂，而視節文儀度皆粗跡焉，則在聖人之學，信亡于顏子之後矣。」[53]章潢注意到當時人們輕視「禮」的傾向。

可以說是隱藏在《論語》中的一個謎題的「夭折的賢人顏回」，在其死後的一千數百年以後，因爲周子、程子以其爲成聖的最高典範，故再次現形於歷史中，但又因爲朱子在這種擴大解釋中感覺到危機感，而被加上封印。而破解此封印的，不是別的，正是「顏子沒而聖學亡」這句話。雖然顏回形象如此不確定，但是周子所發出的所謂「仲尼、顏子所樂何事？」這一問題，在判斷摸索該問題之答案的主體，其生活方式正確與否時的判斷基準，則正是「顏回」，而這也可以說是宋明思想史上所理解出的「顏回」。

本文爲了探究王陽明「顏子沒而聖人之學亡」的意義，將焦點集中在周子、程子、朱子、陽明、龍溪等人的顏回觀，進行了考察。論旨也因此稍嫌粗略。未能對該問題與時代思潮的關連、其他思想家的顏回觀、和其於明清時期所產生的回響、以及清朝道統論中顏子的定位等問題，詳加檢討。這些都是筆者今後的研究課題。

【附註】

① 關於顏回的專著，有黃紹祖的《顏子研究》（正中書局，一九七七）、《復聖顏子思想研究》（文史哲出版社，一九八二）、《復聖顏子史料彙編》（新文豐出版公司，一九八五）。

② 其他如〈泰伯篇〉的〈曾子曰：以能問於不能章〉的「吾友」，也被解爲指的是顏子。

③ 請參閱松川健二編《論語の思想史》（汲古書院，一九九四）第一部，第五章〈皇侃《論語集解義疏》—六朝疏學の展開—〉（室谷邦行著）。

④ 請參閱田中利明〈韓愈、李翺の《論語筆解》についての考察〉（收於《日本中國學會報》，第三十集，一九七八）。

⑤ 《通書》〈聖蘊〉，第二十九。

⑥《通書》〈志學〉，第十。
⑦《二程全書》，卷六十二，〈顏子所好何學論〉。
⑧《二程全書》，卷二。
⑨誠如衆所皆知的，二程子的語錄中，發言者或爲明道，或爲伊川，亦有發言者不明之處。以下，以之爲「程子」之發言，特定者則明示之。
⑩《二程全書》，卷二。
⑪《二程全書》，卷四十一。
⑫《二程全書》，卷二十八。
⑬《二程全書》，卷六。
⑭《二程全書》，卷三十三。
⑮《二程全書》，卷三十一。
⑯《二程全書》，卷十九。
⑰《二程全書》，卷七。
⑱《二程全書》，卷四十一。
⑲《二程全書》，卷十四。
⑳《二程全書》，卷二十四。

㉑《二程全書》，卷十二。

㉒如前所述，程子於孔門中對顏回評價特別高，也設想出曾參——子思—孟子相連結的學脈。如《二程全書》卷十有：「曾也魯。然顏子沒後，終得聖人之道者，曾子也。觀其啓手足之時之言，可以見矣。所傳者，子思、孟子，皆其學也。」（《二程全書》，卷十）

㉓《朱子文集》，卷七十八，〈復齋記〉。

㉔《朱子語類》，卷九十三。

㉕《朱子語類》，卷九十三。

㉖《論語集註》〈公冶長〉。

㉗朱子在《論語集註》，將〈公冶長〉中的「子貢曰，夫子之文章，可得而聞也。夫子之言性與天道，不可得而聞也。」解爲：「子貢至是始得聞之，而嘆其美也。」又，有關朱子的顏回、子貢評價，松川健二有〈《論語》與回孰愈章について〉（《東方學》第七十四輯，一九七八）一文。

㉘《論語集註》，〈雍也〉。

㉙《朱子文集》，卷五十二，〈答都昌縣學諸生〉。

㉚又，有關「顏淵樂道」，《論語集解》〈雍也篇〉中，以之爲孔安國之語而加以引用。

㉛《朱子文集》，卷七十，〈記疑〉。《論語或問》〈雍也〉中，舉王蘋（信伯）之名，說道：「以是爲說，則又流於異端之學」。

「顏子沒而聖學亡」的含義

㉜《朱子文學》，卷六十四，〈答徐景光〉。
㉝請參閱朱子批判張無垢解釋「拳拳服膺」之言，見《朱子文集》，卷七十二，〈雜學辯・張無垢中庸解〉。
㉞小路口聰在其〈朱熹の曾點觀―陸象山批判の一視座―〉（《日本中國學會報》第四十九集，一九九七）文中曾指出：朱子對弟子們熱烈討論孔門中的「曾點」、「漆雕開」、「顏子之樂」等事，讀到了某種危險的徵兆。朱子的曾點觀與其顏回觀有關。請參閱該文。
㉟《傳習錄》，卷上。
㊱《傳習錄》，卷上。
㊲《傳習錄》，卷上。
㊳《傳習錄》，卷上。
㊴有關王陽明思想中語言、知識與心（良知）之間的關係，請參閱拙稿〈言と心―王陽明思想の一斷面―〉（收於《東方學會創立五十周年紀念東方學論集》，一九九七）。
㊵《傳習錄》，卷下。
㊶《傳習錄》，卷下。
㊷《王文成公全書》，卷七，〈博約說〉。
㊸《王文成公全書》，卷七，〈博約說〉。
㊹關於「博文約禮」，朱子和王陽明見解的異同，中根公雄有〈中國近世における博文約禮解と知行論（一）

(二)〉一文，收於《陽明學 》第十、十一號，二松學舍大學陽明學研究所 ，一九九八、九九。

㊺《傳習錄》，卷中，〈答陸原靜書・二〉。

㊻《傳習錄》，卷下。

㊼此說乃依據荒木見悟《東澤瀉》（《叢書 日 本の思想家》46，明德出版社，一九八二），二七八頁。

㊽《象山先生全集》，卷三十四，《語錄・上》。又：江戶中期的陽明學者三輪執齋，在其著書《標註傳習錄》卷上的「顏子沒而聖學亡」該處，引用了陸象山此語，注解說：「象山專在事業上論之，與王子所說異。」相對於此，幕末的陽明學者東澤瀉則批判道：「殊不知象山所云之事業者，非世之事業。謂之道，謂之心者一也。執齋泥矣。」（見《傳習錄參考》上）。

㊾《王龍溪集》，卷一，〈撫州擬峴臺會語〉。

㊿陸象山說：「孔門惟顏、曾傳道，他未有聞。顏、曾從裏面出來，他人外面入去。今所傳者乃子夏、子張之徒外入之學。曾子所傳至孟子不復傳矣。」（《象山先生全集》：卷三十五，《語錄・下》）說即使「子貢在夫子之門，其才最高」，「蓋子貢反爲聰明所累，卒不能知德也。」（同上，卷三十四，《語錄・上》）這些看法，不論何者，皆與王陽明、王龍溪的顏子、子貢觀有關。

(51)《三龍溪集》，卷九，〈與陶念齋・二〉。

(52)《三龍溪集》，卷四，〈留都會記〉。

(53)《圖書編》，卷十四，〈博文約禮〉。

秦絕學與漢初儒學

逢甲大學
中文系副教授　張才興

摘要

秦始皇滅了六國，完成政治的統一之後，隨即採取焚燒諸子之書和排除異己的手段來達成思想的統一，情況之激烈，可謂空前。所幸六經劫後餘生，並未完全中絕，因此，儒學在漢初得以傳承。然而，漢高帝在馬背上奪得天下，意氣風發，鄙視儒生，其後在陸賈為他講述古今存亡之徵，及強秦暴亡的原因之後才改變對儒生的態度。惠帝之際，國家承平，大赦天下，並解除藏書的禁令，因此，儒者在民間可以自由講授學問。文帝雖好刑名之學，但為了建立《書》博士，仍派遣晁錯受《尚書》於伏生。景帝時，由於受到竇太后的影響而崇尚黃老之學，因此，當時的儒生只是「具官待問」，做個「顧問」而已。武帝在建元五年成立「五經博士」的學官，把它視為國家的重要學制，並招方正賢良文學之士，自此，儒學才受到重視。然而，由於「五經博士」的設置，結果造成了學說的氾濫，致使原本單純的學術研究，最後演變成儒生的一條「利祿之路」，而方士又在此時提出配合五行五德之說和改年號的建議，使儒學日趨複雜化。綜觀儒學在漢初得以傳承和開創，主要得力於叔孫通、陸賈、賈誼、董仲舒等人的努力。不過，由於董仲舒將傳統儒學和流行於當時的學說相互融合，設計出另一套儒學政治理論，因此，使得儒學在漢初產生更重大的變化。本文的主要內容，在於探討秦火之後，從六經殘缺的問題到漢初武帝時期儒學思想的演變與發展情形。

關鍵詞：秦絕學　政治統一　思想統一　漢初儒學　傳承　開創

前　言

先秦儒學是孔子，旁及子思、孟子、荀子祖述堯舜、文武、周公之道，以及闡述倫理、修身治國平天下的學說思想。這種學說思想是自周代舊秩序崩潰瓦解以後因實際需要而產生的，並且爲禮樂之治的貴族王道政治提供了在統治國家權力上的適當性。自孔子以來，儒學思想著實發展的軌跡即受到相當的注目，它是按照歷史發展的動向不斷地形成的一個重要過程。從基本上來說，孔子思想的根柢是尚古而且保守的，不過，對於現實社會的種種現象卻有非常敏銳的反應。他更企圖從古代聖王的政治思想中，整理出可以作爲社會教化——一種以「仁」爲主體並尊重人的道德性的教學理論。

孔子的理想是以古代堯舜禹湯文武周公所倡導的禮樂之治作爲實踐政治主張的典範，並以無限崇敬的心情，希望再建造一個大道實行和三代小康之治的時代，因此，把禮、樂和《詩》、《書》、《易》、《春秋》六藝融入於治道之中，並且作爲儒學思想傳承的經典。而在六藝之中，禮樂之道必須透過講習演練的動作才具有意義。根據《史記・儒林列傳》的記載，當高皇帝誅了項籍，舉兵圍魯，魯中諸儒，尙「講習禮樂，弦歌之音不絕」。所謂「講習禮樂，弦歌之音」，就是演習禮樂的實際情況。禮樂是天子所制定的治國要道，所以在實行禮樂的時候態度都非常愼重。然而到了戰國時代，諸子百家之學，風起雲湧，儒、墨、道、法、陰陽、刑名等各家學派都建立獨立的學說和理論。在當時，儒、墨二家並列爲顯學，彼此相庭抗禮，互不相讓。當時的情況，正如《孟子．滕文公下》「楊朱、墨翟之言盈天下，天下之言，不歸楊，則歸墨」所說那樣。就在這個時候，各國諸侯之間的爭霸相當激烈，無不傾其全力於富國強兵之道，於是權謀詐術之事，屢見不鮮，而一向推崇「禮樂之治」的儒家政治主張也幾乎被當世的思想潮流所淹沒，最後不得不在思想轉變的時代中力爭上游，孟子雖奮力激辯，但也難挽狂瀾。到了荀子的時候後，荀子在思想混亂的局勢中提出「以禮爲治」的政治學說，希望改變儒家傳統禮樂之治的內函。到了秦統一天下之後，秦始皇採取廢封建、立郡縣的手段來鞏固他的帝國，企圖建立帝皇王萬世之尊，同時更廢棄先王之道，焚燒詩書，以愚黔首。至此，百家之言，幾乎陷於中絕之境。然而，最後因爲用李斯之議，不施仁義而亡國。

秦亡了之後，高帝率領大軍進入咸陽，當時衆將領都爭先恐後地到處掠奪財物，唯獨蕭何進入「丞相御史」去蒐集律令圖書。後來過了一個多月，項籍也來到了咸陽，殺了王子嬰，並火燒阿房宮，結果使得原來還藏在博士官的《詩》、《書》和百家之說蒙受更大的災難。雖然高帝得了天下，但是社會因連年的征伐而導致了經濟凋敝和民生困頓。高帝面對這種困境，爲求國家能迅速恢復元氣，於是宣示人民歸農，輕徭薄賦，以安民心。同時又請叔孫通制定禮儀，作爲治國之本。此外，高帝又請陸賈論說古今存亡之徵，瞭解強秦暴亡的原因，於是聽取建言，至此，儒生才受到尊重。文帝時，賈誼為博士，建議改正朔、易服色制度、興禮樂，以復興儒學。後來賈誼因年少得志，受到周勃、灌嬰等人的讒言而謫居長沙，為長沙王吳差太傅。然而，到了孝景帝之際，因為景帝受到母親竇太后的影響而崇尚黃、老之學。雖然景帝也稍用一些文學之士，但諸博士也只是具官待問的顧問而已，沒有實際參與時政的機會。武帝建元六年，竇太后崩，田蚡為相，建請武帝罷絀黃老、刑名百家之言，並延攬文學儒者數百人。到此，儒學才再度受到重視。武帝即位之初，董仲舒以「賢良」被招，並獻「對策」，設立了「五經博士」，以規劃全國的教育事務。從此，儒學便成了國家教育發展的主軸。在《春秋繁露》中，董仲舒擴大了孔、孟天命思想的範疇，提出了「天人感應」等學說。他的目的是想維護統治者的統治權力和地位，認為君權乃由天所授與，並且也用這種思想來警告君主不可施行暴政，以免受到上天的懲罰。不過，董仲舒將傳統儒學隨心所欲地進行解釋或偽作，幾乎改變了傳統儒學以人為主體的社會倫理規範和崇高的道德理想。然而，就漢初而言，由於社會結構的改變，以及儒學要在大環境中的持續發展，它的改變似乎也是不可避免的。如果儒學思想在這個時候不能表現出適應時代的新趨勢，而仍然裹足不前的話，很有可能會遭到淘汰的命運。本文即以〈秦絕學與漢初儒學〉為題，藉以探討自秦火之後到漢初武帝時期儒學思想演變與發展的情形。

一、秦帝國之統一

㈠從政治統一到思想統一

秦始皇統一天下之後，便聽從廷尉李斯的建議，廢棄周代的封建制度，把天下分成三十六個郡，每個郡都設立郡守、丞蔚、監御史，並稱老百姓爲黔首。接著，秦始皇爲了消弱天下的武力，沒收天下的兵器，聚集在咸陽，把它們鎔化掉，鑄成鐘鐻和十二金人，藉此來顯示他的統治雄心。於是，在政治上，通令天下「一法度衡石丈尺，車同軌，書同文字」①，實行中央集權制度，以確實掌握政權；「地東至海，暨朝鮮，西至臨洮、羌中，南至北嚮户，北據河爲塞，並陰山至遼東」②，劃定了遼闊的版圖，顯示擁有豐富的資源和強大的國力。在思想上，採用李斯的建議，以焚燒諸子之書來完成思想的統一③。而當時秦的威勢，就如同賈誼〈過秦論〉「始皇奮六世之餘烈，振長策而御宇内，吞二周而亡諸侯，履至尊而制六合，執敲扑以鞭笞天下，威振四海」④所說那樣。

李斯強烈建議燒書一事，固然爲世人所詬病，然而自春秋到戰國之世，由於諸子百家的學說興起，各學派之間，旗幟鮮明，自是而相非，如孟子的明孔道，拒楊墨；莊子的倡萬物齊一之論；墨子的論兼愛等，無非是想用自己的言論去打擊別家的學說，以期立於不敗之地。而秦始皇「焚書」的政策，在這種情況之下，也只能算是一種「手段」而已。其後，秦始皇爲了展示天子之威，屢屢巡狩天下，並在泰山舉行封禪之禮，以詔告天下臣民他是當今的天子，同時更好大喜功，在咸陽修築宮殿，以眩其勢。後來，又聽說東海祖洲有不死之草，於是派遣方士徐福率男女兒童各三千人，乘船出海尋找，但徐福因爲得不到不死之藥不敢回來，而方士盧生等在誹謗始皇之後又相繼逃去，始皇一怒之下，竟將諸儒生方士四百六十餘人坑殺於咸陽。始皇「焚書」「坑儒」之後，致使儒家的典籍幾乎陷於中絕之境，而一些和他意見不相合的儒生也只好禁若寒蟬，相繼逃命，因此被冠上「暴君」之名。（關於這件事，本文在下一節還有詳述）然而，事實上秦自孝公用衛公子商鞅爲政、變法改制以來，國勢漸強，尤其在東伐魏之後，便取得了霸主的地位。其後再經昭王、孝文王、莊襄王積極的推行法制，終於達到空前的富強之境。雖然這個偉大的帝國在建國第十五年後滅亡，但是對中國後世的歷史產生了決定性的影響。換句話說，自秦以來的二千多年，中國的國家基本構造型態完全由帝王一人來支配，而這種情形一直到清朝滅亡以後才產生了變化。

㈡六藝從此缺焉？

始皇三十四年（西元前二一三年）「焚書」，三十五年（西元前二一四年）「坑儒」。這件歷史上的大事是如何發生的？根據《史記·秦始皇本紀》的記載，始皇因爲受到侯生、盧生等人的誹謗，後來又發現他們相繼逃亡之後，勃然大怒。說道：

> 吾前收天下書，不中用者盡去之，悉召文學方術士甚衆，欲以興太平。方士欲練以求奇藥，今聞韓衆去不報，徐市等費以巨萬計，終不得藥，徒姦利相告日聞。盧生等吾待尊賜之甚厚，今乃誹謗我，以重吾不德也。諸生在咸陽者，吾使人廉問，或爲訞言以亂黔首⑤。

始皇之怒是可以理解的。於是「使御史悉案問諸生，諸生傳相告引乃自除」⑥結果致使「犯禁者四百六十餘人」⑦，統統被坑殺於咸陽（陝西省臨潼縣）。雖然坑了諸生，但是始皇的火氣還是無法消除。後來又聽了長子扶蘇「天下初定，遠方黔首未集，諸生皆誦法孔子。今上皆重法繩之，臣恐天下不安，唯上察之」⑧的勸諫之後，更是怒不可遏，竟然命令扶蘇到北邊的上郡去監督蒙恬。

關於秦始皇坑儒之事，還有一些記載。如孔安國在《尚書序》也有「及秦始皇滅先代典籍，焚書坑儒，天下學士，逃難解散」⑨這樣的說法。另外，又據宋人程大昌《雍錄》的記載，秦儒生方士被坑埋的地點，到了唐代還殘存有一些古蹟，而唐人稱坑人的地方爲「憫儒鄉」，後來到了天寶年間又改爲「旌儒鄉」⑩。據《雍錄》所載，《史記》所說的咸陽是在渭水之北，而唐人所說的「憫儒鄉」則在渭水之南⑪。至於當時被坑殺的人數，一說是四百六十餘人，另一說則是七百人，爲何會有兩個不同的數字？這或許是被坑殺在咸陽和憫儒鄉兩地人數的總和？這件事衆說紛紜，後人就更不容易瞭解了。

司馬遷在《史記》對秦始皇焚書之後有關「六經殘闕」之事，有不少的記載。如：

夫學者載籍極博，猶考信於六藝⑫。

秦既得意，燒天下詩書⑬。

及至秦之季也，焚詩書，六藝從此缺焉⑭。

秦時焚書，伏生壁藏之⑮。

及至秦焚書，書散亡益多⑯。

如果《史記》所說的是事實，則難免會教人感到疑惑，因爲司馬遷生於今文經盛行的時代，所以他的說法極有可能會讓今文學派的人以爲他在揑造事實。而清代康有爲也認爲《史記》所記載有關經文「殘闕」的部分，全都是劉歆的竄入⑰。而康有爲還認爲《史記・儒林列傳》「及至秦之世，焚詩書，阬術士，六藝從此缺焉」（此說亦見於《漢書・儒林傳》）⑱的記載，在司馬遷的原書中是沒有的，也是劉歆所增加，不過，這些說法都缺少直接證據。然而，如《史記・秦始皇本紀》「非博士官所職」的記載，所要說明的是秦燒的書是民間的書，不是官府裡的藏書，關於這一點，康有爲也抱持相同的看法。他認爲，始皇焚書的目的，只是想愚民而自智，而不是自愚。不過，如果燒光官府所藏的圖書，而只留下醫藥卜筮種樹之書的話，那就是秦的自愚，這樣又如何能治國？因此，康有爲認爲《史記》所記蕭何在項羽火燒咸陽之前就把官府裡的藏書取出來一事是可信的。他說：

天下之藏書者尤不少，況蕭何收丞相御史府之圖書哉，丞相府圖書，即李斯所領之圖書也。斯知六藝之歸，何收其府圖書，六藝何從亡缺⑲。

不過，如果《漢書・蕭何曹參傳》「沛公至咸陽，諸將皆爭走金帛財物之府分之，何獨先入，收秦丞相御史律令圖書藏之。沛公具知天下阨塞、戶口多少、彊弱處、民所疾苦者，以何得秦圖書也」⑳的記載，就是秦火之後六經流傳到漢初的證據的話，則這些證據恐怕稍嫌薄弱。以下略作說明。

第一、根據文獻的記載，蕭何是從丞相、御史的官署中取出圖書，而不是從博士官署。所謂「律令」，指的就是「律法」，而「圖書」的內容則有些籠統，這和《周禮・大司徒》所載「大司徒之職，掌建邦之土地之圖與其人民之數，以佐王安擾邦國」㉑之「土地之圖」的內容是否一樣？這要另外求證。關於此，鄭玄的「注」是「土地之圖者，若今司空郡國輿地圖」㉒，而賈公彥的「疏」則作「漢蕭何收集圖籍，以知天下阸塞廣遠」㉓之說。兩家之說相似，它的內容恐怕都是一些戶籍、賦稅、地理等方面的行政資料。這些說法和康有爲的主張有不同的地方。如果照這麼說來，六經流傳到漢初，必定還有其他的方式。

第二、徐廣認爲《史記‧秦始皇本記》「若欲有學法令，以吏爲師」中之「法令」二字是衍文㉔。而康有爲《僞經考‧卷一》對於整個事件的看法是：

> 非博士所職藏者悉燒，則博士所職，保守珍重，未嘗焚燒，文至明也。又云，若有欲學，以吏爲師，吏即博士也。然則欲學詩書六藝者，詣博士受業則可矣。實欲重京師而抑郡國，彊幹弱支之計耳。漢制，郡國計偕詣太常受業如弟子，猶因秦制也。夫博士既有守職之藏書，學者可詣而受業，詩書之事，尊而方長，然則謂秦焚詩書，六藝遂缺，非妄言而何？㉕

然而，我們再看看「法令」這兩個字，《史記‧李斯列傳》的記載是「若有欲學者，以吏爲師」㉖，而〈秦始皇本紀〉則是「若欲有學法令，以吏爲師」，兩說確有不同。而康有爲「若有欲學，以吏爲師，吏即博士」之說，又是根據那裡來？他也沒有說清楚。而徐廣認爲「法令」二字是衍文，他是依據〈李斯列傳〉之說，或者是認爲〈秦始皇本紀〉之說有誤？如果「法令」二字是衍文，那麼「若有欲學者」之「學」，或許也不能把它視爲所有的學問。關於這個問題，我們可以再讀一下〈秦始皇本紀〉「異時諸侯並爭，厚招游學，今天下已定，法令出一，百姓當家，則力農工，士則學習法令辟禁。今諸生不師今而學古，以非當世，惑亂黔首」㉗這段話，似乎可以瞭解到「法令」以外的「學問」，很明顯的是指國家統治工作推行的「障礙」，這或許就是「焚書」的主要原因。如果從這點來看，即使沒有「法令」二字，只有「學」字，恐怕也很難「以吏爲師」。〈李斯列傳〉說：「收去詩書百家之語，以愚百姓，使天下無以古非今，明法度，定律令。」㉘這是始皇採用李斯的建議後的措施。然而，如果獎勵學問，並由官吏來教導，這樣做的話，想要「以愚黔首」的目的很可能就達不到了。而〈李斯列傳〉「有欲學者」之句，雖然「學」字下沒有「法令」二字，但是，它的下文卻有「明法度」三字，很顯然的，「學」就是指「學法令」這件事情，只是沒有特別明說而已。康有爲等認爲「法令」二字並不深具意義，並且認爲始皇雖焚燒六經，但六經並未亡缺，而「詩書殘闕」之事，全都是出於劉歆的揑造。

秦火之後，司馬遷的「六藝從此缺焉」㉙之說，導致了後世以爲儒學至秦朝而中斷，甚至以爲整個秦代竟是儒學的空白時代㉚。雖然康有爲認爲這是出自劉歆的揑造，但是他卻沒有具體說明，這反而使我們在探討秦代儒學時感到困惑不已。然而，實際上儒學在秦代並未受到排斥，我們可以在一九七五年於湖北省雲夢縣「睡虎地十一號秦墓」出土的秦始皇時期的竹簡中，發現了不少承襲儒家思想的記錄。如：

毋喜富，毋惡貧，正行修身，過（禍）去存福」、「君鬼（懷）忠臣，父茲（慈）子孝，政之本繫（也）」、「臨材（財）見利，不敢句（苟）富；臨難見死，不敢句（苟）免」等資料

㉛。

此外，根據《史記・禮書》所載，當秦合并了天下之後，也曾保留了不少以前六國原有的禮儀㉜。秦始皇於二十八年，到東方的郡縣去巡狩，登上鄒嶧山，並在山上樹立石碑，和魯的諸儒生研議刻碑來歌頌秦的功德，同時還討論封禪望祭山川之事㉝，可見當時的儒生是受到重用的。不過，到了秦始皇三十四年的時候，儒生的地位卻產生了變化。同年，秦始皇在咸陽宮設置酒宴，七十個博士上前敬酒祝壽，僕射周青臣頌揚秦始皇的功業可以流傳萬世，自古以來沒有人能夠比得上。秦始皇非常高興，不過博士齊人淳于越認為周青臣是在訶諛，實在不是忠臣，結果雙方引發爭執。於是秦始皇便把這件事交給衆臣去商討，丞相李斯痛斥諸生不瞭解時代的變遷，專門說一些飄渺遙遠的三代的故事，並且不學習當今的律令，而去模仿古人，賣弄知識，批評政府，惑亂人民的聽聞，結果提出了焚燒詩書的建議㉞。我們僅從從出土的秦簡和《史記・秦始皇本紀》的記載中就可以知道儒者或儒學是在秦時是受到尊敬的，只是由於儒者為了一己之利而相互批鬥，最後發生詩書被燒，儒生被坑的悲劇，可見這不是沒有原因的。按照李斯的建議，秦始皇所燒的書只限於民間所藏的禁書，而官府所收藏的則可倖免，因此，儒學在秦火之後實未完全絕滅。後來項羽入咸陽，火燒阿房宮，而原來官府的藏書是否全部化為灰燼，就不得而知了。不過，我們可以從文獻的記載得知，從秦火之後到漢初這段時間，經典的確亡佚不少，究其原因，一是由於時代的轉變，使得傳統的思想和治國之道無法相融，這個現象早在荀子的時代就已經產生。我們知道荀子所倡導的禮治思想，表面上是在談禮，而實際上所講的是法，這可以從他的學生李斯和韓非是不折不扣的法家人物便可得知。二是由於在位者的不重視，如秦始皇的火燒詩書，以及漢高帝劉邦的輕蔑儒生、竇太后的排斥儒學等，也直接或間接地影響到儒學的存廢。

二、漢初的儒學

㈠漢初的博士

漢初的博士絕大部分都是秦的遺民，在「坑儒」事件中，他們幸運地未遭受到迫害。如叔孫通就是秦的博士，秦亡時，曾經帶領了弟子一百多人來降漢，後來也被高帝召為博士。又如楚元王交㉟，年少時和魯穆生、白生、申公，受《詩》於浮邱伯。浮邱伯是荀子的學生。根據《漢書・元王傳》的記載，浮邱伯到漢時還健在。而申公最初也是秦時的儒生，文帝時為博士，傳《魯詩》。其他又如陳勝的博士孔甲㊱也是秦時博士。而在漢初文、景之際，傳經者有伏生，傳詩者有轅固生、韓嬰、申培公等人，而傳禮者則為高堂生，這些人也都是秦時的儒生。另外如漢丞相張蒼是一個通曉律曆的專家，而他曾是秦的柱下史。又如魯人公孫臣，傳述陰陽家鄒衍的學說，在文帝時，因為黃龍的出現，應了他的豫言，於是文帝便拜他為博士。後來又為文帝「陳終始傳五德」之事㊲。此外，在《史記・封禪書》中，也有有關文帝命諸生自「六經」中採集資料以作「王制」㊳的記載。除了立《詩》博士外，文帝還想立《書》博士，因此便命晁錯受《尚書》於秦博士伏生，其後也命伏生的兒子歐陽生為《書》

博士。到了景帝的時候，董仲舒、胡毋生因爲善治《春秋》而被立爲《春秋》博士。這個時後的博士已將近八十人。

關於漢初的博士，有置「五經博士」㊴與「一經博士」之說㊵。這兩者有何不同？歷來都有不同的說法。唐章懷太子（李賢）在《後漢書・翟酺傳》的注文說：「武帝建元五年，始置五經博士，文帝之時，未遑庠序之事，酺之此言，不知何據？」㊶。關於這件事，宋代王應麟在《困學紀聞》卷八提出看法。他說：

> 《後漢書翟酺曰》：「文帝始置一經博士」。攷之漢史，文帝時，申公韓嬰皆以詩爲博士，五經列于學官者，唯詩而已。景帝以轅固生爲博士，而餘經未立，武帝建元五年春，初置五經博士。儒林傳贊曰：武帝之立五經博士，書唯有歐陽、禮后、易楊、春秋公羊而已。立五經而獨舉其四，蓋詩已立於文帝時，今并詩爲五也㊷。

《後漢書・翟酺傳》所載「置一經博士」之說，「一經」所指爲何？或許是專指「詩」而言。因爲在文帝時，申公、韓嬰都各以其學被召爲博士，而景帝之時，轅固生也是以《齊詩》爲博士。所以「置一經博士」之說，或許因此而起也是有可能的。

在武帝之前及之後所立的博士，它們的性質是不盡相同的。武帝之前的博士稱爲「一經博士」，而之後的則稱爲「五經博士」。所謂「一經博士」，是專門修習「五經」中的某一經，而不兼習他經的意思。即便是同習「《詩》」，也有專習《魯詩》，而不習《齊詩》或《韓詩》者；又或者專治《春秋》，而不治《公羊》或《穀梁》者，甚且只限於老師與弟子相傳的情況也是有的。如果師傳不明，沒有所謂的「師法」，也不能立為博士㊸。所謂「五經博士」，是太常屬官，掌以「五經」教子弟，這是武帝時期所建立的學制。自武帝設置「五經博士」以來，研究經學的風氣相當盛行。《漢書・儒林傳贊》說：

自武帝立五經博士，開弟子員，設科射策，勸以官祿，訖於元始，百又餘年，傳業者寖盛，支葉蕃滋，一經說至百餘萬言，大師眾至千餘人，蓋利祿之路然也。初，《書》唯有歐陽，《禮》后，《易》楊，《春秋》公羊而已㊹。

分歧的經學學派和祿利發生糾葛是當時的一種利害衝突的社會現象。又如《易》有田何，這個學派所屬的田王孫就是《易》博士。田王孫有三個門人，他們是施讎、孟喜和梁丘賀，三人都被立為博士學官。武帝時期各門派立說風氣之盛，可以說是自古所罕見。難怪司馬遷在《史記・儒林列傳》中對於武帝大設學官之事至為慨嘆㊺。而《漢書・儒林傳贊》的「祿利之路」，說得似乎要比司馬遷的更加露骨一些，也更能點出當時建立博士學官的氾濫情形。

㈡漢初諸帝與儒學的復興

1.「安事詩書」的高帝

高帝在馬背上奪得了天下之後，雖然使秦末以來紛爭不休的混亂局面暫時得到歇息，但是也因為長期的戰亂，而導致了漢初社會的經濟幾乎完全停頓。《漢書・食貨志》說：「漢興，接秦之敝，諸侯並起，民失作業，而大饑饉。」㊻〈高惠高后文功臣表〉也說：「時大城名都民人散亡，戶口可得而數裁什二三。」㊼高帝在平定諸同、異姓王之後，在政治上沿襲秦制，雖起用蕭何爲丞相，然而當時儒學並未受到重視。《史記．酈生陸賈列傳》說：「沛公不好儒，諸客冠儒冠來者，沛公解其冠，溲溺其中。」㊽又酈食其因爲「狀類大儒」㊾來見沛公，沛公不見。後以「高陽酒徒也，非儒者也」的裝扮，才能獲得沛公的詔見。又叔孫通是秦時博士㊿，當通降漢之時，曾率領弟子一百多人來見高帝，同樣未獲得高帝的賞識，也是因爲「通儒服，漢王憎之」的緣故，所以叔孫通只好「迺變其服，服短衣，楚製，漢王喜」，並「專言諸故群盜壯士進之」(51)，後來爲高帝制定禮儀時即沿襲秦儀。《史記．叔孫通傳》說：「五帝異樂，三王不同禮。禮者，因時事人情爲之節文者也。故夏、殷、周之禮，所因損益可知者，謂不相復也。臣願頗采古禮，與秦儀雜就之」(52)。除了叔孫通之外，影響高帝最大的人便是陸賈。陸賈因隨高帝定天下而有功，遂拜爲太中大夫。其實在最初的時候，高帝也不喜歡陸賈。「賈時時前說稱詩、書。高帝罵之曰：『乃公居馬上得之，安事詩、書！』」(53)。高帝不喜歡儒學，或許不是出自於個人的喜好，實在是「以禮用兵」之道不能發揮作用的緣故。於是陸賈反問高帝：

> 馬上得之，寧可馬上治之乎？且湯武逆取而以順守之，文武並用，長久之術也。昔者吳王夫差、智伯，極武而亡；秦任刑法不變，卒滅趙氏。鄉使秦已并天下，行仁義，法先聖，陛下安得而有之？(54)

高帝聽了之後，面有慚色，然後對陸賈說：「試爲我著秦所以失天下，吾所以得之者，及古成敗得之於歷史的教訓，當然，叔孫通、陸賈二人，實在是功不可沒。

之國。」55於是，「賈凡著十二篇。每奏一篇，高帝未嘗不稱善。」56高帝對儒學態度的改變，乃是

2.「除挾書律」的孝惠帝

雖然高帝用蕭何、叔孫通、陸賈等儒生，而使漢初紛擾的局勢暫時得到歇息，但是儒學的治國之道在孝惠帝時並沒有充分發揮。孝惠帝即位後，雖呂太后專政，天下倒也承平，一時之間，國家無事。「三月甲子，皇帝冠，赦天下。省法令妨吏民者，除挾書律。」57所謂「除挾書律」，就是解除民間的藏書禁令之意，換句話說，自秦以來的禁書令到這個時候才獲得解除，而民間也才得以自由地傳授學問。孝惠帝的赦令，對漢初儒家學說的發展具有重大意義。

3.「遣晁錯習《尚書》於伏生」的孝文帝

孝文帝好刑名之言。《史記・儒林列傳》說：「孝惠、呂后時，亦未暇遑庠序之事也。公卿皆武力有功之臣。孝文帝時頗徵用。然孝文帝本好刑名之言。」58雖然如此，但是儒者還是可以講授學問。《史記・袁盎晁錯列傳》說：「孝文帝時，天下無治《尚書》者。獨聞濟南伏生，故秦博士，治《尚書》。年九十餘，老不可徵，乃詔太常，使人往受之。太常遣錯，受《尚書》伏生所。」59孝文帝能遣晁錯受《尚書》於伏生，可見儒學還不受到歧視。而文帝又能「專務以德化民，是以海內殷富，興於禮義」，難怪乎班固要稱讚他爲「仁」了60。

4.「不得不讀黃、老」的孝景帝

孝景帝由於受到母親竇太后的影響，崇尚黃、老之學，不任用儒者。《史記・儒林列傳》說：「及至孝景，不任儒者，而竇太后又好黃、老之術，故諸博士具官待問，未有進者。」㊶孝景帝時雖稍用文學之士居位，然只是「具官待問」而已，並沒有掌握朝廷實務的機會。在當時，竇太后極爲得勢。「好黃帝、老子之言。帝及太子諸竇，不得不讀黃帝、老子，尊其術」㊷由於竇太后好黃帝老子之言，所以朝廷上下無不起而效之。就在這個時候，《齊詩》博士轅固與竇太后發生爭辯，結果差點賠了性命。《史記・儒林列傳》說：

竇太后好老子書，召轅固生問老子書。固曰：『此是家人言耳！』太后怒曰：『安得司空城旦書乎？』乃使固入圈刺豕。景帝知太后怒，而固直言無罪。乃假固利兵，下圈刺豕，正中其心。一刺，豕應手而倒。太后默然，無以復罪，罷之㊸。

由於孝景帝及時的提供利兵，才能化解這場驚險。最後，孝景帝以固爲廉直，拜爲清河王太傅。在孝景帝時，除了轅固爲《齊詩》博士之外，還有《公羊春秋》博士胡毋生和董仲舒。後來胡毋生以老歸田，在齊教授《公羊春秋》，弟子衆多。董仲舒也傳授《公羊春秋》。《史記・儒林列傳》說：「下帷講誦，弟子傳以久相受業，或莫見其面。蓋三年，董仲舒不觀於舍園，其精如此。」㊹在這時期的博士，雖然在學術上有崇高的地位，但是，在政治上仍然沒有實際的權力，充其量也只是做個「顧問」而已。

5.「獨尊儒學立明堂置五經博士」的孝武帝

漢初學術界最引人矚目的就是漢武帝獨尊儒學一事。武帝何以要罷黜諸子百家之說？關於這個問題，我們不妨回顧一下歷史。秦始皇在三十四年用李斯的建言，除醫藥卜筮種樹以外，諸子之學必須禁絕，以便實行法家思想統制。在此後的七、八十年，漢武帝則以儒家思想作爲統制思想，因此，兩個王朝在思想統制的本質上是相同的。至於武帝爲甚麼要施行儒家思想？《漢書・景帝紀贊》說：

> 漢興，掃除煩苛，與民休息。至于孝文，加之以恭儉，景帝遵業，五六十載之間，至於移風易俗，黎民醇厚。周云康成，漢言文景，美矣[65]。

與康成並稱的文景之治，確實可以做到「無爲休息」的狀態。然而，這個看似平穩無事的「無爲之治」的盛世，就好像當時尚未成熟定型的朝廷內部一樣，有許多事情還在爭執不休。武帝爲了有效掌控國家的發展，一方面維持人民的「無爲休息」，另一方面，在思想上作適當的修正，於是便成立了儒學體制的經緯。從儒學思想統制的觀點來看，所謂「儒學一尊」，是指建元五年「五經博士」學官的成立，並且把它視爲重要的學制。這裡所說的「置五經博士」是自建元元年趙綰排拒「申商韓飛蘇秦張儀」[66]之學以來，俱有排他的、獨占的儒學的最高教學樞要[67]。《史記・儒林列傳》說：「今上（武帝）即位，趙綰、王臧之屬，明儒學，而上亦鄉之，於是招方正賢良文學之士。」[68]自此，凡治申商韓非蘇秦張儀之言、亂國政者都受到罷黜，而只推崇孔子之學。

建元五年（西元前一三六年）經學博士的設置，對於漢代儒學國教化的施行相當重要。御史大夫趙綰和王臧建議立明堂以朝諸侯[69]，並薦請申公以就其事。於是武帝「束帛加璧，安車駟馬，迎申公」⑦⓪。當申公來到的時候，武帝問以治亂之事。由於申公時年已八十餘，老態龍鐘，回答說：「爲治者不在多言，顧力行何如耳。」⑦①申公的談話，頗令武帝失望。由於武帝喜好文詞，既然召來了申公，乃以他爲太中大夫，舍於魯邸，以議明堂之事。

然而，在當時的宮廷之內，竇太后等（武帝之祖母）頗爲得勢，好黃、老之言。不過，竇嬰、田蚡等都俱好儒學，並拔擢魯申公弟子儒者趙綰、王臧以設明堂。武帝建元二年（西元前一三三年），趙綰上奏「請毋奏事東宮」⑦②而激怒竇太后，結果獲罪自殺，這件事使儒學的推行受到很大的挫折。建元六年（西元前一三七年），竇太后歿，武安侯田蚡爲丞相，「絀黃、老刑名百家之言，延文學儒者數百人」⑦③。至此，儒學得以進入優勢的地位，而黃、老及刑名百家之學在這個時候蒙受重大打擊。

武帝罷黜百家，獨尊儒學這件事是發生在武帝十七歲至二十二、三的時候，如此弱冠帝王，爲何會作這樣的決定？。究其原因，第一是趙綰的「罷黜百家」、⑦④「立明堂」⑦⑤、董仲舒的「春秋大一統」⑦⑥和「君權神授」⑦⑦的理論，以及掌握權勢的竇嬰、田蚡喜好儒學等因素，對武帝產生了決定性的影響⑦⑧。第二是社會安定和經濟富足。《漢書．食貨志》說：「至武帝之初至七十年間，國家亡事，非遇水旱，則民人家給足，都鄙廩庾盡滿，而府庫餘財。京師之錢累百鉅萬，貫朽而不可校。太倉之粟陳陳相因，充溢露積於外，腐敗不可食。眾庶街巷有馬，仟陌之間成群，乘牸牝者擯而不得會聚。守閭閻者食粱肉；爲吏者長子孫；居官者以爲姓號。人人自愛而重犯法，先行誼而黜媿辱焉……」⑦⑨漢初之時，在政治上由於實施「無爲」之治和「與民休息」的政策，以及到了文、景之世的免稅及鼓勵農業，使經濟復甦得更加快速，所以到了武帝的時候，幾乎已達到國富民強的地步。第三是異姓諸王之亂已被平定，「故據漢受命，譜十八王，月而列之，天下一統，乃以年數。訖於孝文，異姓盡矣。」⑧⓪漢初所分封的異姓諸王，開始時是爲了完成大一統專制的實際上的需要而設置，後來則是爲了維護大一統專制的皇帝身分的需要而整肅，這些現象的存在，始終對專制政治的自身，成爲一最大的矛盾⑧①。對於同姓諸王態度，《漢書・諸侯王表第二》說：「文帝采賈生之議，分齊、趙，景帝用鼂錯之計削吳、楚。武帝施主父之冊，下推恩之令，使諸侯王得分户邑以封弟子，不行黜陟，而藩國自析。自此以來，齊分爲七，趙分爲六，梁分爲五，淮南分爲三。皇子使立者，大國不過十餘城。長沙、燕、代雖有舊名，皆亡南北邊矣。景遭七國之難，抑損諸侯，減黜其官。武有衡山、淮南之謀，作左官之律，設附益之法，諸侯惟得衣食稅租，不與政事。」⑧②經過了大力整頓之後，各地諸侯王的勢力已經被清除，只是有衣食財物之享用而已。第四是主動出擊匈奴，展現國力。武帝在即位之初，對匈奴採行的是「和親約束，厚遇關市」⑧③，不過匈奴卻侵邊不已，於是先後派遣衛青、公孫敖、李廣等主動出擊，展現實力。武帝在展開強硬的對外政策的同時，更積極於建立儒家的思想學說，作爲與之完全相適應的思想體制⑧④。

三、漢初儒學的傳承與發展

儒家思想發展到了漢代已經和陰陽五行及讖緯思想相互結合在一起，它和傳統儒學以「仁」爲主體的倫理道德思想產生了背道而馳的現象。這種轉變說明了儒學思想的存在，在當時的政治舞台上被一些非宗教性的迷信所利用，以使那些迷信的因素獲得全天下人的尊敬而且具有權威性㊺。這種迷信思想的起源已很難追溯，不過，根據典籍的記載來看，陰陽五行思想最早分別出現於《周易．繫辭》㊻和《尚書．洪範》㊼之中，直到戰國時代才流行起來。根據《史記．封禪書》的記載，秦始皇在作皇帝後的第三年，曾經巡察東方的所有郡縣。當他經過鄒縣時，祭祀縣內的嶧山，想要立碑刻銘來歌頌他的功業。於是便招集了大約七十位齊、魯兩國的學者博士，隨他到泰山之下，結果由於諸生的議見紛歧，而且簡陋，難以施行，最後便罷黜了這批儒生，結果鬧得不歡而散㊽。後來高帝得了天下，因無暇顧及此事，沒有舉行封禪之禮。而文帝和景帝因崇尚黃、老之說，以安定國家為務，也沒去做這種誇張不實的事情。一直到武帝即位時，才想到登泰山封禪的事情。武帝之世是漢代的全盛期，他累積了漢朝開國六七十年以來的資產，加上他又是一個好大喜功的人，因此，一連串的求仙、郊祀、巡狩、封禪、征討等活動，幾乎耗盡國家的資產。同時，又碰到荒年，人民怨聲載道，於是方士們又藉機提出配合五行五德之說和更改年號的建議以討武帝的歡心。在這種情況之下，對於傳統儒學的發展有相當程度的影響。雖然如此，漢初的儒學因為得到陸賈、賈誼、董仲舒等人的努力而獲得傳承和開創的新契機。以下試就上述諸人在儒學的傳承和開創方面作一探討，以了解漢初儒學思想發展的大致情形。

㈠陸賈《新語》與漢初儒學的關係

陸賈，楚（今江蘇銅山縣境內）人。生於秦之世，約卒於孝文帝初年（西元前一七七年）。陸賈曾「以客從高祖定天下」[89]。高帝十一年（西元前一九六年），派遣陸賈前往南越安撫趙佗[90]，立趙佗爲南越王，因爲有功而拜爲太中大夫。後來趙佗侵擾長沙邊邑，自尊爲南越武帝，態度驕矜。孝文帝元年（西元前一七九年），復派遣陸賈出使南越。陸賈向趙佗陳述大義及利害得失，趙佗終於曉悟，謝陸賈說：「居蠻夷中久，殊失禮義。」[91]陸賈因爲常出使諸侯，屢屢建功，故司馬遷稱讚他爲「有口辯士」[92]。而《新語》一書，就是陸賈爲高帝講述古今存亡之徵，以及強秦暴亡之教訓和漢所以得天下的經過。「每奏一篇，高帝未嘗不稱善，左右呼萬歲」[93]。全書萬餘言，分爲十二篇。《新語》的完成，幾乎完全改變了高帝原本不尊重儒生和儒學的態度，從此更奠定了儒學發展的基礎與契機。

1.「仁義」思想

從基本上來說，陸賈在《新語》中所論述的多半是以「仁義」爲人道思想的政治主張。他認爲仁義的顯現是由於社會群體人性的善良本質獲得啓發，因此仁義是維繫倫常關係的重要依據。〈道基〉說：

百姓以德附，骨肉以仁親，夫婦以義合，朋友以義信，君臣以義序，百官以義承[94]。

仁義在政治方面也是立國的要道。「君子握道而治，（據）德而行，席仁而坐，杖義而彊。」[95]而〈術事〉也說：「道唱而德和，仁立而義興。」[96]當治國者在朝廷行仁義的時候，匹夫就在民間行仁義。如果治國者有功勞卻不能保衛自己的國家，有威嚴卻不能保住自己的性命，這都不是貧窮薄弱造成的，而是治國者本身沒有道德，又不能施行仁義於天下的緣故。〈本行〉說：

> （治以道）德爲上，行以仁義爲本。故尊於位而無德者黜，富於財而無義者刑，賤而好德者尊，貧而有義者榮[97]。

所以，當治國者處於高位時，就要以「仁義爲巢」[98]；當踏入險境時，就要以「聖賢爲杖」[99]。這樣，即使是位高也不會墜落，危險也不會跌倒。陸賈認爲，古代聖人設立教育的目的就是要人民知道禮義的規範。他說：

> 民知畏法而無禮義。於是中聖乃設辟雍庠序之教，以正上下之儀，明父子之禮，君臣之義，使強不凌弱，眾不暴寡，棄貪鄙之心，興清潔之行。禮義獨行，綱紀不立，後世衰廢，於是後聖乃定五經，明六藝，承天統地，窮事（察）微，原情本立，以緒人倫[100]。

如果治國者只知用刑獄之法來治理人民，人民只有畏懼之心而不知禮義，不知禮義，禮義就無法推行。

陸賈在爲高帝論述古今存亡之徵的時候，往往引述古代聖君懷仁仗義而王，及依仗權勢武力而亡的故事作爲例證。〈道基〉說：

> 故聖人懷仁仗義，分明纖微，忖度天地，危而不傾，佚而不亂者，人義之所治也……虞舜蒸蒸於父母，光耀於天地；伯夷、叔齊餓於首陽山，功美垂於萬代；太公自布衣昇三公之位，累世享千乘之爵，知伯仗威任力，兼三晉而亡[101]。

陸賈此一正反兩面的論證具有相當說服力，難怪高帝聽了要不停的稱善。〈道基〉又說：

> 謀事不並立仁義者必敗，殖不固本而立高基者必崩[102]。

陸賈把仁義比喻爲建築的基礎，基礎不牢固，建築物必定崩塌。仁義可以使人明智，一旦失去仁義，人就變得昏昧，而違背仁義，人就會失敗滅亡。因此，仁義乃是道的根本，國家的禍福存亡就要看仁義是否能夠推行。〈本行〉說：

> 夫酒池可以泛舟，糟丘可以望遠，豈貧於財哉？統四海之權，主九州之眾，豈弱於力哉？然功不能自存，威不能自守，非爲貧弱，乃道德不存乎身，仁義不加於天下也[103]。

陸賈認爲，桀、紂之所以暴亡，其本身並不是沒有掌握權勢，國內也並不是沒有足夠的財富，而是因爲不行仁義道德才被人民唾棄。足見權勢和財富是無法和仁義道德相抗衡的。所以，「察於財而昏於道者，眾之所謀也；果於力而寡於義者，兵之所圖也。故君子篤於義而薄於利，敏於事而慎於言。所（廣功）德也。故曰：『不義而富且貴，於我如浮雲』」[104]陸賈引述孔子的話來告戒高帝，強調做國君的人當以重義薄利，並且還要謹言慎行，才能使天下回歸於仁義之道。

2.「重今輕古」思想

韓非發揮了荀子「法後王」[105]的思想，認爲政治的功能就是解決社會上一些現實的問題，因此更提出了著名的「當世」政治觀點。他並且強調要解決當前政治問題，必須從當世所面臨的迫切問題上著手，而不是從古代的典籍中去尋找解決的方法。《韓非子・六反》說：「今學者皆道書荚之頌語，不察當世之事實。」(106)韓非認爲儒生的言論對政治之所以不能產生作用，是由於不瞭解「當世」的緣故。陸賈雖然不是法家的人物，但是當他向高帝講述治國之道時，就很清楚地提出「重今輕古」的道理。〈術事〉說：

善言古者合之於今，能術遠者考之於近，故說事者上陳五帝之功，而思之於身，下列桀、紂之敗，而戒之於己，則德可以配日月，行可以合神靈(107)。

陸賈這種「言古合今」、「述遠考近」的思想來自於荀子韓非之說是很有可能的。當高帝懷著國家邁向長治久安的心情時，陸賈的建言確實能夠輕意地打動他的心，足見價值觀的轉換往往可以使一個人的思想作重大的改變。當高帝在馬背上得了天下之後，便以爲可以在馬背上治理天下，一直到他聽了陸賈講述了強秦暴亡的事實後，才改變輕蔑儒生的態度。〈術事〉說：

世俗以爲自古而傳之者爲重，以今之作者爲輕，淡於所見，甘於所聞，惑於外貌，失於中情。聖人貴寬，而世人賤眾，五穀養性，而棄之於地，珠玉無用，而寶之於身。故舜棄黃金於嶄嵓之山，禹捐珠玉於五湖之淵，將以杜淫邪之欲，決琦瑋之情(108)。

陸賈認爲「貴古賤今」或「重名輕實」都是世俗之見，不足爲取。他特別舉了舜和禹放棄黃金珠玉的故事爲例，想藉此來改變高帝的價值觀，並想落實他的政治措施。「道近不必出於久遠，取其至要而有成」(109)。治國的要道，不需從遙遠的古代去尋找，只要能掌握要點就可以獲得很好的效果。〈術事〉又說：

故良馬非獨騏驥，利劍非惟干將，美女非獨西施，忠臣非獨呂望。今有馬而無王良之御，有劍而無砥礪之功，有女而無芳澤之飾，有士而不遭文王，道術蓄積而不舒，美玉韞櫝而深藏。故懷道者須世，抱璞者待工。道爲智者讒，馬爲御者良，賢爲聖者用，辯爲智者通，書爲曉者傳，事爲見者明。故制事者因其則，服藥者因其良，書不必起仲尼之門，藥不必出扁鵲之方，合之者善，可以爲法，因世而權行⑩。

世間上並不是沒有賢才，只要君主能因人善用，則治國之道就可以發揮。如果有賢才而不用，則賢才也必定被埋沒。陸賈勸高帝要聽取賢才的言論很有可能是來自於《韓非子．難勢》之說⑪。

3.「無爲」思想

由於高帝記取了秦王朝使用嚴刑峻法來統治國家而導致國家速亡的原因，因此雖然用武力奪得了天下，但是他也知道如何察納雅言。而陸賈向高帝進言時也採用了各家之長，使得儒學思想更能融入於當代的多元學說之中。因此，在《新語》之中，陸賈也提出「無爲」的政治思想。此一「無爲」思想對於漢初所渴望「掃除民苛，與民休息」⑫的政治穩定訴求產生重大的影響。陸賈的「無爲」之治或許不是出自於老子的「無爲」思想，反而與周公、孔子「禮樂之治」的思想相近。〈無爲〉說：

夫道莫大於無爲，行莫大於謹敬。何以言之？昔虞舜治天下，彈五弦之琴，歌〈南風〉之詩，寂若無治國之意，漠若無憂民之心，然天下治。周公制作禮樂，郊天地，望山川，師旅不設，刑格法懸，而四海之內，奉供來臻，越裳之君，重譯來朝。故無爲也，乃無（有）爲也⑬。

陸賈的「無爲」和《論語．衛靈公》「無爲而治者，其舜也與？夫何爲哉？恭己正南面而已矣」之說，實在很難看得出有甚麼不同的地方。「無爲也，乃有爲也」，就是說爲治者有聖德之足以化民，而不待其有所作爲，因爲有聖德的國君能得人以任衆職[114]，不見其有所爲之跡象，所以說「無爲也」。有鑑於秦之所以暴亡，陸賈希望高帝治理天下應尚寬舒和行中和[115]之道。〈無爲〉說：

是以君子尚寬舒以苞身，行中和以統遠。民畏其威而從其化，懷其德而歸其境，美其治而不敢違其政，民不罰而畏罪，不賞而歡悅。漸漬於道德，被服於中和之所致也[116]。

陸賈認爲，爲政者如果施政過於煩苛，就會「事逾煩天下逾亂，法逾滋而姦逾熾，兵馬益設而敵人逾多，秦非不欲爲治，然失之者，乃舉措暴衆，而用刑太極故也」[117]。施政之道乃在於爲與無爲之間，端看爲治者如何作適當的調整。陸賈之意，即在答覆高帝所問「秦何以失天下，吾所以得之者何」[118]的原因，並且期待高帝能多接納儒生的建言，做一個賢君，鞏固基業，以免重蹈秦暴亡之覆轍。

4.「天人」思想

孔、孟所說的「天」，是具有意志及賞罰等能力的「人格者」的天，所以強調凡是能夠「知天」和「畏天」的人才可以稱爲君子。不過，這種思想到了荀子的時候產生了重大的改變。荀子把「天」回歸到自然，因此「天」就變成一個物質的天。從荀子的〈天論〉來看，「天」就是自然，舉凡列星、日月、四時、陰陽、風雨等客觀的自然界事物都包含在內[119]。所以，荀子所說的「天」只是「自然現象」，它不是實踐道德的根據。《荀子．天論》說：「治亂天邪？曰：日月星辰瑞厤，是禹桀之所同也；禹以治，桀以亂，治亂非天也」。[120]又說：「雩而雨，何也？曰：無何也，猶不雩而雨也。日月食而救之，天旱而雩，卜筮然後決大事，非以爲得求也，以文之也。故君子以爲文，而百姓以爲神。以爲文則吉，以爲神則凶也。」[121]荀子這些言論，說明了天的自然現象和人類社會的吉凶禍福完全沒有因果關係。陸賈在〈明誡〉也有相同的主張。他說：

安危之效，吉凶之（符），一出於身；（存亡）之道，成敗之驗，一起於行。堯、舜不易日月而興，桀、紂不易星辰而亡，天道不改而人道易也[122]。

陸賈認爲，國家的治亂完全由人事而定，與上天無關，君主能以善道來治國，國家當然會強盛。因爲大自然的規律是不會變化的，而人事的吉凶乃取決於人們所行之「道」的結果。甚且可以說，天道有時候也會因人道而產生變化。陸賈說：

惡政生於惡氣，惡氣生於災異。蝮蟲之類，隨氣而生；虹蜺之屬，因政而見。治道失於天下，則天文度於上；惡政流於民，則蟲災生於地。賢君智則知隨變而改，緣類而試[123]。

天人思想在戰國時代就已經非常流行，說者通常將一些自然現象融入政治思想之中，作爲對君主行政或言行的一種約束力，並且強調天道與人道、自然和人是互爲一體的。因此，凡是身爲國君的人都必須時時體察天道，更不可偏離天道的標準。陸賈又說：

聖人承天之明，正日月之行，錄星辰之度，因天地之利，等高下之宜，設山川之便，平四海，分九州，同好惡，一風俗。易曰：『天垂象，見吉凶，聖人則之；天出善道，聖人得之[124]。

在陸賈的「天人」思想之中更強調了天道和人道的和諧關係。他特別引用《易經・繫辭上》「天垂象，見吉凶，聖人象之；河出圖，洛出書，聖人則之」[125]的話來加以說明聖人治國要承受上天日月星辰的光明，以及要根據天地之利而行，這樣才能夠使天下人的好惡標準相同，使社會風俗歸於統一。

5.小　結

陸賈對於漢初儒學的貢獻，王充在《論衡・案書》即說道：「《新語》，陸賈所造，蓋董仲舒相被服焉，皆言君臣政治得失。言可采行，事美足觀，鴻知所言，參貳經傳，雖古聖之言，不能過增。」[126]王充把陸賈喻爲「古聖」，主要是陸賈所提出的政治主張，大多是闡述先秦儒家的政治思想的緣故。就《新語》的內容而言，從〈道基〉篇所論述的「道」、「仁義」，到〈術事〉的「無爲」，〈明戒〉篇的「天人」等主張，都在在證明陸賈的思想是出自儒家，因此，後世學者譽他爲秦後的第一儒[127]。陸賈在《新語》除了闡述儒家的政治思想之外，他的言論更集各家之長，非常符合漢初多樣性文化思想的發展。

(二)賈誼《新書》與漢初儒學的關係

賈誼，（西元前二〇〇～一六八年）西漢洛陽人。自幼即通曉詩、書。年十八，能屬文，二十，河南太守吾分愛其才，召置門下，其後孝文帝召爲博士。一年之間，超遷至太中大夫。賈誼的表現，就如《漢書・敘傳下》「賈生矯矯，弱冠登朝」[128]所說那樣。賈誼可說是少年得志，備受寵愛。《漢書・賈誼傳》說：

誼以爲漢興二十餘年，天下和洽，宜當改正朔，易服色制度，定官名，興禮樂。乃草具其儀法，色上黃，數用五，爲官名悉更，奏之。文帝謙讓未皇也。然諸法令所更定，及列侯就國，其說皆宜發之⑫⑨。

文帝想任用他爲公卿，結果絳侯周勃、潁陰侯灌嬰、東陽侯張相如及典客馮敬等人嫉其才而毀之。同傳又說：「洛陽之人少初學，專欲擅權，紛亂諸事。」⑬⓪其後，文帝果然疏遠賈誼，不採用他的建議。賈誼後來擔任長沙王吳差（靖王）太傅。就在賈誼謫居長沙的第四年，即文帝六年（西元前一七四年）四月孟夏之某日，有鵩鳥飛入舍來，此事當地人認爲是不祥之兆。於是賈誼作〈鵩鳥賦〉以自傷，憂愁幽思，不能自已。其後文帝因思念他，再召他回京，賈誼心中充滿喜悅，當時正好遇上文帝在未央宮祭畢受福胙，於是便在未央宮前宣室召見他。因文帝非常關心鬼神之事，便向賈誼問一些與政治無關的鬼神之事。賈誼侃侃而談，一直到半夜方止。後來拜賈誼爲梁懷王太傅。文帝十二年（西元前一六八年），「梁王勝墜馬死，誼自傷爲傅無狀，常哭泣，後歲餘，亦死」⑬①賈誼才三十三歲。

賈誼可以說是一位全能之士，在漢初的學者之中，很少人能和他相提並論。他既是思想家、政治家，同時也是文學家。他的學說揉合了儒、道、法諸家之長，但基本上是以「民本」、「禮制」之政治言論最多，偏向於儒家思想。以下試就賈誼在這方面的思想作一探討。

1.「禮制」思想

「禮樂之治」是儒家教化萬民治國平天下的基本要道，因此，「禮樂」便含有濃厚的政治意味。

如：《孝經‧廣要道章》「移風易俗，莫善於樂，安上治民，莫善於禮」[132]；《荀子‧彊國》「國之命在禮」[133]；〈議兵〉「禮者，治辨之極也，強國之本也」[134]等說都是。此外，又如《孟子‧盡心下》「無禮義則上下亂」[135]的記載看來，可見「禮」所表現出來的政治效果是相當強烈的。而把「禮」視爲「政治」的思想，到了漢代尤爲儒者所繼承。如：《禮記‧哀公問》「禮其政之本與」[136]，及〈郊特牲〉「禮作，然後萬物安」[137]等說即是。又禮也界定人倫尊卑的關係。如《論語‧八佾》所載「管氏而知禮，孰不知禮」[138]，這是孔子批評管仲不知「禮」[139]的最明顯例子。事實上，討論「禮」的尊卑意義，最具體詳盡的是《荀子》一書。所謂「尊卑」就是「別」意的意思，就如〈樂論〉「樂則同，禮別異」[140]所說的那樣，而〈富國〉「禮者貴賤有等長幼有差，貧富輕重皆有稱也」[141]之說也是這個意思；又如〈禮論〉「故禮上事天，下事地，尊先祖而隆君師，是禮之三本也。故王者天太祖，諸侯不敢壞，大夫士有常宗，所以別貴始，貴始得之本也」[142]的記載，也是由「別」所產生的基礎。這些先秦儒家的禮論思想對賈誼產生深遠的影響。

賈誼對於古代的禮制及禮的意義和功能尤其推崇。他的觀點分別見於〈數寧〉、〈等齊〉、〈審微〉、〈禮〉等篇。在漢初，雖然叔孫通爲高帝制定禮儀，但大多是沿襲秦的舊制雜湊而成的。由於漢初的諸多禮制未甄完備，而同姓諸侯王、豪族和朝廷之間發生矛盾和對抗，因此使得漢朝陷入空前的危機之中。到了呂后時期，就曾經採用強烈的手段來壓制異姓諸侯。而在文、景之際，賈誼、晁錯則提出削弱同姓諸侯的政策來鞏固中央集權的政治體制。賈誼認爲，國家如欲長治久安和有效的控制各諸侯王之濫權，就必須要有一套完善的禮制。〈數寧〉說：

禮，祖有功，宗有德，始取天下爲功，始治天下爲德。因觀成之廟，爲天下太宗。承太祖與天下，漢長無極耳。因卑不疑尊，賤不踰貴，明若白黑，則天下之眾，不疑眩耳。因經紀本於天地，政法依於四時，後世無變故，無易常，襲跡而長久耳⑭。

建立禮制的目的，就是要建立一套尊卑長幼有序，不相潛越的制度。從內容上來說，賈誼的禮制思想乃是根據儒家傳統的孝道與仁道所衍生出來的。〈數寧〉又說：

建久安之勢，成長治之業，以承祖廟，以奉六親，至孝也。以宰天下，以治群生，神民感億，社稷久饗，至仁也。立經陳紀，輕重同得，後可以爲萬世法⑭。

漢文帝時，同姓諸侯王的實力擴充非常迅速，幾乎到了危及中央政權的地步。賈誼向文帝提出「莫如眾建諸侯而少其力」⑭的建言，理由是「大抵彊者先反」⑭。賈誼的主要目的是想禁止一些實力強大的諸侯王潛越天子的名號和服飾，以避免「君臣同倫異服，異等同服」⑭的混亂局面，並且強調「別貴賤，明尊卑」⑭的重要性。〈等齊〉說：

諸侯王所在之宮衛，織履蹲夷，以皇帝所在宮法論之；郎中謁者受謁取告，以官皇帝之法于之，事諸侯王或不廉潔平端，以事皇帝之法罪之。曰一用漢法，事諸侯王乃事皇帝也。是則，諸侯之王乃將至尊也：……

天子親號云太后，諸侯親號云太后；天子妃曰后，諸侯妃號曰后。然則諸侯何損而天子何加焉？

妻既已同，則夫何以異？⑭⑨

賈誼將諸侯王僭越皇帝名號、濫用天子法令的違反禮制的現象向文帝報告，以免諸侯不當的言行而影響天子的權勢和威信。除此之外，賈誼也論述服飾對於君臣尊卑貴賤身份的區別的重要性，避免造成上下身份混亂的局面。〈等齊〉又說：

人之情不異，面目狀貌同類，貴賤之別非天根著於形容也。所持以別貴賤、明尊卑者，等級、勢力、衣服、號令也⑮⓪。

賈誼認爲，當君上失去了駕馭臣下的手段和分別尊卑貴賤的依據，只是依靠形貌上的不同來作爲分辨的話，那麼君上的權勢地位便有立即的危險。他更引述孔子的話說：「長民者，衣服不貳，從容有常，以齊其民，則民德一。」以及「爲上可望而知也，爲下可述而志也，則君不疑其臣，而臣不惑於其君矣。」⑮①賈誼認爲，如果身爲君主的人連這些都無法做到的話，就會造成上下疑惑、貴賤尊卑不分，以及國家的混亂。

賈誼在〈禮〉一文中更闡述了禮的意義及功能，特別對於貴賤尊卑等級的關係更有所說明。〈禮〉說：

尋常之室無奧剽（阼）之位，則父子不別；六尺之輿無左右之義，則君臣不明。尋常之室，六尺之輿處無禮，即上下踳逆，父子悖亂，而況其大者乎！故道德仁義，非禮不成；教訓正俗，非禮不備；爭辨詞訟，非禮不決；君臣、上下、父子、兄弟，非禮不定；宦學事師，非禮不親；

班朝治軍、蒞官行法，非禮威嚴不行；禱祠祭祀、供給鬼神，非禮不誠不莊。是以君子恭敬、撙節退讓以明禮⑮²。

禮不僅是君主、上下、父子、兄弟定位的最高原則，更是道德仁義、風俗教化的依據，同時也是朝廷序官、執行法紀，以及各種祭祀、供給鬼神的標準。換句話說，禮就是一切行事的規範，更是一種制度。同篇又說：「禮者，所以固國家、定社稷，使君無失其民者也。主臣禮之正也；威德在君，禮之分也；尊卑大小；彊弱有位，禮之數也。」⑮³禮的功能在於鞏固國家，安定社稷，獲取民心；而規定尊卑、大小、強弱，則是禮的道理。同篇又說：「君仁則不厲，臣忠則不貳，父慈則教，子孝則協，兄愛則友，弟敬則順，夫和則義，妻柔則正，姑慈則從，婦聽則婉，禮之質也。」⑮⁴凡是能夠匡正倫理、發揮人際關係的，便是禮的本質。賈誼一再論述禮樂的重要性，他認爲，如果背禮棄樂，則會導致君臣不立，上下無等，父子亂禮，六親壞紀的後果。在儒家的禮治思想之中，不論是含有任何意義的禮都是齊民的要道。就如同《孝經．三才章》「導之禮樂而民和睦」⑮⁵所說的那樣。據此而言，治理人民是不必用刑罰的。這和賈誼在〈陳政事疏〉所說的「刑罰積而民怨背，禮義積而民和親」⑮⁶的意思是一樣的。

一般而言，儒家的「禮」和法家的「法」，雖然都是爲政者施政的依據，但是，儒家的「禮」所依據的是以「德治」爲主，而法家的「法」所依據的是「刑罰」，兩者有顯著的不同。即使儒家在談到「法度」時也不特別強調刑罰的威力，這是儒家思想的特色之一。事實上，不論是禮也好法也好，當要禁止人民的某些行為時也都同樣地表現出它消極的一面。如《禮記・坊記》的「坊」，就含有這個意思。此外，〈經解〉也有「夫禮禁亂之所由生，由坊止水之由來也」(157)這樣的記載。關於禮和法的區別，賈誼在〈陳政事疏〉說：

> 夫禮者將禁然之前，而法者禁於已然之後，是故法之所用易見，而禮之所為生難知也(158)。

雖然禮和法有所區別，但是賈誼卻主張「慶賞以勸善，刑罰以懲惡，先王執此之政，堅如金石，行此之令，信如四時，據此之公，無私如天地耳，豈顧不用哉？」(159)。這些主張和荀子的思想極為相似。其實，在儒家的典籍中也有記載用「刑罰」的地方。如《尚書・康告》的「敬明乃罰」、「乃其速由文王做罰，刑茲無赦」、「于罰之行」，(160)以及〈多方〉的「罔不明德愼罰」、「我乃其大罰殛之」、「我則致天之罰」(161)等記載都是。以上所引述的記載，對賈誼產生影響也是很有可能的。

(二)「民本」思想

賈誼為博士時，屢屢向文帝建言，所陳述的內容大部分都是政治改革的言論，並且舉秦國暴亡之事為例，而其中最有名的就是〈過秦論〉一文。在〈過〉文中，賈誼敘述秦之所以能統一天下及不施仁心、忽視「民無不以為本」(162)的「民本」思想而速亡的原因。〈過秦論〉說：

> 然秦以區區之地致萬乘之權，招八州而朝同列，百有餘年矣。然而以六合為家，殽函為宮。一夫作難而七廟墮，身死人手，為天下笑者，何也？仁義不施，而攻守之勢異也(163)。

「民本」思想原是儒家的政治思想。《尚書・五子之歌》：「民惟邦本，本固邦寧」(164)、《孟子

‧盡心下》「民爲貴，社稷次之，君爲輕」⑯等說都是賈誼「民本」思想的依據。關於賈誼民本思想的主要論述，大都集中在〈大政上〉一文。以下試引述數則有關「民本」思想的論述作一探討。〈大政上〉說：

聞之於政也，民無不以爲本也。國以爲本，君以爲本，吏以爲本⑯。

人民是國家和國君的根本，甚至連官吏身分的尊卑與位階的高低也要看是否能得到人民的擁戴而定。「民無不爲命」、「民無不爲功」、「民無不爲力」⑯，舉凡國家、君主、官吏，無不依據人民的生命來決定存亡來取得功績和顯示力量的。「戰之勝也，民欲勝也；攻之得也，民欲得也；守之存也，民欲存也」⑯，戰爭能取得勝利，是人民想取得勝利；進攻能取得敵人的陣地，是人民想取得陣地；能守住陣地，是人民想守住陣地。〈大政上〉說：

率民而守，而民不欲存，則莫能以存矣；故率民而攻，民不欲得，則莫能以得矣；故率民而戰，民不欲勝，則莫能以勝矣⑯。

如果人民都肯爲國家和君主效命，自然就會與敵人一作戰則喜，一進軍就不能停止，敵人就必然驚駭，這樣就沒有不勝利的戰爭，當然如果人民不肯爲國家和君主效命，則必敗亡。因此，可見民心的向背是國家存亡興衰、榮辱福禍之所繫。此外，在賈誼的「民本」思想之中，更強調君主不可與人民爲敵。〈大政上〉說：「自古至於今，與民爲仇者，有遲有速，而民必勝之。」⑰因此，賈誼認爲君主對待人民態度是「至賤而不可簡也，至愚而不可欺也」⑰，同時警惕國君避免成爲「知善而弗行謂之狂，知惡而不改謂之惑」(172)之君。因爲如果國君以「簡」、「欺」的態度來對待人民，就會產生「狂」、「惑」之心，這樣做就等於是和天下人爲敵了。倘若國君「知惡而弗改」，就會「必受天殃」(173)。這雖然是賈誼對文帝的忠告，但也是他從歷史的教訓中，對於傳統儒家「民本」政治思想眞正義涵的再次確認。

賞罰之道在儒家傳統的治道之中是很少被採用的，如果動輒對人民施以刑罰，就會導致「民免而無恥」(174)之弊。所以當曾子在斷案時則常懷著「如得其情，則哀矜而勿喜」(175)的心情。人民觸犯刑罰固然要受到制裁，但也要視其情而定，而不可濫刑；同樣的，如果人民有功也必然要獎賞，但必須賞得其所該賞，而不可濫賞。荀子「怒不過奪，喜不過予」(176)之說，就是站在這個立場提出的。賈誼繼承了這種思想。〈大政上〉說：

誅賞之愼焉，故與殺不辜也，寧失於有罪也。故夫罪也者，疑則附之去已；夫功也者，疑則附之與已。則此毋有無罪而見誅，毋有有功而無賞者矣(177)。

賈誼的論述很明顯是從愛民與信用兩方面思想出發的。「疑罪從去，仁也；疑功從予，信也」(178)。國君在處理這些問題時，態度就是要如此謹愼，爲的是展現對人民的仁愛，及保持自己的信用。當國君的用心被人民瞭解之後，即使有不肖之民，也必能「化而則之」(179)。因此，當國君善用刑賞之道，就可以知道「刑罰不可以慈民，簡泄不可以得士」(180)的道理了。因爲：

欲以刑罰慈民，辟其猶以鞭狎狗也，雖久弗親矣；故欲以簡泄得士，辟其猶以弧怵鳥也，雖久弗得矣。故夫士者，弗敬則弗至；故夫民者，弗愛則弗附。故欲求士必附，爲恭與敬、忠與信，古今毋易矣(181)。

國君惟有以愼用賞罰、敬重人民、恭敬忠信的態度來對待人民，國君才能保有他的勢位與榮耀。如果背逆此道而行，則災禍就會來臨。

3. 小 結

《漢書・賈誼傳》說：「洛陽之人少初學，專欲擅權，紛亂諸事。」當賈誼被周勃、灌嬰、張相如、馮敬等人在文帝面前遭到毀謗之後，他一生的際遇從此大爲改變。我們姑且不論賈誼是不是有漢一代的功臣，就以一個弱冠的少年能夠在諸博士之前侃侃而談國家大事的這件事而言就値得敬佩了。賈誼年少得志，胸懷遠大，雖遭受文帝的疏遠，但想爲國家奉獻的熱情始終如一，無奈壯志未酬，教後人感嘆不已！就《新書》的內容而言，賈誼在「禮制」、「民本」等主要的政治主張上幾乎完全承襲了儒家的治國思想，可以說他是西漢初期倡導儒學最重要的人物。如果沒有賈誼的努力，漢初儒學的發展很可能會有不同的面貌。

㈢董仲舒《春秋繁露》與漢初儒學的關係

董仲舒（西元前一七九～一〇四年），廣川（今河北省）人，自景帝時爲《春秋公羊學》博士。「進退容止，非禮不行，學士皆師尊之」(182)這是《史記・儒林列傳》給董仲舒的評語。武帝即位之初，舉賢良文學，董仲舒以賢良被召。武帝問以政治之道，董仲舒回答說：「臣愚以爲，諸不在六藝之孔子之術者，皆絕其道，勿使並進。邪避之說滅息，然後統紀可一，法度可明，民知所從矣。」⑱³自此，董仲舒的「對策」即被採用，而儒學便成為當時的主流思想。因此，舉凡學儒學的人，只要成績優異者便可任用為官。

在武帝即位初期，竇嬰、田蚡等人就非常推崇儒學，而推崇孔子之術，罷黜百家，立學校之官、於州郡舉茂才孝廉等則是由董仲舒發起。如前所述，當竇太后歿後，武帝王朝的基礎日趨穩固，這種成熟的機運可以從武帝大舉征討匈奴以及推動積極的政策上看得出來。因此，為了避免重蹈秦亡於暴政的覆轍，武帝必須有一套不同於往昔的作法，那就是，推行道德政治體制的思想。而這個道德政治體制思想是董仲舒非常技巧的從先秦諸思想之中所折中而成的專制政治論，而它的特色就在於強調君主的絕對權勢。

關於董仲舒的著作，現存有《春秋繁露》八十二篇，（缺第三十九、四十、五十四等三篇，實為七十九篇）以及《漢書·董仲舒傳》所載的「天人三策」。我們可以從這些著作中瞭解董仲舒思想的全貌。

1.「天人相應」思想

「天人相應」之說，並不是董仲舒所創立的，在《呂氏春秋》和《淮南子》裡已經先建立此說⑱⁴，它最大的特色就是用「災異」的顯現，來提醒人君要善治國家。而董仲舒的「天人相應」思想則是將儒家傳統的天命思想與流行於戰國時代的陰陽五行學說結合而成。孔子是最敬畏「天」的人，他認爲「天」有「意志」及「賞罰」的能力，所以「天」已經被神格化、人格化。「獲罪於天，無所禱也」⑱，可見「天」就是一個主宰者。「唯天爲大，唯堯則之」⑱，「天」是至高無上的，只有像堯那樣的聖君才可以達到它的境界。董仲舒的「天人」之說多以此爲基礎。

此外，董仲舒也大量引用《春秋》的記載來論說天人相應的思想，他的目的是藉由這些記載來警誡君主。如《春秋繁露・楚莊王第一》說：

春秋之道：奉天而法古。是故雖有巧手，弗修規矩，不能正方圓；雖有察耳，不吹六律，不能定五音；雖有知心，不覽先王，不能平天下；然則先王之遺道，亦天下之規矩六律已！故聖者法天，賢者法聖，此其大數也⑱。

所謂「大數」，就是「大道」，也就是治國大道的意思。不過，如果要達成治國的目的，則必須要「奉天」，否則，天下就會紊亂。又如〈玉杯〉說：「春秋之法：以人隨君，以君隨天。」⑱人民服從國君的領導，而國君服從上天的領導，這是一種以天爲最高的領導者與主宰者的政治思想。在這種思想裡面，只要國君向人民宣佈說：「這是天意，不得違抗」的時候，人民自然不敢違抗天意了。所以〈爲人者天〉說：「唯天子受命於天，天下受命於天子，一國則受命於君。君命順，則民有順命；君命逆，則民有逆命；故曰：『一人有慶，萬民賴之』，此之謂也。」⑱這是一種宣稱順從「天意」來達到統治人民爲目的的思想。

董仲舒是《春秋公羊學》專家，在他的「對策」之中也屢屢引述《春秋》的話。例如：「臣聞，制度文采玄黃之飾，所以明尊卑，異貴賤，而勸有德也。故春秋受命所先制者，改正朔、易服色，所以應天也。」又「臣謹案，春秋之中，視前世已行之事，以觀天人相與之際，甚可畏也」。⑲這也是董仲舒的「天人相應」之說的一部份。此說認爲「天」可以左右國家及人民的命運，假如國家的政治離心離德，或國君實施惡政的話，則天便會降下災害以警告國君，如果國君不加反省，就會出現災異。《春秋繁露．同類相動》說：

天有陰陽，人亦有陰陽。天地之陰氣起，而人之陰氣應之而起。人之陰氣起，而天地之陰氣亦宜應之而起。其道一也⑲。

天人之間的陰陽之氣可以相應，這便是造成「天人相應」的原因。又說：

明於此者，欲致雨，則動陰以起陰，欲止雨，則動陽以起陽，故致雨非神也⑲。

這些學說爲董仲舒「公羊學」的一部份，主要的內容是闡述陰陽五行和人事的關係。在漢儒之中，不乏把經學和人事及陰陽災異之說相互混雜，這其中又以董仲舒最爲有名。這些藉災異論人事的言論，或用來議決人事，往往屢試不爽，頗能應驗。雖然王充也曾駁斥過董仲舒的言論⑲，但是，他在《論衡》〈指瑞〉〈是應〉等篇之中也表現出濃厚的陰陽五行學說的色彩⑲，可見董對當時的學術界確實產生很大的影響力。

在「天人相應」的思想之中，天和人的關係又如何？〈爲人者天〉說：

爲生不能爲人，爲人者，天也，人之人本於天，天亦人之曾祖父也，此人之所以乃上類天也。

人之形體，化天數而成；人之血氣，化天志而人（行），人之德行，化天理而義；人之好惡，化天之暖清；人之喜怒，化天之寒暑；人之受命，化天之四時；人生有喜怒哀樂之答，春秋冬夏之類也。喜，春之答也，怒，秋也，樂，夏之答也，哀，冬之答也，天之副在乎人，人之情性有由天者矣。故曰受，由天之號也[195]。

董仲舒認爲，人體的構造，是本之於天，就連人的喜怒哀樂的情緒也都是應「天」而起，而不能由自己來操控。人接受天命，所以高出其它百物，百物有缺陷，故不能行仁義，只有人能獨自行仁義；百物有缺陷，故不能與天地配合，只有人能獨自與天地配合。這是因爲「天德施，地德化，人德義」[196]的緣故。爲何會如此？〈人副天數〉說：「人有三百六十節，偶天之數也；形體骨肉，偶地之厚也；上有耳目聰明，日月之象也；體有空竅理脈，川谷之象也；心有哀樂喜怒，神氣之類也；觀人之體，一何高物之甚，而類於天也。」[197]人不只是由天所成，即使是長相也跟天類似。

2.「災異」思想

「災異」之說在中國古代天人關係中是最常被討論的話題。由於古人對大自然的知識所知有限，因此，當遇到一些無法解釋的自然現象時，便將它說成是天意，若遇到災害造成傷亡時，便將它說成是上天在懲罰人民。通常爲政者會把責任推卸給上天，並藉此給人民一個機會教育，要人民聽從領導。如《尚書•泰誓》「弗敬上天，降災下民」[198]之說就是。在民智未開的時代裡，這樣的做法往往可以收到統治的效果。《漢書•宣帝紀》說：「災異者，天地之戒也。」[199]當災異出現時，就是國君和人民要警誡的時候。董仲舒在這方面的表現最爲傑出。〈必仁且智〉說：

天地之物，有不常之變者，謂之異，小者之謂災，災常先至，而異乃隨之，災者，天之譴也，異者，天之威也，譴之而不知，乃畏之以威，《詩》云：『畏天之威。』殆此謂也⑳⓪。

董仲舒認爲，災異的出現，就是天在發威的時候，而人們之所以知道天在發威是因爲「人受命乎天」⑳①的緣故。不僅如此，對於天、人的容貌，董仲舒更說：「人之身首而員，象天容也。」又說：「天地之符，陰陽之副，常設於身，身猶天也，數與之相參，故命與之相連也。」⑳②董仲舒認爲，災異的發生是因爲國君的施政有錯失，當錯失發生時，上天就會顯示災異來警誡國君，如果對警誡還不知畏懼，上天就會降下災禍。〈必仁且智〉說：

災異以見天意，天意有欲也，有不欲也；所欲，所不欲者，人內而自省，宜有懲於心，外以觀其事，宜有驗於國，故見天意者之於災異也，畏之而不惡也，以爲天欲振吾過，救吾失，故以報我也⑳③。

若照此說看來，天災是因爲人的過失才發生的，所以在上位者必須順應天意而行，如果一意孤行，就會遭受上天的遺棄。凡遭到上天遺棄的君主，必定得不人民的扶助，而桀、紂就是這樣的君主⑳④。

3. 小　結

災異之說在秦漢之際已經相當完備，到了董仲舒的時候，這種思想發展得更加成熟。而董仲舒又是《春秋公羊學》專家，將天人、災異之說融入於他的思想中是一件很自然的事。然而，也因爲這樣，使得漢代的儒學思想逐漸脫離了傳統而展現出前所未有的新面貌。所以，漢代不少儒者認爲災異是起於陰陽的不和，因此，陰陽調和與否就變成了政治上的課題，而這個課題便是朝廷三公的主要任務。換句話說，實際上要面對災異責任的是三公而不是天子。在政治被災異思想瀰漫的時候，天子往往會遇災而懼。三公除了要負政治責任外，還要隨時注意自然界中所發生的現象，因此，在漢時當遇有災異時有策免三公的制度㉕。

董仲舒的「對策」及其學說，對古代的天文學產生了一定程度的影響。漢代天文現象的觀察和曆法的制定，是國家天文制度研究機構建立的主要原因，不過，這個機構建立的時間並不十分清楚，據推測可能是在武帝太初改曆之後的事情。如果根據《史記・太史公自序》「太史公（談）學天官於唐都」以及「太史公（談）既掌天官，不治民」⑳的記載來看，司馬談即可能就是漢代國家天文台的長官，而這項工作和史書的纂寫是可以並行不悖的。不過，我們必須要瞭解一個事實，那就是漢代的天文學和流行於當時的天人、災異思想必定有密切的關係。

結　語

儒學思想在整個發展的過程中，婉如一條貫穿古今的長河，從那遙遠的過去，流向那遙遠的未來，雖然在中途曾幾經波折，但始終不曾停下腳步。而中國的社會在儒家思想長期的教化之下形成了特有的文化和道德思想。這些文化和道德思想，不僅影響了中國，同時自西元三世紀末以來也影響了韓國和日本。不管時代變遷的速度有多快，多複雜，儒家思想似乎在不同的轉變中都能夠展現出圓融性和適應性，而不只是一種思想上的意識形態而已。儒學思想在經歷了秦火的浩劫之後，雖然幾乎陷於中絕之境，但是也因爲再次的淬礪而萌生出另一階段的新生命。事實上，任何一家的學說思想都會順應時代的變遷而有所調整或改變，因此，秦火對儒學思想或其它諸子學說而言，無疑是一個蛻變的契機。儒家思想發展到了漢代，一方面要繼承自孔子以來以仁爲中心的禮樂之治的傳統思想體系，另一方面又要和流行於當時的陰陽五行及讖書緯說的思想相互結合。從表面上看，這似乎是一種陷於絕境的自我相伐的矛盾現象，但實際上是儒學思想按照歷史發展的動向不斷地形成的一個重要過程。

【附註】

① 見瀧川龜太郎著《史記會注考證二本紀・秦始皇本紀第六》，藝文印書館，頁二九。（案：凡以下引用《史記》的記載，皆省略作者姓名及書名。）

② 見《二本紀・秦始皇本紀第六》，藝文印書館，頁二九-三〇。

③ 見《二本紀・秦始皇本紀第六》：「非秦記皆燒之，非博士官所職，天下敢有藏詩書百家語者，悉詣守尉雜燒之，有敢偶語詩書棄市，以古非今者族。吏見知不舉者，與同罪，令下三十日不燒，鯨爲城旦，所不去者，醫藥卜筮種樹之書，若有學法令，以吏爲師，制曰可。」，藝文印書館，頁五七。

④ 見賈誼著《新書卷上儒家五・過秦上》，臺灣商務印書館，頁一。

⑤見《二本紀・秦始皇本紀第六》，藝文印書館，頁五七。
⑥見《二本紀・秦始皇本紀第六》，藝文印書館頁五七-五八。
⑦見《二本紀・秦始皇本紀第六》，藝文印書館，頁五八
⑧見《二本紀・秦始皇本紀第六》，藝文印書館，頁五八
⑨見《十三經注疏・尚書・尚書序》，藝文印書館，頁九。
⑩見《雍錄・坑儒谷》卷七，藝文印書館，頁二〇-二一。
⑪見《雍錄・坑儒谷》卷七，藝文印書館，頁二〇-二一。
⑫見《七列傳・伯夷列傳第一》，藝文印書館，頁五。
⑬見《三表・六國年表第三》，藝文印書館，頁五。
⑭見《九列傳・儒林列傳第六十一》，藝文印書館，頁四。
⑮見《九列傳・儒林列傳第六十一》，藝文印書館，頁二〇。
⑯見《九列傳・儒林列傳第六十一》，藝文印書館，頁二三。
⑰見康有爲著《僞經考卷一・秦焚六經未嘗亡缺考第一》，臺灣商務印書館，頁一。
⑱見《漢書・儒林傳第八十八》，宏業書局，頁三五九二。
⑲見康有爲著《僞經考卷一・秦焚六經未嘗亡缺考第一》，臺灣商務印書館，頁四。
⑳見《漢書・蕭何曹參傳第九》，宏業書局，頁二〇〇六。

㉑ 見《十三經注疏・周禮・大司徒》，藝文印書館，頁一四九。

㉒ 見《十三經注疏・周禮・大司徒》，藝文印書館，頁一四九。

㉓ 見《漢書・蕭何曹參傳第九》，宏業書局，頁二〇〇六。

㉔ 見《二本紀・秦始皇本紀第六・集解》：「徐廣曰：『一無法令二字』」，藝文印書館，五二。

㉕ 見康有爲著《僞經考卷一・秦焚六經未嘗亡缺考第一》，臺灣商務印書館，頁二。

㉖ 見《八列傳・李斯列傳第二十七》，藝文印書館，頁一三。

㉗ 見《二本紀・秦始皇本紀第六》，藝文印書館，頁五一。

㉘ 見《八列傳・李斯列傳二十七》，藝文印書館，頁一三。

㉙ 見《九列傳・儒林列傳六十一》，藝文印書館，頁四。

㉚ 見李景明《中國儒學史・秦漢卷》，廣東教育出版社，頁一一。

㉛ 見《雲夢秦簡研究》，竹帛出版社，頁一四。

㉜ 見《四書・禮書第一》：「至秦有天下，悉內六國禮儀，采擇其善。」，藝文印書館，頁五。

㉝ 見《二本紀・秦始皇本紀第六》：「立石與諸儒生議…」，藝文印書館，頁三二-三三。

㉞ 見《史記會注考證二本紀・秦始皇本紀第六》：「非秦記，皆燒之…」，藝文印書館，五〇-五一。

㉟ 高帝之弟。

㊱ 秦時人，亦稱子鮒，字甲，又字子魚，孔子九世孫。《漢書・孔光傳第五十一》：「鮒爲陳涉博士」，宏業書

局，頁三三五二。

㊲見《二本紀・孝文本紀第十》，藝文印書館，頁三三二。

㊳非今《禮記・王制》。見瀧川龜太郎著《史記・封禪書第六》：「而使博士諸生刺六經作王制。」案「王制」為封禪而作。藝文印書館，頁四二。

㊴見《漢書・武帝紀第六》：「（建元）五年⋯置五經博士。」宏業書局，頁一五九。

㊵見《後漢書卷七十八・翟酺傳第三十八》：「初，酺之為大匠，上言『孝文皇帝始置一經博士，武帝大合天下之書，而孝宣論六經於石渠，學者滋盛，弟子數萬⋯⋯』」，臺灣中華書局，頁六-七。

㊶見《後漢書卷七十八・翟酺傳第三十八》，臺灣中華書局，六-七。

㊷見《困學紀聞・卷八》，臺灣商務印書館，頁一八。

㊸見狩野直喜著《兩漢學術考》，日本東京筑摩書房，頁四〇。

㊹見《漢書・儒林傳第五十八》，宏業書局，頁三六二〇。

㊺見《九列傳・儒林列傳第六十一》：「余讀功令，至於廣厲學官之路，未嘗不廢書而歎也。」藝文印書館，頁二。

㊻見《漢書・食貨志第四上》，宏業書局，頁一一二七。

㊼見《漢書・高惠高后文功臣表第四》，宏業書局，頁五二七。

㊽見《八列傳・酈生陸賈列傳第三十七》，藝文印書館，頁三。

㊾同註㊺。〈考證〉：「酈生求見，使者入通，公方跣足，問何如人？曰：狀類大儒。上曰：吾方以天下爲事，未暇見大儒也。使者出告。酈生瞋目按劍入言：高陽酒徒，非儒者也。」，頁四。

㊿見《八列傳·叔孫通傳第三十九》：「秦時以文學徵，待詔博士數歲。」，藝文印書館，一一。

51見《八列傳·叔孫通傳第三十九》，藝文印書館，頁一三。

52見《八列傳·叔孫通傳第三十九》，藝文印書館，頁一四。

53見《漢書·陸賈傳第十三》，宏業書局，頁二一一二。

54見《八列傳·酈生陸賈列傳第三十七》，藝文印書館，頁一六。

55見《八列傳·酈生陸賈列傳第三十七》，藝文印書館，頁一六。

56見《八列傳·酈生陸賈列傳第三十七》，藝文印書館，頁一六-一七。

57見《漢書·高惠帝紀第二》，宏業書局，頁九〇。

58見《九列傳·儒林列傳第六十一》，藝文印書館，頁六。

59見《八列傳·袁盎晁錯列傳第四十一》，藝文印書館，頁一六。

60見《漢書·文帝紀贊第四》，宏業書局，頁一三五。

61見《九列傳·儒林列傳第六十一》，藝文印書館，頁七。

62見《六世家·外戚世家第十九》，藝文印書館，頁一四。

63見《九列傳·儒林列傳第六十一》，藝文印書館，頁一七-一八。

64 見《九列傳・儒林列傳第六十一》，藝文印書館，頁二六。
65 見《漢書・景帝紀贊第五》，宏業書局，頁一五二。
66 見《漢書・武帝紀第六》：「丞相綰奏：『所舉賢良，或治申、商韓非、蘇秦、張儀之言，亂國政，請皆罷。』」，宏業書局，頁一五七。
67 見日本九州大學町田三郎教授著《秦漢思想史之研究》，東京創文社，頁一三一。
68 見《九列傳・儒林列傳第六十一》，藝文印書館，頁七。
69 見《九列傳・儒林列傳第六十一》：「綰、臧請天子，欲立明堂以朝諸侯。」，藝文印書館頁一四。案：「明堂」即王者的太廟，爲行政教之堂。
70 見《九列傳・儒林列傳第六十一》，藝文印書館，頁一四。
71 見《九列傳・儒林列傳第六十一》，藝文印書館，頁一四。
72 見《九列傳・魏其武安侯列傳第四十七》，藝文印書館，頁八。
73 見《九列傳・儒林列傳第六十一》，藝文印書館，頁八。
74 見《漢書・武帝紀第六》，宏業書局，頁一五七。
75 見《九列傳・儒林列傳第六十一》，藝文印書館，頁一四。
76 見《漢書・董仲舒傳第二十六》：「春秋大一統者，天地之經常，古今之通誼也。今師異道，，人異論，百家殊方，指意不同，是以上亡以持一統；法制數變，下不知所守。臣愚以爲諸不在六藝之科孔子之術者，皆絕其道，勿使並進。邪辟之說滅息，然後統紀可一而法度可明，民知所從矣。」，宏業書局，頁二五二二。

⑰ 見《春秋繁露・深察名號第三十五》：「受命之君，天意之所予也。故號爲天子者，宜視天爲父，事天以孝道也。」，藝文印書館，頁二。案：董仲舒此一理論對漢武帝而言，確實產生很大的影響。

⑱ 關於建元五年「置五經博士」之事。《史記・魏其武安侯列傳第四十七》說：「武安侯（田蚡）雖不任職，以王太后故親幸，數言事多效。天下吏士趨勢利者，皆去魏其歸武安。武安日益橫。」可知田蚡是極爲重要的關鍵人物，當然武帝自己也有這種思想的傾向。建元六年，竇太后崩，田蚡爲丞相。《史記・酈生列傳》說：「當是時，丞相入奏事，坐語移日，所言皆聽。薦人，或起家二千石，權移主上。」就在同一時候，招「文學儒者數百人」（《漢書・儒林傳》），這或許就是田蚡任丞相後，議請武帝於元光元年（西元前一三四年）冬主張舉孝廉、招賢良方正的時候。而儒學一尊的思想體制得以鞏固，趙綰、竇嬰、王藏、田蚡等對武帝的影響最大。

⑲ 見《漢書・食貨志第四上》，宏業書局，頁一一三五－一一三六。

⑳ 見《漢書・異姓諸侯王表第一》，宏業書局，頁三六五

㉑ 見徐復觀著《兩漢思想史・卷一》，學生書局，頁一七四。

㉒ 見《漢書・諸侯王表第二》，宏業書局，頁三九四。

㉓ 見《漢書・匈奴傳第六十四上》，宏業書局，頁三七六五。

㉔ 見劉宗賢、謝祥皓著《中國儒學》，水牛出版社，頁一三〇。

㉕ 見黃秉泰著《儒學與現代化－中韓日儒學比較研究》（引胡適〈漢朝定儒教爲國教〉，載於《皇家亞洲協會華

北分會雜誌》第十五期，頁二九-三四），社會科學文獻出版社，頁六六。
⑯ 見《十三經注疏・周易・繫辭》，藝文印書館，頁一四八-一五〇。
⑰ 見《十三經注疏・尚書・洪範》，藝文印書館，頁一七六。
⑱ 見《四書・封禪書第六》，藝文印書館，頁二〇。
⑲ 見《八列傳・酈生陸賈列傳第三十七》，藝文印書館，頁一二。
⑳ 見《八列傳・酈生陸賈列傳第三十七》．秦亡之後，趙佗率兵平桂林、象郡後自立爲南越武王。藝文印書館，頁一二。
㉑ 見《八列傳・酈生陸賈列傳第三十七》，藝文印書館，頁一四。
㉒ 見《八列傳・酈生陸賈列傳第三十七》，藝文印書館，頁一二。
㉓ 見《八列傳・酈生陸賈列傳第三十七》，藝文印書館，頁一六-一七。
㉔ 見陸賈著《新語卷上・道基第一》，四庫善本叢書子部，藝文印書館，頁四。
（案：以下凡引《新語》之文字者，皆省略作者姓名。）
㉕ 見《新語卷上・道基第一》，四庫善本叢書子部，藝文印書館，頁四。
㉖ 見《新語卷上・術事第二》，四庫善本叢書子部，藝文印書館，頁七。
㉗ 見《新語卷下・本行第十》，四庫善本叢書子部，藝文印書館，頁八。
㉘ 見《新語卷上・輔政第三》，四庫善本叢書子部，藝文印書館，頁七。

⑲ 見《新語卷上．道基第一》，四庫善本叢書子部，藝文印書館，頁四。
⑳ 見《新語卷上．輔政第三》，四庫善本叢書子部，藝文印書館，頁二-三。
⑩ 見《新語卷上．道基第一》，四庫善本叢書子部，藝文印書館，頁三-四。
⑩ 見《新語卷上．道基第一》，四庫善本叢書子部，藝文印書館，頁四。
⑩ 見《新語卷下．本行第十》，四庫善本叢書子部，藝文印書館，頁九。
⑩ 見《新語卷下．本行第十》，四庫善本叢書子部，藝文印書館，頁九。
⑩ 見《荀子集解．儒效第八》：「法後王，一制度，隆禮義而殺詩書。」，世界書局，頁八八。
⑩ 見《韓非子集解．六反第四十六》，世界書局，頁三二二。
⑩ 見《新語卷上．術事第二》，四庫善本叢書子部，藝文印書館，頁五。
⑩ 見《新語卷上．術事第二》，四庫善本叢書子部，藝文印書館，頁五-六。
⑩ 見《新語卷上．術事第二》，四庫善本叢書子部，藝文印書館，頁六。
⑪ 見《新語卷上．術事第二》，四庫善本叢書子部，藝文印書館，頁六。
⑪ 見《韓非子集解．勢難第四十》：「夫良馬固車，使臧獲御之，則為人笑；王良御之，則日取千里。車馬，非異也，或至乎千里，或為人笑，則巧拙相去遠矣。今以國為車，以勢為馬，以號令為轡銜，以刑罰為鞭筴，使堯、舜御之，則天下治，桀、紂御之，則天下亂，則賢不肖相去遠矣。夫欲追速致遠，知任王良；欲進利除害，不知任賢能，此則不知類之患也。夫堯、舜，亦治民之王良也。」，世界書局，頁二九八。（這是《韓非子》

論述「善用人才」的重要資料之一）

⑫見《漢書・景帝紀贊第五》，宏業書局，頁一五三。

⑬見《新語卷上・無爲第四》，四庫善本叢書子部，藝文印書館，頁九。

⑭見朱熹《四書集注・衛靈公第十五》，世界書局，頁一〇六

⑮此與《四書集注・中庸》：「喜怒哀樂之未發謂之中，發而皆中節謂之和」之道相近。世界書局，頁二。

⑯見《新語卷上・無爲第四》，四庫善本叢書子部，藝文印書館，頁九。

⑰見《新語卷上・無爲第四》，四庫善本叢書子部，藝文印書館，頁九-一〇。

⑱見《史記會注考證八列傳・酈生陸賈列傳》，藝文印書館，頁一六。

⑲見《荀子集解・天論第十七》：「列星隨旋，日月遞炤，四時代御，陰陽大化，風雨博施，萬物各得其和以生，各得其養以成，不見其事而見其功，夫是之謂神。」，世界書局，頁二〇六。

⑳見《荀子集解・天論第十七》，世界書局，頁二〇七。

㉑見《荀子集解・天論第十七》，世界書局，頁二一一。

㉒見《新語卷下・明誡第十一》，四庫善本叢書子部，藝文印書館，頁一〇。

㉓見《新語卷下・明誡第十一》，四庫善本叢書子部，藝文印書館，頁一〇-一一。

㉔見《新語卷下・明誡第十一》，四庫善本叢書子部，藝文印書館，頁一一。

⑫⑤ 見《十三經注疏・周易・繫辭上》，藝文印書館，頁一五七。

⑫⑥ 見《百子全書 論衡卷二十九・案書》，黎明文化事業公司，頁八三〇四。

⑫⑦ 見李景明著《中國儒學史・秦漢卷》，廣東教育出版社，頁五〇。

⑫⑧ 見《漢書・敘傳下》，宏業書局，頁四二五二。

⑫⑨ 見《漢書・賈誼傳第十八》，宏業書局，頁二二三二。

⑬⓪ 見《漢書・賈誼傳第十八》，宏業書局，頁二二三三。

⑬① 見《漢書・賈誼傳第十八》，宏業書局，頁二二六四。

⑬② 見《十三經注疏・孝經廣要道章第十二》，藝文印書館，頁四三。

⑬③ 見《荀子・彊國第十六》，世界書局，頁一九四。

⑬④ 見《荀子・議兵第十五》，世界書局，頁一八六。

⑬⑤ 見《四書集註・孟子盡心下》，世界書局，頁二〇七。

⑬⑥ 見《十三經注疏・禮記哀公問第二十七》，藝文印書館，頁八四九。

⑬⑦ 見《十三經注疏・禮記郊特牲第二十六》，藝文印書館，頁五〇六。

⑬⑧ 見《論語・八佾第三》，世界書局，頁一八。

⑬⑨ 這個「禮」字，可視爲「尊卑」之意。

⑭⓪ 見《荀子集註・樂論第二十》，世界書局，頁二五五。

⑭ 見《荀子集註・富國第十》，世界書局，頁一一五。
⑭ 見《荀子・禮論第十九》，世界書局，頁二三三。
⑭ 見《新書卷上儒家五・數寧》，臺灣商務印書館，頁八。
⑭ 見《新書卷上儒家五・數寧》，臺灣商務印書館，頁八-九。
⑭ 見《新書卷上儒家五・藩彊》，臺灣商務印書館，頁一三。
⑭ 見《新書卷上儒家五・藩彊》，臺灣商務印書館，頁一二。
⑭ 見《新書卷上儒家五・等齊》，臺灣商務印書館，頁二一。
⑭ 見《新書卷上儒家五・等齊》，臺灣商務印書館，頁二一。
⑭ 二說均見《新書卷上儒家五・等齊》，臺灣商務印書館，頁二〇。
⑮ 見《新書卷上儒家五・等齊》，臺灣商務印書館，頁二一。
⑮ 見《新書卷上儒家五・等齊》，臺灣商務印書館，頁二一。
⑮ 見《新書卷下・禮》，臺灣商務印書館，頁一。
⑮ 見《新書卷下・禮》，臺灣商務印書館，頁一。
⑮ 見《新書卷下・禮》，臺灣商務印書館，頁一。
⑮ 見《十三經注疏 孝經・三才章》，藝文印書館，頁二八。
⑮ 見《漢書・賈誼傳》，宏業書局，頁二二五三。

⑮⑦ 見《十三經注疏 禮記・經解》，藝文印書館，頁八四七。

⑮⑧ 見《漢書・賈誼傳》，宏業書局，頁二二五三。

⑮⑨ 見《漢書・賈誼傳》，宏業書局，頁二二五三。

⑯⓪ 見《十三經注疏 書經・康誥》，藝文印書館，頁二〇二、二〇四、二〇五。

⑯① 見《十三經注疏 書經・多方》，藝文印書館，頁二五六、二五八、二五九。

⑯② 見《新書下卷・大政上》，臺灣商務印書館，頁二八。

⑯③ 見《新書上卷・過秦上》，臺灣商務印書館，頁三

⑯④ 見《十三經注疏 尚書・五子之歌》，藝文印書館，頁一〇〇。

⑯⑤ 見《十三經注疏 孟子・盡心下》，藝文印書館，頁二五一。

⑯⑥ 見《新書下卷・大政上》，臺灣商務印書館，頁二八-二九。

⑯⑦ 見《新書下卷・大政上》，臺灣商務印書館，頁二九。

⑯⑧ 見《新書下卷・大政上》，臺灣商務印書館，頁二九。

⑯⑨ 見《新書下卷・大政上》，臺灣商務印書館，頁二九-三〇。

⑰⓪ 見《新書下卷・大政上》，臺灣商務印書館，頁三〇。

⑰① 見《新書下卷・大政上》，臺灣商務印書館，頁二九。

⑰② 見《新書下卷・大政上》，臺灣商務印書館，頁三〇。

⑰³ 見《新書下卷・大政上》，臺灣商務印書館，頁二九。
⑰⁴ 見《十三經注疏 論語・爲政》，藝文印書館，頁一六。
⑰⁵ 見《十三經注疏 論語・子張》，藝文印書館，頁一七三。
⑰⁶ 見《荀子・修身第二》，世界書局，頁二二。
⑰⁷ 見《新書下卷・大政上》，臺灣商務印書館，頁三〇。
⑰⁸ 見《新書下卷・大政上》，臺灣商務印書館，頁三一。
⑰⁹ 見《新書下卷・大政下》，臺灣商務印書館，頁三三。
⑱⁰ 見《新書下卷・大政下》，臺灣商務印書館，頁三三。
⑱¹ 見《新書下卷・大政下》，臺灣商務印書館，頁三三。
⑱² 見《九列傳・儒林列傳》，藝文印書館，頁二六。
⑱³ 見《漢書・董仲舒傳》，宏業書局，頁二五二二。
⑱⁴ 見羅光著《中國哲學思想史・兩漢、南北朝篇》，學生書局，頁一六八。
⑱⁵ 見朱熹著《四書集解・論語・八佾第三》，世界書局，頁一六。
⑱⁶ 見朱熹著《四書集解・論語・泰伯第八》，世界書局，頁五四。
⑱⁷ 見董仲舒撰《春秋繁露・楚莊王第一》，藝文印書館，頁六。
⑱⁸ 見董仲舒撰《春秋繁露・玉杯第二》，藝文印書館，頁一一。

⑱見董仲舒撰《春秋繁露・爲人者天第四十一》，藝文印書館，頁一。
⑲見《漢書・董仲舒傳》，宏業書局，頁二五一〇、二四八九。
⑲見董仲舒撰《春秋繁露・同類相動第五十七》，藝文印書館，頁五。
⑲見董仲舒撰《春秋繁露・同類相動第五十七》，藝文印書館，頁五。
⑲可參閱《百子全書・論衡・感類》，黎明文化事業公司，頁七七七九-七七七七。
⑲可參閱《百子全書・論衡・指瑞、是應》，黎明文化事業公司，頁七七三九-七七五五。
⑲見董仲舒撰《春秋繁露・爲人者天第四十一》，藝文印書館，頁一。
⑲見董仲舒撰《春秋繁露・人副天數第五十六》，藝文印書館，頁二。
⑲見董仲舒撰《春秋繁露・人副天數第五十六》，藝文印書館，頁二。
⑲見《十三經注疏・尙書・泰誓》，藝文印書館，頁一五二。
⑲見《漢書・宣帝紀》，宏業書局，頁二四五。
⑳見董仲舒撰《春秋繁露・任必且智第三十》，藝文印書館，頁一五。
⑳見董仲舒撰《春秋繁露・人副天數第五十六》，藝文印書館，頁二。
⑳見董仲舒撰《春秋繁露・人副天數第五十六》，藝文印書館，頁二-三。
⑳見董仲舒撰《春秋繁露・任必且智第三十》，藝文印書館，頁一六。
⑳可參閱董仲舒撰《春秋繁露・觀德第三十三》之說，藝文印書館，頁四。

⑳⁵ 見清人趙翼著《廿二史劄記卷二》：「是漢時三公官，猶知以調和陰陽，引以為己職，因而遇有災異，遂有策免三公之制。」，世界書局，頁二九。

⑳⁶ 見瀧川龜太郎著《史記會注考證·太史公自序第七十》，藝文印書館，頁六、一五。

【參考文獻】

《四庫全書總目禮記》　藝文印書館　一九八一年元月第八版
《四庫全書總目儀禮》　藝文印書館　一九八一年元月第八版
《四庫全書總目書經》　藝文印書館　一九八一年元月第八版
《四庫全書總目孝經》　藝文印書館　一九八一年元月第八版
《四庫全書總目論語》　藝文印書館　一九八一年元月第八版
《四庫全書總目孟子》　藝文印書館　一九八一年元月第八版
《四庫全書總目左傳》　藝文印書館　一九八一年元月第八版
裴駰《史記集解》　臺灣商務印書館　一九八三年
班固《漢書》　鼎文書局　一九七九年
楊家駱主編《新校本後漢書并附編十三種》　鼎文書局　一九九九年第二版
王先謙《荀子集解》　世界書局　一九九四年

王先謙《韓非子集解》　世界書局　一九七九年
朱熹《四書集注》　世界書局　一九六八年九月第十三版
王先謙《後漢書集解》　臺灣商務印書館　一九六八年
趙翼《廿二史箚記》　臺灣中華書局　一九八五年
董仲舒《春秋繁露》　臺灣商務印書館　一九七五年
馮友蘭《中國哲學史》　香港文蘭圖書公司　一九六七年
羅光《中國哲學思想史》　臺灣學生書局　一九八五年八月第二版
程大昌《雍錄》　藝文印書館
陸賈《新語》　藝文印書館
康有爲《僞經考》　臺灣商務印書館　一九七四年
郭慶藩《莊子集解》　漢京文化事業有限公司　一九八三年
孫詒讓《墨子閒詁》　北京中華書局　一九八六年二月第一版
瀧川龜太郎《史記會注考證》　藝文印書館
趙翼《廿二史箚記》　世界書局
町田三郎《秦漢思想史之研究》　日本東京創文社　一九八四年第一版
狩野直喜《兩漢學術考》　日本筑摩書房　一九八八年第三版

論董仲舒的「郊祀」思想

日本佐賀大學人文教育學部教授 近藤則之 作
陳靜慧 譯

《春秋繁露》〈郊語〉第六十五、〈郊義〉第六十六、〈郊祭〉第六十七、〈郊祀〉第六十九、〈郊事對〉第七十一等篇，記載的是於關天子祭「天」，即郊祀的問題①。歷來的董仲舒研究，對於上述諸篇不甚重視，僅其中的「天者百神之大君也。」（〈郊語〉篇②）或是「天者百神之君也」（〈郊義〉篇）等，於董仲舒的「天」之性格描寫時，是經常被引用的材料，不過對於這些篇章之主題，即郊祀問題之思想意義，幾乎未有人論及。據管見所及，只有內山俊彥氏，在這個問題上稍有觸及而已。內山氏以爲這些篇章非全出自董仲舒之筆，不過他認爲對於《春秋公羊傳》（僖公三十一年）之經師董仲舒而言，他提倡「天子祭天」，所以重視郊祀之禮是必然的。內山氏的理由是：「董仲舒把他獨有的『天』的觀念，與傳統祭天的觀念結合，其用意是要透過祭天，強調作爲天人結合者的君主地位之重要性。同時，對於漢初以來所傳承的種種祭祀之禮，或方術的滲透流行等，他想要以郊祀思想爲中心，建立一套符合專制國家的宗教制度以應之。③」總之，對於董仲舒的「郊祀」思想，他是從政治的角度捕捉其意義，認爲是專爲明君主之權限或方便由天子來進行宗教制度之一元化。這裡，對「郊祀」思想本身之宗教性側面：或者天子以郊祀爲媒介時對於「天」所具有的影響性問題則未有考察。上述的「天者，百神之大君也」等語，他也是從這樣的角度去理解的，忽略了句子本身的語義，不以「天」爲最高的宗教主宰，。這是因爲內山氏認爲董仲舒的「天」是觀念性的自然之根源、統領者，而非人格神之存在。《荀子．天論》篇：「日月食而救之，天旱而雩，卜筮然後決大事，非以爲得求也。以文之也。」前述的祭祀問題，如果沒有《荀子．天論》文中的「文」字之義，那麼內山氏政治角度的解釋是充足的。然而，這裡所祭祀的是「百神之大君」的「天」，與荀子所謂的「文」之，應該有不同的宗教上的意義。如果郊祀諸篇確實是董仲舒所作，於此又以「天」與天子的宗教性關連爲前提的話，這個問題在董仲舒的天人關係論上是具重大意義的。

歷來對於董仲舒的天人關係論，都是以他的災異、瑞祥說或者是陰陽感應說爲主。我們假設董仲舒透過郊祀的思想，是要表達天子對「天」有一影響性，如果此說正確的話，事實上就意味著可以從不同的角度來思考董仲舒的天人關係論，這對歷來有關董仲舒天人關係之研究或可提供修正之處。本文試圖站在這樣的觀點上，對〈郊語〉篇以下有關郊祀問題的宗教意義加以探討④。

又，今日日本國內對董仲舒之研究，基本上以《春秋繁露》不完全是董仲舒所作，本文也是循此立場。同時，本文是以蘇輿的《義證》爲底本的。

一

以下，我們來看看〈郊祀〉諸篇對於郊祀問題是如何定義之的。這幾篇除了〈郊祀對〉篇是廷尉張湯受漢武帝之命，與董仲舒二人對於郊祀問題所作的問答，其他各篇要旨都是在強調郊祀問題的重要性。首先，〈郊語〉篇說明郊祀何以不得不舉行之根據；〈郊義〉、〈郊祭〉、〈郊祀〉三篇是從不同的角度分別論述郊祀之重要性。下面，就來看看〈郊語〉篇的論點。

這篇，先是並列幾種自然界中不可思議的現象，認爲這與人之「吉兇禍福」、「利不利」等一樣，其原因都是難以捉摸的。接著一面引述孔子的話說：這些現象雖然都是不可思議，但既爲自然現象一定是由之於「天」，這是不言自明的；同樣的，人的「吉兇禍福、利不利」也是由來於「天」。「醯去煙」⑤、「鴟羽去眯」、「慈石取金」等由之於「天」的不可思議之自然現象，其發生與人的意志無關。同樣的，「或者吉兇禍福、利不利之所從生，無有奇怪非人所意志如是者乎。此⑥可畏也。」一句，也是說人的吉兇禍福、利不利的原因是不可思議的，與人的意志無關。另一方面，引述孔子所說的：「君子有三畏。畏天命；畏大人；畏聖人之言。」（《論語》季氏篇）說孔子的意思是「天」、「大人」（作君主解）有傷人之能，所以畏之；敬畏「天」要如事奉君主一般。這種情況下，事君不愼者會有「主罰」；同樣的，不畏「天」者會有「天殃」。「主罰」時因果明確；「天殃」時因果「闇闇」，在人們看來它就好像是「自然」引起的一樣。「天殃」與「主罰」雖有闇與顯之別，然而，二者都與人的惡行有確實之因果關係，所以孔子主張畏二者。總之，人的「吉兇禍福、利不利」，雖然不知其所以然，看起來像命運一般，而它確實是由之於「天」。其道理就如同磁石吸引金屬的自然現象一般，既然是自然現象，當然是天所使然。即便如此，這一切現象乍見之下令人不可思議，不知其所以然。孔子了解這個道理，所以說要：「畏天命」。

接著又說：「天地神明之心與人事成敗之眞，固莫之能見也。唯聖人能見之。」造成人們吉兇禍福直接原因的「天」之心與人事之眞僞，只有聖人才能理解。總之，人事與吉兇禍福之間正確的因果關係，只有聖人才能理解的。所以，孔子才說：「畏聖人之言」，而郊祀之禮正是「聖⑦人所最甚重」。如果廢棄郊祀之禮，則對不解吉兇利害之因果的吾人來說，面對種種災禍將無以應對。因之，人們應從聖人所言，對郊祀不可不重視。

又，在這篇裡對郊祀必由天子實行之的理由說：「今身有子，孰不欲其有子禮也。聖人正名，名不虛生，天子者天之子也。以身度天，獨何爲不欲其子之有子禮也。」「天子」者，是謂「天之子」也，是由聖人所正名。一般而言，爲人親者會要求其子行子之禮，同樣的，「天」對於其子之「天子」，自然也會要求行郊祀之子禮。

爲何天子的郊祀之禮是必須的？其結論是，「天」是「吉兇禍福、利不利」之由來者，是下「天福」、「天殃」的神格，所以身爲「天之子」的天子，必須勤行祭祀以得「天福」，迴避「天殃」。

上述以外，〈郊語〉篇有「天者百神之大君也。事天不備，雖百神，猶無益也。」是以《春秋》之義及孔子的「獲罪於天，無所禱也」爲根據。之外，又舉出周朝每年正月上辛⑧（第一個辛日）先百神而行郊祀之禮，結果「天」乃興周朝，文王得八人之「君子俊雄」的實例；秦則因爲「所以事天者異於周」，所以不能像周一樣得到「天福」。郊祀者，是攸關國家存亡之大事也。

以下來看看〈郊義〉篇。本篇的內容是說郊祀應與四祭（四季的宗廟之祭）一同，由天子親行。對於上述周朝每年正月上辛之祭的意義，說這是因爲「天者百君之君也，王者之所最尊也。」天子乃在這天先於諸神，行郊祀以祭「天」。這是「以所最尊，首一歲之事。」意即從尊所當最尊的「天」，天子也開始其天子之行的。

接著〈郊祭〉篇主張天子服喪時，雖然終止宗廟之祭祀，但不終止郊祀之禮。當時有朝臣、學者提出意見，認爲民不聊生，不及於郊祀。對此，〈郊祭〉篇中說「天之子」的天子，以貧困爲由而不及郊祀，就好像爲人子者，以食物不足而不供養父母是一樣，完全是謬誤的。接著文中又解釋《詩經・棫樸》篇，文王受命而行郊祀，以及之後文王伐崇之際所行的二次郊祀，以說明天子有軍事時，必先行郊祀。這是因爲事關國家的命運，有必要得「天」之加護。

〈郊祀〉篇則是引《詩經・雲漢》篇，認爲此篇內容乃是周宣王時，大旱來襲之事。對於詩中「后稷不克，上帝不臨」的解釋，說它是對宣王「不能后稷，不中上帝」的反省。認爲怠於祖先和上帝之禮，所以才會有大旱發生，以爲這乃是因郊祀不備而引起凶事的具體例子。又說：「天已予之，天已使之，其⑨家不可以接天，何哉？」批評天子不可怠於郊祀，進而引《春秋》之義，主張「郊祭最大也」。

又，這一篇裡還有郊祀之時會觸及到的祝詞問題，也是頗堪尋味的，容後再述。

以上四篇，如前所述，〈郊語〉篇提出郊祀何以不得不由天子行之之理由；其他三篇則從不同的角度分別論述郊祀之重要性。各篇之間的思想互有銜接，可以視爲相連貫之主張。

最後的〈郊事對〉篇與前四篇稍異其趣，是廷尉張湯受武帝之命與董仲舒所作的問答。此事一如《漢書》本傳：「仲舒在家，朝廷如有大議，使使者及廷尉張湯就其家而問之」所記，內容上是以郊祀時所用之牲禮問題爲中心。「董仲舒」開宗明言：「所聞，古者之天禮，莫重於郊。郊常以正月上辛者，所以先百神而最居前。禮，三年喪不祭其先，而不敢廢郊。郊重於宗廟，天尊於人也。」這裡，似在爲前四篇所言關於郊祀的議論作一總結。從議題的相關性看來，本篇與前四篇是一連串的郊祀論。所以，即使這篇未必眞的是董仲舒與張湯的問答，但大致上也可以視爲是前四篇之補說。至於其他部分的細節，因內容煩瑣，又與本文論旨無關，在此不一一論述。唯本篇觸及郊祀時所用之牲禮問題，說：「帝牲在滌三月」（《公羊傳》宣公三年），接著又說：「牲貴肥潔，而不貪其大也。」關於這點，後文也有論及，且先留意之。

二

據以上《春秋繁露》郊祀諸篇所述，「天」是直接支配國家與人的吉兇禍福的至高神格。天子者，身爲「天之子」，每年年初乃不得不行郊祀之禮，而之所以要在所有的祭祀、行事之前舉行，因爲這是爲了祈求王朝福祚；如果怠慢之，將引起大的災害，甚致招致國家的滅亡。

關於董仲舒的記述，最能表達其思想的，也是最具可信度的文獻，是《漢書》本傳所載的「對策」，然而其中不用說是郊祀了，甚致連關於祭祀的直接記述也都沒有。唯一只有一次記載：「夫仁誼禮知信五常之道，王者所當脩飭也。五者脩飭，故受天之祐，而享鬼神之靈。德施于方外，延及群生也。」是說天子應得「天之祐」，這裡的「天」與郊祀諸篇所述有共通之處。只是，在這裡得「天之祐」的方法是實踐「五常之道」。但是，如果「天之祐」是如郊祀諸篇所說，應由祭祀以得之，在此「五常之道」便失去意義了。如此一來，與「對策」的思想作一對照時，郊祀諸篇的思想似乎不能看作是董仲舒的思想。

雖說如此，但只就這點就說其內容非董仲舒之思想，就下文的考察來說似乎有些言之過早了。

據《史記・封禪書》及《漢書・郊祀志》，文帝即位的十五年左右，從有司：「古者夏親郊祀上帝於郊，故曰郊」的建議，在雍的五畤首次對五帝舉行郊祀。秦之時，置四畤於雍以祭白、青、黃、赤四帝，高祖時加上黑帝北畤共五畤，令祝官祭之，後世因襲之。到了文帝時，以五畤之五帝是天子於郊外親祭上帝時的祭祀對象，所以親行之。其後，從趙人新垣平的建議，於滑陽也建五帝廟，翌年四月，文帝親行郊祀。經景帝，到武帝之時，其即位翌年，親至雍之五畤行郊祀，以後，每三年一次，定期舉行。數年後，有一年冬天，武帝在雍行郊祀之際，以「今上帝朕親郊，而后土無祠，則禮不答也」，於是在汾陰作后土之祠親祭之。另一方面，開始后土之祭的前後，武帝從亳人謬忌：「天神貴者太一（《漢書》作泰一），太一佐曰五帝。古者天子以春秋祭泰一，云云。」之言，於長安東南郊建太一之祠，令祝官祭之，後又從或人：「五帝，太一之佐也。宜立太一而上親郊之」的進言。武帝本對此進言抱疑，後來在甘泉圜五帝壇建太一祠壇，完成後的十一月朔冬至，於太一祠壇親行郊祀。如上所述，郊祀是天子親祭上帝，即至上神的祭禮，始於文帝，武帝因襲之，後乃成爲三年一次之定例。它被行事化的原因應該是郊祀之禮比文帝時更受重視之故。至上神本是五帝，在武帝時變成是太一，而太一成爲郊祀對象，時間上據〈封禪書〉及〈郊祀志〉同年秋：「爲伐南越，告禱太一」；又據《史記・南越傳》所記，武帝伐南越始於元鼎五年（西元前一一四年）。總之，太一之祀看起來是始於元鼎五年。這一年，董仲舒已歿⑩，到他未去世前，郊祀是祭五帝。他是以五帝爲至上神而爲郊祀之對象，也目睹此一祭禮逐漸受到重視之經過，由此可以推測出，很有可能對他來說郊祀問題已經是思想之課題了。

漢代郊祀對象之至上神，從五帝轉爲太一，二者本不是儒家之神格。五帝，是指白、青、黃、赤、黑帝，此說肇始於鄒衍的「五德始終說」。太一者，據津田左右吉氏之說⑪，可能是方士所尊的至上神。因之，五帝或太一成爲漢室所認定的郊祀對象，代表著其背後的「五德始終說」或方術思想的勢力之擴大，儒家的勢力自然也受到一定程度的壓抑。

對儒家來說，即使實質內容有所不同，一般而言是以「天」爲最高之存在的。特別是對董仲舒來說，「天」的概念是極爲重要的。他的「天者群物之祖也」（〈對策三〉）、「道之大原出於天，天不變，道亦不變」（同上）等說，是以天爲萬物及理法之根源，因此他可以說是一個強調「天」爲最高之實在的思想家。

原本，五帝、太一或者「天」等的說法，在概念上似乎沒有嚴格之區分。在〈封禪書〉及〈郊祀志〉裡，記述了武帝始於郊祀中祭太一的祝詞說：「天始以寶鼎神策授皇帝，朔而又朔，終而復始，皇帝謹拜見焉。」這裡的「天」，指的是太一；又，之前所引謬忌之言：「天神貴者太一，太一佐曰五帝」，這裡的太一、五帝是「天神」之意。像這樣子，太一、五帝有時包攝在「天」的概念之中，三者在概念上極爲愛昧。不過，對董仲舒而言，則必須要加以嚴格區分。因爲不論是他思想所根據的《春秋公羊傳》，或者是極受董氏重視，記錄《春秋》作者孔子言行的《論語》──在《對策》中頻受引用，一讀《對策》即可知道其受重視之程度二者，都是以「天」爲最高之實在的。從而，若以太一或五帝爲最高之實在，對董仲舒而言，無異於是對孔子之否定；不論其實質之內容爲何，但是最高之實在則必須要是「天」。對這樣一個思想家，在郊祀時以五帝、太一爲至上神是很有問題的，是一定得否定的吧。

此外，〈郊語〉篇：「天者百神之大君也。事天不備，雖百神，猶無益也。」、〈郊義〉篇：「天者百神之君也，王者之所最尊也。」等，以「天」之上已無至上神，對上述所推測的董仲舒的問題意識似乎有一對應。從這些結果看來，這些文章及與相關的郊祀諸篇的思想之展開，很有可能就是董仲舒本人的郊祀論了。

又，本文冒頭中已提及內山氏主張郊祀之重要性，不過對內山氏以其目的之一是爲對抗方術等的祭儀之觀點，則未論斷。從上述看來，內山氏之說是可以肯定的。不過，內山氏主張「郊祀的重要性」

是在對抗方術祭儀，這點，應改作是「『天』之郊祀的重要性」似乎較為恰當。

三

如上所述，我們參照了當時漢初所行郊祀之實際情況時，發現《春秋繁露》郊祀諸篇的郊祀論很有可能是董仲舒所作，而其郊祀論的目的是為祈「天」以求「天福」。祈者得「天福」，未祈者會有「天殃」，引起旱魃等的災害，甚致國家的滅亡。對此，前述已指出與《對策》中提倡實踐「五常之道」才是得「天之祐」的想法，似有矛盾之處。這且不論，如果說郊祀諸篇確實是董仲舒所作的話，那序文所引述內山氏的：「透過祭天，強調作為天人之結合者的君主地位的重要性」或者：「建立一套符合專制國家的宗教制度」之說，強調其政治意義，而捨棄由祈「天」以祈國家之福的宗教意義，應該是最恰當的解釋了。而如果說這樣的政治意義是董仲舒郊祀論的目的的話，那麼郊祀的意義就會傾向於像是《禮記．禮運》篇：「祭帝於郊，所以定天位也。……故禮行於郊，而百神受職焉。」所說的，是為確認位諸神之上位的「天」之尊嚴；或者是《中庸》：「踐其位，行其禮，奏其樂，敬其所尊，愛其所親，事死如事生，事亡如事存，孝之至也。郊社之禮，所以事上帝也。宗廟之禮，所以祀乎其先也。明乎郊社之禮、禘嘗之義，治國其如示諸掌乎。」所說的，象徵性地以尊其所尊達到倫理之目地。如是，則「天福」、「天殃」等就不會是問題了。

當然，內山氏所指的政治性意圖，在郊祀諸篇來說也非是完全沒有的，然而只有這個政治性的解釋並不足以說明爲何郊祀諸篇，一反〈對策〉的思想主張由祭祀以求福。

內山氏以董仲舒之「天」是對自然之統稱。歷來的研究，皆以董仲舒的自然「天」與宗教主宰者的「天」混淆，該二說法是津田左右吉氏⑫和馮友蘭氏在其舊作中⑬首先提出，內山氏則否定此說。對此，近年有池田知久氏同時批判混淆說和內山氏之說，而認爲董仲舒的「天」之基本性格是人格神的宗教之主宰⑭。池田氏此說，概源於〈對策〉中對「天」的解釋。

〈對策一〉裡，對災異的原因，有所謂的「天譴說」和「陰陽感應說」二種，這是「混淆說」出現的原因。前者例如：

> 國家將有失道之敗，而天乃先出災害，以譴告之。不知自省，又出怪異，以警懼之。尚不知變，而傷敗乃至。

後者例如：

> 及至後世，淫佚衰微，不能統理群生，諸侯背畔，殘賊良民以爭壤土，廢德教而任刑罰。刑罰不中，則生邪氣。邪氣積於下，怨惡畜於上，上下不和，則陰陽繆盭而妖孽生矣。此災異之所緣而起也。

對於這二種道理的災異說，池田氏以爲，基於後者之陰陽感應的災異說，是在說明「天」譴所引起之機械式的災異，而非天譴說之別說。因之，他解釋「天」的基本性格，以其是能夠譴告吾人之有意志之實在，是具人格的宗教之主宰。總而言之，是說「天」乃是至上神，其意志是透過陰陽感應爲代表的自然之機械性律動來顯現的。又，他認爲內山氏以董仲舒的「天」是自然之統稱，是因爲他認爲由災異、瑞祥等的陰陽現象所顯現的「天」之意志，不過是顯示了自然的方向性與其傾向。問題是，「天」是能夠「譴告」、「警懼」人君的主體，如果說災異等的現象只是顯示了自然的方向性與其傾向的話，解釋上是有些困難的。

依上述池田氏之說，董仲舒的「天」是至高的宗教主宰，主張其爲祭祀之對象也是理所當然的。從而，郊祀諸篇之存在，正好可證明池田氏所說的，董仲舒的「天」乃最高的宗教主宰之說。然而，即使董仲舒所認定的「天」是如此，這樣的「天」與郊祀諸篇的「天」之思想間，還是有可能不相連接，

馮友蘭氏的新說，主要是在對《春秋繁露》的「天」提出解釋，他說：「董仲舒所說的天是物質的天，但是是有意志的」、「董仲舒認爲宇宙的最高主宰是『天』，但天主宰萬物的作用是通過陰陽五行之氣而表現出來的。」⑮這與上述池田氏所說的基本上是一樣的。馮氏對郊祀諸篇的「天」也有所觸及，不過他以爲這不是董仲舒主要的「天」論⑯。從而，馮氏的新說也是一種混淆說，他說的「天」是宗教主宰，而其意志則只能透過自然的機械氏律動來表達的話，理不應成爲郊祀之對象。馮氏以郊祀諸篇的「天」是爲例外，大概也是因爲這個原因吧。池田氏雖然沒有明說，他對於董仲舒的「天」是以「對策」的災異說爲主，這恐怕也與馮氏立場幾近。

如是，董仲舒的「天」之性格即使是爲至高的宗教主宰者，如果站在馮氏的立場時，作爲郊祀諸

篇中的祭祀對象的「天」，與董仲舒的「天人關係論」必有不相容處，乃不得不以例外處理之。然而，事實上董仲舒的「天」，應該是只能透過陰陽或自然五行來表達其意志的，於此似乎有再深入討論之必要。

四

因之，以下我們來看看〈同類相動〉篇的文章。該篇如其篇名及「物固以類相召」一語所示，所談論的內容是物之同類者相應相合的原理（以下以「同類相召」稱此原理），其內容顯示了董仲舒自然論中的機械論傾向，也是經常被前人所引用的資料。

美事召美類，惡事召惡類，類之相應而起也。如馬鳴，則馬應之；牛鳴，則牛應之……物⑰固以類相召也……美惡皆有從來，以爲命，莫知其處所。

依此，宇宙中存在著同類相召的原理，「美事」有「美類」相應，「惡事」有「惡類」相應。這與牛鳴則牛應之，馬鳴則馬應之的自然現象是一樣的道理。因之，人之所遇依此原理，不論其所好惡，必以人心與行爲之善惡爲因，導致一必然之結果，這裡否定了命運的存在。在此，「美事」、「美類」、「惡事」、「惡類」、「美惡」等用語，不論是爲自然現象或是社會現象，指的應該是人的喜怒哀樂好惡、感情等所有的對象了。而這種現象同樣作用於牛馬的世界等，與人類的感情無直接關連的自然現象，都是依所謂「同類相召」的機械原理行事。

文章中還說：「天有陰陽，人亦有陰陽。天地之陰氣起，而人之陰氣應之而起；人之陰氣起，而天地之陰氣亦宜應之而起，其道一也。」這裡把陰陽感應的現象也歸入同類相召的原理。又說：「欲致雨，則動陰以起陰。欲止雨，則動陽以起陽。」依此原理操作陰陽，則求雨、止雨之事也是可能的。在這篇文章的末尾，論及了該一原理的原因說：

故琴瑟報彈其宮，他宮自鳴而應之。此物之以類動者也。其動以聲而無形。人不見其動之形，則謂之自鳴也。以相動無形，則謂之自然。其實非自然也。有使之然者矣。物固有實使之，其使之無形。《尚書》傳言：「周將興之時，有大赤烏銜穀之種，而集王屋之上者。武王喜，諸大夫皆喜。周公曰：『茂哉，茂哉，天之見此，以勸之也。』」

上文說琴瑟合鳴也是同類相動的現象之一，引起此一共鳴現象的是人所不能見的，所以呼之為自然，事實上它不是自然，而是一種無形的存在。接著又引《尚書》傳中周降祥瑞的傳說。總之，意思是說降祥瑞於周的，就像引起音之共鳴一般，它都是引起同類相召現象的原因。這種情況下，周之祥瑞現象，究竟是陰陽的感應，抑或是「美事召美類，惡事召惡類」的現象，則未明確區分之。不管是為何者，這都是依從同類相召的原理，應武王之善所引起的。周公的「天之見此，以勸之也。」將此事解讀為是天意透過祥瑞之兆，勸周以行善。總之，所謂引起同類相召現象的原因之無形實在，它不外就是有意志的至高神格「天」⑱。這個「天」是實存的，所以宇宙中乃有陰陽感應、「美事召美類，惡事召惡類」的現象發生。同時這種現象正如周公所言，是「天」表達其意志的方法。因之，同類相召的現象正足以證明有意志的「天」之實在。

像這樣子，「天」透過陰陽感應或是「美事召美類，惡事召惡類」等的機械現象表達其意志，這與池田氏所解釋的，認為〈對策〉中的「天」之基本性格，以災異、祥瑞等的陰陽現象表達其意志之說是一樣的。從而，〈同類相動〉篇中的「天」的思想，對池田氏有關董仲舒「天」之思想解釋提供了一個根據；同時，也可以顯示出二者的作者是同一個人。

又，先前所引〈對策一〉陰陽災異論的文中說：「邪氣積於下，怨惡畜於上，上下不和，則陰陽繆．而妖孽生矣。」人間的「邪氣」、「怨惡」是陰陽不調的原因，這可以視為〈同類相動〉篇的「天地之陰氣起，而人之陰氣應之而起，人之陰氣起，則天地之陰氣亦宜應之而起。」的陰陽感應說之一種。甚且，〈對策〉中也有內容幾乎與〈同類相動〉篇的祥瑞說相同，但出典不同的文章⑲。從以上種種看來，把〈同類相動〉篇視為〈對策〉作者董仲舒的思想應該是沒有問題的。

〈同類相動〉篇中有如下一文：

正雖不祥禍福所從生，亦由是也。無非已先起之，而物以類應之而動者也。

上述是說「不祥禍福」之發生，也是同類相召的結果，且必與人之善惡相應之，然而，這種情況下的「不祥禍福」究竟指的又是什麼呢？它應該涵蓋在所謂的「美事召美類，惡事召惡類」的「美類」、「惡類」之中。不過，這裡既然特別有所說明，它應與一般情況下的「美類」、「惡類」不同，而應該是視為一個特例才提出的。從文章語義看來，它所指的應該是預期以外的幸或不幸；抑或是由一神格所帶予人之幸不幸之類的。本篇的思想，如前所述，否定運命之存在，因此，後者的解釋似乎較為洽當。總之，上述文章是從「美類」、「惡類」的事例中，特別舉出所謂的神格所帶給人之幸、不幸的例子，而其所因應的不外是同類相召原理。若此，也可以說普遍存在著同類相召之機械原理的宇宙中，有神格之存在，支配著人世間的幸與不幸的⑳。

又，如前所述，〈郊語〉篇中以周行郊祀的結果是得「天福」。又，《春秋繁露・祭義第七十六》裡，論及鬼神之祭有：「正直者得福；不正者不得福」之說。這裡也用了「福」字。由此言之，上述的「不祥禍福」，可以視為與這二篇的「福」字相對應，意思可能是說因祭祀的行為，「天」或者所謂的神能帶給人幸或不幸。（而原本祭祀以外的行為，也是在神降幸或不幸的原因之內的）如果說這樣的看法是正確的，之前我們所假設的，〈同類相動〉篇中表達了董仲舒思想的看法是完全可以成立的。透過上述的文章，很清楚的可以知道，對董仲舒來說，祭祀或是郊祀等也是遵從「天」之同類相召原理的一種現象的。

接著，下文所論則是要看看〈郊語〉篇的「天福」或者〈祭義〉篇的「福」字，是否包含在〈同類相動〉篇的「雖不祥禍福所從生，亦由是也」的意義內。也就是說，看看這些的「福」字，是否也都是遵從著同類相召的原理。

五

首先來看看〈祭義〉篇的「福」字。〈祭義〉篇先敘述了有關宗廟的四季之祭（四祭者，春祠、夏礿、秋嘗、冬蒸）之後，述及祭祖之方法。首先是對四祭之時應於神前供奉「天」賜之五穀以祭神靈，此「敬之至」也，是「尊天，敬宗廟之心」，之外接著下文說：

> 不多而欲清潔，不貪數而欲恭敬。君子之祭也，躬親之，致其中心之誠，盡敬潔之道，以接至尊，故鬼享之。享之如此，乃可謂之能祭。祭者察也。以善逮鬼神之謂也。善乃逮不可聞見者，故謂之祭……。故聖人於鬼神也，畏之而不敢欺也。信之而不獨任，事之而不專恃，恃其公報有德也。幸其不私與人福也。其見於詩曰：「嗟爾君子，毋常安息，靜共爾位。好是正直，神之聽之，介爾景福。」正直者得福也，不正者不得福。此其法也。

有關祭祀之禮，所尊者不在供物、牲禮數量之多寡，所尊者「清潔」、「恭敬」之心，祭祀者之心意，最重要的是「誠」與「敬潔」。只有行「善」祀，「鬼神」才會嘉納之。而聖人祭祀時之態度，對於「鬼神」則是畏之、信之，既不獨佔其神力，也不是一味地仰賴；而即使是有所仰賴時，也是限於由公的立場祈「福」予人，避免個人之私事。而只有追從聖人之祭的祭祀者，是爲「正直」之祭祀者，可以得「福」。反之，「不正」者不可得福。

又，這裡也強調由鬼神所賜之「福」，不是針對著供物、牲禮的數量來回應的，而是對「誠」、「敬潔」、「正直」等祭祀者之「善」而給予的。

文帝十四年春所下的詔書中有一節說：「朕獲執犧牲珪幣以事上帝、宗廟，十四年于今，歷日綿長，以不敏不明而久撫臨天下，朕甚自愧。其廣增諸祀墠場珪幣。」（《史記》文帝本紀、《漢書》文帝紀亦同），是說擴大了祭祀設施，供物和牲禮的規模。原因是由此得「福」的可能性較高，這是當時的一般想法。〈祭義〉篇則一反當時的想法，主張「福」者是應祭祀之「善」。而且，「福」的關鍵不是在供物、犧牲數量的多寡，而是因祭祀者的「誠」、「敬潔」、「正直」等的「善」意而回應。這不外就是「美事召美類」，即同類相召的思考模式。因此，可以說這裡的祭祀論點，與先前的「雖不祥，禍福所從生，亦由是也」的想法有相連貫之處。

以下，我們從一邊看看〈祭義〉篇的祭祀觀點，一邊回顧郊祀諸篇的郊祀論點，來看看〈郊語〉篇的「天福」之性格。〈郊祀對〉篇裡也提及犧禮之事，如前文所引，它是說：「牲貴肥潔，而不貪其大也」。這與〈祭義〉篇的「不多而欲清潔」的想法雷同。〈郊語〉篇說的是周因郊祀得宜而得「天福」，對於這點，在本篇裡並不特別提及，只說：「詩云：『唯此文王，小心翼翼，昭事上帝，允懷多福。』多福者，非謂人㉑之事功也，謂天之所福。」上述所引『詩經』大明篇「小心翼翼」這句，與〈祭義〉篇所說的：「君子之祭也，躬親之，致其中心之誠，盡敬潔之道」的想法一樣。而文中的「躬親之」，〈郊義〉篇對此一宗廟祭祀之事則是說「其於祭不可不親也」。

先前論及〈郊祀〉篇時，對本應討論的祝詞問題說容後再談，以下就來看看它的內容：

皇皇上天，照臨下土。集地之靈，降甘風雨。庶物群生，各得其所。靡今靡古，維予一人某，敬拜皇天祐。夫不自為言，而為庶物群生言，以人心庶天無尤焉。天無尤焉，而辭恭順，宜可喜也。

是說天子郊祀時，爲「庶物群生」而一心向「天」祈「福」。這與上述〈祭義〉篇的「恃其公」、「幸其不私與人福也」的想法一樣。從以上諸共通點看來，郊祀諸篇所表達的郊祀論點，正是〈祭義〉篇的「善」祭一事也。〈郊語〉篇所說的「天福」是對「善」祭之回應，從而，這裡也可以說是同類相召原理之發揮也。從而，〈郊語〉篇的「天福」思想也與〈同類相動〉篇的「雖不祥禍福所從生，亦由是也」的主張有連貫性。

又，本文第一章已指出，〈郊語〉篇以：「吉兇禍福，利不利」的原因「闇闇」，看似自然，其實原因在「天」。這與〈同類相動〉篇的「美惡皆有從來，以爲命，莫知其處所」一樣，都否定命運之存在。又且，〈郊語〉篇將「醯去煙」、「慈路取金」等自然界不可思議之現象與「吉兇禍福，利不利」並列，以其原因皆在「天」。〈同類相動〉篇中以琴瑟的共鳴與周之瑞祥現象並列，顯示這些現象也一樣都是由之於「天」的。由此共通之處充分可以看出二者是同一人的思想。而這也可視爲是〈同類相動〉篇的「雖不祥禍福所從生，亦由是也。」與〈郊語〉篇的「天福」之說有相承之處的佐證。

從以上可以顯示出〈同類相動〉篇的「雖不祥禍福所從生，亦由是也。」一文，與〈祭義〉篇、〈郊祀〉諸篇的祭祀、郊祀思想的對應關係。諸篇各有所論，前者則可以視爲是總論。從而，此文所述可以看作是，「天」與祭「鬼神」、「不祥禍福」的關係也是適用同類相召之原理的。

如是，則〈同類相動〉篇所表達出的思想是，不論是陰陽感應，或是與人的價值觀無關的「牛鳴則牛應之，馬鳴則馬應之」或樂器之共鳴；或是「美事召美類，惡事召惡類」等與價值觀相關的自然、社會現象等；特別是其中與祭祀行爲相回應的，「天」、「鬼神」所予人的「不祥禍福」的部分等，這些都是起因於「天」的同類相召原理。

六

此篇即如董仲舒「物固以類相召」的同類相召原理所說的，就是在「天」的意志之下，宇宙諸象之機械式運作。雖是如此，也不能斷言就是像馮友蘭所說的：「董仲舒認爲宇宙的最高主宰是『天』。『天』主宰萬物的作用是通過陰陽五行之氣而表現出來的」。宇宙現象皆依同類相召之原理作機械式運作，但不表示宇宙現象都可以置換爲陰陽感應的自然現象。換句話說，同類相召與陰陽感應是不一相同的。同類相召者，包攝了陰陽感應或是其他諸現象，是歸納宇宙全體現象的原理，其中包括了神格作用。所以〈同類相動〉篇中說：「無非已先起之，而物以類應之而動者也。」

概陰陽之感應與神格作用之「不祥禍福」是相異質的東西，而災異、祥瑞者就是結合了這種相異質的東西的，不過人世間的「不祥禍福」並不止於是災異、祥瑞等的自然現象的。這種種異質的現象都是以「天」爲原因，其綜合原理就是「物固以類相召」的說法。所以，不論是以董仲舒的「天」是以〈對策〉的災異、祥瑞說爲中心的池田氏之解釋，或是馮氏「『天』主宰萬物的作用是通過陰陽五行之氣而表現出來的」的說法，對董仲舒的「天」之解釋都有其不足之處。

上述的〈同類相動〉篇剛好是能夠顯示董仲舒的「天」之思想全體面貌的最佳材料，所以受到重視。由之，董仲舒的「天」，是在宇宙中放入了同類相召原理原理，由之陰陽感應、「美事召美類，惡事召惡類」之現象乃生，而鬼神亦依此原理降「不祥禍福」之事。同時，「天」是為最高之神格，是因人所行之「祭」而給予「不祥禍福」的一種存在。又且，「天」通過陰陽感應而降災異、祥瑞之時，是因人之或「善」或「惡」，而依同類相動原理的機械式運作而予之。

而如果說「天」之性格如此，同類相召是形成宇宙之普遍原理，那麼存在其間的人類，方能取捨有利於己的事態，而這一切都是在「天」的作用範圍內。如此，人們乃可依同類相召原理以實踐「善」與「美事」的吧。同時，「天」是應「善」祭而降「福」予人的鬼神，所以對「天」也要行「善」祭的。不管如何，只要實行都應該會得到相當成效的。

之前筆者曾談及，通過郊祀而得「天福」之說，違反〈對策一〉：「夫仁誼禮知信五常之道，王者所當脩飭也。五者脩飭，故受天之祐，而享鬼神之靈。德施于方外，延及群生也。」的想法。如果說可以由祭祀而得「天福」，那麼這裡所主張的五常之道就沒有實踐的必要了。然而透過了以上的檢討，可知這樣的說法似乎有欠妥當。

前述，我們看過〈郊祀〉篇中有關郊祀之際所用的祝祠，其所求是「庶物群生，各得其所」、「夫不自為言，而為庶物群生言，以人心庶天無尤焉。」相對於此，上述的〈對策一〉，其透過「五常之道」的實踐所求的也是「德施于方外，延及群生也。」兩者的目標是一致的。並不是說要捨「五常之道」，方能以郊祀之禮以求此一目標之實現。它是主張兩者並行，使效果加乘以期「德施于方外，延及群生也」或是「庶物群生，各得其所」的目標之實現。這是因爲，董仲舒的「天」一如〈同類相動〉篇所示，是構成宇宙中之同類相召原理，同時也是至高的鬼神，因應人之「善」祭與否而予「不祥禍福」的一種存在。天子治世的目的，既爲「德施于方外，延及群生也。」或「庶物群生，各得其所」，是可以透過「美事召美類」的原理（或者說，「天」以「福」應人之善的原理），用實踐「五常之道」的方法得之，或是用「善」祭以得「天」「福」的方法得之的。如果同時行之，則可望得到最大的效果。或者應該說，行祭「天」之禮的，是「天之子」的天子，天子負有人事的最大責任，爲求天下之「福」，他必須要同時實行這二者。

結　論

董仲舒曾有求雨、止雨的傳聞。《春秋繁露．求雨第七十四》、《止雨第七十五》中則述及具體之實踐方法。其文曰：「鑿社，通之於閭外，取五蝦蟇，錯置社之中。」（求雨篇）、「蓋井，禁婦人不得行入市」（止雨篇）等陰陽之作，同時若爲求雨則祭共工等神，其祝詞爲：「昊天生五穀以養人。今五穀病旱，恐不成實。敬進清酒膊脯，再拜請雨，雨幸大澍，即奉牲禱。」若爲止雨，則祭社，唱祝詞曰：「嗟，天生五穀以養人。今淫雨太多，五穀不和，敬進肥牲清酒，以請社靈。幸爲止雨，除民所苦，無使陰滅陽。陰滅陽，不順於天。天之常意，在於利人。人願止雨，敢告於社。」此由操作陰陽而能達到求雨、止雨之目的的說法，前述的〈同類相動〉篇亦有所觸及，是陰陽感應之運用也。在言陰陽感應之同時，也強調祭祀，一定是因爲欲以鬼神之力，與陰陽併用之，以求得到求雨、止雨之最大效果的㉒。這裡的求雨、止雨篇是否是董仲舒的思想，雖然應另外考量，不過爲達求雨止雨的目的，而借助自然界之機械運作與鬼神之力的想法，與爲達「德施于方外，延及群生。」或是「庶物群生，各得其所」的目的，而提倡實踐「五常之道」的董仲舒之想法有連貫性。由此可佐證之，董仲舒不只是由自然之機械式運作說天人關係，於面對是爲鬼神之「天」時，他是提倡人之影響性問題的思想家。

一如本文冒頭所述，對董仲舒的郊祀論之目的，內山氏認爲是爲求天子權限之明確化及借由宗教制度以求政治之一元化，強調其政治意義。對得「天福」之宗教側面不甚重視，然而，此一宗教性意義，從董仲舒的天人關係論來說，它是一種必然的結果。董仲舒的「天」是宗教上之最高主宰者，透過同類相召原理之施，於是自然界之動植物有同類相集，於人類社會有陰陽感應、「美事召美類，惡事召惡類」等以類相召的現象。「天」透過此一原理以示其意志於人，同時，在其自身所處的神格世界中，對如祭祀等人之行爲、心意之善惡，必應之而降以「不祥禍福」。如此一般，不管是自然界、人類社會或是鬼神的世界，宇宙之所有現象中，皆存在此同類相召原理，「天」通過此一原理，而機械式地支配宇宙。另一方面，天子是爲「天之子」，是人類社會中唯一有資格行郊祀之禮的，因之，天子應透過「五常之道」及相關事情之實踐，以調陰陽，召「美類」或者是求「天」之「福」等的「善」法，祭「天」以得「福」。

對此董仲舒的天人關係論，有以其乃是承認君主對「天」擁有主體性的說法㉓，此說是由董仲舒的災異、祥瑞說所導出的。董仲舒的災異、祥瑞說，其關係者是君主，又，對於災異他認為是「天」的譴告，是起因於君主之惡的陰陽不調，其中也含有君主批判的意味。既然是起因於君主之陰陽不調，欲終息此一「天」之災異，也要借助天子之力量方可恢復。從而說君主對於「天」擁有主動性與主體性。問題是依本文前述所討論，他的天人關係論中，祭「天」問題也是重要的課題的。「天」是為至上神，與人有宗教性的關連，因之災異、祥瑞也非一元性的、機械式的陰陽調和與否，而是至上神的「天」所給予的「禍福」。從而，災異生之，天子雖行可復之行，不代表陰陽之不調可以自動回復。復之者，「天」之福也。所以，真正具有恢復之主導力量的是「天」。因之，本文並不認為天子對於「天」是具有主體性的。

【附註】

① 郊祀諸篇中有《四祭》第六十七和《順命》第七十。可能是內容與郊祀諸篇有關連之處，所以放在這裡。不過，因與本文主要的內容無關，所以不在討論範圍內。

② 此處「天者百神之大君也」與其前後之文章，原本是在〈郊祭〉篇中。這裡以〈郊語〉篇為其出典，是因為本

文是以蘇輿的《春秋繁露義證》爲底本的。蘇輿是從凌曙本依錢塘之說，把這個部分移到〈郊祭〉篇中，從文脈上看來這是正確的。又且，如果假設這段文章眞是出自〈郊祭〉篇，則該篇一如本文所述，在內容上全體相連，仍乃可視爲同一人之思想。本文所述之內容，不受其影響，故以下引用此部分時不特說明。

③ 參見內山俊彥氏《中國古代思想史における自然認識》（一九八七年，創文社）第九章董仲舒（三・天人相關）。引文在二九五頁。又，以下所引內山氏之說皆出自此處。

④ 福永光司氏反對內山氏之說，以〈對策一〉中所譴告君主的「天」是人格神的天，〈郊義〉篇的「天者百神之君也」才是董仲舒的「天」之實質。（《道教における天神の降臨授戒》、『道教思想史研究』2（一九八七、岩波書店）福永氏對此所謂具人格神的「天」屢有所述，然而對人格「天」與內山氏解釋上之重要根據之一的，董仲舒之機械論的自然「天」之性格關連卻沒有觸及。又，對〈郊義〉篇是否是董仲舒所作的問題也未加以考察。本文意在資料考證的基礎上，以考二者之關連爲主眼。

⑤ 「醯」也作「醞」。從《義證》改之。

⑥ 本「此」字下有「等」字。從《義證》衍之。

⑦ 本無「聖」字，從《義證》補之。

⑧ 「正月上辛」行郊之說，見《公羊傳》成公十七年「郊用正月上辛」。

⑨ 「家」本作「間」，從《義證》改之。

⑩ 董仲舒之生卒年，據重澤俊郎氏〈董仲舒研究〉（〈周漢思想史研究〉一九三三年，弘文堂。）之考證，大約

生於高祖中，元狩年間（一二二～一一七年）卒。又，武帝伐南越行郊祀者，與本文第一章〈郊祭〉篇之例，周文王伐崇之時行郊祀所說類似，兩者間似有關係。從本文的結論來說，是後者對前者有產生部分影響。

⑪ 津田左右吉氏〈儒教の研究〉二・第一篇第四章「郊祀、封禪、及郡國廟」（《津田左右吉全集》第十七卷，一九六五、岩波書店）及〈神としての太一〉（同上第十八卷，附錄四）

⑫ 津田氏〈儒教の研究〉二・第二篇第十一章「災異之解釋」。

⑬ 馮友蘭《中國哲學史》（一九三四年）第一篇第七章第七節及第二篇第二章第十節。

⑭ 池田知久氏〈中國古代の天人相關--董仲舒の場合〉（《アジアから考える》7・世界像の形成、東京大學出版會，一九九四年）

⑮ 馮友蘭氏〈董仲舒公羊學和中國封建社會上層建築〉（《中國哲學史新編》，一九八四年修訂本，第三册，人民出版社）五十三頁及五十五頁。

⑯ 同右，第六節。

⑰ 「固」，本作「故」，從《義證》改之。

⑱ 馮友蘭氏也有同樣的見解（前揭書六十九頁），田中麻紗巳氏則對此提出批判。（見氏《兩漢思想の研究》（一九八六年，研文出版）第一章第一節「以董仲舒說爲軸的漢代自然觀」。）個人以爲田中氏此說，乃因爲對本文所引用〈同類相動〉篇後半之祥瑞說未加以重視之故。

⑲ 所謂：「天下之人同心歸之。若歸父母，故天瑞應誠而至。《書》曰：『白魚入于王舟，有火復于王屋，流爲

烏。』此蓋受命之符也。周公曰：『復哉，復哉。』孔子曰：『德不孤，必有鄰。』皆積善絫德之效也。」又，據顏師古說，此《書》之文乃引自《今文尚書．秦誓》。

⑳ 如本文之所述，〈同類相動〉篇中以操作陰陽而得求雨、止雨一事是可能的，該文之下，有似在否定求雨、止雨時神格所發揮之作用的描述，以下再引述之：

> 欲致雨，則動陰以起陰。欲止雨，則動陽以止陽。故致雨非神也，而疑於神者，其理微妙也。

從上文所說的「致雨非神也」一句看來，本篇是否定神格之影響的。然而，該句之下又接「疑（凝）於神者，其理微妙也。」一句，又非全面否定之意。總之，上文中對於下雨一事，認爲是陰陽的現象，雖然是「非神也」，不過旱魃之際而降雨；水害之際而止雨等的「福」澤，則是「神」賜之「福」也。所以「疑於神者」不是否定之意。從而，它是間接地承認「神」有求雨、止雨之力也。所謂「疑於神者，其理微妙也」，是否定只仰賴神力，而不事陰陽以求雨、止雨之意也，而以應二者並行之以操作陰陽也。從而，沒有必要以「致雨非神也」一句是本文對神格之否定。

㉑「之」字，本作「也」，從《義證》改之。

㉒ 此與注⑲，〈同類相動〉篇求雨、止雨之想法同。

㉓ 見內山氏前揭論文、池田氏前揭書、板野町八氏《中國古代における人間觀の展開》第十四章董仲舒（一九七二，岩波書店）、金春峰氏〈董仲舒思想的特點及其歷史地位〉（《漢代思想史》一九八七，中國科學出版社）等。

佛教「會通」「和會」釋義

臺灣師範大學國文學系教授　王開府

提　要

本文透過對中國佛教有關文獻的檢索，掌握其使用「會通」與「合會」二詞的實際狀況，了解二詞的各種意義，比較二詞含義之異同，並說明隋唐佛教大量使用二詞之原因。

關鍵詞：會通　和會　通　勘會

一、前　言

「會通」一詞，最早應見於《易・繫辭傳》云：「聖人有以見天下之動，而觀其會通。」後來佛教大量使用此詞，且有種種用法。本文希望透過對佛教有關文獻的檢索，了解其使用此詞的實際狀況。與「會通」相關且近似的用語如「和會」，也曾被大量使用，本文將二者一併探討與比較。至於「通」「勘會」等也略作說明。①

二、「通」與「會通」釋義

有關「通」一詞，隋智顗(五三八-五九七)在「五時八教」的化法四教中，就有：藏、通、別、圓四教。智顗《四教義》釋「通教」說：「通者，同也。三乘同稟，故名爲通。此教明因緣即空，無生四眞諦理。是摩訶衍之初門也。正爲菩薩，傍通二乘。」(T46.721c-722a)②這裡的「通」是指三乘之「同」。

與「通」相近的「會通」一詞，其使用情形在譯經方面，較早的如：北魏菩提流支譯《金剛仙論》云：「若爾者二經相違，云何會通？」(T25.803b)這是指兩種經典內容不同處之會通。唐玄奘(六〇二?-六六四)譯《瑜伽師地論》云：「菩薩爲彼諸有情類，方便善巧，如理會通如是經中如來密意甚深義趣。如實和會，攝彼有情。」(T30.541a)這是指菩薩對經典中甚深義趣，予以會通(又稱「和會」)，以攝化衆生。又：「於語相違難，顯示意趣，隨順會通。」(T30.754a)也是指對經典語義不同處，予以會通。

在漢文著述方面，較早的如：東晉慧遠(三三四-四一六)《大乘大義章》云：「若不會通其趣，則遍之說，非常智所了之者，則有其人。」(T45.141c)僧肇(三八四-四一四)《涅槃無名論》云：「天地與我同根，萬物與我一體。同我則非復有無，異我則乖於會通。所以不出不在，而道存乎其間矣。」(T45.159b-c)③慧遠談的是經典義理之會通；僧肇則論物我一體之會通。劉宋慧觀(三八三?-四五三)

〈法華宗要序〉云：「觀少習歸一之言，長味會通之要。」(T51.53b)梁僧祐(四四五-五一八)《釋迦譜》云：「莫齊同異，必資會通之契。」(T50.1a)梁法雲(四六七-五二九)《法華經義記》云：「以下會通古今也。」(T33.589b)慧觀、僧祐、法雲談的也是有關義理之會通。

天台宗初祖隋智顗《仁王護國般若經疏》云：「一切法性下，二解釋，文三：一釋、二會通、三舉況。」(T33.266a)他把「會通」列爲釋經之項目。④他在《妙法蓮華經玄義》中云：「何謂會通？會通者，有共般若、不共般若，不共般若最大，餘經若明不共，其義正等。他會通法華，明二乘作佛，是祕密；般若不明二乘作佛，故非祕密。祕密則深，般若則淺。」(T33.811c)這是說會通法華經不共般若的祕義，明二乘作佛。

智顗《妙法蓮華經文句》云：「此經會通諸教。」(T34.87c)在《妙法蓮華經玄義》中又說：「結集經者，集爲二藏也。依經判教，厥致云爾。今之四教與達摩二藏會通云何？彼自云要而攝之，略唯二種，今開分之，判爲四教耳。聲聞藏即三藏教也；菩薩藏即通、別、圓教也。」(T33.813c-814a)這是將藏、通、別、圓四教，與聲聞、菩薩二藏，予以整合會通。

唐三論宗大師吉藏(五四九-六二三)《法華玄論》說：「難曰：『夫會三歸一者，正會有中諸行，以歸一佛乘。云何乃說空耶？將非指南爲北，以曉迷徒？論雖有誠，言猶未鑒意。請爲會通，令無豪滯。』」(T34.363b)這是會通佛教之空、有之偏滯，會通三乘以歸一佛乘。他在《中觀論疏》中又說：「統其要歸，會通二諦。」(T42.6c)這是會通眞、俗二諦。又說：「二文互相鉾楯，云何會通？」

(T34.405c)「斯則法譬相反，云何會通？」(T34.410c)這是指經文相矛盾處之會通。

華嚴宗二祖智儼(六〇二-六六八)《大方廣佛華嚴經搜玄分齊通智方軌》云：「依尋下文八，會通有十義。」(T35.22b)。三祖法藏(六四三-七一二)《華嚴經探玄記》云：「聞多佛異說，善解會通。」(T35.429b)這都是指對經義或佛說之會通。四祖澄觀(七三八-八三九)《大方廣佛華嚴經隨疏演義鈔》則云：「會通權實。」(T36.345c)這對權實的會通。又云：「會通古義。」(T36.276b)「會通經論。」(T36.516b)這是對古今、經論的會通。「此性即是第一義空下，會通佛性。」(T36.278c)這是會通「空」與「佛性」。

法相宗窺基(六三二-六八二)《妙法蓮華經玄贊》云：「隨順會通，……一切諸法無性無事，無生無滅，如幻夢等，如理和會。……隨順會通，會昔三權，通今一實。」(T34.695c-696a)這也是「會三歸一」，會通三乘與一乘，「會通」在此又稱「和會」。其《大乘法苑義林章》也以一乘會通三乘，云：「三乘有教，阿含等經；維摩、思益、大品，空教；法花一乘、涅槃等說常住佛性。皆是漸教，會通三乘，大由小起，名爲漸也。」(T45.247c)

唐慧沼(六五一-七一四)《能顯中邊慧日論》云：「十二分教，佛自會通，散在諸經，率難被究。」(T45.408c)這是說佛自己能會通所說之教。

唐湛然(七一一-七八二)《法華玄義釋籤》云：「十信與十乘義，義同名異，須善會通，令不失旨。」(T33.888c)這是對佛教名相意義之會通。他在《法華文句記》中云：「諸佛大事下，證利益者，大事從別，別必會通。」(T34.216a)這是對差別處進行會通。又說：「部內教，通、別二轍。別則當界施恩，乃須歸大國。故知部教俱須會通。」(T34.285b)這是說佛之諸教均須會通，以歸於法華。

唐宗密(七八○-八四一)可算是「會通」教內外的大家，他所著的《原人論》第四節，題爲「會通本末」(T45.707c-710c)，其內容包括會通儒、道二教及佛教各宗。在節名下宗密自註云：「會前所斥，同歸一源，皆爲正義。」可視爲宗密對此處「會通」一詞含義的解釋。他的「會通」是「同歸一源」之義。宗密也曾將「會通」一詞，用於不同譯經之比較上，如在所著《金剛般若經疏論纂要》中說：「會通秦譯經本。」(T33.169c)

宗密老師華嚴四祖澄觀在其《大方廣佛華嚴經疏》中(七八七年撰)，也用過「會通本末」一語⑤，但那是指詮釋經典時用會通本末的方法，與宗密用法不同。不過，澄觀在同書中也曾詳細論述五教之會通，他說：「第三、立教開宗，……教類有五，即賢首所立，廣有別章，大同天台，但加頓教，今先用之，後總會通。有不安者頗爲改易。言五教者：一小乘教；二大乘始教；三終教；四頓教；五圓教。……第四、總相會通，曲分爲二：先通會諸教，後化儀前後。」(T35.512b-513a)

澄觀之說，顯然爲宗密所本，宗密在《圓覺經略疏》中說：「今約五教略彰其別：一愚法聲聞教……二大乘權教……三大乘實教……四一乘頓教……五一乘圓教……此上五教後後轉深，後必收前，前不攝後，然皆說一心。……今本末會通，令五門皆顯詮旨。」(T39.537c)這是以「一心」爲本，以會通佛教內部的「五教」。在《圓覺經大疏》中宗密說：「黃梅門下，南北又分，雖繼之一人，而屢有傍出，致令一味，隨計多宗，今略敘之，會通圓覺。」(S14.109c)⑥這是將禪門各宗會通於圓覺經義。《原人論》說：「今將本末會通，乃至儒道亦是。」(T45.710b)宗密將佛教內部的本末會通，擴大到儒、道二教，形成三教會通。

經由檢索《大正藏》，筆者發現「會通」一詞甚少出現於唐以前之譯經中，而漢文著述方面，大約至隋代才開始被如智顗、吉藏等人大量用於佛教著作中。到了唐代佛教界使用更多，尤其是華嚴、天台學者。

綜合上述，佛教歷來使用「會通」一詞，約有以下八義：

(一)疏通佛教典籍文義、名相、詮釋的差異或矛盾。

(二)會整貫通古今典籍及不同譯本之差異。

(三)體會通徹佛教之甚深義理。

(四)將各種經論義理，會歸於一經(如「法華經」「圓覺經」)。

(五)融會萬物與我為一體。

(六)將一切法，會歸於佛法之本源(如「一心」)。

(七)佛所說不同教義或教法間(如十二分教、三乘、空有、眞俗、權實)之融會貫通(如五教本末會通)。

(八)佛教與他教之融會(如三教會通)。

三、「和會」釋義

與「會通」相似的「和會」一詞，偶出現於唐以前之譯經中，如西晉竺法護譯《漸備一切智德經》云：「所作緣報應，和會致諍亂。猶若有所作，便睹造所見。選擇親近衆，猶如蜂採華。」(T10.477c)這裡的「和會」是指作意與某些人親近，將導致諍亂。劉宋沮渠京聲(?-四六四)譯《五無反復經》云：「因緣和會，同一家生。隨命長短，生死無常。合會有離。」(T17.573a)「善知一切衆生和會分離，離已復合。」(T15.600a)陳眞諦(四九九-五六九)譯《佛阿毘曇經》云：「身識陰和會故苦。」(T24.958c)隋闍那崛多(五二三-六〇〇)譯《觀察諸法行經》云：「言無破壞和會，密意趣向遠離。」(T15.726a)隋達磨笈多(?-六一九)譯《大方等大集菩薩念佛三昧分》云：「我凡所有諸誓言，冀其一切皆和會。」(T13.836c)唐尸羅達摩譯《十地經》云：「菩薩了知……他處和會不和會性。」(T10.564a)。唐菩提流志(五六二-七二七)譯《大寶積經》云：「由此衆緣和會，方始有胎。」(T11.328c)唐不空(七〇五-七七四)譯《北方毘沙門天王隨軍護法儀軌》云：「若有夫婦相憎，欲令和會者，即於天王像前作壇。……即自然和睦，更無別心。」(T21.224a)又譯《金毘羅童子威德經》云：「和會諸怨憎者。」(T21.370b)以上大體都是指會合諸緣而成就之義。「和會」與「分離」「遠離」對舉。

北齊那連提耶舍(四九〇-五八九)譯《月燈三昧經》云：「有聲音以思想故，同思想以和會故。」(T15.576b)這是較早論及「思想」之和會。這裡所說的「思想」不是指學術思想等現代的用法，而是指思考或想法。

玄奘譯《大乘阿毗達磨雜集論》云：「和合者，謂於因果衆緣集會，假立和合。因果衆緣集會者，且如識法因果相續，必假衆緣和會。」(T31.701a)由此可知，「和會」與「和合」義本相通。

唐義淨(六三五-七一三)譯《成唯識寶生論》云：「理有相違相應時處，和會共觀，不偏屬一。」(T31.80a)這是說總合相違、相應者觀察，不偏於一面。這是指義理異同之和會。

而漢文著述方面，「和會」一詞大抵也是由隋代開始，至唐代才大量用於佛教著作中。更早的如梁寶亮(四四四-五〇九)等集之《大般涅槃經集解》云：「父母和會，各隨業覔生。」(T37.559b)此「和會」爲「和合」義。隋智顗《金光明經文句》：「鄰眞之人以似解之淨智，和會法身。」(T39.61b)此「和會」有「體會」之義。隋吉藏《中觀論疏》：「別有觸數能和會根塵。」(T42.109a)隋灌頂(五六一-六三二)《大般涅槃經疏》云：「識取和會，根塵和會，故能生識。」(T38.162b)此「和會」義同「和合」。

隋慧遠(五二三-五九二)《大乘義章》云：「二說云何？並是聖言，難定是非，若欲和會，律中所說……」(T44.610a)唐善導(六一三-六八一)《觀無量壽佛經疏》云：「和會經論相違。」(T37.246a)唐窺基《大乘法苑義林章》云：「異部說殊，不可和會。」(T45.271a)唐法藏《華嚴經探玄記》云：「此二說既各聖教互爲矛楯，未知爲可和會、爲不可會耶？」(T35.112a)以上是指佛說教法或經論間殊異矛盾處之和會。

唐圓測(六一三-六九六)《仁王經疏》云：「十六大國名號，大集月藏分第十六，大毘婆沙一百二十百，梵音不同，不可和會。」(T33.423c)這是說不同經典記載內容差異之和會。唐湛然《法華文句記》云：「不同見別，不須和會。」(T34.178c)又《法華玄義釋籤》云：「此是論文諸師異解，不須和會。」(T33.847b)這是說對經典不同詮釋之和會。又云：「三和會中二：先略明融會意，次正會。」(T33.926b)這裡明示「和會」即「融會」、「會」。《法華文句記》又云：「其名義全不同者，譯人意別，不須和會。」(T34.181c)這是有關不同譯文之和會。又云：「和會大小。云如昔訶彌勒得認等。和會是開權別名。」(T34.257a)這裡明確提出對大小乘的和會，其義即在開權顯實。

唐李玄通(六三五-七三〇)在其著作中，更大量使用「和會」一詞。如其《新華嚴經論》云：「慈氏一位法門約分六門。……以此六門和會。」(T36.1005b)「和會有無二見，爲不空不有教。」(T36.722c)又云「和會理事，會於中道。迴理向事，迴事向理，理事無礙。」(T36.748b)又云「攝末歸本，一際法界，是一度和會。……和會體用徹故。」(T36.762c-763a)「明和會眞俗成大慈悲。」(T36.848c)「和會一多差別之門也。」(T36.852a)「和會三乘法相行位。」(T36.872b)「性自圓滿，本無和會。」(T36.946a)其《略釋新華嚴經修行次第決疑論》云：「明和會智悲，令圓滿故，是中道義。」(T36.1017c)「和會生死、涅槃、有爲、無爲而無所著法門。」(T36.1023b)

宗密給澄觀的〈遙稟清涼國師書〉中說：「每覽古今著述，在理或當，所恨不知和會。」(T39.577a)他在《禪源諸詮集都序》中也有類似的話：「講者多不識法，故但約名說義，隨名生執，難可會通。……但歸一心，自然無諍。」(T48.401c)可見這裡「和會」與「會通」二詞，在含義上沒有什麼差別。《圓覺經大疏釋義鈔》云：「但就頓漸悟修之法和會，自然會得諸宗。」(S14.280a)這是和會各種禪法以和會禪門各宗。《禪源諸詮集都序》又云：「禪有諸宗互相違反者，……立宗傳法，互相乖阻，……確弘其宗，確毀餘類，爭得和會也？」(T48.400c)可見「和會」不祇用在會通不同的著述、義理、禪法，也用在宗派的會通上。其實宗密在《禪源諸詮集都序》中談論的不祇是和會禪門諸宗，也在禪門三宗與教門三教間進行和會。《圓覺經大疏釋義鈔》又說：「和會內外二教，不相違也。……則知三教皆是聖人施設，文異理符。但後人執文迷理，令競起毀譽耳。」(S14.421b-422a)這又是指和會三教了。

宋代延壽(九〇四-九七五)《宗鏡錄》云：「何能微細指陳始終和會，顯出一靈之性？」(T48.616b)又云：「皆不能以法性融通一旨和會。」(T48689b)這是說和會於「一靈之性」「法性」。

宋代子璿(九六五-一〇三八)爲宗密《金剛般若經疏論纂要》所編的《金剛經纂要刊定記》也說：「對辨淺深，故須料揀；和會通攝，則實無所遺。」(T33.171c)這裡談的是對佛教性、相二宗之義，予以和會。

歷來對「和會」也偶見負面之用法，如唐玄奘譯《阿毘達磨俱舍論》云：「礙者是和會義。謂眼等法於自境界及所緣，和會轉故。應知此中唯就障礙有對而說。」(T29.7b)又如宋代蘊聞所編之《大慧普覺禪師語錄》云：「於一日中，心不馳求，不妄想，不緣諸境，便與三世諸佛、諸大菩薩相契，不著和會，自然成一片矣。」(T47.894b)又云：「捨方便而自證入，則亦不待和會差排。」(T47.907a)這兩處的「和會」有人爲安排之意。又云：「彥沖引孔子稱易之爲道也屢遷，和會佛書中應無所住而生其心爲一貫。……此尤可笑也。」(T47.925c)又云：「邪見之上者，和會見聞覺知爲自己；以現量境界爲心地法門。」(T47.935a)這兩處的「和會」又義同「附會」了。又如錢士升〈蓮宗寶鑑序〉也說：「此亦方便和會之談耳。二物可會，若本非二，和會奚爲？」(T47.302c)這是指「和會」係屬第二序義。

綜合上述，佛教歷來使用「和會」一詞，約有以下九義：

㈠較早的用法，有「親近」「和睦」義。

㈡義同「和合」，指因緣和合，與「分離」「遠離」相反。

㈢有「體會」義。

㈣疏通佛教典籍文義、名相、詮釋的差異或矛盾，義同「融會」。

㈤會整古今典籍及不同譯本之差異。

㈥將一切法，會歸於佛法之本源(如「一心」「一靈之性」或「法性」)。

㈦佛所說不同教義或教法間(如三乘、空有、理事、體用、本末、一多、智悲、禪教、頓漸、悟修、生死涅槃、有爲無爲)之融會。在融會「權實」方面，即「開權顯實」。

㈧佛教與他教之融會(如三教和會)。

(九)在負面的用法上，有「障礙」「附會」「人爲安排」之義。

至於與「和會」意義相近的，另有「勘會」一詞。宗密在《禪門師資承襲圖》中自述：「宗密性好勘會，一一曾參，各搜得旨趣如是。」(S110.436b)《禪源諸詮集都序》云：「問：所在皆有佛經，任學者轉讀勘會，今集禪要，何必辨經？答：……謂佛說諸經，……文或敵體相違，義必圓通無礙。……故須三量勘同，方爲決定。」(T48.400c)「勘會」指對經文相違處，進行「勘同」以見經義之圓通無礙。《禪源諸詮集都序》另有「勘契」「對勘」「會同」之詞，也都是比對異同以求契合其義，如：「不逢善知識處處勘契者，今覽之，遍見諸師言意，以通其心，以絕餘念。」(T48.400a)「詳究前述，諦觀此圖，對勘自他，及想賢聖，爲同爲異，爲眞爲妄。」(T48.410c)《禪門師資承襲圖》云：「所見如此相違，爭不詆訛？若存他則失己，爭肯會同？」(S110.436a)⑦

四、「會通」與「和會」用法之比較

比較上文「會通」之八義，與「和會」之九義，可以看出，「會通」之第四義(將各種經論義理，會歸於一經)、第五義(融會萬物與我爲一體)，爲「和會」所無。而「和會」之第三、四、五、六、七、八義，同於「會通」。但「和會」有親近、和睦及因緣和合之義，並且有「障礙」「附會」「人爲安排」等負面諸義，爲「會通」所無，特別值得注意。不過，整體來說，「會通」與「和會」用法相同的地方還是比較多。

黃國清曾詳細比較了宗密所使用的「會通」「和會」「通會」「勘會」「會」「會取」「融」「融會」「融通」諸詞，而主張宗密「會通」與「和會」二詞在用法上的區別。他認爲〈遙稟清涼國師書〉及《圓覺經大疏》，屬宗密相對早期的著作。而後來在《圓覺經大疏釋義鈔》中用語則略有不同，已不使用「會通」一詞，只用「會」或「和會」諸宗。黃氏並指出：《圓覺經大疏釋義鈔》《禪源諸詮集都序》使用「和會」一詞時，都屬於平面式的和會；但當《圓覺經大疏釋義鈔》使用「會取」、《原人論》使用「會通」時，卻爲有層級深淺的立體式的會通。黃氏採用平面式與立體式的兩種和會或會通模式，是相當有意義的詮釋參考架構。⑧此外，黃連忠也早已注意到宗密和會三教的方法，有平面思惟與立體思惟之區別，但詮釋方式與黃國清稍異。⑨

不過，筆者認爲宗密和會或會通的方式，固然可區分爲平面式與立體式二種，但他使用「會」「和會」「會通」等詞時，經常混用，實不必膠柱鼓瑟，強作分別。如上引《禪源諸詮集都序》云：「講者多不識法，故但約名說義，隨名生執，難可會通。」這裡的「會通」不是立體式的，其用法與「和會」並無不同。

由目前看到的資料，祇能說「本末會通」一語，有貫通本末的立體式意涵，這是「會通」結合「本末」所呈現之特定用法。不過，宗密說「會通本末」，而不說「和會本末」，可見「會通」比「和會」，更適合表達立體式貫通之模式。但單獨使用「會通」時，不必限於立體式者。現代學界在三教關係上，固然多使用「會通」少用「和會」，但在使用「會通」時，也未必有立體式的意涵。

五、結　論

以上由翻檢大藏經得知，「會通」與「和會」之用法，大同而小異。隋、唐以至宋代，「會通」「和會」二詞廣泛地被使用，有其時代因素。中國佛教發展到隋唐時期，譯經工作大致完成，漢人著作已汗牛充棟，而中國佛教各宗也先後成立。由於經典內容的歧異，及宗派相互的競爭，導致判教成爲各宗的重要工作。判教的目的，除了系統化、理論化判別佛教經典與宗派的歧異外，更重要的是在進行教內的會通。「會通」、「和會」在隋、唐的普遍使用，充分反映了這一點。進一步，判教的工作擴及佛教與外教之間，這種趨勢到了宗密的時代，已然明顯。宗密的貢獻，在於適時地因應歷史發展及時代需要，而開啓三教會通的新頁。

在宗密之前，三教之間論爭多於會通，即使有意於調和三教者，也多採截長補短的平面式之和會，而非由淺至深的立體式的會通。宗密較之前的調和論者，不僅在會通理論上更具系統性，且採用立體式的會通，並且對其所據以會通的根據與模式，有所自覺與論述。所以，宗密在三教會通理論的發展上，具有無與倫比的關鍵地位。

經由佛教文獻之檢索、分析、比較後，教界有關「會通」或「和會」二詞之用法，大體不出本文所說之範圍。

【附 註】

① 有關佛教文獻的檢索，係採用目前流通之一九九九年製《大正藏》一至五五卷及八五卷光碟(未詳製作機構)，進行全文檢索，再參照新文豐版《大正藏》原文，予以核對。又筆者曾有一文〈宗密《原人論》三教會通平議〉(發表於二〇〇〇年十二月中央研究院文哲研究所舉行之「儒釋道三教關係研討會」)，論及「會通」之義，本文根據該文有關之部分，擴大範圍，增修而成。

② 按此指台北新文豐出版公司印行之《大正新修大藏經》冊四六，頁七二一下欄至七二二上欄。全文例此，凡註b者，爲中欄。以下不另一一加註。

③ 唐元康《肇論疏》云：「若言萬物與我異者，則不能會通也。」(T45.197a)這是指萬物與我不能會通爲一體。

④ 華嚴四祖澄觀(七三八-八三九)也曾把「會通」列爲釋經之項目，如《大方廣佛華嚴經疏》云：「略啓四門：一敘昔；二辨違；三會通；四正釋。」(T35.876b)

⑤ 見《大方廣佛華嚴經疏》卷三十一云：「今依論釋，初十句中，論以二門解釋：一直釋經文；二會通本末。」(T35.738c)

⑥ 略符S14.109c係指《卍續藏經》第十四册，頁一〇九，第三欄，全文例此，凡註a、b、d者，爲第一欄、二欄、四欄。本文所引之《卍續藏經》，係中國佛教會影印本。)

⑦ 禪籍多有「勘破」、「勘驗」之詞，係指修行及悟境方面而言。

⑧ 見黃國清〈宗密和會禪宗與會通三教之方法的比較研究〉，圓光佛學學報，三期，一九九九。

⑨ 黃連忠說：「通觀《原人論》全文，筆者發現宗密的分析方法，已經脫離直線平面的思考模式，建構了三度空間立體化的思惟型式。首先看權實相對的判攝依據，宗密將儒道兩家與習佛不了義者皆判為方便之權教，認為依此未能原人，這部分等同於平面思惟。……宗密將儒道之權設為平面，將直顯眞源之實設為縱軸，由此形成三度空間的立體思惟體系。」詳參《宗密禪教一致與和會儒道思想之研究》，頁三四七－三四九（台北，淡江大學中國文學研究所碩士論文，一九九四）。黃氏此說頗有創意，但儒道與習佛不了義者之間，有淺深層次之異，宗密此處之會通，仍屬立體式之會通。

劉知幾的多元民族觀與多元主權論

臺灣師範大學
國文學系教授 莊萬壽

一、被遏抑的文明——東方遊牧民族（前言）

古代在中原華夏族（原漢族）的主要邊亂，是與此方所謂「戎狄」或「夷狄」的遊牧民族之衝突。東漢以後，這些遊牧民族或因降服歸順，或因被脅迫而逐漸內遷，受到漢族中央政權統治①，他們被稱爲五胡②，成爲漢族王朝及地方士族的重要兵源與勞動力。在三國、西晉時受到殘酷的剝削與欺凌。終於趁司馬氏兄弟鬩牆之際，而紛紛起來反抗。「五胡亂華」，於焉開始。

舉一重要的例子。晉惠帝太安年間（三〇二至三〇三年）并州（山西）飢亂、胡人流亡四散，并州刺史司馬騰乃捕抓成群的胡人，由軍隊押送到冀州（河北）賣給豪族當奴隸，兩胡人一枷，迢迢數千里，羯族人石勒即在奴隸隊伍中，後來賣給茌平人師懽，石勒乃乘機結合其他奴隸成爲群盜，再投靠匈奴族劉元海。③

數千年來，漢族以惡毒的詞彙來形容這些遊牧性的異民族。認爲他們是野獸，「戎狄豺狼，不可厭也。」④，的確他們居住在草原沙漠的惡劣環境，具有爲求族群生存的掠奪性、侵略性，而西晉時的五胡政權，確實也極其凶暴、殺戮之能事，在漢人漢籍史料中留下惡名昭彰的形象，然而漢人既以他們爲沒有文化的野蠻人，那麼以大軍征伐、屠殺，亦視爲當然。尤其以農業社會稠密人口所擁有的雄厚的執久戰力，馬上的牧羊人，終成爲被征服的牲畜。猶如湯恩比(Arnold Toynbee)所說的「人形牲畜」(human flocks and herds)，而他們的文化就是「被遏抑的文明」⑤。

湯恩比指出：

終久而言，農業民族無休無止的壓迫，較之遊牧蠻族飆風驟雨的攻擊，可能更使受害者感到痛苦。蒙古人的侵犯，兩三個世代之後即已結束，然而作爲報復行動的俄羅斯殖民攻勢，卻進行了四百年以上……像俄羅斯這樣的農業強權，實無異於推土機與碎石機……恣意將遊牧民族壓塑成型。在它的魔掌之中，遊牧民族不是碎成粉末，無復存在；便是軋入定居生活的模型中，苟延殘喘，而這滲透的過程，經常並不是一種和平的歷程。⑥

在中國，基本上也是這樣的模式⑦。遊牧民族在歷史上所吹起一卷卷的風雲，皆終歸於風消雲散。還未被輾成齏粉的頑石，大抵都是傳世漢籍歷史中的反面人物。

二、唐王朝統治者目中的「戎狄」

從西晉亡(三一六年)到隋兼併南北「五八九」，約兩個半世紀，雖政權林立，兵禍相結。同時也是史學的黃金時代，主要是多元的權力結構，建立了多元的歷史觀，和各民族的主體歷史，十六國

⑧，都撰有自己主體性的國史，約三十種⑨，絕大多是非漢族政權所勅修的，可惜一種也沒有傳留下來。此外，只有被漢人不得不承認爲有重要地位的鮮卑族的拓跋魏的《魏書》，它是以北魏爲主體性所編寫的歷史，是唯一的例外。至於漢人的政權，兩晉、南朝的重要的史料，大抵都能傳世，透過這些史料去看與他們敵對的胡人世界，自然是極端的仇恨，找不出眞實的歷史。由此，可見少數民族在歷史上是沒有發言權的，即使建立了政權、國家，他們的思想與史觀，後世也很難聽到他們的聲音。我們期待著大一統的唐朝，含有鮮卑族血統的李家皇室⑩，能有比較開闊的民族觀。然而因漢族父權王朝，依然需要華夏血統與文化的優越論來維持正統合法的統治，而且北方與遊牧民族對峙的關係仍然存在，尤其李唐更不斷對外擴張，民族之間更是緊張。太宗李世民縱使有懷柔之心，但以武力鎮壓恐怕才是唐王朝的上策。

貞觀四年，李靖大軍擊敗突厥頡利，其部落多南來歸降，太宗召議安邊之策，中書令溫彥博議以河南地收容，一則以實空虛之地，二則以示無猜之心。而秘書監魏徵則稱「陛下以爲降，不能誅滅，即宜遣發河北，居其舊土。匈奴人面獸心，非我族類，強必寇盜，弱則卑伏，不顧恩義，其天性也。」給事中杜楚客亦言：「北狄人面獸心，難以德懷，易以威服。」後來涼州都督李大亮又上疏：「化中國以信，馭夷狄以權。」群臣多主張高壓，反對懷柔，雖然太宗原先同意溫彥博之議，但後來因受突厥降將的襲擊，而後悔不用魏徵之言⑪。

這是千百年的民族矛盾所顯現的不安與不信任感，即使是一方表面上已降服另一方。統治者的敵意，仍未消失。

朝廷大臣從政治上的利害關係來看異族是如此的敵意，史館中的史官也許能從歷史文化的角度來看，他們又如何呢？

三、唐史官的「戎狄豺狼」觀

太宗下令史臣編修的《晉書》，以〈四夷傳〉一卷來寫邊區介乎服與不服的國家，種族的卑視依舊。史臣曰：「蹈仁義者爲中宇，肆凶獷者爲外夷，……夷狄之徒，名教所絕，闚邊候隙，自古爲患。」⑫，包括東夷的夫餘國、馬韓……南蠻的林邑、扶南和北狄的匈奴，其國國王不稱僞，承認其爲中央天子的藩屬。另外，以三十卷的篇幅來記錄一百三十六年間遊牧民族在中原建立的十幾個國家，以新的體裁的〈載記〉，把各國的君主一一的列入，以個人的身分，記述其事跡，根本不承認他們是國君，其統治範圍是國家。凡是文中有稱王稱帝，或追加謚號，皆加「僭」「僞」字。以個人爲主體的紀傳記，卻處處是涉及出身種族的謾罵。〈載記〉的序文稱這些民族爲「異類」「同乎禽獸」⑬，在諸篇後的「史臣曰」更頗多穢言。如「彼戎狄者，人面獸心，見利則棄君親，臨財則忘仁義者也。」⑭，又如「窮凶騁暴，戎狄之舉也。」「石勒出自羌渠，見奇醜類。」「季龍心昧德義，幼而輕險，假豹姿於羊質，騁梟心於狼性。」⑮「赤縣成蛇豕之墟，紫宸遷蠹黽之穴。」⑯。幾乎傾其詈罵禽獸的用語，來作種族的攻擊。

同時間李延壽私修的《北史》，有所修正，終於承認拓拔魏及北齊、北周與南朝宋、齊、梁、陳（南史）同爲正統，而以「僭僞附庸」列傳，來分述赫連夏、慕容燕、姚秦……諸國，以國名爲綱，與《晉書》以個人身分出現不同，雖是僭僞，不承認其正式的國家與國君，但算是以「政治實體」視之。至於高麗、百濟、西域的鄯善、且末……等國，才是藩國。大抵來說，李延壽的民族觀有一些進步⑰。

四、劉知幾對異族政權的基本態度

唐初史臣對異族的見識，與一千年前的「戎狄豺狼」觀，並無軒輊。再看看大史家劉知幾(661-721A.D.)的看法，又如何呢？

首先對於華夏與夷狄的正僞之原則，是不給予改變的，史通稱「僞隅僭國，夷狄僞朝」⑱又「龜鼎南遷，江左爲禮樂之鄉……其於中國，則不然，……先王桑梓，翦爲蠻貊，被髮左衽，充牣神州。……彥鸞，修僞國諸史。」⑲，很明顯以漢人政權爲正統，至於中國（指中原）已淪爲夷狄所統治，所以崔鴻（字彥鸞）的《十六國春秋》，自然是「僞國諸史」又或稱爲「僞史」⑳。

劉知幾很重視自己劉家的世系，推考係陸終裔，不是堯之後世，那麼應該是南方苗蠻族之後，而不是華夏族㉑，時間久遠，當然我們找不出他對苗蠻楚國有什麼特別的感情，不過值得注意的是現存劉知幾的著作中，除了引《左傳》「戎實豺狼」，「非我族類」二句外，還找不到有類似《晉書》〈載記〉一樣的對異民族及其民族性的極端醜化之處。相反，他還反對用「盜賊」之名，來形容胡人的政權㉒。

劉知幾生性耿直，辭鋒凌厲，如在〈浮詞篇〉罵無恤爲「鯨鯢是儔，犬豕不若。」在〈曲筆篇〉罵陳壽「雖肆諸市朝，投畀豺虎可也。」以這樣的脾氣卻沒有攻訐夷狄之亂華，寧非怪事？只是他在《史通》中到處批判魏收的《魏書》，魏收漢裔胡人，生於北魏，在北齊時撰《魏書》，以拓跋魏爲正統，稱南方王朝及宋、蕭諸帝爲島夷㉓。劉知幾之所以批魏，主要在於《魏書》有違直書實錄的精神，他在〈採撰篇〉稱。

魏收黨附北朝，尤苦南國，……馬叡出於牛金，劉駿上淫路氏，可謂助桀爲虐，幸人之災。

所「尤苦南國」，就是指下文兩事引自南朝沈約的《晉書》，而沈約《晉書》的史料不確實，因此同時也罵「沈氏著書，好誣先代。」㉔。

劉知幾以爲魏收「諂齊則輕抑關右，黨魏則深誣江外。」乃是因「愛憎出於方寸，與奪由其筆端。」㉕，劉知幾對於魏收與《魏書》應該沒有種族上的偏見，他最欣賞的宋孝王的〈關東風俗傳〉和王劭《齊志》㉖，兩人兩書亦皆出於北齊。

當然，從現在來看，劉知幾指責南朝漢人史官，對北方異族王朝的誣衊，著墨猶不夠多。然而劉知幾既以漢人王朝爲正統，要求如現代的種族公平立場是不可能的。畢竟他抨擊了晉臣以五胡「比諸群盜」，也反對王隱《晉書》的〈索虜傳〉㉗，已是有所突破的。

五、劉知幾時空「遠近無隔」的民族史科學

劉知幾對史學最大的貢獻，在於主張「不掩惡，不虛美」㉘、「善惡必書」㉙的實錄精神㉚。

在這樣的基礎下，他必須在一定的時空內，把活動於其間的各民族史料公平的處理。這就是他在〈煩省篇〉所說的原則：

> 夷夏必聞，遠近無隔

〈古今正史〉是七世紀前，傳世最完整的漢文史學史，從遠古寫到唐初。其中最重要的是魏晉南北朝的史學著述。以數字計算，劉知幾約以三百字寫兩晉史書，以七百字寫南朝史書，這是漢人的政權的修史；而以八百字來寫十六國的史書，以七百字來寫北魏，以三百字來寫北齊北周，這主要是遊牧民族政權的修史。

值得注意的是「十六國」這一百三十多年間黃河流域最動亂的時代，也是唐史官認爲是蟲獸橫行的野蠻時代。劉知幾卻以最多的文字來敘述當時各國官方熱烈修書及因戰亂史書亡佚的經過，他大概提出二十六種的史書，其中有完整的作者、書名、卷數，有的只有作者，或卷數，甚或不知書名。著名的著作有漢劉聰命公師彧修《漢史》（三一一年），後趙石勒命佐明楷等撰《上黨國記》、傅彪等撰《大將軍起居注》、石泰等撰《大單于志》（三一九年）、前趙劉曜命和苞撰《漢、趙記》（三二

八年）……等等㉛，這些都是以各國各民族爲主體性歷史，可惜他們的聲音，老早就消失了。〈史官建置〉是史官制度史，也兼寫修史經過。有近一半的篇幅在陳述「偏隅僭國、夷狄僞朝」「元魏」「高齊及周」，這些胡人政權，也有可觀的文化事業，劉知幾稱：「偏隅僭國，夷狄僞朝，求其史官，亦有可言者。」他把三國時的蜀漢和劉聰的漢、前涼、蜀李、西涼、南涼、前趙、後燕並列，可見是夷夏並列、並重的㉜。他的史學分類主要是正統的考量，而非是種族的成見。而史料的擷取，主要是全方位的考量，尤其對容易被忽略，容易亡佚的史料，格外的重視，因此〈古今正史〉，及〈史官建置〉特別詳加介紹「夷狄」的部分。還有他亦特別重視邊遠民族地區的史才：

十室之邑，必有忠信，欲求不朽，弘之在人。交阯遠居南裔，越裳之俗也；敦煌僻處西域，昆戎之鄉也，求諸人物，自古闕載。蓋由地居下國，路絕上京，史官注記，所不能及也。既而士燮著錄，劉昞裁書，則磊落英才，粲然盈矚矣。㉝

六、「夷夏必聞」的多元主權論

史料夷夏並重，是整個歷史發展中我族與他族的關係的實錄，他個人的主張是如此，對過去史籍的詮釋也是如此：

彼《春秋》之所記也，二百四十年行事，夷夏之國盡書。㉞

夫《春秋》者，……中國外夷，同年共世，莫不備載其事……此其所以爲長也。㉟

春秋之時，……經書「某使來聘，某君來朝」者，蓋明和好所通……此皆國之大事，不可闕如。……呼韓入侍，肅愼來庭，如此之流，書之可也。

東晉史家孫盛，稱《左傳》記吳、楚與荀悅《漢記》記匈奴的史事簡略，是因兩書「賤夷狄，貴諸夏」。劉知幾以爲不然。春秋各國錯峙，交通困難，而吳、楚距離魯國又遠，不能備載。何況《春秋》連駒支、長狄、葛盧、郯子等邊隅小國之瑣事都有記錄，怎麼會以夷狄的理由而不記一度想要角逐中原的重要國家吳楚呢？而《漢記》是取材於班固《漢書》，其標準是「中外一概，夷夏皆均」，最後劉知幾以常用的嚴厲口氣，指責「（孫）盛旣疑兵明之擯吳、楚，遂誣仲豫（荀悅）之抑匈奴，可謂「強奏庸音，持爲足曲者也」㊲。

他反對「賤夷狄，貴諸夏」的史料思想，實則是就實錄直書的思想而來，他雖認爲異民族政權，不是正統，卻實際有存在主權，認爲「實同王者」。

金行版蕩，戎、羯稱制，各有國家，實同王者。晉世臣子黨附君親，嫉彼亂華，比諸群盜，此皆苟徇私忿，忘夫至公。自非坦懷愛憎，無以定其得失。至蕭方等始存諸國名謚，僭帝者皆稱之以王。此則趙猶人君，加以主號，杞用夷禮，貶同子爵。變通其理，事在合宜，小道可見，見於蕭氏矣。㊳

自五胡稱制，四海殊宅，江左既承正朔，斥彼魏胡，故氐、羌有錄，索虜成傳。魏本出於雜種，竊亦自號眞君。其史黨附本朝，思欲凌駕前作，遂乃南籠典午，北吞諸僞，比於群盜，盡入傳

中。㊴

這是嚴正批擊東晉、南朝史官，編本國本朝歷史，卻把北方遊牧民族諸國及拓跋魏等國家，收入南朝國史中，並以形同盜賊的地位的傳記來記述。今可見的其時史書，沈約《宋書》有收入北魏的〈索虜傳〉，有記略陽清水氐楊氏和胡大且渠蒙遊的〈氐胡傳〉。其傳序與〈二凶傳〉（劉劭、劉濬）相鄰，即指叛逆盜賊。又東晉干寶的《晉紀》，已佚。其〈總論〉稱：「賊劉曜入京都，百官失守」（見《文選》）這都是極主觀的情緒化語言。事實他們都是在歷史上存在過的獨立的政權，誰也不能抹煞他們。劉知幾稱北魏的口氣，有些輕慢，但卻止爲北魏說話，公然的反對偏袒典午司馬家。他有些「正言若反」，似乎是他自己說過「曩賢精鑑，已有先覺。而拘於禮法，限於師訓，雖口不能言，而心知其不可者，蓋亦多矣。」㊵，劉知幾在此，也許正是這樣的心境。

他認爲這些國家雖是僭僞，但史書上的國號、謚號、王號皆可保留。如趙武靈王學胡人騎射，杞伯用夷禮，雖被貶斥，而無損於其爲君主。所以他認爲蕭方等的《三十國春秋》保存了實際上的史實，而對他高度的贊揚。

他超越了狹隘的偏見的形式上的正統主權論，和一元主體論，他超越了「嚴夷夏之防」，給予歷史上存在的少數民族政權、弱勢文化政權有基本之獨立的歷史地位，這即是多元主權論。

當有晉元、明之時，中原秦、趙之代，元氏膜拜稽首，自同臣妾，而反列之於傳，何厚顏之甚邪！又張、李諸姓，據有涼、蜀，其於魏也，校年則前後不接，論地則參商有殊，何預魏氏而

橫加編載？㊶

此處則反過來又指責北朝魏收撰的《魏書》，當西晉初，有氐苻、羌姚和匈奴劉、羯石等政權時，拓跋氏力量還很卑微。而且涼州張寔，蜀李雄等國家，在時間空間上都與拓跋魏無瓜葛重疊，怎麼這些國家、政權，會被收編進入《魏書》呢？

不分南北，無論夷夏，多元的獨立的國家主權論，是劉知幾的民族觀的基礎，這也是超時代的突破。

此外，他為追求實錄，訂正了許多不實的史料，其中不少精力是用諸少數民族的問題。如他認為南齊頡榮緒《晉書》所稱：「苻堅之竊號，雖疆宇狹於石虎。」他指陳石虎時，瓜、涼、巴、蜀、遼左，等地都是獨立的政權，但後來皆被苻堅所滅，苻堅土地是「禹貢九州，實得其八。」稱頡氏「識事未精，不知量也。」㊷

結　言

遊牧民族與農業民族之對抗，是漫長而殘酷。其過程是在邊界對立的形成→南征、北伐——短兵決鬥——統治與被統治——同化與融合→新對立的形成。這不斷周而復始，一直到最後一波遊牧民族消失為止。

魏晉是進入決鬥到統治與被統治之間的階段，其同化與融合是空前的激盪。李唐一統天下，但內部同化未成，而外來的新對立又形成，政治上不能超過夷夏之防，依舊是諸夏的一元種族主義。史官受政治的束縛，難有前瞻性的觀點，只有工作受壓抑，心懷苦悶的劉知幾，在《史通》論述中，提出較開闊的民族觀，主張歷史上異民族政權，要給予實質的定位，即歷史應存在著多元的主體政權。這對一元的中央封建思想，有相當大的衝擊。唐代畢竟是比較有可能培養多元文化的社會環境。研究唐代劉知幾的多元民族觀，對於華夏民族與東方文化的未來，也許能提供多元的省思。

向來台灣的教育都是灌輸大華夏沙文主義，歷史上的遊牧民族都是野蠻民族，都是侵略者。但，我願以史學家湯恩比作結語：

遊牧民族的垂死吶喊，卻很少能為人聽到。

從十七世紀以降，莫斯科維帝國與滿清帝國，這兩個定居國家各從不同的角落，將觸角伸向歐亞大草原時，遊牧體制的命運便已經註定了。㊹

這可能就是在中國西北西南的最後一波遊牧民族了。

（一九九二、十一）

【附註】

① 參見唐長孺，〈晉代北境各族變亂的性質及五胡政權在中國的統治〉，《魏晉南北朝史論叢》一二七—一九二頁。

② 按五胡，包括遊牧性的鮮卑、匈奴、羯族和羌族，前三族爲阿爾泰語系民族，羌族爲藏語族，還有非遊牧性的氐族，爲苗瑤語族（或藏語族）。

③ 石勒爲後趙高祖。事見《晉書》卷一百四〈石勒載記〉上。新校本，鼎文版。四册，二七〇八頁。

④ 《左傳》閔公元年，管仲語，按豸、虫偏旁的種族名，皆爲禽獸。

⑤ 湯恩比《歷史研究》，第十五章，〈被遏抑的文明〉。陳曉林譯本。桂冠，三六六頁。

⑥ 同上。三七六頁。

⑦ 比較例外的是滿清執久的統治，但十五世紀女眞族並非全爲遊牧民族，而其所以能建立超穩定的結構，是與漢族士紳與地主共治天下。

⑧ 在北魏併呑北方之前一百三十年間，不止有十六國。「十六國」一詞，係依崔鴻撰《十六國春秋》而來。

⑨ 見金毓黻《中國史學史》四章。王仲犖《魏晉南北朝史》。八九二頁。

⑩ 李淵之母元貞后獨孤氏，李世民之后文德皇后長孫氏，皆鮮卑人。

⑪ 見《貞觀政要》卷九〈議安邊〉。新校本四二八頁。《舊唐書》卷一九四上〈突厥傳〉上，六册，五一六二頁。

⑫ 《晉書》卷九十四，四册，二五五〇頁。

⑬ 《晉書》卷一百一，四册，二六四四頁。

⑭ 《晉書》卷一百三，〈劉曜載記〉，二七〇二頁。

⑮ 《晉書》卷一百七，〈石季龍載記〉下，二七九八頁。

⑯《晉書》卷一百十五，〈苻登載記〉二九五五頁。

⑰按《北史》卷九十三爲〈僭僞附庸列傳〉。卷九十四至九十九爲〈外國傳〉。又南朝所編史書皆不承認北魏，如梁武帝勅編《通史》五胡及拓跋魏皆入〈夷狄傳〉。《史通》〈六家〉一八頁。

⑱《史通》〈史官建置篇〉華世，《史通釋評》本。三五八頁。按該本取浦起龍《史通通釋》（王煦華點校）與呂世思勉《史通評》相湊成書，與王點校本頁碼不同。因慣用此併湊本，姑用此頁碼。

⑲《史通》〈言語〉一七九頁。

⑳《史通》〈古今正史〉：「僞史十六國書」，四〇八頁。

㉑劉知幾撰〈劉氏家史〉及〈譜考〉。見《新唐書》卷一三二、六册，四五二〇頁。按陸終是祝融之子（《漢書》〈古今人表〉），是南方苗蠻及楚國的始祖。

㉒《史通》〈惑經〉批評《春秋》「所未諭四」，評魯哀與吳盟，不書，乃因以吳夷爲耻。魯桓與戎盟則書。劉知幾認前者也可以書；而後者「戎實豺狼」（左閔元年），非我族類（成四年）」，也可以不書。主要在評《春秋》書與不書沒有標準，而非目的在於攻擊戎秋。又〈稱謂〉反對晉臣視胡人爲「群盜」。一二九頁。

㉓《史通》〈稱謂〉「魏書……以司馬氏爲僭晉，桓、劉以下通曰島夷。」一三〇頁。

㉔《史通》〈採撰〉，一三八頁。稱司馬叡爲晉將牛金之子。宋孝武帝劉駿與母路氏私通。

㉕《史通》〈稱謂〉，一三〇頁。魏收爲北齊人，所以護北齊而抑北周（關右）。

㉖《史通》〈直書〉，二三八頁。亦分見他篇。

㉗《史通》〈稱謂〉，一二九、一三〇頁。按晉臣所作，不知何書，亦可能包括王隱《晉書》。

㉘《史通》〈雜說〉下，六三七頁〈載文〉一四七頁。

㉙《史通》〈惑經〉。四八八頁。

㉚參見拙作〈劉知幾實錄史學與孔子思想的關係之研究〉。師大《中國學術年刊》十期。一九八九年二月。

㉛《史通》〈古今正史〉，四一六頁。及《晉書》〈石勒載記〉。

㉜《史通》〈史官建置〉，三五八頁。

㉝《史通》〈雜說〉下，六二九頁。

㉞《史通》〈書志〉，八〇頁。

㉟《史通》〈二體〉，三五頁。

㊱《史通》〈書事〉，三七一頁。

㊲《史通》〈探賾〉，二四八頁。

㊳《史通》〈稱謂〉，一二九頁。

㊴《史通》〈斷限〉，一一六頁。

㊵《史通》〈疑古〉，四五四頁。

㊶《史通》〈斷限〉，一一六頁。

㊷《史通》〈雜說〉中，五八六頁。

㊸《史通》〈語言〉，一七八頁。

㊹《歷史研究》，三七六頁。

焦循的學問

關西大學文學部教授　坂出祥伸作
輔仁大學日文系講師　近藤朋子譯
臺灣師大國文系教授　賴貴三校釋

焦循，字里堂（早年字「理堂」），晚年號里堂老人。乾隆二十八年（一七六三）誕生，嘉慶二十五年（一八二〇）逝世，歲五十八，揚州府甘泉縣人。《孟子正義》一書，爲其晚年考證學著述中最爲聞名的代表作。他的學問由數學與天文學開始，進而研究《易》學，到了晚年又專心研究《孟子》。當時的大官兼名儒阮元（焦循爲阮元的族姊夫），爲焦循所撰本傳稱譽他爲「通儒」①，可謂意味深長。焦循的學問範圍廣泛，可以從他的著述中略窺豹斑，他不僅專研經學、史學（特別是地方志）、天文歷算，更通曉醫學；尤其，異於一般考證學者，焦循又喜詩詞，好戲曲，其所著《花部農譚》甚至於連花部（土戲）皆有所論評②。可見，焦循既博學而能貫通。在治學方法與態度方面，焦循以去成見、廣正識（通核）③爲宗旨，決不偏執自己的立場，抱持宏闊的見識，增廣他人成說而通達之。他的「通」學，不依賴天賦才識，全是刻苦勉勵而自我成就的心血。他在讀書記錄而成的《里堂道聽錄》④序文中，自白說道：

余生質極鈍，然每得一書，無論其著名與否，必詳閱首尾，心有所契，則手錄之。余交游素少，然每有以著作教我者，無論經史子集，以至小說詞曲，必詳讀至再至三，心有所契，則手錄之。

歷二三十年，盈二尺許矣。

可知，焦循學問的博通，全是他一生努力的結晶。

一

焦循的學問生活可以區分爲三個時期，茲依據其哲嗣焦廷琥所作《先府君事略》⑤，說明他一生中各時期學問的特色。

第一期，自十九歲志於經學開始，而先後撰寫數篇關於天文算學的論文（現收於《里堂學算記》），以迄轉換研究方向至《易》學爲止。焦循早年有志於科舉考試，二十三歲時，父親與嫡母（謝氏，他的生母是殷氏）相繼過世；再加上當時連年遭逢大饑饉，家裏清貧無米可食，只好以山薯果腹二日。當其時，書局正好出售欠八種的《通志堂經解》本，標價三十金。即使湊集身上所有的銀兩，猶不及其半；乃與其妻商量，將其金簪換取銀錢，只值十二金，總共才二十七金。而書局願意出售，於是順利購得，當晚只能食麥屑粥，夫婦相對，仍自得其樂⑥。由以上故事，可知焦循家境清寒，連買書都成問題。而實際上，這種情況一直持續到晚年，他常向藏書家借書閱讀，又寄宿於富豪的宅邸刻苦讀書，連他入都科舉會試的費用都賴友人的援助，他的學問生活可說是在艱苦的經濟條件下不斷的成長。因此，焦循便招收學生家教以糊口。二十五歲時，友人顧超宗贈送他《梅氏叢書》，自此遂專志研究天文歷算之學；當時的天文歷算較梅文鼎時代更爲進步，《歷象考正》上下編（雍正元年刊）

頒布後八年，日食預報產生錯誤，與實際的天象計算法不一致，遂迫不及待的加以改訂。乾隆七年所完成的《歷象考正後編》十卷，採用了歐洲最新的天文學知識的理論與數值⑦。就太陽運動而言，自從 Ptolemaios Klaudios 以來的平圓說已被淘汰，而採用 Johannes Kepler 新的橢圓說取而代之；清濛氣差（大氣差）的數值，也採用 Giovanni Domenico Cassini 的數值。Nicolaus Copernicus 的地動說較晚傳入，初次介紹是在法國耶穌會士蔣友仁 M. Benoist 所著的《坤輿圖說》（乾隆三十二年）⑧。

焦循從三十二歲至三十五歲，陸續寫成了幾本數學書。《釋輪》二篇（嘉慶元年），敘述有關於 Tycho Brahe 的天文學上本輪與次輪的幾何學理論；《釋橢》一篇（同年），敘述有關於 Giovanni Domenico Cassini 在天文學上橢圓（軌道）運動的幾何學理論；《釋弧》三篇（乾隆六十年），說明三角法與球面三角形的解法。這三本書，《釋橢》說明《歷象考成後編》所使用的橢圓法；其他二種，針對梅文鼎、戴震的數學，尤其是戴震《句股割圜記》的闕漏不備，予以補充。以下，先就前揭蔣友仁《坤輿圖說》一卷，加以說明。此書完稿於乾隆三十二年（一七六七），原名《地球圖說》，這本書的刊行，係經內閣學士兼禮部侍郎何國宗與翰林院檢討錢大昕加以潤色而成；後來蔣友仁的圖佚失。嘉慶六年（一八〇一），阮元囑李銳據其說而補之，李銳復原了二十一圖中的二十圖，而缺第十圖。翌年秋，焦循會試不第，自京師歸鄉後，拜訪浙江巡撫阮元，阮元請其考定並校正李銳所補之圖，又補闕了第十圖，並在末尾加以說明⑨：

> 余為此圖，雖明蔣友仁地動太陽靜之說，而地之可靜可動，太陽之可動可靜，皆足見其通矣。

這段話顯示焦循對地動說不甚瞭解，而且採取融會西法與中法的折衷態度，與梅文鼎並無二致⑩。焦循在古算書研究上著有《加減乘除釋》八卷（嘉慶二年）、《天元一釋》二卷（嘉慶四年）、《開方通釋》（嘉慶六年）。《加減乘除釋》一書，闡明《九章算術》等古算書所見關於加減乘除法的基本定理，他說：「論數之理，取其相通，不遍舉成數，因甲乙而自明。」例如：「以甲加乙，或乙加甲，其和數等。」（按：見於《加減乘除釋》第十條綱目。）若改以現代的數式，就是簡單的 $a+b=b+a$，將計算法改爲一般化，而導引出定理，以解決《九章算術》的繁雜，這是其改善簡化之處。《天元一釋》解釋天元術（包含一定的未知數的代數式），《開方通釋》解說正負開方術（任意高次方程的數値解法），此二書皆根據元朝李治（按：宜爲「李治」，下同。）的《測圓海鏡》、《益古演談》（按：宜作《益古演段》。）以及元朝秦九韶的《數學九章（數書九章）》加以闡發而成。這個研究，係因其於家塾（半九書塾）教授子弟的必要而展開；另一方面，透過對西洋數學的研究，進而轉向算書的探討與述作。焦循的數學研究值得注意的特徵，誠如阮元所說：

> 今里堂之說算，不屑屑舉夫數，而數之精意無不包，簡而不遺，典而有則。

焦循對法則性與理論寄予深切的關心，故在理論的探求心上，能表現出「得其會通」與「會通其理」的造詣，這可由前述的數學論文書得到印證。在〈答汪晉蕃書〉⑪中，他自述說：

> 算法學習有年，大約皆苦究其難者、奧者，近來於至淺、至近處求之，頗覺向之至難、至奧與至淺、至近者，原屬一貫。

強調古算法是根據一貫的定理，所以只要瞭解此定理，困難的問題也會容易解決，故續言道：

蓋古人算法，往往就一通以求簡便，不知法愈簡便，則愈隱秘，而理愈不明。今欲一一明其理，達其用，括九章之條，且核難題之本原，而以一線通之，著爲《加減乘除釋》一書。

「就一通以求簡便」，這表示根據一般的定理，想出簡便的解法，這定理的演繹，就是一個個的算題。他相信：一般的定理存在於解法之前，在《加減乘除釋・自序》中有明確的表述：

名起於立法之後，理存於立法之先。

此「名」是少廣、句股等九章名稱，「法」就是解法；換句話說，「少廣、句股之稱名，係立於解法之後，定理存於解法之前。」焦循說「會通其理」，正說明一般的定理闡明的必要性；而一般的定理如何獲得？關於這一點，他並沒有言及。焦循認爲：如同數學的定理一般靠直觀的認識而獲得，而定理屬於先驗的認識。

再回到焦循的生活方面來看：從二十五歲時，寄宿於壽氏鶴立齋；以至四十歲期間，他幾乎都過著寄人籬下的生活。二十八歲時，寄宿於深港卞氏公館，著作《群經宮室圖》二卷。翌年，寄宿於前任揚州司馬牛氏宅，牛氏好以詩酒娛悅賓客。又翌年（三十歲），値得注意的是寄宿於鄭氏公館；鄭氏公館是鄭鑑元一族子孫所有，焦循親交於鄭鑑元的孫子鄭兆玉、兆珏兄弟⑫。鄭氏出身於安徽歙縣，爲成功的揚州鹽商；其後，鄭超宗、鄭贊可、鄭士介兄弟經營宏大的庭園，其中以士介的「休園」最爲有名，時人云⑬：

揚州詩文之會，以馬氏小玲瓏山館、程氏篠園及鄭氏休園爲最盛。

如上所述，焦循寄宿於揚州大富豪的宅邸，或寄身於庭園深造其學，並與來訪的詩人、文士交相往還。其中，有一位汪晉蕃先生，據說曾與歙縣汪氏一族的友人，在汪中的齋閣一邊喝酒、一邊議論到深夜⑭。又與拜訪壽氏宅邸的詩人潘掌絲論詩⑮，或在牛氏宅邸認識畫家周釆巖而從其學畫（《先府君事略》）。值得一提的是，援助焦循成就學問的人是阮元，阮元曾說⑯：

元家在北湖九龍岡，族姊夫焦里堂孝廉家在黃玨橋，相隔一湖，幼同學，往來湖中者屢矣。

焦循與阮元是幼時學侶，自幼即彼此馴染，並深受阮元父阮承信（號湘圃）的愛護，時時呼焦循至其齋閣作文章，後來娶其一女爲妻⑰。焦循與阮元的關係如此親密，阮元一旦成名，焦循便贈送其著述請求批正，或請求序文，終生爲學問上的伴侶。乾隆五十五年（一七九〇），二十八歲時，焦循在下氏宅邸完成其處女作《群經宮室圖》二卷，曾寄送稿本至京師請求阮元撰序⑱。乾隆五十八年（一七九三），阮元任山東學政；六十年（時焦循三十三歲）後，阮元經常邀請焦循到他的赴任地。這一年，焦循幫忙阮元舉辦各縣的考試；同年冬，阮元轉任浙江學政，再招焦循赴杭州，在此看到《益古演段》、《測圓海鏡》（兩本都是元．李治的算書），而與受到阮元庇護的著名數學家李銳一同研究這些算書。嘉慶元年（一七九六），阮元搜求萬斯大遺書，在刊行其《經學五書》之際，焦循代阮元撰序，認爲以經解經，並主張應採取與傳注不同的學習態度⑲。嘉慶五年（一八〇〇），阮元再往浙江，赴任巡撫之職；復招邀焦循與李銳同寓，因思向阮元借覽金山寺文淙閣所藏的《數學九章》（南宋・秦九韶）研究討論⑳。嘉慶七年（一八〇二），焦循的母親患病，遂決意不再遠遊，而與訪浙的阮元正式告別。就焦循三十九歲才考上鄉試而言（四十歲會試不第，以後放棄舉業），若要專志研究數學，阮元的援助爲必要的條件。故除了在阮元撫署代筆之外，幾乎花費所有時間思考數學書的研究工作；而實際上，《釋弧》、《釋橢》、《天元一釋》、《開方通釋》等論文，大都集中在此一時期所撰就。同時，也受到景仰的學術前輩錢大昕、凌廷堪的指導；在交友方面，既與李銳同宿，又時時密切議論，並與汪萊結交親密往來，時人稱譽他們三人爲「談天三友」㉑。

嘉慶四年（一七九九），《里堂學算記》（《加減乘除釋》、《天元一釋》、《釋弧》、《釋輪》、《釋橢》）刊行時，阮元寄送〈總序〉給焦循，並且特別記錄說：幼與焦循馴染學問，並對算學抱持關心，惜未能深究；後因職務繁忙，遂棄斯學。今見焦循書成，既感到高興，又值得尊敬；因此，稱讚他在其鄉土的天文算學者中，有勝於泰州的陳厚耀（《春秋長曆》十卷的著者）。

衆所周知，阮元在嘉慶、道光年間，身爲學術界的指導者，其門下人材輩出，又編纂、刊行各類書籍，裨益學界甚多。阮元非常瞭解焦循的學問生活，並時時給與援助，這是不可忽視並須十分注意的一點。

焦循學問生活的第一期特色在數學研究。到了四十歲（嘉慶七年），他的人生面臨重大的轉捩點，原因之一當然是期待會元入第，結果卻會試落榜。

此時，生母殷氏健康不佳，身爲長子的焦循擔心母親的身體狀況。嘉慶十年（一八〇五），又是會試的時期，友人鄭耀庭勸焦循赴都會試，並表示援助其必要的旅費，焦循卻頻頻寫信，一方面深致感謝之意，另一方面婉拒他的盛情，因爲一心想盡孝養母親的責任㉒。以下介紹這封信的一部分：

昨舍弟道及足下高誼，怪弟今歲不赴公車，且爲籌行李之資，自任可幫助百金，尤爲感激涕零，容當面謝。但循不北行之故，實有苦心。壬戌正月北行，家母送至舟中，舟已過橋甚遠，望見吾母尚立岸側，翹首而望，心甚悽惻。五月歸家，母甚歡；及秋間，往浙，與母別，家母則曰：「歸家才兩月，又行，吾近年多病，甚不似往年強健矣！」明日上船，家母以鮮鯖魚四尾盛水桶中，令婢攜置船上；家母曰：「恐路上澹泊，可烹食之。」循時惻然，留二尾在家，帶二尾行；既行，念念在心，遂屢思歸。故冬月歸來，決意家居訓蒙，不復作遠遊計矣！去秋，受溼氣，以致尻内脹痛，呻吟痛楚者四十餘日，家母時以爲憂，近雖安好，神色未健。一旦遠行，兩地懸挂，此實弟不出之苦心，非樂安佚，而輕仕進也。至外間，擬今歲大總裁必是朱石君（朱珪），（朱石君）先生謂循去必獲進士，可希鼎甲，不可失此機會。弟既讀書，習舉子業，豈不樂得進士鼎甲哉？竊謂亦有命焉。乾隆丙午，弟丁外艱，而是年朱石君先生主江南試，一聞試題，弟即作（過位升堂考）一篇；已而，魁墨出，竟如弟所言，時人頗爲弟惜。然循惟悲感而已！庚戌、辛亥（乾隆五十五、五十六年），胡文恪公（胡希呂）督學江蘇，兩試俱優等，文恪數稱譽於學師（府學之教官）。學師遂補舉循爲優生（優學生，歲試合格之第三等以內者）；時合郡之人，無不以弟必得優貢（生員經禮部試驗優秀，而薦送國子監者），或欣慶之，或嫉忌之，紛紛籍籍，乃以他事，文恪與奇大中丞議不合，並此而罷。可見無非有命，命不宜得，即往試誠遇朱公主試，亦必以他故間之，奈何以不可知之事（命），而奔走恐後耶？天稍暖，當入城面候，並祈代致意柿里舍人。不具。嘉慶乙丑正月二十一日。

從此，焦循不再出外旅行，而且不入城內，自此，他的學問傾向產生了明顯的變化。他想要專志於《易》學的研究，《易廣記》㉓一書中，如此說道：

余自弱冠即學《易》，至四十歲，此二十年中，奔走科場，兼習他業，未嘗專也，而一無所得。自四十至四十七，此八年專於學《易》，始悟得旁通之旨；然名利之心未淨，其中修郡志者四年，故雖有所得，終不能融貫也。庚午（嘉慶十五年，四十八歲）至今五年，無一日不窮思苦慮，一切功名仕宦、交游慶弔，俱不以擾吾心志，乃日有進境。……其未得也，甚苦；其得也，甚樂，乃知學《易》前後三十年，僅有此四五年也。抑且四十以前，學六書音韻之學，學九章天元之學，諸學既明於胸，而此四五年中，乃得空諸所有，以研究其微。

焦循從四十歲至五十三歲之間，專志於《易》學研究，由上文可知，他的《易》學基礎乃建立於四十歲以前，所學得天文算學與六書音韻之學。而焦循對《易》學的關心，非自此時才開始，其實自幼其父便將家學（《易》學）傳授給他，其後即不斷思索如何一貫理解《十翼》、《經》上下，故云㉔：

循家三世習《易》，循幼秉父教，令從《十翼》求經。然弱冠以前，第執趙宋人說；二十歲，從事於王弼、韓康伯注。二十五歲後，進而求諸漢魏，研究於鄭、馬、荀、虞諸家者，凡十五年。年四十一，始盡屏眾說，一空己見，專以《十翼》與上下兩經，思其參互融合，脈絡緯度，凡五年，三易其稿。四十五歲時，三月八日，病寒；十八日，昏絕；至二十四日，復甦。妻子啼泣，戚友唁問，一無所知，惟〈雜卦傳〉一篇朗朗於心。既甦，默思此傳，實爲贊《易》至精至要之處；二千年說《易》之人置之不論，或且疑之，是固我孔子神爽聿昭，以循有志於此經，所以昏瞀之中，開牖其心，陰示厥意。於是，科第仕宦之心盡廢。……甫於參伍錯綜中，引申觸類，悟得《易》之所以爲逆數，以往來旁通，成天地之能，定萬物之命。盡改舊稿，著爲三書，一曰《通釋》，二曰《圖略》，三曰《章句》。

焦循的《易》學，先從《易通釋》開始，嘗自述云㉕：

循既學洞淵九容之術，乃以數之比例，求《易》之比例；向來所疑，漸能理解。

這表示他以數學上「比例」的方法，推而解釋《易》學。而且，他在學《易》的過程中悟得「旁通」、「相錯」、「時行」三個原則；而這三個原則，透過「實測」可以知道《周易》經傳。而錯綜不齊的天文七政恆星，以實測而不越出三百六十度的經緯，故本乎行度而實測之，則天可以漸而明㉖。

所謂旁通者，何也？同一語詞同時使用於二卦的場合，則這二卦之間必存在法則上的關連；例如：師卦「初六：師出以律，否臧凶」以下，使用「師」字；同人卦「九五：同人先號咷而後笑，大師克相遇」，亦使用「師」字，這兩卦的結構因爲陰陽相反，便形成「旁通」的關係。何謂「相錯」？〈說卦傳〉云：「天地定位，山澤通氣，雷風相薄，水火不相射，八卦相錯。」例如：山澤相錯者，艮卦與兌卦的上下爻相互交替，上是山，下是澤，就成爲損卦；反之，成爲咸卦。故六十四卦就是如此相錯而形成的。「時行」則是爻當位失道的場合，變通而趨時（〈繫辭傳下〉：「變通者，趨時者也。」），以避免窮途末路。例如：乾二先與坤五替換，再四與初替換（同人・比變成家人・屯）；或者，上與三替換（革・蹇）的話，爲吉；若家人上與屯三替換，或革四與蹇初替換的話，皆成爲既濟卦，乃由吉變凶㉗。

如此，焦循的《易》學以這三個原則統一的說明《周易》全卦，不僅繼承漢代《易》學，而且重視全體的一貫性，又藉由數學與音韻學加以說明，形成他《易》學的特徵。因此，焦循對前輩學者惠棟，遂有激烈的批判㉘：

東吳惠氏爲近代名儒，其《周易述》一書，循最不滿之。大約其學拘於漢之經師，而不復窮究聖人之經。

《易通釋》二十卷，焦循完成於嘉慶十八年（一八一三），五十一歲時。其間，經過三度改訂，初有所得，即求王引之批判㉙；或與汪萊討論《易》義，於是在阮元任地完成《易通釋》一書㉚。又繼續著作《易圖略》八卷，並撰寫《易章句》；但多年來苦於足疾，數年之後，才在阮元的催促要求下，完成《易章句》十二卷，而《易》稿的完本終告底定。阮元致其書簡中評說㉛：

讀大著《易學》大略，實爲石破天驚。

又在《雕菰樓易學》三書刊行之時（嘉慶二十一年，焦循五十三歲），阮元寄來序文，稱讚其書曰：

蓋深明乎九數之正負比例，六書之假借轉注，始能使聖人執筆著書之本意，豁然於數千年後。聞所未聞者，驚其奇；見所未見者，服其正，卓然獨闢，確然不磨。

此外，焦循在第二期（注《易》時期）所著的書籍中，值得注意的尚有《論語通釋》一卷（十五篇）。而他所以著作此書，乃有感於戴震《孟子字義疏證》一書，雖然闡明理道天命性情，而惜未能暢發孔子一貫仁恕之說㉜。

焦循弟焦徵曾認為焦循聚精會神嘔心瀝血之作，尤在《易學三書》的著述。（按：詳見《焦氏遺書》所刊焦徵〈先兄事略跋〉。）這三本書完成之後，數年之間，編次隨筆記錄之書為《易餘籥錄》二十卷；於三書外，凡友朋、門弟子問答及於《易》者，集錄而著成《易話》二卷。再者，癸酉（五十一歲），自立一簿，稽考所業，著《注易日記》三卷；又著《易廣記》三卷。（按：詳見焦廷琥《先府君事略》。）今日《皇清經解》所收《六經補疏》——《周易王氏注補疏》以下六種，係《易學三種》完成後，先從《禮記補疏》（嘉慶十九年，五十二歲）開始撰述，繼而《論語補疏》、《左傳補疏》、《尚書補疏》、《周易補疏》、《毛詩補疏》依序撰述，至五十六歲間終於完成。（按：詳見《雕菰樓集》卷十六〈群經補疏自序〉。）

《易學三種》完成之後，焦循最投注心血的著作為何？那就是我們今日仍多蒙裨益的名著《孟子正義》三十卷。焦循在正義末尾〈孟子篇序〉自記：

循傳家教，弱冠即好《孟子》書；立志為正義，以學他經，輟而不為。

焦循友人黃承吉於所作〈孟子正義序〉中，詳細說明編纂《孟子正義》由來，如下㉝：（按：原文為義譯，謹查原書別為引文以詳之。）

憶一日，與里堂論及各經疏、正義，僅宗守傳注一家之說，未能兼綜博采。……乃相要各執一經，別為之正義，以貫串今古異同。蒐網百善，萃為宗都；破孔賈之藩籬，突徐楊之門戶。予時以《周官》竊任，而里堂則謂《易》與《孟子》，大有志焉。

焦循自五十五歲（嘉慶二十二年）冬，開始著手撰述《孟子正義》。當然非靠他一人的力量，而是藉助於當時三十五歲的兒子廷琥的協助才開始進行。首先，從纂輯《孟子長編》開始，廷琥《先府君事略》記述：

採錄本朝通人之書，令不孝查寫。或專說《孟子》者，或雜見他書者，一一纂出，依次第編為《孟子長編》十四帙。

以下，依據廷琥的回顧，說明編纂《孟子正義》的經過：

戊寅（嘉慶二十三年，五十六歲）十二月初七日，開筆撰正義，自恐懈弛，立簿逐日稽省，仍如前此注《易》。簡擇長編之可采者與否者，有不達則思；每夜三鼓後不寐，擁被尋思：某處當檢某書，某處當考某書；天將明，少睡片刻，日上紙窗，府君起盥漱，即依夜來所尋思，一一檢而考之，語不孝曰：「著書各有體，非一例也。有全以己見貫串取精，前人所已言不復言，余撰《易學三書》及《六經補疏》是也。有全錄人所已言，而不參以己見，余輯《書義叢鈔》㉞是也。有採擇前人所已言，而以己意裁成損益於其間，余所撰《孟子正義》是也。各有所宜，亦各有所難。」

翌年四月，撰至〈萬章下〉，府君曰：「此書初稿看來七月可完，必加以討論修飾；惟神氣日衰一日，殊自畏也。然惟初稿最難，今已成十九卷有奇，未成十卷耳！用當努力爲之，不以衰退，爲山九仞，功虧一簣，宜自勉夫！」嗚呼痛哉！府君之心血，竟以著書耗矣！一年前已知神氣之衰，不孝不能婉轉請少緩一日之功，今年痛作，即患舌燥無津，又不能力求治法，痛哉！痛哉！

己卯（嘉慶二十四年，五十七歲）七月十四日，《孟子正義》草稿成，次爲三十卷。於是，討論群書；至庚辰正月，修改既定，乃手寫清稿三卷，就正於舅父阮芸臺先生。四月，令不孝校對一過，又手自重錄；至七月，共手錄十二卷而病作，病中猶以未能錄完爲憾。語不孝曰：「《孟子正義》無甚更改，惟所引書籍，仍宜逐一校對，恐傳寫有誤耳。」府君自癸亥（嘉慶八年，四十一歲）家居，至庚辰（嘉慶二十五年），十八年中，著書將三百卷，成不朽之業，而心血實耗於此矣！痛哉！痛哉！

又據焦徵〈先兄事略跋〉記載，廷琥繼志承業，亦以病歿，讀之令人一掬同情之淚，其文曰：

（按：本文以義譯之，謹鈔查原文以為印證。）

亡姪處苫塊中，哀泣之餘，且校且謄，惟恐不及；一年前，病吐血，至是復作，肌膚瘦削，委頓不支。醫者謂宜服參茸，姪以値貴，難之。先兄執友汪君掌庭致書勸諭，謂宜保身以傳父學，勿惜費以喪此身；情辭懇切，不下千餘言。姪為感泣，慨然棄產，得千餘金，購參茸療治月餘，精神振作，大有起色。然病中校閱父書，未肯少怠；至是自喜病解，校閱益勤。其如心血久虧，難期驟復，勞思殫慮，醫藥無功，以道光元年二月十二日歿矣！歿之前數日，手持父書涕泣叩頭，向徵言曰：「姪死不足惜，父書未刻，母老子幼，是所切憾！父書未刻者多，《孟子正義》尤其心血結成，最急校成，少有餘資，即先付刻，為文告我，否則姪目不瞑也。」

如此，《孟子正義》一書的校合與清書，便由焦循弟焦徵繼承，大約於道光元年或二年刊刻完成。現存的《孟子正義》缺序文，只有篇序末尾記錄編纂動機與經過而已。《焦氏叢書》所收附刊的阮元〈通儒揚州焦君傳〉與黃承吉的序文（道光七年），可為參考。阮元的傳寫於焦循死後不久，黃承吉的序文則是廷琥歿後，焦徵請求而後寫成。

《孟子正義》三十卷是經過焦循、焦廷琥、焦徵三人親、子、弟之手而完成；其中焦循、廷琥父子為了撰述事業而縮短了自己的壽命㉟。

二

其次，再進而說明焦循對學問的態度，及其治學方法的幾個面向。焦循最早期的著述是《群經宮室圖》二卷（乾隆五十五年，二十八歲），這本書融合群經，尤其是考證三禮所見宮室的制度，最為精要。書中所附阮元序㊱，記曰：

顧其書，往往異於先儒之舊，學侶或致疑焉。

而實際上，焦循在這本書中不僅隨處指摘鄭玄注的錯誤，而且在《復江艮庭（江聲）處士書》㊲裏反駁江聲的見解，其說如下：

循易鄭氏處，先生辨之，不敢多辨；惟以先生遵鄭之故，轉至違鄭，是則急急欲與先生共議者矣！循學無師傳，竊謂西京拘守之法，至鄭氏而貫通，其經注炳如日星，不難於阿附，而難於精核，果有以補其所不足，則經賴以明；不則其書自在，非易者所能蔽，《詩箋》（鄭玄）多異《毛傳》，《禮注》（鄭玄）屢更先鄭，鄭氏說經之法，正如是也。

二十八歲生澀的青年學者，面對年長自己四十二歲，且以《尚書集注音疏》大著，而名聲赫赫的大儒江聲，能以如上所述堂堂的襟懷，披瀝自己治學的態度。而且焦循對漢儒經說，以及具絕對權威的鄭玄學說，皆站在是其所是、非其所非的批判立場加以說明。焦循這種立場，無法與固守漢學的惠棟完全相容。故於《里堂家訓・下》㊳中，有如下的說明：

近之學者，無端而立一考據之名，群起而趨之，所據者漢儒；而漢儒中所據者，又惟鄭康成、許叔重，執一害道，莫此為甚！……不謂近之學者，專執兩君之言，以廢眾家，或比許、鄭而同之，自擅爲考據之學，余深惡之也。

由此文可知，焦循激烈批判當時盛行的考據學傾向，固執一說以排斥他說，且視漢儒學說爲絕對的權威。另一方面，焦循又發言反對袁枚輕視考據之學，並指摘其誤。此事可見於孫星衍答覆袁枚的書簡，而引袁枚說云：

形上謂之道，著作是也；形下謂之器，考據是也。

袁枚忠告孫星衍說：因爲深入考據之學的研究，以致他發揮在詩文上精采絕豔之才，因而衰退了。孫星衍因此回信反駁其說：古人從未將道器分爲二，亦未將著作與考據分爲二；著作與考據必須合爲一體㊴。焦循〈與孫淵如觀察論考據著作書〉㊵（乾隆六十年），因受到袁枚與孫星衍論駁的刺激而寫。他一方面表示贊同孫星衍的意見，又以爲其說尚不十分完備；他認爲經學要具備性靈，而不單只是補苴掇拾之學。焦循刻意不使用「考據」之名，他以爲「經學」之名，即已涵蓋「考據」之意，故云：

（蓋惟經學可言性靈，無性靈不可以言經學。）……經學者，以經文爲主，以百家子史、天文術算、陰陽五行、六書七音等爲之輔，彙而通之，析而辨之，求其訓故，核其制度，明其道義，得聖賢立言之指，以正立身經世之法。

經學是諸子、詞章、方技等學的根柢，故修養經學必須具備這樣的態度：

以己之性靈，合諸古聖之性靈；並貫通於千百家著書立言者之性靈。

袁枚的性靈說，認爲只有詞章之性靈；故焦循反對此說，而論之曰：

詞章之有性靈者，必由於經學；而徒取詞章者，不足以語此也。

焦循認爲詞章必以經學爲根柢，只要修得眞正的經學，自然就產生必要的性靈作用。焦循的前輩章學誠㊶亦站在同樣的立場，而說道：

夫考據豈有家哉？學問之有考據，猶詩文之有事實耳！……比如人身，學問其神智也，文辭其肌膚也，考據其骸骨也。三者備，而後謂之著述。著述可隨學問而各自名家，別無所謂考據家與著述家也。

此說與焦循所表現的旨趣相通。再者，章學誠與袁枚性靈說有相似之處，都主張學問要具備功力與性情；今人透過心得與專精，才能學習古人的學問㊷。不知焦循是否見過章學誠的文章？在其《讀書三十二贊》㊸中，提到《文史通義》稱讚說：

記事之學，莫如章侯；述而不造，功在咨諏。陶鑄群言，點竄塗句；辭恐己出，不違如愚。描摹關鍵，學究文儒；卓哉班馬，骫矣韓歐；學者師此，庶端厥趨。

由此，可以看出焦循是當時少數理解章學誠史學的學者；而章學誠的學問當然也影響及於焦循。他在〈與劉端臨教諭書〉㊹中，主張學問以「思」（思索）爲基礎，故云：

蓋古學未興，道在存其學；古學大興，道在求其通。前之弊，患乎不學；後之弊，患乎不思。證之以實，而運之於虛，庶幾學經之道也。

這主旨也是章學誠已在〈原學〉三篇中所主張的說法。

窮盡一己的思索能力，爲治學的要諦；則當然排斥漢學、宋學的區別，及其門戶之見。焦循對於他所尊敬的前輩戴震關於宋學的批判，申說如下㊺：

> 循讀東原戴氏之書，最心服其《孟子字義疏證》，說者分別漢學、宋學，以義理歸之宋；宋之義理誠詳於漢，然訓故明乃能識羲、文、周、孔之義理。宋之義理，仍當以孔之義理衡之，未容以宋之義理，即定爲孔子之義理也。

焦循非常尊敬戴震，可以從《論語通釋》踏襲《孟子字義疏證》的方法，將《論語》中的重要概念歸納爲幾點定義加以闡發，而知其脈絡相通之處㊻。然而，從上文又可知，焦循不滿意戴震對宋學的批判，因爲戴震對於歷史的根源，不能提問何謂義理？而只拘泥於漢學與宋學的區別這一點而已。

至於，焦循本身治學的立場爲何？一言以蔽之，「一貫」或「貫通」而已。此一貫的看法，由其著述中，或在文集裏，處處可見。在此，主要根據《論語通釋》一書加以說明：

> 惟聖人之道至大，其言曰：「一以貫之。」又曰：「焉不學，無常師。」……聖人一貫，故其道大；異端執一（《孟子‧盡心上》），故其道小。（〈釋異端〉）

上文解釋「異端」，表示焦循排斥「執其一端」的立場（執其兩端爲聖人），並將治學與治德之道擴大。焦循包容學問立場不同的人，又常以抱持門戶之見爲戒。他認爲孔子的「一貫」，就是曾子的「忠恕」，亦即是「成己以及物（他者）也」㊼；此即〈釋仁〉篇所謂：

> 由一己之性情，推極萬物之性情，而各極其用，此一貫之道。

值得注意的是，焦循決不否定「己」，卻從「己」出發，而推及萬物，這與前面所談到性靈的尊重相關連，也與他解釋性善重視食與色密切相關㊽。

由一己出發，而當及於他人；則對於我與他人之間本性及能力的差異，該如何處理？焦循〈釋異端〉說：

> 人各一性，不可強人以同於己，不可強己以同於人；有所同必有所不同，此同也而實異也。

又說：「己之學高於人，引而教之可也，不可矜也。」㊾焦循認爲對待他人，應以忠恕的精神臨之，他的立場在〈釋仁〉篇中表述說：

> 不使天下之學，皆從己之學；不使天下之立達，皆出於己之施。忠恕之道，至此始盡；聖人之仁，至此始大；一貫之指，至此合內外出處而無不通。

若能尊重他人的個性，自然就會嚴厲排斥詆毀他人與妄自尊大的作爲。焦循認爲強調批判、論爭的必要，有助於學問的進步；但是，批判的目的不是爲了勝過前輩，而必須具備以下的態度㊿：

> （竊謂：爭之說有二端，未深核乎衆說之本原，私臆所屬，求勝先正，此不可者也。）力學之久，積疑成斷，了然有得於心，以補正前人之缺與誤，此學經者所不可廢也。

焦循主張論爭批判時，不可認爲自己的見解是絕對，而成「定論」。如果這樣，一定會陷入「執一」（《孟子・盡心上》）的立場。故正言之云51：

> 顧亭林語潘稼堂曰：「人最忌以未定之書示人。」此言是也，而不然也。自以爲定，誠定乎？人以爲未定，誠未定乎？夫以爲定，亦自以爲定耳！而人之視人之書也，恆以爲不足定，定不定果何是乎？少時之作，壯而視之，或以爲未定；壯時之作，老而視之，或以爲未定。然究之，少壯之作，不必誠不定；老年之見，不必其遂定。人之學，自求其善而已矣！定不定，己不能知，人亦不能知；夫天下之言，未有能定者也。

就焦循而言，所有學問的見解，皆是相對的價値而已，必須接受批判、否定才能進步。如前所述，他認爲對待他人要有忠恕的態度，但對於自己的學問，必須抱持嚴格的態度。他在與友人書簡中，談到《釋橢》的數學論文問題，曾有以下的說明52：

> 讀吾兄兩次手札，收到鄙作《釋橢》一本，細閱簽出諸條，足正弟之誤，已依改正。嘗謂：「友朋之益，不在揄揚，而在勘核；揄揚爲一時之名計，勘核爲千百年之名計。然又必好學深思，心知其意；以朓誠去其浮游之氣，異於忌嫉故伺其隙者，而後乃曲中無不當。如吾兄眞益友矣！」

對自己的學問要求嚴格，必能以寬容的立場接受他人的批判，可見他強調忠恕的態度，實爲一以貫之。這樣的觀念，促使焦循能數十年如一日的研究學問，而成爲著名的學者。他曾教訓其子弟說53：

> 聖賢之學，以日新爲要。（《大學》之語）三年前，聞其人之談如是，三年後聞其人之談仍如是，其人可知矣！越五年、十年，而其學仍如故者，知其本口耳剽竊，原無心得，斯亦不足議也矣！

由此可知，焦循學問的生涯乃是採取日日不退轉，而不斷自我勉勵的態度。他認爲不僅要求新，而且要求有心得的學問；因此，學者必須不斷的思考，以增進其思索的能力。

焦循的學問論，在當時而言，絕非標新立異；他的議論是經歷其努力的體驗，而嘔心瀝血的肺腑之言，令人深受感銘！依前述所言，則焦循編纂《孟子正義》時的情景，可以說如實表現了他的學問論。

結　語

以上所述，只不過是焦循學問論極限的一部分而已。他的治學方法，富有自由與寬容的精神，而且以嚴格的態度要求「獨創」、「心得」、「確實」的表現。再者，他期許學問無限的進步；如此看來，他的學問論與今日我們科學的精神與性格非常近似。其實，就他的學問環境而言，當時的揚州市中心，有廣大而自由討論學問問題的空間場所。在揚州市裏，有聚蓄巨萬資財的鹽商富翁，經營豪壯的宅邸庭園，招攬學者文人召開詩文之會；或讓他們客寓其中，專心讀書著述。由於鹽商富翁在經濟上的庇護，才能維持旺盛的學問活動。而鹽商富戶之中，有人設置藏書樓以收集古書、古器物、書畫，或出版稀覯書；例如：程瑤田、齊召南客宿鹽商徐氏宅[54]。鹽商馬曰琯、馬曰璐兄弟累積十餘萬卷書籍，築「叢書樓」貯之，其藏書「甲大江南北」[55]。鹽商程晉芳，好讀書，蓄五萬卷之書，招四方名流，與袁枚、張翼、蔣士銓等詩歌唱和[56]。關於鹽商富戶的經濟力，對於揚州學問文化的幫助與貢獻的事例，請詳見佐伯富博士的著名論文〈鹽與中國社會〉⑰。如前所述，焦循也受到鹽商的庇護；他與聚集在揚州的學者文人，往來討論，而形成並深造了他的學問。實際上，揚州一地產生了衆多天下著名的學者；而後世成名的文人，亦多流寓於此。揚州，可以稱爲乾隆、嘉慶年間的文苑之地。當焦循年輕的時候，曾在汪中的齋閣與友人議論到深夜（按：參見註⑭。）；或他成爲知名的數學家之後，亦曾與客寓此地的汪萊往復討論（按：《先府君事略》云：「丙寅（嘉慶十一年，四十四歲），汪孝嬰先生館於郡城汪氏，府君館於鄭氏，相去甚近；府君時以《易》義相證訂。」），他的學問可以說是透過師、友自由活潑的討論而完成。

焦循何以主張「一貫」、「忠恕」之說？又重視各人的個性，而排斥「執一」、「定論」？若瞭解以上所述他的治學環境，自然就會明白。因此，焦循的主張不僅超越當時漢學者的治學方法，而且反對「執一」，強調「變化」與「進步」的觀念，可由其所著〈說權〉⑱八篇得知。這一點，可以說與下一代公羊學者的思想氣脈相通，而密切相關。

本稿係昭和四十七年度(一九七二)文部省科學研究費一般研究D「清朝考證學與西學之關係」研究成果的一部分。本稿要旨已發表於昭和四十八年(一九七三)五月二十五日，懷德堂春季講座。昭和四十八年十月七日

【附註】

① 阮元〈通儒揚州焦君傳〉（《雕菰樓集》所收，但原來附在《孟子正義》）。貴三按：阮傳評曰：「焦君與元年相若，且元族姊夫也，弱冠與元齊名。自元服官後，君學乃精深博大，遠邁於元矣！今君雖殂，而學不朽，元哀之切、知之深，綜其學之大指，而爲之傳；且名之爲通儒，諗史館之傳儒林者，曰斯一大家，曷可遺也。」（以下所加按語，均省稱「按」。）

② 參照青木正兒《清代文學評論史》第十章。按：東京「春秋社」，一九六九年。

③ 《雕菰樓集》卷八〈辨學〉。按：〈辨學〉云：「今學經者衆矣，而著書之派有五：一曰通核，二曰據守，三曰校讎，四曰摭拾，五曰叢綴。此五者，各以其所近而爲之；通核者，主以全經，貫以百氏，協其文辭，揆以道理，人之所蔽，獨得其間，可以別是非、化拘滯，相授以意，各慊其衷。其弊也，自師成見，亡其所宗，故遲鈍苦其不及，高明苦其太過焉。」

④ 同前卷十六〈里堂道聽錄序〉。

⑤ 《焦氏叢書》所收。按：《先府君事略》無單行本，唯見收於此；重刻者名《焦氏遺書》。

⑥ 《雕菰樓集》卷十六〈修葺通志堂經解後序〉。按：原文曰：「乾隆丙午（一七八六），連歲大飢，余疊遭凶喪，負債日迫於門，有良田數十畝爲鄉猾所勒買，得價銀僅十數金。時米乏，食山薯者二日，持此銀泣不忍去；適書賈以此書至，問售須值三十金，所有銀未及半，謀諸婦，婦乃脫金簪易銀，得十二金，合爲二十七金。問

書賈，賈曰可矣，蓋歉歲寡購書者，而棄書之家急於得值也。余以田去而獲書，雖受欺於猾，而尚有以對祖、父，且喜婦賢，能成余之志，是夕餐麥屑粥，相對殊自懌也。」

⑦ 橋本敬造《橢圓法的展開》，《東方學報》——京都・第四十二册（京都：京都大學人文科學研究所，一九七一年）。

⑧ 藪內清《西洋天文學傳入近世中國》，《科學史研究》第三十二號（東京：岩波書店，一九九三年）。

⑨ 《木犀軒叢書》所收《易餘籥錄》卷六。《地球圖說》現收《文選樓叢書》（道光二十二年刊），阮元補訂。按：《易餘籥錄》卷六云：「西洋人蔣友仁，乾隆二三十年間進《坤輿全圖》，謂日月五星不動，而地球動。錢少詹事大昕奉 旨潤色，爲《地球圖說》一卷，而友仁之圖卷中佚去。嘉慶辛酉，阮撫部屬元和李尙之按其說中所云補之，原有二十一圖，尙之補得二十，尙缺其第十圖。壬戌秋，余自京師歸，復爲浙遊，撫部以尙之所補令余詳之。余既校正其二十圖，而更爲補撰一圖，以明地輪內外之理，撫部並刊入卷內，且屬爲補說以明之，今錄於左。」

⑩ 阮元所著《里堂學算記・總序》評曰：「里堂會通兩家（中西）之長，不主一偏之見。」

⑪ 《雕菰樓集》卷十四。

⑫ 《雕菰樓集》卷二十二〈儀徵縣學生鄭君暨節婦吳孺人墓志銘〉。按：此文云：「循與兆玉、兆珏交二十年。」

⑬ 《揚州畫舫錄》卷八。按：全書十八卷，乾隆六十年十二月，儀徵李斗艾塘著。

⑭ 《雕菰樓集》卷二十一〈亡友汪晉蕃傳〉。按：焦循曰：「乾隆丁未、戊申間，余館於壽氏，與汪氏兄弟交。

時興化二顧，超宗、仲嘉亦讀書郡城中，往來譚藝，契若金石。汪容甫曰：『晉蕃長者也，可與論文。』嘗冬夜與晉蕃飲容甫齋閣，快論至三鼓，雪深二尺許，容甫酣臥榻上，睨曰：『他人不易有也。』」

⑮ 同前卷十七〈黃次和七十壽序〉。按：其文曰：「乾隆丁未，余館於壽氏之鶴立堂，壽氏之客有潘君掌絲者，詩人也。每過余論詩，必稱有黃子萼棣者，年最少，將來必以詩名家。」

⑯ 《焦氏叢書》所收，阮元序《揚州北湖小志》。

⑰ 《雕菰樓集》卷二十一〈阮湘圃先生別傳〉。按：其文曰：「循未弱冠時，極爲婦翁阮賡堯太學所愛，時時呼至其齋閣爲文章。」

⑱ 阮元《揅經室一集》卷十一〈焦里堂群經宮室圖序〉。

⑲ 《雕菰樓集》卷十五〈代阮侍郎撰萬氏經學五書序〉。按：原文曰：「萬氏之學，以經釋經，不苟同於傳注。」

⑳ 《木犀軒叢書》所收《開方通釋・自序》。按：原文曰：「近來因講明天元一術，於金山文淙閣借得秦道古《數學九章》（原名《數學大略》），其中用開方法既精且簡，不特與《測圓海鏡》相表裏，究其原，實古九章之遺焉。嘉慶庚申冬十一月，與元和李尚之同客武林節署，共論及此。」

㉑ 阮元撰《疇人傳》卷五十〈李銳〉。

㉒ 《雕菰樓集》卷十四〈答鄭耀庭書〉。

㉓ 《焦氏叢書》所收。按：《易廣記》僅見於此，無單行本。

㉔ 《雕菰樓集》卷二十四〈告先聖先師文〉。

㉕《易通釋・自序》。按：見《雕菰樓集》卷十六。

㉖《易圖略・自序》。按：見同前，其文曰：「余學《易》所悟得者有三，一曰旁通，二曰相錯，三曰時行。此三者，皆孔子之言也，孔子所以贊伏羲、文王、周公者也。夫《易》，猶天也，天不可知，以實測而知；七政恆星錯綜不齊，而不出乎三百六十度之經緯；山澤水火錯綜不齊，而不出乎三百八十四爻之變化。本乎行度而實測之，天以漸而明；本經文而實測之，《易》亦以漸而明，非可以虛理盡，非可以外心衡也。」

㉗本田濟〈惠棟與焦循〉，《人文研究》第十六卷第五號。詳細解說焦循《易》學的要領，多從旁通入手；若要尋找焦循《易》學理論的入門書，近人程石泉《雕菰樓易義》（台灣商務印書館，一九七五年）較適當。

㉘羅振玉輯《昭代經師手簡二編》所收〈與王引之書〉。按：詳參賴貴三所編《昭代經師手簡箋釋——焦循致王引之書二》，頁二〇七—二一五，里仁書局一九九九年八月十五日出版。

㉙《易通釋・敘目》。王伯申先生手札一篇，附在《雕菰樓易學》卷首。按：敘目云：「……初有所得，即就正於高郵王君伯申，伯申以為精銳，鑿破混沌；用是憤勉，遂成《通釋》一書。」

㉚《雕菰樓易學・序》。按：《焦氏遺書》卷前，阮元〈江都焦氏雕菰樓易學序〉云：「元於嘉慶十九年夏，速郵過北湖里中，見君問《易》法，君匆匆於終食間，舉三十證語元，元即有聞道之喜。及至江西，時時趣其寫定寄讀，讀竟而敘其本末如此。」又《雕菰樓集》卷十六〈易通釋自序〉云：「丙寅，以質歙縣汪君孝嬰、南城王君實齋，均蒙許可；然自以全《易》衡之，未敢信也。」又卷三〈記得一首——哭汪孝嬰〉云：「記得余注《易》，得即貢君睹；君為施丹黃，直諒判去取。」《焦氏遺書》最後又載汪萊〈易學三書跋〉，並可參看。

㉛ 同前。

㉜《論語通釋》的初稿，完成於嘉慶八年（四十一歲）八九月間，共十五篇，現收於《木犀軒叢書》。翌年九月，刪三篇（異端．多．據），爲十二篇；但這十二篇本自序，只收於《雕菰樓集》卷十六，其書現已失傳。參見胡適著《胡適文存》第三集卷七〈焦循的論語通釋〉。按：集卷十六〈論語通釋自序〉云：「循嘗善東原戴氏作《孟子字義考證》，於理道天命性情之名，揭而明之如天日；而惜其於孔子一貫仁恕之說，未及暢發。」

㉝ 黃承吉《夢陔堂文集》卷五〈孟子正義序〉。《焦氏叢書》所收者，沒有記載刊刻年月。按：文集所載爲道光七年閏月朔日。

㉞《書義叢鈔》四十卷沒有刊本傳世。周晉園著《尚書證義》雖參翼王鳴盛、江聲二家，而時出新義；除了二十八篇（從〈堯典〉以下至〈秦誓〉）非僞作諸篇外，焦循又益之以當世通儒三家之說而編成此書，不專一說，不加斷語，按照時代先後順序排列。（《先府君事略》）按：原文曰：「丙子（嘉慶二十一年，西元一八一六年，五十四歲），武康徐雪廬先生以周君晉園新刻《尚書義證》寄來。……蓋參翼王、江兩家，時出新義。府君謂：『古文之僞，自閻氏百詩、惠氏定宇，證而卻之詳矣！而二十八篇之不僞者，述而疏通證明。此三家（王鳴盛《尚書後案》、江聲《尚書集注音疏》、周晉園《尚書義證》）實相鼎立。因鈔次之，更益以當世通儒說《尚書》之言，足與三家相證訂者，彙爲一帙，題曰《書義叢鈔》。仿衛湜《禮記》之例，不專一說，不加斷語，以時之先後爲序，共得四十卷。所採錄者，共計四十一家，五十七種。』」

㉟ 關於類似焦氏《孟子正義》編纂之經過，茲舉兩個很有名的例子：其一，爲劉文淇撰寫《左傳》的新疏，作長

編，然未出書前逝世，其子毓崧繼承之後，再由其孫壽曾繼承，猶未能完成。（《清史稿·儒林傳三》）其二，為《論語正義》一書亦由劉寶楠、恭冕父子繼承而完成。（《論語正義·後敘》）

㊱《揅經室一集》卷十一。

㊲《雕菰樓集》卷十四。

㊳《傳硯齋叢書》所收。

㊴《問字堂集》卷四〈答袁簡齋前輩書〉。參照本田濟著〈袁隨園之哲學〉，《鈴木博士古稀紀念東洋學論叢》。按：書簡原文曰：「來書惜侍以驚采絕豔之才，為考據之學。因言：形上謂之道，著作是也；形下謂之器，考據是也。侍推閣下之意，蓋以抄摭故實為考據，抒寫性靈為著作耳。然非經之所謂道與器也：道者，謂陰陽、柔剛、仁義之道；器者，謂卦爻彖象載道之文，是著作亦器也。……侍因器以求道，由下而上達之學，閣下奈何分道與器為二也？來書又以聖作為考據，明述為著作，侍亦未以為然。古人重考據，甚於重著作，又不分為二。……古人之著作，即其考據，奈何閣下欲分而二之？……考據之學，今人必當勝古，而反以為列代考據如林，不必從而附益之，非通論矣！」

㊵《雕菰樓集》卷十三。

㊶《文史通義》內篇五〈詩話〉。

㊷同前內篇二〈博約中·下〉。參照島田虔次著〈章學誠的地位〉，《東方學報》——京都·第四十一冊（京都：京都大學人文科學研究所，一九七〇年）。按：〈博約中〉云：「夫學有天性焉，讀書服古之中，有入識最初，

而終身不可變易者是也。學又有至情焉，讀書服古之中，有欣慨會心，而忽焉不知歌泣何從者是也。功力有餘，而性情不足，未可謂學問也。性情自有，而不以功力深之，所謂有美質而未學者也。」又〈博約下〉云：「或曰：『子言學術，功力必兼性情；為學之方，不立規矩，但令學者自認資之所近，與力能勉者，而施其功力，殆即王氏良知之遺意也？』答曰：『今人不學，不能同於古人，非才不相及也，勢使然也。……是以學必求其心得，業必貴於專精，類必要於擴充，道必抵於全量；性情喻於憂喜憤樂，理勢達於窮變通久，博而不雜，約而不漏，庶幾學術醇固，而於守先後後之道，如或將見之矣！』」

㊸ 《雕菰樓集》卷六。

㊹ 同前卷十三。按：原文誤作卷十四。凡原文刊誤者，皆予以更正，不一一注明。

㊺ 同前卷十三〈寄朱休承學士書〉。

㊻ 此外，同前卷六〈讀書三十二贊〉稱道《孟子字義疏證》曰：「性道之譚，如風如影，先生明之，如昏得朗，先生疏之，如示諸掌。」按：以下文曰：「人性相近，其善不爽；惟物則殊，知識罔罔；仁義中和，此來彼往，各持一理，道乃不廣；以理殺人，與聖學兩。」

同前卷七〈申戴〉，又指出戴震之學有其獨自的義理。按：其文曰：「東原生平所著書，惟《孟子字義疏證》三卷、《原善》三卷最為精善。知其講求於是者，必深有所得，故臨歿時往來於心，則其所謂義理之學可以養心者，即東原自得之義理，非講學家西銘、太極之義理也。」

㊼ 同前卷九〈一以貫之解〉。按：下所引〈釋仁〉一條，木犀軒刊十五篇本在首章〈釋一貫忠恕〉，凡五條之四。

㊽ 同前卷九〈性善解〉。按：凡五篇，其開宗明義即曰：「性善之說，儒者每以精深言之，非也；性無他，食色而已。」

㊾ 《傳硯齋叢書・里堂家訓下》。

㊿ 《雕菰樓集》卷十五〈代阮侍郎撰萬氏經學五書序〉。

51 同前卷十〈說定上〉。

52 《先府君事略》所引之〈答沈方鍾書〉。按：其文曰：「府君嘗以《釋橢》質諸沈方鍾先生，先生簽出數條，府君作書答之云。」（原文如正文所引）

53 《里堂家訓・下》。

54 《揚州畫舫錄》卷十四。按：其文曰：「程瑤田，字易田，歙縣人。孝廉，官太倉州嘉定縣教諭。能詩文，與戴東原、方希園窮經數十年。著《通藝錄》、《辨九穀溝洫諸考》，皆能發古人所未發。……往來揚州，主徐氏子培，字伯厚，能讀父書，今業鹺，寓於揚。」又曰：「齊召南，字次風，號瓊臺，晚號思園，天台人。幼稱神童，年二十三拔貢，有王姚江一輩之目。館於徐氏，雍正己酉副榜，癸酉舉博學鴻詞，授庶吉士，纂修《大清一統志》。」

55 《清史列傳》卷七十一〈馬曰琯〉及〈朱彝尊〉。按：馬曰琯，江都人，字秋玉，號嶰谷。候選知州，乾隆初舉鴻博不就；嗜學好結客，與弟曰璐同以詩名。家有「叢書樓」，藏書甲東南；其園亭曰小玲瓏山館、曰街南老屋，四方名士多主其中。結邗江吟社，觴詠無虛日。有《沙河逸老集》。又馬曰璐，字佩兮，號半槎。國學生，與曰琯並薦鴻博不就，名重一時，詩筆清削，著《南齋集》。

㊻ 劉壽增撰《光緒江都縣續志》列傳第四下〈程晉芳〉。按：程晉芳，清歙縣人；初名廷璜，字魚門，號蕺園。官至編修，家世殷富，後以好士傾其貲，客死關中。著有《勉行齋文》、《蕺園詩》、《周易知旨》、《左傳翼疏》等。

㊼ 佐伯富《中國史研究》第一所收（京都：京都大學文學部東洋史研究會，一九六九年）。

㊽ 《雕菰樓集》卷十。按：〈說權一〉云：「法不能無弊，有權則法無弊；權也者，變而通之之謂也。」

蔡元培先生在近代中國教育史上的地位與貢獻

臺灣師範大學國文系退休教授　王更生

欣逢　天成師八秩嵩壽，當此岳降良辰，天保九如之時，特撰此文，用申賀忱，並恭頌吾師福壽綿長，永錫康寧。

一、前　言

蔡元培先生被後人尊爲近代中國教育史上，最具代表性的人物。有「承先啓後」，「繼往開來」的貢獻。翻開蔡先生的生平事蹟看，他卻是光緒年間親政恩科及第的進士，官拜翰林院編修，是一位不折不扣的清朝官吏。當　國父孫中山先生發動國民革命，團結反清組織，在日本東京成立同盟會時，他被同志們推爲上海分會的會長。甲午之戰，清廷失敗，在政局動盪不安的時刻，他又毅然決然的遠赴國外，學習新知。民國成立，他奉命擔任教育總長，繼而接掌北大和中央研究院院長。

當那個新舊交替，國脈如縷的時代，雖然他以各種不同的角色，活躍於人生舞台之上，但究其實際，卻一直將自己的生命投注於教育文化事業，所以他絕非翻雲覆雨的政治家，更不是著作等身的學者名流，但他那光風霽月的人格，無所不容的操持，以及春風化雨的典範，卻永遠銘刻在每一位中華兒女的心版上。

講到蔡元培先生在中國近代教育史上的地位與貢獻，在此首先介紹他的生平行誼，然後從「承先啓後」，「繼往開來」的角度，說明他對教育的貢獻，和在教育史上的地位。

二、困勉的生平行誼

蔡元培，乳名阿培，字鶴卿，號孑民，浙江紹興府山陰縣（今浙江省紹興縣）人，清同治六年十二月十七日（一八六八年一月十一日）生，民國二十九年（一九四〇年）三月五日病逝香港，享年七十有四。他出生於商人世家，其先世於明末由諸暨遷來山陰。初以經營木材爲業，祖父嘉謨爲當舖經理，生有七子，元培之父光普居長，爲錢莊經理，次子爲綢緞店經理，三子好武術，遊學四方，不知所終，四子亦經營錢莊，五子、七子爲某錢莊副理，唯六子銘恩攻詩書爲制藝，鄉試中試，門下頗盛。元培自幼所以篤志好學，實深得叔父之誘導。

元培十一歲喪父，有一兄，十三歲，弟九歲，兩個姐姐，在二十歲左右先後病故，四弟及么妹亦早殤。其父爲人敦厚，有長者風。戚友貧者，有貸必應，對積欠者又不忍索討，故身後略無積蓄。母親周氏，賢慧多才能，精明而慈祥，每遇諸兒懈惰，輒以「自立」、「不依賴」相勉。故元培之對人寬厚，得之於父親的遺傳；至於平生不苟取，不妄言，則來之於母親的教誨。

元培六歲入私塾，讀《百家姓》、《千字文》、《神童詩》。十二歲，從叔父讀書，課餘之暇，翻閱《史記》、《漢書》、《困學紀聞》、《文史通義》、《說文通訓定聲》等書。叔父偶爾爲之講解，益增讀書進取之樂趣。十四歲受業於同縣而離家稍遠的王懋脩先生，每日早出晚歸，午間在塾中用餐，自帶下飯的菜餚，生活艱困，卻刻苦努力，不因家計貧寒而中輟不學。

十七歲（光緒九年，一八八三年）元培中秀才後，不再到王先生處受八股業，改治經學、史學、小學，爲四書文。其治經偏於故訓及大義，治史則偏於儒林、文苑及關係文化風俗之禮義。十八歲在家設館授徒教授國文。兩年後，即光緒十二年（一八八六年），被同鄉名藏書家徐樹蘭延聘爲「古越藏書樓」校書，從此不復授徒，並藉專心校勘之際，博覽群書，學問大進；而徐樹蘭「知識強國」、「博古通今」之識見，對元培日後「教育強國」及「新舊貫通」思想之形成，具有相當啓發。

二十三歲（光緒十五年，一八八九年）浙江鄉試中舉，次年，入京會試，於全國三百零七人中，元培名列二甲進士，旋又舉行朝考，獲授翰林院庶吉士，深得當時戶部尚書翁同龢的賞識，以爲「年少通經，文極古藻，雋材也。」二十八歲進京應散館考試，由二甲庶吉士升補翰林院編修，本可就此依循秀才、舉人、進士、而翰林院編修，躋身於達官顯宦的行列；就在他二十八歲的那一年，中日甲午之戰爆發，最後，居然以蕞爾小島，打敗了雄居東亞的中國。這種令人難以置信的結果，無異於宣告「師夷之技」的「洋務」徹底破產。國人如夢初醒，一時之間維新圖強之呼聲，高唱入雲。由此時起，先生的思想也發生顯著變化。除開始涉獵譯本西書外，並兼習日語，加速吸收新知。

三十二歲，「戊戌政變」後，先生棄職歸里，任紹興中西學堂監督，時元配夫人因產後失調過世，三十四歲又與江西黃仲玉結婚，其時先生雖治新學，然仍篤信孔子學說，並好以《公羊春秋》三世之義，解說達爾文的「進化論」。對於三綱五倫的舊說，多所闢斥。

三十五歲的七月，赴日遊歷，因吳稚暉與清廷駐日大使發生言語上的衝突，被驅逐出境；先生爲恐滋生意外，乃取消原訂遊歷計劃，同船返國。

三十八歲，（光緒三十年，一九〇四年秋），組「光復會」於上海，任會長，正式參加革命行列。當時會員中有後來爲革命犧牲的徐錫麟和秋瑾女士。翌年又由何海樵介紹加入同盟會。

四十一歲，（光緒三十三年，一九〇七年），五月初，隨駐德大使孫寶琦赴德留學，六月二日抵達柏林，先修習德語一年，次年入萊比錫大學研究文學、哲學、文化史、人類學，尤其注重實驗心理學及美學。此次留學爲時三年。辛亥武昌起義成功後，得陳其美電報，催其返國，先生乃取道西伯利亞，於十月十一日到達上海，結束了初次留學生活。

四十六歲，（民國元年，一九一二年）元旦， 國父在南京就任臨時大總統，元培被任命爲中華民國第一任教育總長。同年六月率代表團北上迎袁世凱赴南京就職，後因袁氏漠視國會議員的權力，憤而辭職，於九月間偕眷再入德國萊比錫大學從事研究工作。次年三月，宋教仁遇刺身亡，國內政局動盪，先生偕汪兆銘於六月二日返抵上海。七月爆發二次革命失敗，先生於九月五日又偕吳稚暉等赴法，住巴黎近郊。民國三年（一九一四年）七月歐戰爆發，先生移居法國西南部的都魯士，於學習法語外，從事編輯工作，四年（一九一五年）六月與李石曾等創辦留法勤工儉學會。迨袁世凱病卒，黎元洪繼任大總統，范源廉二度出任教育總長後，電請先生回國出任北京大學校長。先生接電後，於十月一日啓程，十一月八日抵上海，次年一月四日正式就校長職，此時先生已五十一歲。

先生六十一歲，即民國十六年（一九二七年）六月一日就任浙江臨時政治會議委員，四月八日任上海政治委員會委員，爲了不再重蹈以官僚支配教育的覆轍，使教育從官僚體制中加以解放，遂苦心孤詣的，於當年六月間，效仿法國，創設大學院制與大學區制，然而實施結果失敗。其原因在於國人缺乏法治觀念，行政上多本位主義，權力概由官僚機構分攬，凡事喜歡請示，以利卸責諉過；在上者又必得查察，在下者則久待請示，上下推拖，縱橫交錯，似此，如何能適應行政學術化，機關學校化？再者各大學校長既要處理校務，認眞辦學，又要了解大學區中幾百個教育機關與文化團體的人事或業務，其精神、體力、能力、智慧均難以負荷，在這倍多力分的情況下，大學院和大學區制便注定要走向失敗的命運。

就在同年的十一月，先生又被政府任命爲大學院長兼中央研究院院長。當時中央研究院隸屬於大學院，爲其下屬機構，民國十七年四月十日中央研究院改爲國立，不再隸屬大學院之下，先生仍任院長。至民國二十九年三月病逝香港爲止，在任長達十三年之久，其主持中央研究院一本當年北大校長作風，主張「學術自由」、「兼容並包」。由於先生的知人善任，充分發揮民主精神，致各研究所皆能獨立運作，發揮效能。當時並匯聚了中國第一流的學者：如丁文江、陳寅恪、趙元任、胡適、陳垣、李濟、周仁等。因此推動了全國學術研究的進步與發展，提升了學術研究風氣與品質，培養了大批從事科學研究的專門人才，創設了各門各類的研究所，爲中國的學術研究，建立了一塊歷史上嶄新的豐碑。

三、委身於教育事業

(一)初入教育界

三十三歲（光緒二十四年，一八九八年）的八月，「戊戌政變」失敗，元培默察康梁所以失敗的主因，在於未能培養革新人才，欲以少數人弋取政權，排斥頑舊，當然會發生功敗垂成的結果。於是決心獻身教育事業，以爲革新國運之基礎。乃於當年九月棄職返里，受故交徐樹蘭堂董的延聘，任紹興中西學堂監督。校中課程兼有舊學與西學，他接事後，增設日語，意在使學生能進一步向新學發展，這是他從事教育的開始，也是他融舊取新，追求新生活的發端。然而，當時校園內新舊兩派之爭激烈，舊派要求先生應端學術而正人心，以名教綱常爲己任，先生以爲這是對他極大侮辱，遂憤而辭職。後又到紹興附近嵊縣的剡山書院任院長，大力提倡科學，號召學生依照個人興趣所近，選擇研究方向。任職一年，因學校經費困難，改革不易而辭職。

(二)任教南洋公學

三十四歲（光緒二十六年，一九〇〇年），元培與童亦韓到臨安縣，爲紹興僑農設一小學，又在浙江省城議改某書院爲師範學校，以厚植教育之本，但未能成功。三十五歲，應上海澄衷學堂總理劉樹屏之邀，代理總理一個月，是年八月，轉任南洋公學特班總教席，並負責管理學生生活。他根據該班章程之規定，開設政治、法律、外交、財政、教育、經濟、哲學、文學、倫理以及自然科學等課程，學生可自選一、二門，每天必須寫讀書札記，每月做命題作文一篇繳交批改，晚召二、三名學生作個別談話，交流學習心得或時事之感想。該班所招收學生如黃炎培、李叔同、謝旡量等，皆國學根柢深厚之青年，後來都有傑出成就。是年冬，蔣觀雲與烏目山僧發起創辦女校，羅迦陵女士捐助經費，遂有「愛國女學校」的成立，由蔣氏管理；及蔣氏赴日，由先生負責。三十六歲仍在南洋公學教書，並從馬良學拉丁文。同年三月，先生又和留寓上海之教育家葉瀚、蔣觀雲、鍾觀光等以「新編教科書」和「改良教育」爲名，籌組「中國教育會」。大會成立後，隱然成爲東南各省宣傳革命之團體，先生被推爲首任會長。該會在凝聚國民革命力量，傳播反清思想方面，起了很大作用。

(三)一波三折的教育工作

南洋公學自開辦以來，與紹興中西學堂相彷彿，內部亦存在著濃烈的新舊之爭，後因學校當局懲戒學生不公，全體學生憤而退學，自謀設立學校。先生爲之介紹於「中國教育會」，又借款六千銀元，成立「愛國學社」，先生自任總理。並延聘章炳麟、吳稚暉等任教；同時與《蘇報》訂約，每日由學社教師撰稿〈論說〉一篇，七人輪流，報館則每月補助學社一百圓爲酬，是《蘇報》成爲學社的機關報。是年，先生由張菊生介紹任商務印書館編譯所所長，籌編教科書，此時「教育會」與「愛國學社」又因主從問題、經費問題，新舊思想之歧見問題發生爭執。先生甚爲氣憤，遂赴青島學習德語，作留學德國之準備。三十歲（光緒三十一年，一九〇五年）二月，先生再度當選「中國教育會會長」，最後，辭去「愛國女學」校長職務。四十歲的春天，回故鄉紹興擔任學務公所總理。又因延聘教師與籌設師範班事，受人反對而辭職。同年秋，先生留京任譯學館教席，專講國文及西洋史，頗受學生歡迎。

㈣首任教育總長與北大校長

四十六歲（民國元年，一九一二年）元旦，　國父孫中山先生在南京就任臨時大總統，元培被任命爲教育總長。因事屬草創，於一月十九日首先頒行〈普通教育暫行辦法〉及〈課程標準〉。二月八日發表〈對於新教育之意見〉，主張以「軍國民教育、實利教育、道德教育、世界觀教育及美育教育爲方針」。後因政府改組，袁世凱在北京就職，由唐紹儀組閣，先生仍蟬聯教育總長。北上重組教育部，爲徵集全國教育家意見，以謀教育事業之發展，特發起「臨時教育會」。民國五年六月，袁世凱病卒，黎元洪繼任大總統，范源廉出任教育總長，電請先生出任北大校長。時先生已五十一歲。到民國十五年（一九二六年）七月八日辭北大校長。十年之間，先生不但使北大面目一新，也使整個社會、文化、教育及政治各方面，均起了顯著的變化。使傳統的、落後的官僚養成所，一變而爲領導文化界的最高學府。

四、承先啓後的貢獻

中國自秦漢以來，逐漸演進而成的教育模式，因爲物質地變遷，人口地增加，工具地發明，戰爭地爆發，以及與外來文化地接觸，至清末發生空前未有的巨變。元培先生就在這樣國難時艱的環境中，受到甲午戰敗，割地賠款的刺激；以及八國聯軍進北京，火燒圓明園的慘劇；戊戌政變，六君子殉難，康梁遠避國外的悲情；孫中山先生奔走革命，國內烽火四起的眞象。使這位舊時代的讀書人，新時代的教育家，不得不立足於大時代的轉捩點，運用一己之所學，爲新中國的未來籌謀劃策。以爲革命之成功，必先培養革新之人才，欲培養革新人才，非獻身教育不爲功。於是決定放棄平步青雲的機會，立下救國救民的壯志，終身奉獻於教育事業。

先生由基層塾師到最高學府的校長，中央研究院院長。當近代的中國教育，在思想上、制度上、課程上、理念上，均處於一片青黃不接之時，先生獨能以他學貫中西的素養、高瞻遠矚的眼光、大度能容的胸襟、自由民主的思想，並且以「有所不爲」、「無所不容」的決心，爲中國未來的教育規劃了可資遵循的藍圖。說他是「承先」「繼往」的學者，爲「啓後」「開來」的教育家，是當之無愧的。現在便根據文獻資料，從教育思想、教育主張兩個層面，看先生的卓越貢獻。

㈠在教育思想方面

我國教育思想，向以儒家學說爲中心，隋唐以後，儒家學說雖受佛學的影響，但其基本體系，仍沿襲儒家之舊，並未稍變。主旨以「明道」、「徵聖」、「宗經」爲依歸。自清同光年間與西方文明接觸後，政治、教育、社會各方面，均起了劇烈變化。教育思想亦隨之俱變。綜觀清末民初百年之間的教育思想，大體言之，凡有三變：一、由原來「中學獨尊」的思想，變爲「中學爲體，西學爲用」的思想；二、由「中體西用」的思想，變爲「徹底西化」或「全盤西化」的思想；三、由「全盤西化」的思想，變爲「三民主義」的思想。先生剛好在「中體西用」的口號，高唱入雲之際，承國父之命，榮任中華民國第一任教育總長。先生就職後，立即對今後教育的走向，發表了他的卓見。認爲：

教育界所提倡之軍國民主義及實利主義，固爲救時之必要，而不可不以公民道德教育爲中堅。故養成公民道德，不可不使有一種哲學上之世界觀與人生觀。而涵養此等觀念，不可不注重美育。

於是把原來清末學部「忠君、尊孔、尙公、尙武、尙實」五項教育宗旨略作修正。其中的前三項所謂「軍國民教育、實利主義、公民道德」與「尙武、尙實、尙公」相當，後二項所謂「世界觀、美育」卻完全是自出胸臆。蓋先生以哲學家的眼光，主張兼採周秦諸子、印度哲學、歐洲哲學，以打破中國三千多年來教育上墨守儒家思想的舊習，故採一無方體，無始終的「世界觀」爲教育的鵠的。而「美育」，因爲「美感」有普遍性，可以破人我的偏執，同時「美感」也有超越性，可以破生死利害的顧忌。所以教育家欲由人我偏執的「現象世界」，引以到超越性的「實體世界」，不可不用「美感」教育作轉化的媒介，故「美感教育」乃代表先生之哲學思想。

持此與 國父《三民主義》之立國精神相較，則「軍國民教育」者，民族主義之教育也；「公民道德教育」者，民權主義之教育也；「實利主義教育」者，民生主義之教育也；「美感教育」，「世界觀教育」者，即大同世界之教育也。大同世界爲最高理想之境界，亦爲純美的藝術世界，即《三民主義》之終極目的也。正因爲先生的教育思想是基於文化的傳統，客觀的事實，社會的需要，謀中國人民現世幸福爲鵠的。所以在民國十七年八月由大學院呈請中央政治會議，並於十八年一月第三次全國代表大會通過的〈三民主義教育宗旨〉，其內容是：

中華民國之教育，根據三民主義，以充實人民生活，扶植社會生存，發展國民生計，延續民族生命爲目的，務期民族獨立，民權普遍，民生發展，以促進世界大同。

這就是先生的教育思想和 國父以「三民主義教育」爲建國的最高指導原則相融合，且爲近代教育的發展，製訂了一個宏偉的藍圖。所以中華民國多年來在教育上的成就，均由此萌芽。所謂：「爲大於細，圖難於易。」先生在中國近代教育史上，其「承先」、「啓後」的貢獻，於此可爲一證。

(二)在教育主張方面

在教育主張方面，由於先生在擷取他人之長，補自己所短的同時候，根據現實需要，提出推陳出新的主張。尤其當他擔任北京大學校長以後，適袁世凱憂憤過世，於北方有張勳復辟，軍閥混戰，形成割據之局，南方因約法之爭，演成護法之戰，造成南北對峙之局。其間又有「聯省自治運動」，「曹錕賄選」等詭譎多變的政局，在此新舊勢力相搏，南北拉鋸角力之際，先生置身於亂象環生，兵凶戰危的北京，目睹非革命維新不足以救亡圖存，遂企圖採取教育文化的手段，達成振衰起弊的任務。其種種作爲，皆能突顯先生那種獨樹一幟的教育主張，茲舉其中犖犖大端，條析如下：

1除舊布新，振聾發聵的就職演說：

先生早已風聞北京大學的腐敗學風，學生多以就讀北大，爲登庸利祿的捷徑，毫無學術研究興趣。教授們更是敷衍塞責，一本泛黃的舊講義，翻來覆去，相沿不改者好幾年。認眞的不受學生歡迎，若政府高官來校兼課，學生又多趨之若鶩，倍受重視，以爲如此可以拉近師生關係，爲畢業後謀職的奧援。先生深知此種積弊，遂在到北大任職之初，發表「除舊布新」的演說。其內容重點，主張：

大學爲研究高深學問之所，決非做官發財的捷徑。

又說：

「預科畢業生（更生案：等於今天的「大學先修班」）多考法科（即法律系），唸文科（即國文學系）者甚少，讀理科者尤少，因爲熱心做官，對於教授則不問其學問之深淺，惟問其官階之大小，官階大者，特別歡迎，蓋爲將來畢業後有人提攜。」又說：「學生平時則放蕩冶遊，考試則熟讀講義，不談學問之有無，惟事分數之多寡；考試既畢，書籍束之高閣。」先生更進一步指斥此腐敗現象，謂：「此種腐敗行爲，足以誤己、誤人、誤國，今後必須革除。」他要求學生「必須抱定爲求學而來之正大宗旨，努力勤學，砥礪德行。不惟思所以成己，更必有以礪人。

先生特別規定，今後各學系教授們的講義，只列大綱，學生上課用心聽講，記教授口授的內容，並充分利用圖書館的參考書刊。此一「除舊弊，開新局」的主張，是希望北大學生，以研究學術爲天職，不當以大學爲升官發財之跳板。在那個異說紛紜，官僚腐敗的氛圍裡，先生的演說，不僅讓北大學生聽來振聾發聵，同時對整個學術界也有暮鼓晨鐘的作用。

2聘請好教員，造成新風氣：

清朝自同治元年新教育萌芽後，數十年來，只有單一的新式學校，而無整個的新式學制，雖然經甲午戰敗教訓，新式學校有迅猛發展，其組織規模日趨完善，但對學校教師之聘請，卻很少涉及。《禮記·學記》說：「建國君民，教學爲先。」又說：「凡學之道，嚴師爲難，師嚴然後道尊，道尊然後民知敎學。」足見教師在學校教育中的重要性。所以人們常說，「有怎樣的教師，就有怎樣的學生」，「有怎樣的教師，就有怎樣的學校。」先生博學多識，淹貫中西，其擔任北大校長伊始，即循「思想自由」、「兼容並包」的原則，提出「欲造成良好校風，必先聘請優良教師」的主張。尤其在文科方面，首先加強陣容。原有教師中如沈尹默、沈兼士、錢玄同、林紓已啓革新契機；自陳獨秀來任文學院長後，又相繼增聘胡適、劉復、周樹人、周作人、吳虞、劉半農、劉文典、馬幼漁、劉師培、黃侃等，其中有二十出頭的青年，有年高德韶的學者，有革新派的，有守舊派的，有教白話文的，有教文言文的，有留洋返國的，有自修成名的，儘管他們出身不同，思想各異，但只要「持之有故，言之成理。」不兼營他業，專心教學，均能各家並存，同受尊重。如有意興闌珊，不足爲學生表率者，雖外籍教師，亦在解聘之列。在「萬物並育而不相害，道並行而不相悖。」的校園裡，眞所謂「精誠所至，金石爲開。」整個北京大學的校風爲之完全改觀。

先生這種聘請人才，尊重專家，以造成新風氣的主張，一直到先生擔任中央研究院院長之時，還一本初衷，廣攬人才。如丁文江、李之光、高魯、竺可楨、李濟、傅斯年等，均各展懷抱，發揮所長，就當時三館九所的簡單設備，經費十分短絀的情況下，推動了各項而有計劃的學術研究。所以在北伐以後，對日抗戰以前的十年之間（一九二八年至一九三七年），蔚成民國以來學術研究的黃金時代。

3 根據「學」與「術」別，確立大學組織標準：

先生主張「學」「術」雖然密切，而習之者卻旨趣不同。所以他在民國七年五月十五日發行的《新青年》四卷五號發表一篇著名文章，即〈答周春岳君「大學改制之商榷」〉。內容大要是：

> 文、理，「學」也。雖亦有間接之應用，而治此者以研究眞理爲標的，終身以之。所兼營者，不過教授著述之業，不出學理範圍。法、商、醫、工，「術」也，直接應用。治此者雖亦可有研究之興趣，而及一定程度，不可不服務於社會，轉以服務時之經驗，促其「術」之進步。與治「學」者之極深研幾，不相侔也。

先生便根據「學」「術」兩分之主張，將北京大學之工科，併入天津北洋大學，商科併入法科，於是原設有文、理、工、法、商五科，調整爲文、理、法三科。民國六年冬，文科增設中國史學，理科增設地質學，合原有各科，計有國文、英文、法文、德文、哲學、史學、數學、物理、化學、地質、法律、政治、經濟、商學，共文理法三院十四系。

這個由「學」「術」兩分的主張，而革新完成的大學學制系統，在當時及後來的大學法中，便規定大學之設立，必須具有文、理兩院之條文，正是先生「學」「術」不容混淆的具體實現。

4文明之消化，是中西文化交通融會的原則：

當時因國外留學歸來者，目睹世變日亟，國弱民貧，欲革故鼎新，非「全盤西化」不能竟其功。於是先生發表〈三十五年中國新文化〉，用食、衣、住、行等事，說明「生活的改良」。並強調：

在此三十五年中，業已次第發生，而尤以科學研究機關的確立為要點。蓋歐化的優點即在事事以科學為基礎。

文中有「歐化的優點」一說，時人以為即「全盤西化」之意，於是先生在民國五年八月十五日《旅歐雜誌》創刊號發表〈文明之消化〉文中，主張中西文化交流的原則，是博採西方之所長，彌補一己之所短。吸收者切不可渾淪而吞之，致釀成消化不良之疾。他在該文中警告說：

既有吸收，即有消化，初不必別有期待。例如晉、唐之間，雖為吸收印度文明時代，而其時《莊》、《易》之演講，建築圖畫之革新，固已顯其消化之能力。否則，其吸收作用，而不能如是之博大也。今之於歐洲文明何獨不然。使吾儕見彼此風俗之殊別，而不推見其共通之公理，震於新舊思想之衝突，而不能預為根本之調和，則臭味差池；即使強飲強食，其亦得出而哇之耳。當吸收之始，即參以消化之作用，俾得減吸收時代之阻力，此一吾人不可不注意者也。

試觀近百年來，中西文化之論爭，僅從「學校制度」一項而言，每次學制之變革，均受外來思想的影響，忽而日本、忽而法國、忽而美國，蓋制度之重要，不在外表的形式，而在其內部的動力，不在其形式的變易，而在其眞實推進的精神，先生以其蘊涵豐富的學術修養，明敏誠懇的教育態度，和對當時中國實際情形的觀察，希望配合本國國情，對外來文化作合理之吸收，如食肉者，棄其骨，食果者，棄其核，如此取其精醇，去其糟粕，才能把中國教育文化推向光明的大道。

先生爲了達成「文明之消化」主張，民國二十年四月，又提出「國化教科書問題」。他主張全國高級中學以上學校之各科教材，除外國語文課程，所有其他各科教材，都應當採取中國文作教本。先生以爲直接用：

外國文字作教本，實浪費學生時間與腦力，又和國情不合，故希望教育家、著作家、出版家能注意及此，並著手編定各科專門術語，大量翻譯外國書籍，編輯各科參考用書。

又在當年的五月，國民會議通過在教育部之下，設立「國立編譯館」，這可說是先生此一教育主張的具體實現。

從上述教育思想和教育主張的各個重點，可見先生對當時及後世教育之影響。民國八年三月十八日，林紓於《公言報》發表〈請看北京大學思潮變遷之近狀〉，文中公開指責先生聘用教師失當，以及北大「覆孔孟，剷倫常」、「廢古語，用土話」，與中國學術文化背道而馳。先生立即於六月二十一日在《新潮》雜誌一卷四期爲文答覆。民國二十年，又有何炳松等十數位教授聯合發表《中國本位文化建設》宣言，徵詢蔡先生意見。先生本乎〈文明之消化〉主張，對此表示：

在原則上，理論上，可謂顚撲不破。但爲何不事先對中國文化之實質作比較研究，何者應取？何者應舍？否則，憑空辯論勢必如張之洞的「中體西用」的標語，梁漱溟的「東西文化」的懸談，贊成，反對，都是一些空話。

又先生爲了鼓勵學生努力向學，曾撰〈怎樣纔配稱做現代學生〉一文，他認爲：

能讀外國文的書，講幾句外國話，不能稱做現代學生。

現代學生必須具備三個基本條件：

一、是獅子般的能力，二、是猴子般的敏捷，三、是駱駝般的精神。有了這三個條件，再加上崇好「美術」的學養，和「自愛」、「愛人」的美德，便配稱做現代學生而無愧。

這一提示不僅對中國二十年代的青年學子是一個美好的忠告，就是對當下台灣各級學校的同學，又何嘗不是一記當頭棒喝呢！

「五四」新文化運動以來，先生曾多次提示「讀書不忘救國」，「救國不忘讀書」，民國九年五月於《新教育》三卷五期發表〈去年五月四日以來的回顧與今後希望〉一文，便是深恐學生因參加政治運動，引起虛榮心、倚賴心、囂張習氣，難以糾正。所以才有：

青年應以求學爲主，不宜過問政治。

的提示。加以「九一八」事變之相繼發生，南京、上海、北平、武漢各大學學生之互相串連，先生又在民國二十年十二月十四日以〈犧牲學業損失與失土相當〉爲題發表演說，以免「學運」失控，被共黨與蘇俄坐收漁翁之利，語重心長，對企圖利用純潔之青年，謀獲暴利之政客，可謂苦口良藥，耐人深思。

五、在近代中國教育史上的地位

反顧自清朝同光以來，中國新式教育發展的坎坷道路，先生在列強環伺、軍閥割據、政爭不已、世風日下，以及中西新故之說，甚囂塵上之時，赤手空拳，接下了教育總長的棒子，以後又走進北京大學的校園，坐上中央研究院院長的寶座。憑著他「學不厭，教不倦」的精神，和「教育救國」的理念，儘管是萬方多難，他卻不避艱難險阻，爲中國的新式教育譜下了可歌可泣的樂章，至今猶受其賜；並得到無數教育學術界人士的肯定與擁戴。

㈠教育學術界的肯定

有的學者從先生的言行事蹟，作概括性的讚許。如吳稚暉，便認爲他是「平生無缺德，舉世一完人」。蔣夢麟也有類似的評語，說他「大德垂後世，中國一完人。」其弟子黃炎培在〈吾師蔡孑民先生哀悼辭〉裡，轉述胡元倓的八字頌辭，是「有所不爲，無所不容。」蓋「有所不爲」者，先生以之律己；「有所不容」者，先生以之教人。可見先生在平生言行中，待人之寬，律己之嚴，在那個「事修而謗興，德高而毀來」的社會裡，先生的嚴以律己，寬以待人的襟抱，正是被尊爲「平生無缺德」，

「中國一完人」的依據。

有的學者從文化傳承的角度加以推崇。如思想史家蕭一山在〈近六十年中國學人研究中國文化之貢獻〉中稱許「先生爲黨國元勛，人倫師表，其生平行事定爲後人所矜式，胡元倓以『有所不爲，無所不容』八個字來狀先生，似可爲先生律己教人之的評，但仍不能表示先生對於中國社會文化的關係。我的看法，是如果比中山先生爲近代文王、周公，則先生就是近代的孔子。一個是『作之君』，一個是『作之師』，換句話說，他們都是『三千年來一大變局』後的政教開山者。」傅斯年〈在我所景仰的蔡先生之風格〉一文裡說：「蔡先生實代表兩種文化：一是中國聖賢傳統的修養，一是法蘭西革命中標榜自由、平等、博愛之理想。」梁漱溟在〈紀念蔡元培先生〉一文中，認爲他所了解的蔡先生，「其偉大在一面有容，一面率眞。他之有容，是率眞的有容，他之率眞，是有容之率眞。」梁先生被學術界尊爲「現代新儒家」，他對先生「坦率、眞誠」的評論，似乎更彰顯了先生那休休有容，平凡中見偉大的形象。

有的學者則是透過教育史的目光，進行評價。如近代學者吳相湘，於中華民國建國六十年時，由「傳記文學社」發行《民國百人傳》，在其〈蔡元培傳〉裡，推崇「蔡先生是近六十年來中國學術教育界的宗師。」並以爲先生在任北京大學校長時，採「兼容並包」，「思想自由」宗旨，爲中國現代大學建立了宏大規模，影響深遠。蔡尚思於《蔡元培學術思想傳記》一書中，推尊「蔡氏在中國近代教育史上，是開山祖師。一部近代中國教育史，差不多可當作先生的傳記。」近代史學者陶英惠於《中國歷代思想家》〈蔡元培〉一文中，更稱讚先生是「中國傳統文化所孕育出來的學者，但是充滿了西方學人的精神。」又說：「他是中國近代史上極有貢獻的教育家，也是一位具有卓見的政治家。」「他的一生，可以說無不與學術及教育文化事業有關。他的道德文章尤足以垂範士林，楷模後世。」足見蔡先生的一生和教育文化事業的密切關係。

㈡筆者的看法

從生平言行來概括先生，說他「大德垂後世」、「平生無缺德」，可以同意；如果說他是「舉世一完人」，拿「完人」來稱許他，言之稍過。從文化傳承的角度，推崇先生爲當今孔子，似嫌過重。稱他是「政教的開山」，「有容」與「率眞」，倒是徵實之論。從教育史的眼光，說先生爲「現代教育界的宗師」，是「開山祖師」，頗能彰顯先生在清末民初的人格和地位。近來又有人把「先生的言行錄」尊之爲當代《論語》，可以和「孔子的微言」媲美，須知《論語》乃「群經的管轄，治事之矩矱」，古人有「半部《論語》治天下」之說，而諦審「先生之言行錄」，其中雖不無顚撲不破之至理，但如「放之四海」、「百世以俟」，恐怕還去《論語》遠甚。以先生生前平易近人之性格，過與不及的稱許，皆爲其所不喜。依筆者之愚見，近人馮友蘭作「我所認識的蔡子民先生」，文潔意婉，見眞識切，頗能得先生在近代中國教育史上的眞相。現在我把它節引出部分重點，一方面和讀者分享，另一方面也作本節文字的結束。馮先生說：

我用中國傳統哲學中的一句成語，把它總括起來，這句成語「極高明而道中庸」。我很欣賞宋朝道學家，程明道的一首詩，詩說：「閒來無事不從容，睡覺東方日已紅。萬物靜觀皆自得，四時佳興與人同。道通天地有形外，思入風雲變態中。富貴不淫貧賤樂，男兒到此是豪雄。」這首詩的第一、二句，是說他的生活狀況，第三、四句是說「道中庸」，第五、六句，是說「極高明」，第七、八句，是說到了這個地步，就可以成爲孟子說的「大丈夫」。我認爲蔡先生的精神境界和氣象，和程明道相類似的。現在的人誰也沒見過程明道；但是，他的學生們所形容的話是有記錄的。我是把這些記錄，和我心目中的蔡先生相比較，而說上邊那句話的，相信不會有大錯。蔡先生的教育有兩大端：一個是「春風化雨」，一個是「兼容並包」，依我的經驗，「兼容並包」並不難，「春風化雨」可眞是太難了。「春風化雨」是從教育者精神境界發出來的作用。沒有那種境界，就不能發生那種作用，有了那種境界，就不能不發生那種作用。這是一點也不能矯揉造作，弄虛作假的。

蔡先生是中國近代的大教育家，這是人們所公認的，。我在「大」字上又加了一個「最」字，因爲一直到現在，我還沒有看見第二個像蔡先生那樣的大教育家。

六、結論

在這個世紀之交的時刻，回顧清朝自同光迄今一百五十多年來，中國新式教育發展的坎坷道路，這種回顧不僅可以聯結過去，更可以在檢討之餘，對未來教育的願景，產生懲前毖後的效果。

教育是百年大計，立國之根本。國家的安危、政治的成敗、世風的高下、文化的盛衰、經濟的榮枯，無一不和教育息息相關。蔡元培先生以一舊時代的讀書人，立下「教育救國」的心願，自動放棄清朝的高官厚祿，投入基層教育事業，從事國民革命工作，培養革新人才，又兩度留學，追求新知。這若非別具懷抱，又如何能在「捨」「得」之間，有那樣的膽識和決定！

先生初任教育總長時，即博採周諮，公開發表他〈對於教育方針之意見〉，指陳新教育方針的五大原則，即軍國民教育、實利主義教育、公民道德教育、世界觀教育、美感教育。並特別強調「美感教育」之重要性。後來先生以「美育取代宗教」為天下倡，足見先生早已成竹在胸。

大學校長任內，對科系的調整，優良教師之延聘，招收女生，興辦課外活動，改學年制為學分制，成立校務委員會，教授治校等，大刀闊斧，加以整頓，不數年的時間，就把死氣沉沉的北大，變成一個生動活潑，從事學術研究的知識寶庫。流風所及，使中國出現了無量數的傑出學者和治國的人才。

先生以為大學是囊括大典，包羅衆家的學府，無論何種學派，苟能「持之有故，言之成理」者，均可兼容並包，聽其自由發展。然中國素無「思想自由」之習慣，每好以己派壓制他派，以己學輕蔑他學，執持成見，加鹽添醋，遂有林琴南公開詰責的信函，這雖是先生主持北大過程中之一段插曲，但亦時代世風爭議的焦點，不可等閒視之。

先生對「五四」新文化運動，讀經問題、教育政策、教育經費、創立大學區制，訂定教學公約及課程設計等方面，由於內容駁雜，非三言兩語可盡，故本文於此皆著墨不多。從先生對中國新式教育的宏規遠圖中，尤其是「美感教育」的主張，可謂家庭教育、學校教育、社會教育的重要環節，可惜「德、智、體、群、美」五育並進的目標，其實施結果，大家只視「智育」爲教學的重點，公民道德教育形同具文，軍國民教育也完全落空，群育、美育更如同充饑的畫餅，房中的盆栽，一個擺設而已。以至於一百五十多年來的新式教育，忽而「中學獨尊」，忽而「中體西用」，忽而「全盤西化」。「制度」是社會歷史的產物。一種制度的成功，有許多連帶條件，適宜於甲國者，未必適宜於乙國，中國爲歷史文化悠久的國家，情境既特殊，問題尤複雜，「全盤西化」，絕不能解決中國的問題。這種情形，只要看台灣當下的大、中、小學教育的亂象，亦可以略窺一斑了。

我寫蔡先生在近代中國教育史上的地位與貢獻，遙想先生當年立身行事之大節，難進易退的態度，「學不厭」、「教不倦」的精神，春風化雨的人生境界；和他那種重視科學、破除迷信、強調理性的眞知灼見，眞可以師表萬世，永垂不朽。我們這些後死者而又獻身教育的女士先生們，此時此地，當如何奉行先賢未竟的志業，盡其在我，恐怕是我們當前責無旁貸的使命了。

七、附　錄

(一)蔡元培先生著作簡介

先生留法期間，雖然爲餬口，不得已從事譯述，但欲瞭解先生困勉勵學的成就，特別就其著作之重要者，介紹如下：

1專門性著作

（1）《中國倫理學史》一册：在法國萊比錫大學研究時作。清宣統二年（一九一〇年）七月商務印書館出版。爲中國倫理學史方面的開山之作。

（2）《石頭記索隱》：原載《小說月報》七卷一至六期。民國六年（一九一七年）九月商務印書館初版。

（3）《修身講義》一册：又名《華工學校講義》，爲華工學校編。內容有德育三十篇，智育十篇，初載《旅遊雜誌》，後附於《蔡孑民先生言行錄》中。民國八年（一九一九年）八月又印成專書。

（4）《賴裴爾》一卷：原載民國元年五月的《東方雜誌》十三卷第八、九號，民國十二年又收入商務印書館《東方文庫》第六十八號。書名《藝術談概》。

2翻譯性著作

（1）《哲學要領》一册：光緒二十九年（一九〇三年）九月商務印書館初版。

（2）《妖怪學講義錄總論》十二講：光緒三十二年（一九〇六年）八月上海亞泉學館初版。

（3）《倫理學原理》十册：在法國萊比錫大學研究時撰，宣統元年（一九〇九年）九月商務印書館初版。

（4）《哲學大綱》：留法時作。民國四年（一九一五年）商務印書館初版。

3編輯性著作

（1）《文變》三卷：線裝二册，光緒二十八年（一九〇二年）四月商務印書館出版。

（2）《中學修身教科書》五册：在法國萊比錫大學研究時編，民國元年五月重新修正，合訂爲一册，由商務印書館出版。

4至於蔡先生言行錄，由他人代為編印者甚多，內容或增或損，多寡既不一致，問世時間與旨趣亦多有差異。在此姑且缺而不錄。

㈡本文寫作參考書目

一、蔡元培先生全集　孫常煒編　台灣商務印書館發行
二、蔡元培文集　高平叔主編　台北錦繡出版社印行
三、蔡元培全集　中國蔡元培研究會主編　杭州浙江教育出版社印行
四、蔡元培全集　台南王家出版社編印
五、蔡孑民先生傳略　高乃同編　重慶商務印書館印行
六、蔡元培先生言行錄　隴西約翰編　上海廣益書局出版
七、蔡孑民先生言行錄　現代中國思想論著選粹　山東人民出版社發行
八、蔡元培學術思想傳記　蔡尚思著　台北蒲公英文化出版社印行
九、民國蔡孑民先生元培簡要年譜　王雲五主編　台灣商務印書館出版

十、蔡元培年譜　陶英惠編　台北中央研究院近代史研究所印行
十一、蔡元培教育思想研究　金林祥著　瀋陽遼寧教育出版社發行
十二、蔡元培美感教育思想之研究　李雄揮　國立臺灣師大教研所碩士論文
十三、蔡元培教育思想之研究　沈慶揚　國立高雄師大教研所碩士論文
十四、蔡元培與中國教育學術現代化　黃乃隆　中興大學《文史學報》
十五、蔡元培先生生平及其教育思想　孫常煒　台灣商務印書館印行
十六、蔡元培社會教育思想之研究　謝義勇　國立台灣師大社教所碩士論文
十七、中國教育史　王鳳喈　正中書局出版
十八、中國教育思想史　郭齊家　台北五南出版社發行
十九、教育行政思想與實踐　曹常仁　人文及社會學科教育通訊雙月刊十一卷三期
二十、民國百人傳蔡元培傳　吳相湘　傳記文學出版社發行
二一、中國文化綜合研究蔡元培研究　蕭一山　中華學術院印行
二二、中國歷代思想家蔡元培　陶英惠　台灣商務印書館印行
二三、中國近代學術思想變遷史　黃公偉　幼獅文化事業公司印行
二四、近代中國思想史　孫湛波　香港龍門書店印行
二五、中國近三百年學術史　錢穆　台灣商務印書館印行

二六、清代學術槪論　梁啓超　中華書局印行
二七、中國近三百年學術史　梁啓超　中華書局印行
二八、中國文化史　柳詒徵　正中書局印行
二九、中國文化史　陳登原　世界書局印行
三十、西力東漸史　馮承鈞　華世出版社印行

本文內容，大多雜揉各家，出以胸臆，故文末止錄〈本文寫作參考書目〉，不另列附注，非作者存心掠人美辭，以為己力也。

民國八十九年十一月十三日完稿於台北寓所

吳海研究——關於其隱逸

日本福岡大學人文學部教授　石田和夫
中央研究院中國文哲研究所助研究員　陳瑋芬譯

一

長崎平戶的儒者楠本碩水（一八三二～一九一六），見證了整個幕末維新到明治大正期的時代動盪。他的文集①中記載了元儒吳海的相關事跡如下：

閱吳朝宗（海）聞過齋集②，議論醇正文章典雅，且其爲人剛直而氣象甚高，眞不易得者。（碩水先生遺書卷十二，隨得錄餘）

不論是在日本或是中國，提及元儒便舉許衡或劉因之名，再者便是吳澄，這是一般的見解。碩水是隸屬於崎門（山崎闇齋門下）一派的朱子學者。自從崎門三傑之一的淺見絅齋在其《靖獻遺言》中收錄元儒劉因的事跡、彰揚其遺德後，劉因之名廣爲日本儒者所知。由楠本碩水的立場而論，在其文集中舉出劉因之名也許並不妥當。然而碩水曾言：「於元取吳朝宗、於明取吳康齋、於清取勞餘山」

（同上），由此可知碩水認為吳海較其他元儒要來得高明。當然，碩水對劉因的敬意也可以從「劉因自號靜修，蓋以孔明自待也。其意在胡元以復中原之地而慨世無劉備也。其不滿於許魯齋輩亦必在此」（遺書卷十，隨得錄三）等多數記載中見出，同時令吾人能夠確認碩水的崎門朱子學者立場。雖然如此，碩水對於吳海的敬意還是比對劉因更勝一籌。

明治庚午子年三十九，棄祿歸里卜居，此終為之計決。（遺書卷六，梅林山莊記）

碩水所衷心盼望的王政復古終於得到實現，於是他以三十九歲的壯年奉還仕祿，言道：「他日有修國史者幸列姓名於其間、則為隱逸傳中之人也」（遺書卷五，答並木栗水），此後便隱逸於針尾島的山林之間，謝絕一切俗務，直到人生終幕。在幕末到維新期的動盪時代，碩水選擇了隱逸，他這樣的人生態度與《明史》（二百九十八）「隱逸傳」中所記載的吳海行跡多所重合。生於元代、經歷了元明鼎革的吳海，遠較劉因令碩水覺得親切。然而，碩水對吳海所抱持的強烈敬意，除此之外還有沒有其他的理由呢？

時至今日，再也看不到關於元儒吳海的記事了。《福建朱子學》（福建人民出版社，高令印等著，1986）一書曾經大篇幅地列舉吳海的事跡，並在「民族氣節」一點上歸納其思想特色，指出「研究閩學，吳海的學說是值得特別注意的」（第三章四），承認其學術價值。除此之外，筆者尚未見到其他肯定吳海思想價值的論著。特別是日本的研究者，未聞吳海之名者甚多，乃現狀也。如《福建朱子學》一般，以吳海所出身的福建地域為中心，來把握其思想主幹的作法，當然是有意義的。然而，理解吳海至深的楠本碩水卻生長在遠離福建的日本，此一事實或許間接表示了在福建的地域內考察吳海的思想，畢竟有其限制。

吳海如何看待元明鼎革的動亂呢？或者換句話說，吳海在當時的時代背景中創造了怎樣的精神世界呢？欲釐清吳海的生涯和思想，必須先了解吳海所關心者爲何；之後再檢討在他選擇隱逸之前，究竟塑造了怎樣的精神世界？這樣的分析，或許也能夠對於楠本碩水的生涯與思想研究提供新的觀點，因此本文預備以元儒吳海爲主，進行探討。

二

吳海，字朝宗，號魯客，閩（福建）人。吳氏一族本屬姬姓，約於唐光啓年間遷至閩地居住。吳海之父與祖父皆爲南宋人。祖父因宋元易代之際的混亂狀況而去世（以上記述係案《聞過齋集》卷一，〈吳氏世譜敘〉）。關於吳海之生卒年，今日尚未能完全確定，潘柏澄氏指出：

> 約生於仁宗延祐元年（一三一四）左右。（聞過齋集敘錄，元人文集珍本叢刊（八）所收）
>
> 卒年七十餘。（同上）

這樣的說法應與前述吳海出生於元明鼎革之際的推斷相吻合。

吳海的出身地閩乃南宋故地一事，衆所周知。吳海身處中原受到異族蒙古統治的元代，被迫作爲被征服的民族，他如何看待這異族支配、王朝遞擅的混亂與動盪情勢？他採取怎樣的態度處身其中，又企望著怎樣的人生呢？

前述吳海之略傳收錄在《明史》「隱逸傳」中。此一事實表示著他堅持以隱逸的態度終了一生。人們在元明鼎革之際，作了各種不同的選擇——參加反叛軍、歸順明朝、或者與元朝一同殉死，吳海卻選擇與時局保持相當距離，遠遠地眺望。可謂某種形態的逃避。洪武元年（一三六八），元朝滅亡。這是漢族經歷了漫長的等待、汲汲盼望的一刻。隱者吳海卻感慨道：

水南之山最高而大者方山，山之陰有峰，隆然逆馳。而西曰黃巖，望之特尊，歲大旱鄉人必禱焉。自予往來三十年，凡方山之勝皆飫覽之，惟黃巖惟兩至焉，丁未歲杪，避兵來此，思復一登而淫雨兼旬。戊申改紀人日，始躋山路泥滑，未能即登也，越五日乃得游焉。（聞過齋集卷三，游黃巖記）

「戊申改紀」就是在洪武元年。吳海所關心的，卻只有自己生來對山水的癖好，此外便無其他。當然要讓一般民眾認識到元朝滅亡的事實，需要一段時間，也許無法讓民眾立即感受到異族的滅亡。然而，在各種場合目睹元朝的支配力在現實生活中急遽衰退，應該不是不可能的。吳海隱居山間，故無法親見這些場景。他面對新時代的態度，卻在明白了王朝遞擅的事實之後，仍然沒有絲毫改變。

僕無意用世久矣。老母年垂九十病廢。逾年起止非人不可。僕奔竄之餘得軟腳疾，足亦幾廢。（中略）又凡今日，求退者，足下當力佑成之。勿奪其志。新朝苟欲倡名義厚風俗則何必一切招之使來乎。辱足下知舊故布衷曲，足下幸自愛，勿撓微志。（聞過齋集卷六，與秦景容書）

未知吳海究竟是因爲母親之高齡多病，或者是由於自己有病在身，總之他並未正面提出任何積極的理由，便辭退了新王朝的招聘。但是面對知己秦景容殷殷勸告自己出仕，他誠懇地表白了上述希望能辭退招聘的心願。不能說其中完全看不到他對新王朝潛藏的敵意，但是唯一可以確定的是他對新王朝並不抱任何希望。

當然，如果說漢人吳海對於異族元朝的支配懷著善意，那是不可能的。元朝的支配未成定局時，吳海尚年輕。以下有段記載述及他當時的生活：

元統甲戌，予以十金質一大古琴，名曰霜鐘，其聲清以亮，韻以弁，自然而超然，而遠門嘗試之數琴合奏一曲。出戶遠聽之，眾聲之中，一聲掩眾聲而獨鳴者霜鐘也。信其實矣。（聞過齋集卷七，琴贊）

元統甲戌，即西曆一三三四年。當時吳海大約二十歲前後。此文卻絲毫未曾透露屬於青年的血氣方剛。他這種喜愛名家之琴的性情，正喻示了一種謝絕世俗的隱者之姿。

三

如果親眼見識吳海堅持終生的隱逸生活，無論是誰都會不假思索地在心中描繪出隱者以消極保守的態度，諦觀人生的畫像。但是隱者吳海的內心卻受到強固的儒者意識所支配，這是和他生活的實態不太直接相關的。吳海號魯客一事，前已述及。對於自己爲何選擇以孔子的出身地爲號，在「魯客敘」

一文中可見。其中吾人亦可覺查支配吳海潛意識的儒家心懷究竟有多麼強固。

海幼時，先君子嘗撫海言曰：吾行四方，樂鄒魯士風之厚，吾將徒居焉，苟不遂汝能成吾志乎。海雖幼嘗在念不忘。比長獲接先生長者，交海內名士丈夫，莫不詢知其土俗。其去意大決。然丁內外艱，情事未效。加以眷戀親戚，懷故重新，逡巡二十餘年。而道路不通矣。（中略）懼或隕越　以承先君子之志。乃自號魯生。或譏曰子自擬兩生乎。曰非也。吾擇善俗率先志也。吾取號有三。吾將地魯而取其名也。質魯又取其義也。吾學魯仲尼之道焉。聖人千載之上吾師也。吾雖百世之下學者也。謂之魯生不亦可乎。而吾又何擬乎。又必以爲不可，將曰魯客，志予未得反乎魯也。今，雖在閩，吾客也。雖道四方，亦客也。他日至於魯而止焉則爲魯人，而子又何議乎。（聞過齋集卷一，魯客敘）

以儒教開祖孔子的誕生地魯爲號，自喻資質魯鈍，並闢喻自己尚未尋到人生道路的終點，故擇此地定居。吳海改魯生之號爲魯客，表示了強固的儒者意識不僅存在吳海一人心中，而是在吳氏父子兩代中傳承了下來。

支配隱者吳海心靈的是儒者的意識，那麼，此意識本身究竟什麼呢？先公開結論的話，那就是朱子學。元朝接受朱子學，定爲國教。此方針也許有政治因素的考量，但朱子學因此而廣泛普及於元朝的社會，乃是事實。吳海出生、成長於深受朱子學影響的閩地，也是原因之一。雖然無法確知吳海是經歷了怎樣的師承關係而擇定朱子學，但是他所言儒教乃朱子學一事，是可以斷定的。

夫孟子沒而聖人之道不明、異端權謀術數之言橫流於天下、洋溢充斥千數百年不能止。逮宋周程朱夫子出而繼往聖開來學、三才若肇建焉。（聞過齋集卷四，皐林鄉學記）

如其所言，吳海幾乎完全繼承了程朱學所謂的道統論。

夫楊墨佛老諸書六經之賊也。管商申韓諸書治道之賊也。遺事外傳史氏之賊也。蕪詞蔓說文章之賊也。竊意上之人有王者作，將悉取其書而焚絕之，然後讀書者得以專其力於聖賢之言，精其志於身心之學，玩其意於國家得失成敗之數，考其實於古今治亂興亡之跡。如是則學正而道明，而書爲有益於世。（聞過齋集卷八，書禍）

換言之，吳海這種呼籲將「異端」書籍予以焚燒禁絕的激烈主張，可以說是朱子異端論的延伸。除了吳海上述以朱子學徒的身份所作的發言外，尙有以提升人性之善爲第一要務的主張，可以令吾人更清楚地認識吳海身爲朱子學徒的面貌。

夫善人所固有也。生而莫不善。天地之性爲性。發而爲情亦未始不善也。（聞過齋集卷三，祠堂記）

也許「發而爲情亦未始不善也」一語會令人覺得意外。這種以「情」爲善，予以肯定的意見，在傳統的朱子學中是不可能存在的。但是吳海並不是朝「情」可以完全被肯定的方向來考慮。原因之一是他相當嚴密地區分「性」、「情」、「心」等語辭，謹愼地使用。如「人心孔熾善端實微」（同上）一語所表明的，吳海對於人類的善性十分確信，認爲連結了性、情、心的原點乃是理的存在。而人類本具的善性，因此獲致屹立不搖的保証。

當然，吳海繼承了朱子學的內容，其工夫之眞摯更可由本於「性善說」所展開的成聖理想中見到。

海，自始知學，竊有志於聖人之道。然資質愚昧，平日所爲鮮能不悖於理。中夜以思，惕然內懼。誠以人之有過不能自知而他人知之。人知之而或將告之，不知其樂聞與否也，則亦將不告而已矣。然則雖欲聞之，安得而聞之。用是扁其見賓會友之所曰聞過齋。夫過而人告之者幸也。過而不聞不幸也。告之而不受，受之而不悔，悔而不改是自棄也。海雖不敏，其忍遽自棄乎。（聞過齋集卷七，聞過齋箴）

這篇文章可以清楚地知道吳海以「聞過齋」爲別號的由來，同時也清楚地傳達出吳海究竟以哪些具體的行事，致力於窮理盡性。其中看不到任何有損於朱子學者立場的人生態度。

四

儒教（不單是朱子學）以「經世濟民」爲原則，在人類的社會生活中尋求活動的場所。這是與超越世俗的佛、老二教最大的不同。由自身之修德，擴大到所生存的場所與社會，奉獻已身以治人。那麼，吳海的隱逸生活與儒者的本分之間，果眞毫無違背嗎？

夫莫安於理。理出於天而具於人心。物必有則，事必有宜，大而民生倫紀之間，細而日用動靜之際，吉凶榮辱之兩途，利害得失之前陳，必也審擇而處之，順理則安，逆理爲危。危者棄而安者即。雖至顛沛不易，況造次乎。若世有道則仕，無道則隱，進將施利澤於人，退而避禍難於己，其出處固自有宜，非獨以退而安，仕即爲卷也。（聞過齋集卷四，遺安堂記）

由文字中首先可以解讀的是：「退而避禍難於己」亦即隱逸，就是順理因宜以處世。吳海認爲應該隱逸，故選擇了隱逸。

那麼，理的立場爲什麼會引導吳海選擇隱逸呢？這是不是他無法認同新王朝由異族元朝的手中取回了支配權，以爲就理的立場而言，其正統性有待確認呢？歷史乃治亂興亡的反覆，朱子學者吳海指出「世變無窮」（聞過齋集卷二遊鼓山記），認爲無法由正面阻絕歷史變革的現實。然而此時，理絕對不會埋沒在歷史變遷的必然之中，理將超越歷史存在的方式，居於其上而指導之。作爲「所以陰陽」的理正因爲如此，所以可以完全發揮功用。新王朝自異族手中奪回統治權一事，若從遙遠的將來回顧之，將是令人欣慰的事實；但是若由理的立場觀之，立即浮上吾人眼前的，不就是新王朝誕生時已經染上血跡的歷史嗎？民族問題依然沒有因此獲得解決，其中也看不到任何身爲王者所應當蓄積的德。何況勉爲其難地說，累積了多年統治成效的舊王朝已經滅亡這個事實，也的確流露著可哀之處。面對這些眼前的現實，又有什麼可喜的呢？這決非僅僅是讓一般人民明白改朝換代一事尙須時間的問題，而是站在理的立場，徹底否定了新王朝，進一步同時也否定了未能改變的構築於力對力的時代。

那麼，處身於這樣的時代，儒者應該如何對應呢？如果不抵抗取代了舊王朝的新王朝，也不應該在新王朝出仕吧！這是作爲一介儒者，不僅須向其他人民示範的正確人生態度，同時也必須把國家正確的存在樣態告知他人。如果儒者不能以身作則，人民和國家將無法看清自己眞正的存在方式，「經世濟民」也將無法獲得實現的機會。亂世中的「經世濟民」，必須透過這樣的方式才得以保全。所以吳海選擇了隱逸的生活方式。

選擇了隱者生活的吳海，是用怎樣的態度面對生活呢？面對動亂的時代又抱持了何等深刻的危機意識呢？以下的文字適當地刻劃了其深切的程度。

古者文以載道，非苟爲空言。亦非篤意於求工也。漢氏以來而文始涉乎技矣。由司馬相如以濫靡之辭，飾夸詇之智，舉世慕之，相承至於魏晉六代而亂雜瑣碎不勝其弊。至唐韓子然後能反乎古。逮宋歐蘇而其氣益振。蓋雖與世升降，亦在乎人之自爲耳。（聞過齋集卷二，覺是先生文集敘）

文中吳海熱忱地訴說著載道之「文」已經隨著時代一起墮落，而眞正的「文」應該如何。他斷言：「文」之成否在於「人之自爲耳」，亦即在於個人自覺的運作。這一段話語眞的是因爲有感於「文」的墮落而發出的嗎？以往朱子面對弟子「天地會壞否？」的疑問，回答道：「不會壞，只是相將人無道極了便一齊打合混沌一番人物都盡。」（朱子語類，卷一），指出天地崩壞並不是不可能。朱子把天地崩壞的原因歸爲「人無道極了」。簡言之，天地生滅關乎人類的行動。可見得吳海斷定「文」之成否在於「在乎人之自爲耳」，其中對於人類是天地世界的主體一事，存在著強烈的的自覺，他的理念應該是源於朱子，二者意旨相近不遠。對於吳海而言，時代是黑暗的，新王朝的成立加速了這種混亂。朱子所謂的天地滅亡，對吳海而言則變成眞切的時代體認。如果要說面臨天地濱臨崩壞危機的時刻，人類存在的眞正價值還要再三受到確認的話，有如下的例子：

元之中世民物方阜，人有藝能術智者莫不輻集京師，務以自售，展其四體，光大其業。（聞過齋集卷四，心遠堂記）

其中描述了元朝中葉以降，由於經濟的發展，庶民開始嚮往都市生活的奢華，而忘其本務的實狀。

夫國之興衰係乎人。一時公卿大夫隆虛飾，外以苟容爲賢，附順爲忠，夸誕爲高，敏給爲才，詭誣爲智，諂陷爲敬，雖至儒者亦然。（聞過齋集卷四，送程伯崇還江西敍）

這裡描述的則是知識人忘卻了自我的存在意義，表現出虛僞的形貌。由此而對天地崩壞的感受愈益眞切。「在乎人之自爲耳」的歎息中含有悲痛。這句話尖銳地針對人類的各種營爲提出質疑。經由這樣嚴苛的自我思省後，吳海選擇了隱逸，而其中蘊涵了難以言銓、卻人人都可以感知的，無以名狀的沉重。以「避禍難於己」一語所形容的爲求自保而選擇的逃避，起碼的確存在於最遙遠的地方。朱子學者吳海爲了表示抵抗時代之意願，毅然決然地選擇了隱逸的生活方式。

朱子學，不，應該說儒教的本份－「經世濟民」與吳海的隱逸生活完全沒有抵觸，那決非消極的逃避現實，而是本於儒者的使命感所作的積極選擇。然而，由此浮現的吳海那身爲朱子學徒的堅毅姿態，可以和他身爲隱者的超然姿態相重合嗎？因此我們必須讓隱者吳海再度登場，探討在隱逸生活的背後延展開來的，吳海獨特的世界。

五

先生羈人也。不知其姓名。宦遊南方，遭七變易，屏居遠跡，棲止於龍泉之上。韡冠卉服葛履繩帶，與樵童牧豎田夫漁父雜處，於沙門法雖不甚解，然時往來聽其談論，性簡易，喜讀書，吟詩飲酒，酷有山水癖。四時朝昏，不問寒暑，曳杖入幽林深谷，攀高崖絕壁，覽飛流潺湲，每遇石處必坐，坐則咄咄，首肯自語，嘯歌盤桓。或解衣而臥，既去復返。眷戀不忍舍。雖日遇百石，率用爲常。戶外有磐陀。陰雨不能出則倚戶　玩，清夜月出必就與蹲踞俯仰，或賦詩一篇，奏琴一曲，然後引杯孤酌陶然至醉，不知天地之大，今古之變，身世之無何，日月之不足也。故凡龍泉之上，目以爲異人。（聞過齋集卷六，友石先生傳③）

東晉之高士陶淵明曾著有「五柳先生傳」，描繪隱者無欲恬淡、拭去一切俗塵的生涯。吳海的「友石先生傳」前半部分，也有類似「五柳先生傳」的影子。面對無言的石頭「首肯自語」渡日的友石先生，予人鮮明的隱者印象，而他將居處命名爲「悠然軒」，顯示對陶淵明的傾心。吳海自身的形象與友石先生、甚至與陶淵明相重合，是無庸置疑的。在這裡，廣大的天地與無窮的時間都無容身之地。抗拒時流毅然決然的姿勢，與朱子學徒的身份之間，完成沒有任何隔閡。

吳海理想中的友石先生，其實與「五柳先生」有一決定性的相異之處。即友石先生不僅是實際存在的人物，更是吳海最親近的知己；而五柳先生是「不知其姓名」的虛構人物，同時也是淵明的分身。

因此友石先生與吳海之間的關聯性更爲緊密，若由這一點深入探討，藏身於吳海隱逸行爲背後的獨特世界，將依序浮現。

友石先生原名王翰，王氏一族本爲西夏之人。自元朝成立之始即與元朝保持深厚的關係，受元朝賜姓唐兀。王翰的曾祖父對元朝的統一貢獻極大，因而受封武德將軍；傳三世而至王翰，乃深受元朝重用的名家。王翰本身擁有那木罕的仕名，在以友石山人的身份開始隱逸生活之前，歷任潮州路總官等元朝的各種要職。他在元明鼎革之際選擇了隱逸生活，但在此之前的生活方式卻與吳海完全相反。王翰選擇以隱者身份終其後半生的行爲，與他對元朝的忠誠並不相違背。

昔在潮陽我欲死　家嗣如絲我無子
彼時我死作忠臣　覆祀絕宗良可恥
今年辟書親到明　丁男屋下三人存
寸刃在手顧不惜　一死卻了君臣恩

友石先生王翰在元朝滅亡之後大約十年間，都隱居於永福山中，爲了保全對元朝的忠節，最後選擇了自盡。可謂自始至終都能貫徹對元朝忠誠的忠臣，這是友石先生王翰的眞正態度④。

貫徹對元朝之忠誠的友石先生王翰，與持續對元朝抵抗的吳海，此二人之間爲什麼存在著強烈的連結呢？這個單純的疑問，在閱讀了下列詳細記載王翰自盡的文章後，將變得更加複雜。

翰林檢討王稱，字孟楊，其父某，在勝國時守潮洲，值天兵至，竄歸閩中，其友吳海屢勸某死。

某以無嗣辭，既而得偁，吳復勸之死，某曰吾今可死矣，期在明日。吳明日素服往弔（弔）。至則某自縊于後園。（病逸漫記）

王翰曾經一度以無子嗣爲理由而打消自縊的念頭，他得子後催促他儘快自縊的不是別人，正是吳海。王翰自縊後，吳海領回其嗣子王偁，盡心撫育，傳爲美談。這又顯示了吳海與王翰的強烈連繫。這樣的緊密關聯是很容易察知的。此二人的民族不同，甚至以他們對元朝的情感而言，幾乎可以說是形同仇家，爲什麼會產生如此強烈的連結呢？朱子學者吳海重視民族氣節，但是上述疑問並不能由此獲得解答。

朱子學的特色之一是在諸德義之中特別重視忠。無庸置言，這個傾向與朱子的時代即南宋的狀況因緣很深。國土的北半部分受到夷狄篡奪，爲了洗刷屈辱，南宋必須重新建國。此際最重要的德性，就是忠。如果人民缺乏愛國之心，就如同筋骨沒有通貫國家之脊樑。忠遠比孝悌來得重要，因此朱子學遂產生了重視忠的傾向。

看重忠的傾向在數個時代都分別達成使命，朱子學者吳海在元明鼎革的混亂狀況中，必須要在自己的朱子學內容裡，加上一些與原本的朱子學不同的部分。

人之大倫有五，而父子夫婦兄弟莫先焉。此人道之始也。蓋三者居于內，而君臣朋友際于外。內者由恩而起義，外者因義以生恩。恩厚則義無不隆矣。世學不明風俗益薄。人之道將不立于天下。予甚懼焉。暇日采擴傳記小說，凡古今孝子順孫節婦烈女兄弟之相友，姒娣之相宜者著爲一編，必求其行事卓卓而不尚乎多，將使夫婦女童稚里巷小人皆可誦而習之，養心以成德，辛有變故禍難嘗有所守。（聞過齋集卷一，厚本錄敘）

當然吳海並不眞的這麼輕視忠。作爲支撐整個社會的倫常，忠的地位非常重要。但是在此文中，「際于外」的忠遇到「居于內」的孝弟時，不得不把首要位置讓出來。一般陸王學比較重視孝弟，而對吳海而言，重視孝弟是因爲他認爲「無道」，即發動忠的國與君將自然地消失於現實中，不須特別指出。但是若閱讀吳海以下的發言，將察覺他的思想存在著漸漸逸脫朱子學，向陸王學靠攏的傾向。

夫孝者事親之美，弟者事長之美，忠者處己之美，信者待人之美。此內美也。金玉之富，軒冕之榮，第宅之華，服食之鮮則外美也。（聞過齋集卷二，楊徵字敘）

忠與孝弟同列。雖有「內」、「外」的差別，卻非忠爲「外」、孝弟爲「內」，也非一定把忠與孝弟同等重視。無寧說事實上剛好相反，隱藏著忠的確受到輕視的眞實狀態。這是因爲此處的忠是可以受到「外」在的國與君發動的本來的忠，它將朝向「處己之善」即與「外」在毫無關聯的忠轉變，它的內容將被置換。忠所受到的輕視，應莫此爲甚了吧！由此看來，吳海思想中存在的陸王學傾向，或者說離脫朱子學的傾向，已不言自明。孝弟比忠來得重要，換言之，較之「外」在世界，「內」在世界更具壓倒性的優勢。無法抹滅的方向性在此浮現出來。而出現在這裡的「內」在世界——統合孝、弟、忠、信等所有道德的價值——竟然是「美」。文中也說明了把「仲美」的字號贈與楊徵的因由，近乎過分地強調「美」的意義。孔子以降的儒家傳統⑤都把「善」置於「美」之上，吳海卻無視於這個事實，而把「內」在世界提升到「外」在世界之上，予以壓倒性的優勢。暗示著「美」的完成並不需要「外」在世界。

吳海棲身於「內」在的世界。如此看來，友石先生王翰與吳海之間究竟存在著怎樣的密切連繫這個疑問，應該可以獲得解答。他們二人作為「處己之美」的忠之體現者，在這一點上是為一體。王翰在最後一刻選擇了自縊，如果他的自縊是為了求取忠臣的節義，那麼在元朝滅亡的時候，他便應當已經選擇自盡了——如果要以「外」在的忠臣形象全身，這樣的選擇應最能受人敬重。但是他卻以等待子嗣的誕生——意即所謂等待適當時機的表面理由來延遲自盡的時刻，其所盡的忠便很類似「內」在世界的完結。王翰也是居住於「內」在世界中的「美」之探求者。作為「內」在世界的居民，他們二人之間產生了無比強烈的連結。

吳海和友石先生王翰之間的強固聯繫，無關乎民族的相異也無關乎二人本應互為仇家，這種很難用常識來解釋的障壁，卻被他們很容易地超越了。孝、弟、忠、信等抽象的道義，以及國、民族、君等具體的觀念，都因此一筆勾消。對於時代的抵抗，與選擇隱逸時毅然決然的態度，已經把朱子學者的形跡等「內」在的世界完全昇華了。在獨特的世界裡嬉遊的超然隱者吳海，他的人生形象因此得以具現。

六

生長於元明鼎革之動盪時代的儒者吳海所居住的世界輪廓，大致已經明白。爲什麼楠本碩水給予吳海極高的評價呢？經由上述討論，其理由之一也應不言自明。明治的新體制王政的實現，幾乎只是虛有其名。新政府逐漸落入攀求名利之輩的淵叢。碩水所處的時代與吳海酷似，與汲汲營營於世俗者相反，他也尋求一種與自然山林爲友的隱逸生活。碩水的生活和吳海的生活是一致的。碩水會對吳海有所共鳴的因素有很多。其中吾人不能或忘的是吳海是「內」在世界的居民，碩水也應該是住在同一個世界吧！

朝宗與王翰善，元亡之後以翰嘗仕元以死節而自撫其遺孤稱，教以成立。詳見明陸釴病逸漫記。

（碩水遺書，卷八）

碩水表示了對吳海與王翰交遊的關心。敘述的語氣雖然淡泊，但是吾人畢竟可以窺知碩水對於吳海在王翰死後輔育其嗣子的美談，相當感動。吳海與王翰所共有的「內」在世界，也是碩水所共同享有的。在碩水堅持隱逸生活的背後，存在著吳海與王翰居住的「內」在世界。解讀碩水的吳海評論時，這一點不應或忘。

「內」在世界的居民，或者說「美」的探求者。吾人探究吳海、王翰、以及碩水諸人所居住的世界時，將浮現如此的形貌。他們這樣的形象也許會受到如下的批判：「內」和「美」等美麗的語辭，不過在掩飾對於現實的逃避，所揭示的理想也只不過是可哀的空想。實際上明初也出現了以羅整庵爲首的氣思想家們，批判朱子學者站在理一元的立場，對於理的超越性近乎過度的強調。「理者氣之理也」，在這個準則下，逸離現實的理想決不可能受到承認。吳海與碩水也可能從這個角色被指責爲逃避現實。他們所樂於居住的世界，雖說是遠離世俗的山林，但實際上山林生活對他們而言也有部分是不得已的選擇。他們的隱逸生活是爲了涵養道義，如果說他們的生活方式較羅整庵等人的生存之道爲劣，是毫無任何根據可言的。上述批判完全是一種偏見。如果他們必須接受如此偏頗的批判，那麼吳海與碩水也有他們自己的辯解。例如碩水曾對羅整庵作過如下的發言：

> 羅整庵困知記續編，論劉靜修一條，以爲渡江賦爲元計。蓋與丘瓊山同。曰使其尚在必不肯安於隱逸。抑亦何言也。李呈祥古源山人二論曰，靜修之出處當以整庵之言爲的，皆不知靜修者也。（碩水先生遺書，卷十一）

劉因是較吳海稍微年長的元朝處士，羅整庵曾斷言他爲了抗拒元朝的支配而選擇終生隱逸，所寫作的「渡江賦」⑥一文乃「爲元計」。從整庵的立場7而言，所重者只有現實。劉因生活在元朝支配的現實之中，雖然和宋朝有很深的淵源，畢竟宋朝還是已經滅亡的王朝，所以劉因應當以之爲國家的王朝就是元朝。劉因既然是儒者，便應該在元朝出仕效忠。在整庵的世界中，選擇隱逸以處世是不可能存在的。因此整庵有「使其尚在必不肯安於隱逸」的感嘆。

理埋沒於氣之中，將成爲缺乏理想的世界。由此可窺知的世界，只能找到如下的表述：「抑亦何言也」、「皆不知靜修者也」，橫亙在碩水與他們之間的鴻溝，十分深廣。吳海與碩水面對羅整庵等遙遠世界的居民，曾經以如下的話語駁回：

不分理氣之弊，不入老釋者鮮。（碩水遺書卷五，答栗水）

如果說我們的選擇是一種逃避，那麼你們的逃避才更爲徹底——那是一種遠離眞實的逃避，你們的人生也不過如此而已。

【附註】

① 楠本碩水的著作有岡田武彥、荒木見悟、町田三郎、福田殖四氏編集，葦書房所出版的《楠本端山・碩水全集》（一九八〇年）中網羅了《碩水先生遺書》等碩水的著作。其他有藤村禪氏的單行本《楠本碩水傳》，福田殖氏的論文〈楠本碩水〉（收錄於九州大學《中國哲學論集》一四，一九八八年），詳細記載了碩水的事跡。

② 吳海文集之名。本稿乃使用元人文集珍本叢刊（民國七十四年，新文豐出版公司印行）所收之《聞過齋集》（八卷）爲底本，《正誼堂全書》也收有《聞過齋集》（四卷）。推測楠本碩水所閱讀的《聞過齋集》應該是比較容易取得的《正誼堂全書》本。

③ 《正誼堂全書》所收《聞過齋集》（四卷）較本稿以爲底本的八卷本在分量上有大量的削除。「友石先生傳」未見於《正誼堂全書》所收之《聞過齋集》中。

④ 《新元史》（二百三十三）等參照。

⑤ 「子謂韶盡美矣，又盡善也。謂武盡美矣，未盡善也。」（論語八佾）表示了孔廟以善在美之上位的態度，更晚近的時代，黃宗羲評論薛敬軒的出處進退時曾言：「先生出處大節，豈後學所敢輕議，而盡美不能盡善。」

也表示了類似的意識。

⑥ 關於「渡江賦」與劉因之生涯思想，請參閱拙稿〈劉因について──元朝朱子學の一展開──〉（一九八四年一二月，《福岡大學總合研究所報》，第七十九號）參照。

⑦ 關於羅整庵請參閱拙稿〈羅整庵についての一考察〉（平成七年三月・町田三郎教授退官記念論文集刊行會刊《町田三郎教授退官記念中國思想史論叢》上卷所收）。

從賀蘭山到瀘沽湖

——摩梭普米族的民族親緣關係及其文化傳承

西南學院大學
文學部教授　王孝廉

一、自高王國與白色民族

古代的羌族是「所居無常、移隨水草、地少五各、以產牧爲業」，《後漢書》西羌傳卷八七的牧羊人族群。戰國時代，一個秦國的奴隸無戈爰劍，逃入三河（黃河上游、賜支河、湟水），教羌人放牧牲畜和種田農作，羌族開始了農畜並行的生活。後來由於秦國向西邊開疆拓土，西逐諸羌，羌族的農業生產，遭到了極大的破壞，逼使羌人再度放棄自己的土地，向西南西北逐水草而居，到處遷移。

散布在青海東部和四川松潘以西一帶的各支羌族，逐漸融合成黨項羌。隋初曾經大舉入侵中原，但被隋軍所敗。於是稱臣納貢，屈服於中原正朝。《隋書》黨項傳：「黨項羌者，三苗之後也，其種有宕昌、白狼，皆自稱獮猴種，東接臨洮，西平。西據葉護，南北數千里，處山谷間」。黨項羌唐初因受吐番的壓迫，再度遷移到甘肅寧夏陝西北部一帶。他們和唐朝依然保持著朝貢的關係，唐人稱之爲「彌羅國」。

一〇三八年（宋仁宗景祐五年）黨項羌人李元昊經過改姓建制，創立文字，禿髮易俗等一系列的改革之後，正式建國。定都興慶府（今銀川市），國名大夏國，也就是中國歷史上的西夏王國。建立西夏的黨項羌，自稱彌（米）人，或彌藥(Mi Nyag)，自稱其建立的王朝爲「大白高國」或「白高大夏國」，意思是「白人所建立的至高至上王國」，西夏文是「尾」，此字漢譯可以譯爲「上」，也可以譯爲「高」。我們認爲西夏的國名「尾」字，或許與羌族的一支氂牛羌有關。含有自己的民族是源於牧牛牧羊的古羌族的民族意識。

西夏黨項羌自稱米（彌）人或白人，與今天雲南滇西北的普米族是一樣的。由其民族的自稱，我們可以瞭解建立白人王國的西夏黨項羌族之一部，即是今天普米族的先民。

今天雲南的普米族，寧蒗瀘沽湖一帶的自稱「拍米」。永勝麗江蘭坪一帶的自稱「平米」或「批米」。「米」即是西夏黨項的「彌」，其義爲「人」。批、拍、普、都是一音之轉，其義爲「白」。普米族的民族自稱，正是「白人」的意思。

瀘沽湖北岸有山，名曰「布郎」，或同音寫爲「普蘭」。當地的居民是被稱爲西蕃的普米族。普米族自稱布郎、或布拉明或不郎、巴弄。其實都是西夏黨項羌族中的「白狼」羌族的同音語。

《後漢書》西南夷列傳載：公元七十四年，氂牛道的白狼，盤木，唐叢等奉貢，向漢明帝獻白狼歌三章，共四十四句，一百七十六字。根據近代學者的研究，白狼歌的夷語與藏語、西夏語最相近。也有學者認爲白狼歌是今日納西語或彝語的前身。陳宗祥，鄧支峰兩位學者比較普米古語和白狼歌的夷語，發現其中有三十四個詞匯完全相同。（陳宗祥一九七九、一九八五）。獻白狼歌的白狼盤木，白狼是普米族及西夏黨項的白狼種自稱的布郎、不郎、巴弄等「白色」的意思的民族名稱，盤木音和普米相同是種族（白人）的自稱。白狼歌的夷漢語的對譯，從語言學角度提供了普米族的民族淵源關係，秦漢時代隨畜南遷，分布在川北甘南，滇西北一帶的白蘭羌，白馬氏，和建立西夏王國的黨項羌白狼夷，都是今日普米族的先民。

以白狼爲首的百余國，號稱有六百餘萬人口，其地望可包括含四川阿壩州，甘孜州以至涼山州及與鹽源木里毗鄰的雲南瀘沽湖地區（嚴汝嫻 一九八八）。白狼歌中，他們自稱是荒服之外「食肉衣皮，不見鹽穀」的民族。

《三國志》蜀志張嶷傳記載：張嶷到了定莋，其地豪帥狼岑，是盤木王舅，甚爲蠻夷所信任。定莋即今鹽源，是摩梭人所居，世爲昆明軍官。摩梭人的首領狼岑是白狼盤木（普米人）的舅父，可見瀘沽湖周邊的普米族在三國時代之前就和當地的摩梭人有通婚的親屬關係。摩梭人的梭、沙、些、其義皆是「人」。摩些即摩族，以「犛」得名，漢語稱之，沿用至今（方國瑜，和志武，一九七九）。黨項羌族所建的大白高國、其國名西夏文爲「尾」，或許也說明了在建國的諸羌之中，有屬於犛牛羌的摩梭先民。普米與摩梭應該是同源而異支的黨項諸羌的後裔。

二、尙白信仰與祖林聖岳的回歸

黨項羌所建的西夏王朝、族爲白人，國爲「白高」、是因爲黨項羌人以白高河爲自己祖先所在的聖岳祖林、是自己民族的發源之地。

西夏的《夏聖根贊歌》載：

黑頭石室荒水城

赤面文塚白高河

長彌藥人國在彼

白高河的位置現在尚不能確定，但在《聖立義海》中有「雪山連綿不斷，橫貫諸國，乃白高河本源」的記載。關於白高河之源的雪山，《聖立義海》說：

夏國有三大山，冬夏降雪，經日照不融，永積。曰賀蘭山，積雪山，焉支山。

湯開建先生認爲賀蘭山在西夏約相當於契丹的黑山，人死後魂歸於此，因此黨項羌人以此山爲民族的共同墓地來安置靈魂（湯開建 一九八六）。可見西夏的賀蘭山，是黨項羌人的祖林聖岳。

今天瀘沽湖周邊所見自稱白人的普米族和自稱黑人的摩梭族葬儀中的指路經，是把死者的靈魂送回祖林的聖岳，送魂的路線因爲搬遷居住的地方不同而各異，但最終的到達點卻是一致的。靈魂北歸祖林聖岳的回程路線，正也是自己祖先遷徙漂泊南下的來時之路。

摩梭普米兩族認宗歸祖，送魂路線的終點，都是在青康藏高原標高七五六六米，終年積雪，山頂通天的噴嘎雪山。明崇禎十二年（一六三九年）徐霞客到麗江，所記載的噴嘎雪山的情形是：

古岡，一名鼠羅……其山有數洞中透，內貯四池，池水各占一色，皆澄澈異常，自生光彩。池上有三峰中峙，獨凝雪瑩白，此間雪山所不及也。……其處眞修者甚多，各住一洞，能絕粒休糧，其爲首者有神異，手能握石成粉，足能頓波成窪。年甚少而前知，木公未至時，皆先與諸土人言有貴人至，土人愈信而敬之……《徐霞客遊記（下册）》。

普米族所信仰的神山很多。除了嗊嘎雪山，還有白蘭山（或作普蘭山，布郎山），白龍雪山等。白蘭、普蘭、布郎，都是以普米的民族自稱所命名的山。這些山名，與西夏黨項羌人稱自己的祖林聖岳爲賀蘭，或白高河，或許有彼此之間語音語義上的關係。

普米族也有一些山岳信仰是和周邊民族所共有的，比如嗊嘎，玉龍雪山，干木女神山。普米族傳說干木山是女神山，普蘭山是男神山，此兩山是情人關係。這似乎也反映了普米族與周邊的摩梭人之間的婚姻及走婚關係。

我們從西夏黨項羌和普米族摩梭人的聖岳祖林的回歸信仰上，可以看到他們之間的民族源流及文化的傳承關係。另外近代學者洛克，在其《中國西南古納西王國》書中指出：

納西族的語言和黨項族的語言存在著親緣關係，兩者之間有相當高的類似率……把黨項語和納西語相比較，可以找出兩者具有百分之四十到百分之五十的親緣關係。

洛克博士和其他許多許學者對納西、普米族語言語音上的研究，也提供了西夏黨項與摩梭普米，民族和文化上的親緣關係。

往上回溯古代的民族史，我們認爲羌人尚白的信仰以及由此信仰發展出來的白石崇拜及以白色爲尊等各種祭祀儀禮，是源於古代羌人的回歸祖林雪山信仰。羌人原是散布在中國各地的山岳牧羊民族，他們不同於大興安嶺森林和長白山森林通古斯族群的狩獵民族。也不是廣大塞北草原上匈奴族群的騎馬民族。他們是「所居無常依隨水草」趕著羊群隨著季節在雪山之間上上下下的山岳牧羊人。他們經常受到周邊異民族的征討侵伐，被迫放棄了自己的聖岳而漂泊遷移到另一個山岳地帶，在長期的民族移動中，他們牽記了自己原來的祖林山岳和遷移的路線，同時又把自己所信仰的聖岳落實在新到的山岳，這就是中國典籍文獻中許多同性質或同名稱的神山出現在各個不同地方的原因。

殷周時代，河南的崇山，山西的霍太山，山東的泰山，北方羌人所至的天山，祁連山，洮湟流域的積石山，西夏黨項的賀蘭山……以至黨項後裔摩梭普米的嗊嘎雪山、白狼山、玉龍雪山、瀘沽湖的布郎、干木、獅子山，都是羌族及其後裔民族所祭祀的聖岳。我們同時也對中國古史神話中衆說紛紛的聖山崑崙，提出了一個新的看法，我們認爲在漢民族文獻和觀念中已經根深蒂固的聖山崑崙，實是源於羌族所信仰的祖林聖岳，納西族東巴文字作爲神山的　　，正是崑崙神山的原型，（王孝廉一九九九）。上引徐霞客所記的鼠羅山（嗊嘎雪山）與《山海經》《淮南子》《穆天子傳》諸書所見的崑崙，有許多相同相類的地方。摩梭人鬼魂所歸的聖山嗊嘎，終年積雪，山頂通天，東巴文字中聖山文字中的這道中間的直線，或許即是鬼魂同歸的通天之路。納西語稱此神山是巨那茹羅神山，或居那然落肯、巨那汝羅。我們認爲「巨那」合音爲「崑」。茹羅、然落肯、汝羅合音爲「崙」。《山海經》等書所見的西方仙鄉天國，衆神所居，群仙所在，西王母掌不死之藥，群巫上天下地的崑崙，也許就是納西族的祖林神山巨那茹羅。

王文蒙《川西調查記》說：「羌人崇白，羌人迄今相信終年積雪處有GA人居住，羌人因感謝白雲石之擊敗敵人之功，始供奉白石」。

《明史》四川土司茂州衛條載：「其俗以白爲善，以黑爲惡」。

普米族祭祀天神的時候汗歸（巫師）先念開場的經文：

尊貴的天神，您是萬物的主宰。

您給白人帶來陽光雨露。

沐浴您的恩澤，我們有不盡的食物。

綠草坪上祭祀您。

供物有肥壯的花牛和白羊。

普米族的巫師以白羊白雞花牛和蘇里馬酒祭祀天神，以白色的公雞祭祀祖宗和山神，以白雄雞驅瘟疫鬼，以黑白石頭放進油鍋行神判，白石頭爲是，黑石頭爲非。

瀘沽湖的女神巴丁拉木的神像是身著白衣白裙，騎白騾，手執弓箭。當地的摩梭人以白馬白羊白雞獻給死者，讓牠們帶領死者的靈魂回歸白色的雪山。普米摩梭人女子的白色長裙上必有的那一道紅線，即是象徵著自己的先民生者南下，死者北上的遷移和還鄉的路線。

三、物質文化的傳承比較

黨項人的生活習俗，衣食住行，漢文典籍記載很簡略，《隋書・黨項傳》云：

黨項人「處山谷間，每姓別爲部落，大者五千餘騎，小者千餘騎，織犛牛尾及羖羺以爲屋。服裘褐，披氈以爲上飾。俗尚武力，無法令，各爲生業，有戰陣則相屯聚。無徭賦，不相往來。牧養牛、羊、豬以供食，不知稼穡。其俗淫穢蒸報，於諸夷中最爲甚。無文字，但侯草木以記歲時。三年一聚會，殺牛羊以祭天。人年八十以上死者，以爲令終，親戚不哭。少而死者，則云大枉，共悲哭之。有琵琶，橫吹，擊罐爲節。」

這段簡略的記錄文字中，包括了黨項羌人衣食住行，社會結構，家庭婚姻以及宗教信仰等生活的全部狀況。因此我們以此記錄爲主，配合以《雲南方志民俗資料瑣編》（雲南民族出版社，一九八六）所見的納西普米兩族，做一個簡單的比較，希望由另一個比較角度來看從西夏黨項到今天瀘沽湖周邊摩梭普米民族形成的親緣關連和文化上的傳承關係。

關於摩梭的記載：

摩些蠻在大理北，與吐蕃接界，臨金沙江，地涼，多馬及麝香、名鐵。依江附險，酋寨星列，不相統攝，善戰喜獵，挾短刀，以硨磲爲飾，少不如意，鳴鉦鼓相仇殺。兩家婦人中間和解之，乃罷。婦人披氈，皂衣，跣足，耳環高髻，女子剪髮齊眉，以毛繩爲裙，裸露不以爲恥，既嫁易之，……。

不事神佛，惟正月十五登山祭天，極嚴潔。男女動（輒）百數，各執其手，團旋歌舞以樂。俗甚儉約，飲食疏薄，己半實糧也。一歲之糧園糧，貧家鹽外不知別味。有力者，尊敬官長，每歲冬月，宰殺牛羊，竟相邀客，請無虛日，一客不至，則爲深恥。人死，則用竹簣升至山下，無棺槨，貴賤皆焚一所，不收其骨。非命死者則別焚之。其餘頗與烏蠻同《雲南志略》。

關於普米：

巴苴，又名西番，亦無姓氏，元世祖取滇，渡自其宗，隨從中流亡至此者，不知其爲蒙古何部落人也。浪（瀾）滄江內有之，板屋棲山，與麼些雜居，亦麼些頭目治之。男挽總髻，耳帶銅環。自建設以來，亦多剃頭辮髮者。衣服同於麼些，婦人辮髮爲細樓，披於後，三年一櫛，束大瑪瑙珠，掌大硨磲各一串，繞於項，垂於項，垂於肩乳，行則鏦錚之聲不絕。頂復青布，下飄兩帶，衣盤領及腹，裙如鐘掩膝，不著褲，臁裹氈而跣足，頗能辟纑，縫紉之工。婚喪，信佛與麼些無異。惟兄弟死，嫂及弟婦歸於一人，俗頗劣於麼些《維西見聞記》。

1. 飲食

一個民族的食物內容和飲食習慣並不是一成不變的，經常是隨著民族的移動和經濟生產方式的不同而起變化。黨項羌人的飲食變化的情形，根據羅予昆先生《黨項文化》的研究是這樣的：

唐代以前的黨項羌人是「蓄犛牛，馬，驢，羊以食，不耕稼」《新唐書》。唐政府大中五年（西元八五一）頒布招撫策，命給予寧夏，銀川一帶的歸降黨項羌人一些「空閒田地」使之定居。於是黨項人由游牧轉向了農耕。因爲所居的寧夏甘陝地區海拔較青藏爲低，犛牛飼養不易，因此犛牛就不再是他們的食物和生活上重要資源了。北宋時期黨項人的食物是：

少五谷，軍興，糧饋止於大麥，蓽豆，青麻子之類。其民則春食鼓子蔓，鹹蓮子，夏食蓯容苗，小蕪荑，秋食席雞子，地黃葉，登廂草，冬則畜沙葱，野韭，拒霜，灰條子，白蒿，鹹松子，以爲歲計（曾鞏《隆平集》卷二〇）。

軍吃雜糧，民食野菜，已經從游牧民族的肉食而轉向農耕社會的雜糧野菜了。西夏建國的時候，黨項羌人所居之處已經是「其地饒五谷，尤宜稻麥，……灌溉之利，歲無旱澇之虞」的農業社會了。「塞北江南」「漁米之鄉」都是西夏王國的腹心之地。這時候西夏黨項羌人的食物有南方的稻米又有北方的麥麵，青藏高原的青稞，西北地區的大麥。西夏黨項的食品，已是南北兼有，唯一保持他們的自己特色的，或許只有游牧民族所嗜好的奶製品及乳酪茶之類了。黨項人自編的字典《文海》多見乳酪及奶製品，宋人洪中孚記「蕃部日飲酥酪，恃茶爲命」這也就是今天摩梭普米等族每天必飲的酥油茶。

方志所見的普米族是「不事盥鹽，食生肉，性喜飲酒」或「種麥以食」（《雲南圖經志書》卷五）。摩梭人的食物是「古宗酥油茶，牛羊糌巴，外無嗜者」（《維西縣志》卷二）。

摩些族糧食以包谷稗子爲大宗，米次之，蕎麥次之，小麥又次之，喜食蔬果、雞、魚、豬、羊、亦知烹飪，惟最苟簡粗糙，不尚清潔，喜飲酒（中甸縣志稿，卷下）。

歲暮競殺牛羊相邀請，一客不至則以爲恥，俗甚儉約，飲食疏薄已半糧也。一歲之糧圓糧，家貧鹽外不知別味《雲南志略》。

多畜馬牛羊及琵琶豬爲富，頭目位蓋之，冬月屠豬，去骨足醃，令如琵琶形，故云。谷麥未熟，以値預售其半，及熟，治衣釀酒，不計餐，坐食之，麥秋一月而饑，兩成三月而饑，蔬食菜羹，並日而食，習以爲常，而莫之改也（《維西見聞紀》八條）。

西夏建國在寧夏陝甘一帶，在地理上和今日雲南西北川滇之界的瀘沽湖周邊，相距甚遠，所以從飲食上看不出有甚麼直接的傳承關係，反倒是從以上的方志資料，我們發覺摩梭普米的飲食文化，不論是內容上或習俗上，元明清以來至今，並沒有多大的變化。蘇里馬酒、豬膘肉、圓糧（上豆）、圓根（蔓菁）等，依然是今天常見的。

2.服飾

服飾與頭髮通常是區別民族的重要標誌，孔子就以「披髮左衽」來區別中原民族和四周少數民族。「斷髮文身」也是由頭上的髮型和身體的裝飾來區別民族。一個民族的服飾與髮型自然也會因爲生活環境的改變，異民族的接觸，經濟生活的不同而有所改變，但這種改變一般來說是需要很長久的時間，通常是即使改變了，也仍然保持著他們的傳統，形成新舊並存的情形。日本，朝鮮，印度以及中國的許多少數民族，並沒有因爲時代的改變而消失了他們原有的服飾與裝飾，就是這種新舊並存的例子。羌人的祖先無戈援劍是「披髮覆面」的，羌族的各支自然也是沿襲著這樣的習俗。到了李元昊建國，頒布「禿髮令」，令他的國民五日之內一律禿髮，否則即斬。於是「民爭禿髮、耳重環」，是說西夏的官員及百姓都剃頭留邊髮，紮小辮子，戴幞頭和帽子，穿耳帶環。《隋書》黨項傳說：「服裘褐，披氈以為上飾」，《舊唐書》黨項傳也載：「男女並以裘褐，仍披大氈」。裘是獸皮，褐是毛織的布，都是西南青藏高原一帶諸多民族的服飾。

上引李京《雲南誌略》的摩些族的服飾：

婦人披氈、皂衣、跣足、耳環高髻，女子剪髮齊眉，以毛繩為裙。

余慶遠《維西見聞紀》的普米族是：

與摩些雜居，亦摩些頭目治之，多剃頭辮髮者，衣服同於摩些。婦人辮髮為細縷，披於後，三年一櫛。棗大瑪瑙珠，掌大硨磲各一串，繞於項，垂於肩乳，行者鏦錚之聲不絕。頂覆青布，下飄兩帶，衣盤領及複，裙如鐘掩膝，不著褲，膁裹氈而跣足。

此外，王崧《雲南通志》卷一八四載：（普米）婦人辮髮綴以瑪瑙，亦衣麻披氈，系為膝桶裙……織褐為衣，婦垂髮辮百縷，以青磁珠與硨磲相間。范承勛《雲南通志》卷二七：西番（普米）「辮髮雜以瑪瑙，銅珠為綴……披琵琶氈，富者至三四領，暑熱不去」。陳奇典《永北府志》所見的也是「披髮左衽，穿耳貫環」與「男子髫頭披氈，女子剪髮齊眉」之類。

山以上的這些資料，可見西夏黨項和摩梭普米族在衣飾髮型上是一致的，都是服裘褐，以披氈為上飾，穿耳貫環，女子辮髮綴以瓔珞，長裙及膝的樣子。這樣的服飾髮型，到今天也沒有多大的改變。

《宋史》夏國傳中關於西夏王國的各色人等的服飾記載說，元昊皇帝是「始衣白窄衫，氈冠紅裏，冠頂垂結授」。由此可見皇帝的打扮，一方面表示了黨項人以白色爲尊的觀念，又表現了黨項人披氈戴冠的衣飾風格。皇帝之後是文官、武官、官便服的服飾，最後是百姓。關於百姓的服飾非常簡略，只有八個字「民庶青綠，以別貴賤」，但這青綠兩色，正是今天摩梭普米婦女身上常見的藍黑深綠的老百姓的衣服顏色。

西夏文《雜字》中所見的男女服飾是：

男服

衣服、衣著、戴冠、斗蓬、圍裙、襖子、汗衫、腰帶、皮裘、圍巾、界帽、法服、緊衣、髮冠、圍腰、珂貝、裹腳、褐衫、漩襴、(絪扣)(譯音)、氈毯、氈帳、袍子、窄褲、村衣。

女服

錦袍、背心、綿帽、釵簪、耳環、腕釧、串珠、瓔絡、抹肚、裙褲、靴鞋、釵鉀、木梳、針線、領襟、領尾、梳手、縫補。

此處所見的西夏男女服飾和今天摩梭普米族的服飾是一樣的。男子戴帽子或頭帕，穿褲，短衫、外罩長衫、結腰帶、穿皮靴，男女都裹腿，是以纏麻布裹腿，在腿部捆腳用麻布織成的長一米多寬約十五厘米的綁帶。

女子多穿束腰多折的束腰白色長裙，上穿錦袍背心，留長髮，梳辮子，用大塊黑布包頭(多是已婚婦女），未婚子女喜戴用氂牛尾製成的假髮，在假髮上串以紫藍色或紅色的串珠，戴耳環腕釧，脖子上懸掛珊湖瓔絡，胸前配帶銀鍊子。

3.居住

居住的情形，也是隨著環境和生活方式而有變化的，游牧的民族多住帳房或包，便於移動。而定居的民族的房屋，則決定於當地的建材，山岳民族多用石壘或木壘爲房。平地的民族則用上磚或瓦建房，形形色色，各具特點。

早期過游牧生活的黨項羌人，自然是如《隋書》所說的「織氂牛尾及羖羬毛以爲屋」。後來定居下來開始游牧與農耕並行的生活了，有了房子。如《舊唐書》所言「居有棟宇，其屋織氂牛尾及羊毛覆之，每年一易」。仍然保持著游牧氈帳的特色。西夏建國以後，居住的房屋又分爲兩類，牧民仍居氈帳，少部份的農業人口則居土屋，有官爵的貴族，住瓦房子。

摩梭普米早期的游牧生活的情形是：

高山上牧羊的人，一年四季著牛群走，

草場哪裡好，就往哪裡走，

高高的雪山上，成群的牛羊放滿山（納西族　成丁歌）。

這時候他們是住氈帳。永寧的摩梭人的東巴經就說「兄弟姐妹不興搭氈帳同居」（猛反緒）。

摩梭祭山神的古歌說：

我們摩梭住在這裡，不是風把我們吹來，是我們用腳走來。
暴雨打我們，天雷擳我們，我們只好搬走，長輩領著晚輩，手牽手一路走來。

經過漫長歲月的跋涉漂泊，他們定居下來了。定居以後的摩梭普米人開始了農耕與游牧並行的生活。牧民仍住氈房，農民則改住「板屋棲山」的木壘房。見於雲南地方志的，多有「近田居住，以板覆屋」「住山腰，以板覆屋」或「無室屋，夏則山巔，冬則平野以居」的記載。比較詳細的是：

舊時上官廨舍用瓦，余皆板屋，用圓木四周相交層而壘之，高七八尺許，即好緣桁，覆以板，壓以石，屋內四用皆床榻，中置火爐炊具，改設後建蓋瓦房，然用瓦中仍覆板數片，尚存古意（《維西見聞記》夷人條）。

這已經是我們今天在瀘沽湖周邊常見的摩梭普米的住家了。

儘管西夏黨項和摩梭普米在居住的方式上有很相類似的情形，但最直接的傳承應該是他們所住的居室的功能。

沈括《夢溪筆談》記載當時的西夏國說：

蓋西戎之俗，所居正寢，常留一間，以奉鬼神，不敢居之，謂之神明。

這正是今天瀘沽湖周邊摩梭普米「常留一間，以奉鬼神」的主屋功能。他們的正房，呈正方或長方形，四角立柱，中央豎一牙形大柱，稱「擎天柱」是鬼神的所在之處，也是祖先神靈所在。主屋中間，設有火塘，上支三腳鐵架，火塘後面有鍋樁石和宗巴拉（灶神）的神像。神像左右兩方置有高一米長三米的木櫃，此是家庭神龕。神龕上供香和清水，喇嘛和巫師必須早晚燒香水。每日三餐之前，按例先在三腳架上祭奠，要將少許飯菜或酒茶滴放在三腳架上，表示敬獻祖先，邀請祖先前來共食。此外凡過節、婚娶、收繼養子、小孩命名、遷居、行成丁禮……生活中的大事，都必須向宗巴拉神像，三腳架鍋樁、火塘祭祀。這是他們最常見也最頻繁的宗教活動（學政一九九一）。

我們可以很清楚地看到，今天瀘沽湖周邊摩梭民族的火塘祭祀，正是西夏黨項「正寢，謂之神明，以奉鬼神」民族信仰的直接傳承。

四、走婚與殉情

《後漢書》西羌傳所載的羌人婚俗是：

其俗氏族無定，或以父名母姓爲種號，十二世後相與婚姻，父沒妻後母，兄死則納釐嫂，故國無鰥寡，種族繁熾。

父名母姓，說明了羌族之間有父系也有母系的家庭並存。父沒妻後母，兄死納嫂的習俗是一種「收繼婚制」。這是古代北方諸多游牧民族所常見的。烏孫、匈奴、鮮卑、柔然、突厥、女眞諸族，都是如此。

《舊唐書》黨項傳說黨項羌族：

妻其庶母及伯叔母嫂子弟之婦，淫穢烝報，諸夷中最爲甚。

這當然是從中原漢民族角度看少數民族婚俗而有的結論，說黨項羌是諸夷之中男女關係最爲亂七八糟的一個民族。

與茂州黨項羌接鄰雜居的有一個母系社會的東女國：

其俗以女爲王，東與茂州黨項接，東南與雅州接界，隔羅女蠻及白狼夷，其王所居名康延用，中有弱水南流。

白狼夷是普米族的先民，弱水是金沙江，此處所見與白狼夷雜居的羅女蠻，或作裸女蠻，指的或許即是「裸露不以爲恥」的摩些蠻。

《隋書》女國傳載：

婦人輕丈夫而性不妒忌，男女皆以彩色塗面，一日之中或數度改之。人皆披髮，以皮爲靴。其國以女爲王，王姓蘇毗字末羯。

《通典》卷一九三所載的女國：

男子皆披髮，婦人辮髮而索之。女子貴者，則多有侍男，男子不得有侍女。雖賤庶之女，盡爲家長，有數夫焉，生子皆以母姓。

女國的女王字末羯，可能就是摩些的同音漢譯。其姓蘇毗，應該是族名摩些摩蘇的蘇字的音譯，是指人意思。「女人多有侍男而男子不得有侍女」是有如今天瀘沽湖周邊摩梭人或普米族等的走婚。是說男子走訪女家而女子在自己家裡接待阿注，男子不能把女阿注領回自己的家。

「雖賤庶之女，盡爲家長」是如同今日的摩梭母系家庭以女兒爲家庭的繼承者，家長即是「達布」。女子在家結交阿注，聚散離合自由，故一女可有數夫，生子則留在母家，故以母姓。

如果我們對女國和走婚的解釋沒有太大錯誤的話，我們就可以知道今日瀘沽湖周摩梭普米等族的走婚和母系家庭，並不是後來形成的。也不是像一些簡單的進化論學者所說的是由母系到父系的過渡。而是古代羌人中一些種族自古相襲的一種特殊的習俗。走婚的習俗和父系、母系家庭同時並存於他們的民族之中。從文獻資料上來看，走婚的習俗在時間上可以推到隋唐以前、走婚的羌人包括金沙江上游的茂州雅州各地的羅女蠻、白狼蠻及黨項諸羌。及到黨項諸羌建國西夏，其中一些部落仍然保留著「育女稍長，靡由媒妁，暗有期會，家不之間」的古老原始的走婚婚俗。

黨項羌人所居的河西地區，在元代盛行佛教密宗，當地的女子以和喇嘛走婚爲榮，元人馬祖常（一二七九～一三三八）有河西歌：

賀蘭山下河西地
女郎十八梳高髻
茜根染衣光如霞
卻招瞿曇作夫婿

由此可見阿注婚並不是今日瀘沽湖周邊地區摩梭人的專利，河西走廊的高髻女郎和走婚瞿曇，實際上就是今天永寧各地的普米摩梭女子和走婚喇嘛的前輩。

根據金繩初美的調查報告，我們知道瀘沽湖洛水村的一個普米和摩梭人結合的父系家庭中，其下一代走婚，招贅，出嫁各種婚姻形式並存（金繩　一九九九）。父系、母系、走婚並存，各種不同的婚姻制度和婚俗同時存在於一個家族或部族之中，應該是幾個羌系民族自古相承的婚姻家族現象。

張鑒《西夏紀事本末》卷一〇元昊僭逆載：

凡育女稍長，靡由媒妁，暗有期會，家之不問。情之至者，必相挈奔逸於山岩掩映之處，並首而臥，紳帶置頭，各悉力緊之。倏忽雙斃。一族方率親屬尋焉。見不哭，謂：『男女之樂，何足悲悼？』用彩繪都包其身，外裹之以氈。椎牛設祭。乃以其草密加纏束，然後擇峻嶺，架木為高丈，呼為「女柵」，遷尸於上，云：『於飛升天也。』二族於其下擊鼓飲酒，盡日而散。」

如果我們用今天瀘沽湖周邊地區摩梭普米婚姻和情死的習俗來解釋和驗證西夏黨項羌人的這段文獻資料，我們可以說「育女稍長，靡由媒妁，暗有期會，家之不問」，正是摩梭普米民族女子十三歲舉行穿裙子禮的成人式之後，獨居花樓，接待阿注的走婚縮影。

「情之至者，必相挈奔逸於山岩掩映之處，並首而臥，紳帶置頭，各悉力緊之。倏忽雙斃」這應該是解釋納西殉情習俗的最早的資料了。關於鹽源木里一帶摩梭人的殉情紀事，有清代同治年間陳震宇編採的《鹽源縣志》所附的鹽源竹枝詞：

之一：取次貪花情太深，風流腸斷形蹤蹤

縱然化作雙蝴蝶，未必花間得再逢

（原注：夷俗，男女私通情願，即採斷腸草和酒飲，腸斷同死，名曰風流逝。）

之二：誰謂蠻家無是非，兩情相向更相依

今生只合風流死，化作鴛鴦到處飛

（原注：麼些，奸情敗露，男女俱自盡，俗名風流死。）

根據楊福泉先生的研究，我們知道在一九四〇年代，麗江家家都可以數出其家庭成員中有一兩個殉情死去的人。麗江被人們稱爲「世界殉情之都」楊先生所查的殉情方式有四種，一是自縊，這是最常用的方式，情侶用一根繩子或布帶雙吊死。方法是事先把布繩在樹枝上纏繞拴緊，然後兩人一起用帶子兩端的套圈套上脖子自盡。其二是跳崖跳水。其三是服草烏或鴉片，草烏是和酒一起喝的。其四是草烏酒和自縊結合並行（楊福泉 二〇〇〇）。使我們驚訝的是麗江納西族和鹽源木里的摩梭人的殉情習俗居然可以上溯千年以前的西夏黨項諸羌。而且自殺的方式也傳承著自己民族先民的先風遺教。當然，由於西夏諸羌的殉情資料，也使得楊先生所透視的殉情的原因，是由於改土歸流後由儒家禮教及漢俗大規模強制性的移風易俗所造成，或是其他學者所說的是由於奴隸反抗奴隸主的階級鬥爭等結論，自然也就不能成立了。

段綏滋《中甸縣志稿》卷下：

摩些族男女最重戀愛，每因婚姻不稱己意，輒與婚嫁之前，男女相偕入山，猥依自經，或吞仰藥而自殺之，初必相對唱曲，以自訴其苦痛，此曲摩些語譯也：

男：有情人既不休，攜手向前去，快上雪山頂，無蚊無蠅處，便是安樂窩，山腰開雪路，逕上莫停留，同了此生怨，樂土是崇阿。

殉情固然有的是因爲「婚姻不稱己意」，但這並不是造成納西民族大量殉情或集團殉情的唯一原因。即使是沒有婚姻關係的男女阿注之間，也常有殉情的事。余慶遠《維西見聞》夷人條載摩梭人「閒則歌男女相悅之詞，曰『阿舍子』，詞悉比體音商以哀，彼此相和，往往奔合於山澗森林中」。千年以前的西夏黨項羌人，也是在男女互結阿注「暗有期會，家不之聞」的情形下殉情的，並不是因爲婚姻的不自由或封建禮教家長的壓迫。殉情的原因只是因爲「兩情相悅，情之至者」而已。

納西族古來相承的殉情習俗，除了有其現實社會上的諸多原因之外，民族的集體心理也是一個重要的因素，我們在上引的殉情歌和東巴經《魯般魯繞》以及殉情調《遊悲》中，都可以看到殉情男女所嚮往的那個鮮花滿山，清泉流水，白雲藍天，沒有蚊子蒼蠅的雪山樂園。是這個樂園，引誘和召喚著無數的多情男女大步向前。納西男女的殉情或許不是消極的逃避而是積極的追尋。是一種對情的執著和美的憧憬以及雪山祖林回歸的民族心理。

西夏黨項羌人的「架木爲高丈，遷尸於上，云飛升天也」的火葬方式，正是《墨子》節葬所見的秦之西儀渠之國，其親戚死「聚薪柴而焚之，燻上謂之登遐」的羌族火葬傳承，我們從文獻資料上看到的西夏黨項羌人火葬儀禮，與今天我們所調查看到的瀘沽湖周邊摩梭普米族的喪葬儀禮，幾乎完全一致。在這裡，也就不再一一列舉這些比較的資料條項了。

五、神話、宗教與巫術信仰

一個民族的神話、宗教、巫術的信仰，經常由於這個民族文化環境，社會形態的改變，或是與周邊異民族異文化的接觸，而使得這個民族得共同意識及宗教表象，產生許多流動與變化的情形。我們可以從一個民族不同時代所呈現的神話宗教巫術信仰找出這個民族的源流、親緣、遷徙的跡痕。因爲這些神話宗教與巫術的信仰呈現著這個民族的集體心理、共同思惟與文化傳承。

我們今天所知道的黨項羌人的文化是多元性的，內遷之前保持的是南方民族色彩的原始宗教和信仰習俗。東進北遷之後，吸收了河套與河西的西北草原民族的文化因子而形成了具有北方游牧民族的文化特點。西夏建國之後由於積極漢化，大量吸收儒學與佛教的文化因素而形成了接近中原漢民族文化的特色。但是，不論西夏的文化是如何地流動和變化，我們依然從西夏黨項人的神話宗教巫術的信仰上，看到他們和今天摩梭普米人之間的傳承。

史金波、黃潤華先生所整理的西夏文佛經（一九八五）中有：

天長不散，空廣最勝。

地無神首，聖星聚集。

宵地本源，鳥產卵蛋。

感應已舊，指幾未全。

□日星無，嘿眯垢見。

此經文中的「脊地本源，鳥產卵蛋」指出了黨項羌人的鳥卵生人及宇宙萬物的卵生神話，類似殷商的「天命玄鳥，降而生商」的始祖及宇宙形成是由卵而來的神話。

羅矛昆先生譯的西夏古諺《中國諺語集成》寧夏卷：

金樓玉殿天帝坐，天道雲逕日月行。

大象一來河澤滿，日月一出國土明。

母美亮如千白日，父智明如萬紅月。

地祖天婿，力威榮昌；天女民媳，儀態高揚。

金樓玉殿中掌日月乾坤的天帝類似崑崙山上掌管天地日月諸神的黃帝。黨項羌人所祀的至高神天帝是「光耀閃閃照乾坤，奮力驅開惡魔，主管降福與降禍」（湯開建，前引）的善惡二元俱備的至上神。祂的女兒是儀態高揚的天女，祂的女婿是力威榮昌的地上人類。地祖成了天婿，天女成了民媳，大地上人類的祖先就這樣形成了。

宇宙渾沌如卵，卵生人類萬物的神話是世界上許多民族常見的，中國朝鮮日本滿族都有。而一般的西南各少數民族中，人類始祖形成的神話，其類型大多是洪水以後的兄妹近親結合而生人類。地上人類上天求婚，經過種種試煉而娶天女下臨地上出生人類種族祖先的神話，縱然不是限於摩梭普米族所獨有，卻不多見。

我們從納西族東巴經《東埃術埃》〈黑白戰爭〉和《美葉、牧揹、崇般颯》〈祭天、獻牲、人類遷徙〉中，普米族的神話《帕米查列》〈普米族世代記〉，以及麗江《木氏宗譜碑》等諸多典籍文獻，都可以看到完整的摩梭普米人卵生宇宙及人類，洪水之後人類地上的始祖崇仁利恩上天求親的創世神話。《東埃術埃》說上古天地未開，沒有日月人類萬物之時，聲音和氣息發生變化，出現了一個白蛋。白蛋變化，出現了木火鐵水土五樣精威。五股風變化成了五個顏色不同的蛋（和志武　一九九四）。白蛋變化，出現了盤族、禪族、姮族、各生九個兒子建下九個村寨。白蛋再變化，生出了美令東主的東族。綠蛋變化爲龍王家的綠天綠地。黃蛋變化爲爭鬼的黃天黃地。紅蛋化爲毒鬼。黑鬼變化生出了美令術主、出現了術鬼和黑天黑地。

黑白戰爭的結果是光明戰勝了黑暗，勝利的美令東主，請東巴祭天、用敵人的心窩血獻神。美令東主教他的人民放牧、耕耘、跑馬。建立了「綠草舖滿地，池塘水汪汪，牛羊遍地跑，莊稼長得茂，人生得壽年」的納西遠古先民的樂園。

人類的第八代始祖崇仁利恩上天求偶，得天女襯紅褒白命爲妻。但是「得子遲三年，生女晚三月」後來以白米、白角黃牛、白公雞祭天，求到了三個兒子，但三個兒子都不會說話。再以綿羊爲犧牲，用下蛋的母雞祭天。才使得三個兒子「又都會說話、正如皮裂又縫合」。三個孩子以不同的語言說了一句「馬吃蔓菁」的話。結果一罈醇酒三樣味，一母之子成三族。老大是藏族、老二是納西、老三是普米。這三個兄弟民族正是今天瀘沽湖周邊地區所見的三個主要民族，而呈現在今天瀘沽湖周邊的民族文化和宗教巫術的習俗也是藏族、摩梭、普米諸民族相互溶合所形成的。

摩梭人的頭目木氏土司一族在他們的《木氏宗譜碑》上，保存了自上古洪荒時代開始到信史階段的歷代祖宗系譜，是研究摩梭民族形成的有力資料之一。其中的人類始祖出於卵生的神話是，卵生的人類經過洪荒和上古時代，到了摩梭人和普米人的祖先第八代的草羨里爲爲（崇忍利恩）、娶天女青揮蒲滿（襯紅褒白命）而生藏族、摩梭、普米三子。其次子里爲糯于，就是摩梭人的初代祖宗。進入近古時代、有祖宗哥來秋生四子，即現今摩梭人的買、何、東、葉四姓。再經十七傳，有葉古年是木氏上司的祖先。再經六傳，到了唐高宗時代有秋陽，進入了信史時代。

木氏宗譜所見的人類生於胞蛋，胞蛋是由空無渾沌而成初形，然後由熱而成氣、由氣而成露、露入湖中（海子）而生成人類的始祖。然後是民族的共同始祖上天娶天女而生藏、摩梭、普米三族。這個宗譜很明顯地是由摩梭人自古相承的神話傳說所建立的。和西夏黨項人自稱自己民族是源於卵生。而祖先是由天女地婿結合所形成的神話也是完全一致的。

巫在黨項人中地位很高，在西夏官階封號表中居於皇后、諸王、國師、大臣、統軍之後的便是「巫位」了。《遼史》西夏外記說黨項人「病者不用醫藥，招巫者送鬼、西夏語以巫爲「廝」也、或遷他室、謂之閃病」。廝的主要巫術功能在驅鬼、方法是挖一個坑把鬼埋入坑中。在坑邊上咒罵鬼靈以達到消災祛禍的目的。巫的另一個功能是古卜和通神，以預測吉凶。

《宋史》夏國傳：

黨項「篤信機鬼，尙詛祝，每出兵則先卜。卜有四：一、以艾灼羊脾骨以求兆，名『炙勃焦』；二、擗竹於地，若揲蓍以求數，謂之『擗算』；三、夜以羊焚香祝之，又焚谷火布靜處，晨屠羊，視其腸胃通則兵無阻，心有血則不利；四、以矢擊弓弦，審其聲，知敵致之期與兵交之勝負，及六畜之災祥，五穀之凶稔」。

沈括在《夢溪筆談》中對黨項的占卜術有更詳細的敘述：

西戎（黨項）用羊卜，謂之「跋焦」，卜師謂之厮乩。以艾灼羊髀骨，視其兆，謂之『死跋焦』。其法，兆之上爲神明，近脊處爲坐位，坐位者，主位也。近旁處位客位。蓋西戎之俗，所居正寢，常留中一間以奉神鬼，不敢居之，謂之神鬼，主人乃坐其旁，以此占主客勝負。又有先咒粟以食米，羊食其粟，則自搖其首，乃殺羊視其五臟，謂之『生跋焦』。其言極有驗，委細之事，皆能言之。『生跋焦』土人尤神之。

西夏人以艾灼羊髀的羊卜「跋焦」，和四川茂州的羌族及摩梭普米的羊卜是一樣的，西夏的巫師厮與納西族的東巴摩梭的達巴，普米的韓規在占卜、驅鬼的巫術功能上是一樣的。

范守己《九夷考》說摩些人「有事，以艾炙羊髆卜其吉凶，疾病，殺牛羊，祭鬼求安，不服藥」。

《南繳雜誌》所見的摩梭普米人的巫師和巫術是：

又：「夷巫曰者巴，亦可梵咒，其經與喇嘛不同，所攘禱之法：削木片，以炭畫山魈魍魎狀，並揑而肖牛蛇身各像，縛草屋，剪紙幟，擊羊皮鼓，逢、逢，手搖鈴、琅、琅，箕坐誦終日，乃送諸門外；若祈年禱雨，則夷衆醵資聚巫於山中燒煙，割牲以咒，謂之說山。其巫有能降神者，神既附巫，則猖狂跳躍烈火中，燒腰鐮、鏵頭之內，口銜手弄，或嚼紅炭，含沸油而噴之，呑刀吐火，夷原有此幻術也。」

又：「喇嘛爲西番，麼些諸族所崇，其土司尤信。」

又：「夷人多信鬼，事無大小決於卜，其卜之法：以小石子排列寄偶，曰石卦；剖雞卵，察其裏，曰蛋卦、火炙羊、雞脛骨，曰骨卦；又有念珠而數者，揉衣邊而視其縱橫者，言休咎，皆多申云。」

又：「夷病不服藥，麼些、西番遘病，無壯羸皆以刀劙肢節間，出血盈升；或用鐵針刺胸背肩齊，以竹管儲螞蝗覆瘡孔嘬之，俱曰割血。微疾，輒云有鬼害，使巫攘之。」

《維西縣志稿》卷下：

麼些族所在村落，必於附近高阜築一天壇，定於每歲舊曆正月初四、五、九日集衆醵金延請東跋、殺牲祭天一次。嗣秋收前、又擇日祭天一次、其祭天之東跋、必須先期選定。凡遇人畜病疫，死亡，即延東跋，於大樹或岩石下念經，或祭風，或送鬼，招魂。每次必用一豬或一羊一雞，故有一日而數豬者，其住宅中，不祀任何神祇，或祖宗父母木主。

這些和西夏羌人的以天爲一切主宰，以祖先顯靈爲佑助，謂之守護，以鬼爲惡，謂之損害，神有天神地神山神水神、財富神、戰爭神、守護神、羊神、牛神。鬼有餓鬼、病鬼、殉情鬼、孤鬼、厲鬼。

以巫爲人間與鬼神兩界的交通媒介，凡事以占卜測吉凶，然後舉行各種祭天和驅鬼的巫術，在羌人文化的傳承上是一致的。

羅矛昆先生在《黨項文化》書中說，一九七五年，西夏陵區一號陵和八號陵的碑亭遺址上，出土了五個雕齒人像石座。一九八八年夏天，在三號陵碑亭遺址，又出土了兩個同樣的人像石坐。石坐人像都是跪坐負物形象，面部渾圓，雙眉粗壯，雙目如鈴，突出眶外，嘴唇略張，嘴角各出斜刺獠牙，全身裸體，有的雙乳下垂，有的無孔而腹部碩大，也有乳和腹背突出，雙膝屈蹲，雙手或柱或撐。

賀蘭山口的岩畫，神像旁邊有象徵植物生長的棍狀植物，旁邊的一行西夏題記，譯成漢文是「正法苗昌」。我們認爲這些神像即是西夏黨項羌人所崇拜和祭祀的原始母神，象徵著豐收，生殖和守護。

瀘沽湖的原意是「刺古人的湖」，刺古是猛虎的意思，瀘沽湖周邊的摩梭普米和藏族所崇拜祭祀的原始母神是「巴丁拉木」女神，「巴是普米，丁是土地，拉是老虎，木是女性，「巴丁拉木」是「普米族地方的女神」。

巴丁拉木女神是過穴居生活的，人們不能把她請到村裡來，只能在山野岩穴中祭祀她。巴丁拉木是一尊天然的石像，是一尊天然豎立的鍾乳石，外形酷肖一女姓座像。呈坐南朝北方向，高約二米，位於木里縣屋角區刺孜山腰的岩洞裡。普米摩梭和藏族認爲她是萬能的原始母神，每年冬季要前往祭祀以祈求人丁平安、豐收、除病，最多的是婦女前往祈求生育。

綜合西夏黨項和瀘沽湖諸民族所祭祀的原始母神，使我們連想起豹尾虎齒，蓬髮戴勝，穴居而善嘯的西王母女神的形象，西夏人女神口中的獠牙，是否象徵著此原始女神與虎有關？

六、革囊渡江與民族形成

一〇三八年，黨項羌人李元昊建國西夏，定都興慶府。其統治區域是「東據黃河，西至玉門，南臨蕭關，北抵大漠」境土二萬餘里。包括今日寧夏、陝西、甘肅、內蒙、青康高原等部份地區。西夏境內各民族雜處，境外各民族林立。

一二二七年，成吉思汗完成西征，班師東歸，陷黑水，甘州，涼州諸群，兵臨興慶府，捕虜了西夏第十代國王南平王晛滅了西夏國。也是在這一年，成吉思汗病逝。

西夏亡國之後，其國民四處分散於中國各地。近年在安徽合肥，河北保定，河南濮陽各地都先後發現了有大量的黨項諸羌後裔的文化遺跡，說明著西夏亡國以後，有大量的西夏黨項羌人融入了漢民族及其他周邊民族裡頭。也有大量的諸羌，歸降了蒙古，成了南征的元軍。其中應該包括大量西夏建國的主體民族的摩梭普米族先民。

一二五三年，蒙哥汗（元憲宗）命其弟忽必烈率領十萬大軍以兀良合台總督軍事，從西夏故地寧夏出發經甘肅，六盤山、四川松潘、兵分三路進軍雲南。

忽必烈親自率領中路元軍主力，革囊渡江，進入麗江地區，直攻蒼山洱海，滅了大理國。忽必烈的大軍由晏當山進雲南的時候，摩梭的木里王子和沿途的西蕃頭人（普米族）首先率族投效，並以西蕃兵充當前鋒。使得金沙沿岸的麗江，永寧各處要隘，都分布居住著西蕃兵。

由兀良合台率領的另一支南征元軍，由旦當嶺（中曰）進入維西的時候，居住在雅砻江上游的普米族（西蕃）又有部份加入了蒙古軍。《維西見聞》中所說的「巴苴，又名西番，亦無姓氏，元世祖取滇，渡自其宗，隨從中流亡至此者，不知其爲蒙古何部落人也，浪滄江內有之，與麼些雜居，亦麼些頭目治之」就是這些普米族。

《元史》世祖記載：「至金沙江，乘革囊及木筏以渡，摩娑蠻主迎降」，因爲麼些族酋長迎降，元以木氏大長爲盟主，設麗江路宣府司任之，木氏的勢力，由此而強大。

到了明代，由天啓《滇志》卷三十所載：「麼些蠻，北勝、順州亦皆有其類。」麼些族逐漸發展、成爲以麗江爲中心，東與西蕃（普米族）、北與吐蕃（藏族）、西與怒江（傈傈族），南與大理（白族）交錯的強大民族。明永樂以後，木氏直接統治寶山、巨津二州，繼續擴張勢力，時與鄰近諸族爭戰掠上。《蜀中廣記》載：「左所土千戶，地與永寧麗江接壤，麗江上官木氏每來侵之，土地夷民幾其半」，又《維西見聞錄》亦載麼些木氏攻侵吐蕃，遷移自己民族的事：「明上知府木氏，攻取吐蕃六村……屠其民，徙麼些戍之，後漸蕃衍。」

木氏的勢力，至晚明猶盛，至清時土職雖仍沿襲，但勢力漸衰。

瀘沽湖周邊一帶到清初，仍然僅有普米麼些兩族雜居，《永寧府建置沿革》載：「清爲永寧府……僅西番麼些二種」。後來四川大涼山的彝族、藏族馬幫、以及漢族的流官和行商，紛紛進入瀘沽湖周邊地區，加上部份周邊民族傈僳、白族、傣族的到來，使得瀘沽湖周邊地區形成了境內各民族雜處，境外各民族林立的現象。在文化上，也由於各民族之間相互滲透，衝擊，影響，消融的因素，而形成了今天瀘沽湖地區以摩梭普米文化爲主體的多元性現象。這樣的民族與文化的傳承，流動，與變遷，和千年以前的黨項西夏，是非常相似的。賀蘭山下西夏王國的政權早已退出了歷史的舞臺，但是黨項諸羌的民族和文化並沒有隨之消逝，而是經過跋涉的長途，承繼在瀘沽湖周邊的摩梭普米等民族的身上。

二〇〇〇年七月四日

補記

二〇〇〇年八月二十五日，我到銀川。二十六日，和寧夏大學前西夏文化研究所所長張迎勝教授去了承天寺的寧夏博物館，在琳琳琅瑯的諸多出土的西夏王陵的文物中，發現了王陵出土的壁畫上，有摩梭、普米族所祭祀的火神（祖先神）宗巴拉神像。

八月二十七日，走訪賀蘭山下的西夏王陵。在西夏王陵博物館中，陳列有王陵出土的一根腐朽的長木柱，說明標記上寫的是「神牆木骨」。其實這就是今日摩梭、普米家庭中每家都必有的中柱（或稱神柱、擎天住）。

「宗巴拉」是普米、摩梭人借用的藏語，是他們每天三餐之前都要祭祀的火神，宗巴拉用高約一米、寬約〇・七米的木牌加泥塑浮雕組合而成，也有用石塊雕製的。其圖案多爲圓椎形，中間嵌海螺、珠寶，下安蓮花座，供置於下火塘上方。

宗巴拉是家中的火神偶像，又是自家祖先靈魂所在的地方。所以摩梭、普米人每日三餐之前，都要將食物先置於火塘三角架上或潑一點酒或茶，表示請祖先來一同進餐。此外，每逢節日、婚喪、孩子出生命名、兒童成丁儀式、遷居新屋，生活和生命過程中的所有大事，都必須向火塘旁的宗巴拉神、三角架鍋樁、火塘祭祀。

摩梭、普米兩族正房中的神柱，也是祖先和神靈所在。摩梭人的神柱是左右兩銀，分男柱女柱，是在建房子之前就預先選定一棵大樹，建房時，取樹幹的上端爲男柱，下端爲女柱。普米族的擎天柱，豎立在正屋的中央。普米族在舉行婚事時，有祭中柱的儀式，即去女家迎接新娘之時，將接親人送給新娘的一串紅白相間的串珠，掛在正屋中央的擎天柱上，巫師手拿柏枝，把酒食潑灑在鐵架鍋樁和中柱上，口中誦珠祭歌：

金柱掛珠迎接妻子，
是自古以來的禮俗。
頂天的是金柱子，
立地的是金柱子。
給家中帶來富裕的是金柱子。

保祐人們生活的是金柱子。

……

宗巴拉和神柱的信仰與祭祀，是今天瀘沽湖周邊的普米、摩梭人所特有的。西夏王陵出上的宗巴拉和神柱，直接地證明瞭建立西夏王國的黨項羌是今日摩梭、普米人的先民。那根腐朽的神牆木骨，如果只是唯一的一根而不是左右兩根的話，恰恰說明了建立大白高國的李元昊一族，是今日自稱白人的普米族的祖先。

二〇〇〇年九月十六日

〔文獻資料〕

嚴汝嫻、陳九金《普米族》，民族出版社，一九八六年。

嚴汝嫻、五樹五《普米族簡史》，雲南人民出版社，一九八八年。

方國瑜、和志武〈納西族的淵源、遷徙和分布〉《民族研究》，一九七九年第一期。

湯開建〈黨項風俗述略〉《西南民族研究》，一九八六年第一期。

王孝廉〈絕地通天〉《西南大學國際文化論集》，一九九九年。

楊學政《雲南少數民族社會歷史調查資料匯編㈤》〈寧蒗縣普米族宗教調查〉雲南人民出版社，一九九一年。

金繩初美〈摩梭人的三個家庭〉西南大學國際文化演習報告，一九九九年（未刊）。

楊福泉〈麗江納西族殉情現象揭祕〉《民間文化》，二〇〇〇年第一期。

中金波、黃潤華〈北京圖書館西夏文佛經整理記〉《文獻》，一九八五年第一期。

和志武《東巴經典選擇》雲南人民出版社，一九九四年。

羅矛昆《中國古代北方民族文化史（第七章）》〈黨項文化〉黑龍江人民出版社，一九九三年。

柳士鎮《百喻經》中若干語法問題的探索中州學刊（1985,5‧94~98）

柳士鎮魏晉南北朝歷史語法南京大學出版社

荻生徂徠《論語徵》的注釋方法

臺灣大學哲學系
博士後研究 金培懿

一、《論語徵》的起稿、成書、改定及刊行

堪稱徂徠（一六六六—一七二八）之代表作的《論語徵》，究竟於何時著手起稿，確切年代今已無從知曉，但一般學者多主張《論語徵》的起稿，當在享保二年（一七一七）亦即徂徠五十二歲，《辨道》《辨名》二書完成之後。①而《論語徵》初稿本的寫成，據平石直昭《荻生徂徠年譜考》②的考證，則當在享保五年（一七二〇）徂徠五十五歲時。因爲享保五年（一七二〇）徂徠在寄給下館侯的信中便說：「不佞近修先王孔子之業以自娛焉。鑽研之久，頗有所得，論語二十篇先成。」③同年在寄給山縣周南的信中亦說：「孔子時，學問專在禮，後世外禮而解論語，豈得其意乎，作論語徵十卷。」④

然而徂徠在享保五年（一七二〇）五十五歲時寫成《論語徵》初稿之後，徂徠仍不斷對初稿本的《論語徵》進行改訂。徂徠在享保六年（一七二一）寄給藪震庵的信中就說：「不佞亦劣劣依舊耳。論語徵旋次修改，亦必費一生之力也。」⑤享保六年（一七二一）以後徂徠對《論語徵》的修改，具

體所指爲何？基本上可分爲兩方面。一是依照皇侃的《論語義疏》來進行校正；一是對《論語徵》中引自其他經典的原文，標注出處。前者由徂徠自己從事校正，蓋據五井蘭洲在《非物》卷一中所說的，《論語徵》初稿本成立後，徂徠所作的修改，多在補進皇侃《論語義疏》中的說法。五井蘭洲說：「彼初未睹皇侃《義疏》，晚年《徵》既成，偶得而讀之，然不能卒業而物故焉，何以知之？予所閱《徵》寫本，皇說皆旁注添入，亦止公治長篇。」⑥若眞如五井蘭洲所說的，《論語徵》在享保五年（一七二〇）初稿本寫成以後，到元文二年（一七三七）首次刊行之間，初稿《論語徵》的手寫本想必流行相當地廣泛，所以五井蘭洲才能持手寫本的《論語徵》來對照刊本《論語徵》。又如果眞如五井蘭洲所說的，則我們又不免要問：爲何徂徠不一開始就參校皇侃《論語義疏》而來注解《論語》，非得弄到後來《論語徵》書成以後才來個事後補救，自打嘴巴不說，還得落人口實。

蓋皇侃《論語義疏》在中國南宋以後便已亡佚，在日本到江戶前期爲止亦鮮爲人知，要等到徂徠門人山井鼎和根本武夷兩人奉徂徠之命，自享保七年（一七二二）到享保九年（一七二四）前往足利學校校訂五經正義和《論語》《孟子》《孝經》，返回江戶時，其中一人才將足利學校所藏的手寫本《論語義疏》帶回江戶⑦，如此看來，徂徠利用《論語義疏》來校正《論語徵》初稿一事，應該也是享保九年（一七二四）以後的事，換句話說，五井蘭洲所看到的手寫本《論語徵》當然應該也是享保九年（一七二四）以後的手寫本。而且這一校正工作就如五井蘭洲所說的一般，只進行到第五篇的〈公治長〉篇而已，因爲《論語徵》自〈公治長・子謂子貢曰女與回也孰愈〉章中，最後一次引用皇侃《論語義疏》之文，以後就再沒出現過一次皇侃《論語義疏》的引用文。也就是說徂徠自享保九年（一七二四）以後到其死爲止的享保十三年（一七二八），其以《論語義疏》來校正初稿本《論語徵》的工作，結果只完成到〈公冶長．子謂子貢曰女與回也孰愈〉章，便告中斷。

雖然自己校訂的工作成了未完成式，但是託付弟子補正引用文出處的補注校訂工作，則在徂徠死後，持續進行。據《蘐園雜話》⑧的記載，徂徠首先託山井鼎代爲標注《論語徵》中所引經典原文的出處，但山井鼎卻因病情惡化，而在徂徠死後七天亦隨即去世，後來補注的工作乃由服部南郭和太宰春台繼續進行。《蘐園雜話》如下說道：「二《辨》、《論語徵》乃基於記憶寫成的書，時有記錯之處。因此託山井善六校正。善六是晚徠翁七日而死之人，故其受徂徠所託之校正事業，終不能完成，後由南郭、春台等相繼校正之」。⑨另一段記載則更詳細地說道：「二《辨》、《論語徵》、《大學解》、《中庸解》，是徠翁基於記憶所寫成的書，託山井善六對照出典、典故。據說徂徠在拜託山井善六時說：春台、南郭很忙，金華又很健忘，所以只有你可以託付。山井善六於是抄寫上述的書籍，標以句讀。不久，山井善六欲返紀州故里，出發時身體有腫脹不適，後於徂徠逝世七天後，病逝於故鄉，校正之事因而委任南郭、春台之手。……山井善六乃與根本八右衛門於足利學校校訂編纂《七經孟子考文》之人，爲學問精密之人」。⑩由這兩段話我們不僅明白補注初稿本《論語徵》引用文出處這一補正作業的始末、原委；同時也可以了解《論語徵》最後定稿乃是在徂徠死後，相繼爲山井鼎、服部南郭、太宰春台校訂後而定稿的，這便是刊本《論語徵》。所以《蘐園雜話》載有：「《蘐園隨筆》、《譯文筌題》乃徂徠見識未定時上梓出版之書。見識底定後，則有《學則》、《答問書》印行。此皆爲徠翁生時出版問世者。二《辨》、《論語徵》，由南郭、春台、竹溪等門人校正後印行問世。《大學解》、《中庸解》以後的著作，則由子迪校正」。⑪

徂徠死後才由門人將之刊行的《論語徵》，現在可見的最早刊行本，一般多以元文五年（一七四〇）由江戸武江書林，松本新六上梓刊行的爲最早的公刊本⑫。但是小川環樹則指出最早的刊本，當在元文二年（一七三七）便已刊行，此本《論語徵》今藏於縣立山口圖書館及御茶水圖書館的成簣堂文庫⑬，小川環樹並且指出靜嘉堂文庫所藏的《論語徵》乃是寶曆十二年（一七六二）版；京都大學附屬圖書館所藏的則是文化九年（一八一二）印行的版本，最後小川環樹還說：未標記刊行年月的《論語徵》刊本其實相當多。事實上，據筆者所知，九州大學文學部圖書館所藏的《論語徵》刊本，就只標示了刊行者松本新六的名字而已，而沒有標示是何年何月刊行的。這一現象同時又告訴了我們，刊本《論語徵》一定流傳廣泛。而最早的活字版《論語徵》，則是大正十五年五月，由關儀一郎編，東京東洋圖書刊行會刊行的《日本名家四書注釋全書・論語部五》中所收的《論語徵》。此本《論語徵》雖以元文五年（一七四〇）的刊本爲底本，但卻加進了原刊本所沒有標示出的《論語》各篇的篇名，如學而第一、爲政第二……等，並且還加標了各章章名，如〈子曰學而時習之章〉、〈有子曰其爲人也孝弟章〉……等。因此除了原刊本原來就標明的〈論語徵甲〉、〈論語徵乙〉、……〈論語徵癸〉等十卷卷名以外，因爲標記了《論語》二十篇的篇名之外，又標記了徂徠下注解的章名，所以非常便於閱讀和利用，筆者即以此本作爲本文論述時所使用的文本。

二、徂徠的《論語》觀

在正式討論徂徠在《論語徵》中，究竟是以何種方法來注解《論語》這一問題之前，我們有必要先了解徂徠對《論語》一書究竟抱持著何種態度？這將對我們在探討《論語徵》的注釋方法時有所裨益。而要了解徂徠的《論語》觀，筆者以爲可以就爲何要讀《論語》？這點來加以討論。我們可以嘗試看看徂徠是如何來思考這個問題的。而筆者所用來考察的資料，便是《論語徵》的〈題言〉。⑭又在處理問題時，爲了凸顯徂徠《論語觀》的獨特性，筆者乃採取將徂徠的觀點與徂徠以前主要的《論語》注釋書的觀點互相對照比較，以看出徂徠的《論語》觀是如何在傳統的脈胳中形成自己獨特的見解？繼而檢證徂徠《論語》觀的意義何在？但徂徠之前的《論語》注釋書，不勝枚舉，比較時爲求客觀、全面，古注、新注自然不可缺少，日儒的《論語》注釋成果當然也得一併參考。筆者因此選出以下五種《論語》注釋代表作的序文，來與《論語徵》〈題言〉做比較。

魏・何晏《論語集解》

梁・皇侃《論語義疏》

宋・邢昺《論語注疏》⑮

宋・朱熹《論語集注》⑯

日本：伊藤仁齋《論語古義》⑰

皇侃《論語義疏》以及邢昺《論語注疏》，基本上皆承襲何晏的《論語集解》而加以敷陳開衍，雖皆稱古注，其《論語》觀亦有所改變。相校古注，朱子的《論語集注》則可說是立於嶄新立場而來看待《論論》的新注。至於徂徠以前日本邦儒代表，不論是就日本《論語》注釋發展史的角度來看⑱，或是就《論語徵》中大量出現的徂徠對仁齋的評判看來，伊藤仁齋《論語古義》其實與朱子《論語集注》一樣，都是徂徠意識到的重要先行研究。故筆者亦將《論語古義》列爲與《論語徵》比較的對象之一。另外，《論語集注》的序文〈論語序說〉之外，《論孟精義》的序文，以及〈國朝諸老先生論孟精義綱領〉；還有書已亡佚但序文仍存的〈論語訓蒙口義序〉等文，皆視爲考察朱熹《論語》觀時的參考資料。

在討論徂徠爲何認爲有必要讀《論語》之前，我們可以先來看看歷來各家是怎麼說的。首先將古注三家的說法羅列如下，以便對照。

何晏《論語集解》：

漢中壘校尉劉向，言魯論語二十篇，皆孔子弟子記諸善言也。⑲

皇侃《論語義疏》：

先儒後學，解釋不同，凡通此論字，大判有三途。第一捨字制音，呼之爲倫。一捨音依字，而號曰論。一云倫論二稱，義無異也。……而從音依字二途，并錄以會成一義，何者。今字作論者，明此書之出，不專一人，妙通深遠，非論不暢，而音作倫者，明此書義含妙理、經綸今古，自首臻末，輪環不窮。依字則證事立文，取音則據理爲義，義文兩立，理事雙該、圓通之教，如或應示。故蔡公爲此書爲圓通之喻，云物有大而不普，小而兼通者，譬如巨鏡百尋，所照必偏，明珠一寸，鑒包六合。以蔡公斯喻，故言論語小而圓通，有如明珠，諸典大而偏用，譬如巨鏡，誠哉是言也。⑳

刑昺《論語注疏》：

論者綸也、輪也、理也、次也、撰也。以此書可以經綸世務，故曰綸也。圓轉無窮，故曰輪也。蘊含萬理，故曰理也。篇章有序，故曰次也。群賢集定，故曰撰也。㉑

對何晏來說，《論語》所記載的內容是「善言」，「善言」究竟所指爲何？何晏並沒有作明確的說明，但既然是「善言」，指的應該是說《論語》的內容是有價值的，至於具有什麼價值？我們並沒有辦法從何晏的話語中得知。相對於何晏將重點放在說明《論語》一書的內容，皇侃則重在說明《論語》這本書以「論語」爲名，其實具有什麼性格和意義，並由此推衍出《論語》所要傳遞的，並不是局限於一方，而是可以照映出宇宙世間一切所有的事理。對皇侃而言，《論語》是一部「上以尊仰聖師，下則垂軌萬代。」㉒，具有典範性質的書。皇侃這種由「論」字的解釋出發而來定義出《論語》一書所具有的性質、功能之特色的作法，後來邢昺也同樣將之採取。邢昺在詮釋「論」字意義及功用時，幾乎也都延襲皇侃的說法，我們似乎很難找出屬於邢昺自身的價值判斷。

何晏、皇侃、邢昺這個古注系統所以認爲《論語》值得去讀，理由主要有二：一是《論語》所說的是「善言」，二是《論語》包含了宇宙天地之間一切事理。古注系統所認定出的讀《論語》的價值，到了朱子新注，又有何變化？

朱熹〈論語訓蒙口義序〉：

聖人之言，大中至正之極，而萬世之標準也。古之學者其始即此以爲道，其卒非離此而爲道。窮理盡性脩身齊家，推而及人，內外一致，蓋取諸此而無所不備，亦終吾身而已矣。㉓

朱熹〈論孟精義序〉：抑嘗論之，論語之言，無所不包。㉔

朱熹〈國朝諸老先生論孟精義綱領〉：

明道先生曰，……仲尼無所不包。㉕

由這三段話看來，何晏所說的「善言」，到朱子時成了「聖人之言」，而皇侃、邢昺所說《論語》可以含攝天地萬物人事之理的特質，到了朱子時，則將此功能說成是孔子、《論語》都具有的功能。另外古注系統未說，朱子的《論語》觀點還有四點。

㈠《論語》優於六經

朱熹〈國朝諸老先生論孟精義綱領〉：

伊川先生曰，學者當以論語孟子爲本，論語孟子既治，則六經可不治而明。㉖

㈡《論語》是價值判斷的標準

朱熹〈國朝諸老先生論孟精義綱領〉

伊川先生曰……學者先讀論孟，如尺寸權衡相似，以此去量度事物，自然見得長短輕重。㉗

㈢讀《論語》便同親炙聖人

朱熹〈國朝諸老先生論孟精義綱領〉

聖人所答不過如此，今看語孟之書，亦與見孔孟何異。㉘

㈣聖人之教，外《論語》《孟子》無他。

朱熹〈國朝諸老先生論孟精義綱領〉

或問學者如何可以有得，曰，但將聖人語言玩味久，則自有所得。將論語中諸弟子問處，便作自己問，聖人答處便作今日耳聞，自然有得。雖孔孟復生不過以此教人。㉙

由此看來，朱子顯然比古注更重視《論語》，朱子同時還主張對《論語》進行一種完全地學習，另外朱子與古注最顯著的差異，便是將《輪語》與《孟子》相結合。就這點來說，伊藤仁齋基本上也是與朱子一樣主張孔、孟合體論，仁齋以爲《論語》《孟子》二書需合二爲一，相互參考，如是聖人教義便可窺得全貌。

伊藤仁齋〈論語古義總論〉：

欲學孔孟之道者，當知二書之所同，又知其所異也，則於孔孟之本指自瞭然矣。蓋天下所遵者二，曰道曰教，道者何，仁義是也。教者何，學問是也。論語專言教，而道在其中矣。孟子專言道，而教在其中矣。……二書之言，如有所異，而實相爲用，此其所同也。此二書之要領，學問之標的，若於此欠理會，卒不能得孔孟之門庭。㉚

而朱子此古注更重視《論語》這點，到了仁齋時更是有過之而無不及，對仁齋而言，《論語》是古今天地間，無可比擬，具有最高絕對價值的書。

伊藤仁齋〈論語古義總論〉：

愚斷以論語爲最上至極宇宙第一書，爲此故也。而漢唐以來，人皆知六經之爲尊，而不知論語之爲最尊而高出於六經之上，或以易範爲祖，或以學庸爲先，不知論語一書，其明道立教，徹上徹下，無復餘蘊，非他經之可比也。㉛

相對於上述這些歷來深具代表性的《論語》注釋作品對《論語》所認定的價值，徂徠抱持著什麼樣的態度？又徂徠自身到底對《論語》作何評價？

《論語徵》〈題言〉第一條說：

蓋七十子之後，諸家所傳，不無附益，獨此至爲醇眞，故學者尊之，比諸六經。迨漢代立之學官，崇聖人之言也。後世先王之道弗明，豪傑士厚自封殖，以聖知自處，遂至於以六經爲先王陳跡，獨潛心斯書。然學不師古，非孔子之心矣。迺敎然自取諸其心以爲解者，自韓愈而下，數百千家，愈繁愈雜，愈精愈舛，皆坐不師古故也。㉜

對徂徠而言，先王之道所以混淆不明，與《論語》被推崇的程度剛好是成正比。徂徠之所以有這種想法，與他將「道」定義爲「王者之道」不無關係㉝，而所謂的「王者之道」，指的就是「安天下之道」。徂徠在《辨道》七就說：「先王之道，安天下之道也。其道雖多端，要歸於安天下」。㉞而且這「安天下」的「先王之道」乃是存在於六經之中，徂徠說：「六經即先王之道也」。㉟又說：「夫六經物也，道具存焉，施諸行事，深切著明」。㊱也就是說，對徂徠而言，六經是最基本的儒家經典，六經中所記載的禮樂刑政等古代制度，便已充分足夠地使我們能夠理解何謂聖人之道，徂徠說：「非離禮樂刑政別有所謂道者」。㊲因此後人若要究明或實踐先王之道，理當要以六經爲本，要從六經著手才是。但是，從皇侃以《論語》爲含蓋一切事物之理開始，到朱熹以爲通《論語》的話，六經可不治自明，仁齋則干脆以《論語》爲宇宙天下第一書。這種《論語》尊崇程度的持續膨脹，專用心力於《論語》一書的結果，使得六經束諸高閣，如此一來，又豈可得知先王之道？徂徠認爲諸家錯誤的所在，便在這尊《論語》甚於六經這點上。但徂徠與歷來的注家一樣肯定《論語》有其閱讀的價値，所以徂徠說：「然則論語不足讀邪，曰否也。工人旣傳其規矩，而後與般倕處，其益小小乎」。㊳問題是孔子所學的，也是「安天下」的先王之道，所欲傳給後世的，都寄託在其所刪定的六經之中。㊴現在大家不取法孔子修習六經以學先王之道的這個正確方法，卻本末倒置的要去學孔子本人，這就不對了。徂徠說：「人不欲學孔子所學，而欲學孔子，是工人不由規矩準繩，而學般倕也。其意謂欲學孔子，宜無若論語，聖人之言行具是，而其意猶有所不足也，則以史記世家補之，噫是惡足盡孔子哉。孔子不得其位，不行其道於天下，以匹夫終其身，故其所言所行，止於若是焉。夫舜耕歷山陶河濱而人化之，是其德爲爾，何以睹其道乎。苟有其德則舉而錯諸事業，是莊周內聖外王之說也㊵，道者率性自然而人皆有之，故聖人不假學，是宋儒以後之失也。其究必至於廢六經而極矣。孰謂仁齋先生殊於宋儒也」。㊶對徂徠而言，《論語》是值得學習，但要學習的是孔子取法六經以修先王之道這點，而不是孔子這個對象本身。莊、周肯定「德」而否定「道」；宋儒無視「道」乃是先王制作的「禮樂」，是具體存在於六經之物，而以「道」爲人所具有的本然之性。莊、周與宋儒都是使六經廢棄，使先王、聖人之道不明的罪魁禍首。至於伊藤仁齋，大家都稱其學問不同於宋儒，但是在徂徠看來，仁齋以《論語》爲「最上至極宇宙第一書」，根本就同於宋儒主張《論語》在六經之上的作法同出一轍，而仁齋期待從《論語》中去掬取一個完美的聖人典範，希望透過《論語》直接接觸到孔子人格，以爲日常生活之模範的企圖，則是不知道孔子與先王一樣，都是後世儒者應當「尊敬」的對象，但卻不是「學習」的對象本身，「學習」的對象應該是六經才是。

顯然地，徂徠試圖扭轉皇侃、朱熹以來認定《論語》無所不包，集約一切事理，甚至含攝六經的這種《論語》優於六經的看法，而主張六經的學習，當是儒者最基本、主要的學習，《論語》的閱讀，也只有在學習六經之後才始見其意義。也就是說，《論語》是一本記載孔子活用六經㊷的書籍，讀《論語》若是爲了活用聖人、先王之道，當然有一個前提就是必需先讀六經，否則又怎能知道孔子在《論語》中所發揮實際效用的「道」，究竟所指爲何。所以皇侃、朱子以《論語》可以含攝六經，仁齋以爲「論語之爲最尊而高出於六經之上」這種推崇《論語》到極點而忽略六經，甚而取代六經的主張，都爲徂徠所拒絕。在徂徠而言，讀《論語》的意義便在學習孔子如何學習先王之道，因此在學習的內容上，六經這一記載先王之道的典籍才是最主要的學習內容，就學習順序來說，六經當然要先於《論語》。

三、《論語徵》的注釋方法

徂徠在《論語徵》甲，〈題言〉第一條說：「余學古文辭十年，稍稍知有古言，古言明而後古義定，先王之道可得而言已。獨悲夫中華聖人之邦，更千有餘歲之久，儒者何限，尚且曉曉然事堅白之辨，而不識孔子所傳爲何道也。況吾東方乎。孟子有言曰，無有乎爾，則亦無有乎爾，豈謂今之時與。是以妄不自揣，敬述其所知，其所不知者，蓋闕如也。有故、有義、有所指擿，皆徵諸古言，故合命之曰論語徵」㊸徂徠所說的這段話，表示了他不強以不知爲知，故誠實地以「闕如」(即闕疑)的注釋筆法，對自己無法確信的《論語》原文之意義加以保留，這同時也可看成是徂徠在注釋《論語》時願意與他人商榷，不固執己見的態度。除了有彈性、融通的態度之外，徂徠在上述的話語中，還表示了其實際求證，徵求援引「古言」以注釋《論語》，這種講求實證的注經方法，合而言之，這段話乃在告訴我們說：《論語徵》是在徂徠知曉古言、古義後，在客觀、實證的態度下，以徵於古言，或是存疑這兩種筆法來注解《論語》而成就的《論語》注釋書。因此在討論《論語徵》的注釋方法時，筆者也就針對「闕如」和「徵諸古言」這兩大注釋方法來討論其具有何種性質？其意涵所指爲何？及其反映出了徂徠的什麼企圖等這幾個問題點而來加以論述。

㈠「徵諸古言」

島田鈞一〈論語徵解題〉文中對徂徠自稱是徵引古言的注釋方法評斷道：「徂徠所謂的徵諸古言者，……乃徂徠於文章開頭，舉出總括之語，於下文中對之進行解說者。若有用於特殊意義的文字，皆以古言視之。其說雖新奇，然而僅以一例立說，卻欲將類似之語全部加以附會之。總之，實不免牽強」。㊹據島田鈞一的看法，徂徠所謂「徵諸古言」的注釋方法，乃是徂徠將歷來人們認爲是孔子的言論，視爲是孔子引用了孔子自身所處時代之前的「古言」，用此種注釋方法來展開《論語》解釋的新局面。

確實，誠如島田鈞一所說的，這也是徂徠「徵諸古言」的實例之一。但是，此種解釋方法，果眞爲徂徠《論語徵》注釋方法的全部？徂徠於《辨道》中說：「後人不識古文辭，故以今言視古言」。這裡所說的「古言」，是與「今言」相對者，是包含了孔子那個時代在內的「古」時語言，這是再明白不過了。相對於此，島田鈞一指摘出的實例中所說的「古言」，是從孔子所處的時代往上追溯的「古」時語言，可說是比《辨道》中所說的「古言」來得更狹義。而徂徠這種注意到廣義「古言」與「今言」之間所存在的差異的這種考證方法，難道未見於《論語徵》書中嗎？當然不，詳細的例證將援引於後文中。「今言」與「古言」的差異，也常常是《論語徵》中進行考證的重要論點，只是書中未必一定會明確使用所謂「古言」、「今言」這樣的詞彙，但其問題意識的共通性，則顯而易見。故筆者以為，徂徠在《論語徵》〈題言〉中說「徵諸古言」時，上述兩種性質的「古言」，都應該要包含在內才是。

所以說，《論語徵》中存在著兩種「徵諸古言」的方法。首先，一種是要注意到廣義的「古言」與「今言」之間存在的差異，必須依據「古言」，而不是依據「今言」地來考察《論語》原文眞正的意義。另外一種是：把歷來全被視爲是孔子所發出的話語的，區別出何爲孔子以前的「古言」，何爲孔子對其下評論的「今言」（這又可稱之爲孔子的「今言」），繼而探究原文的眞義。

下文將就此兩種「徵諸古言」的類型，援引實例進行檢討。首先，筆者便就第一類的「徵諸古言」，亦即廣義的「古言」與「今言」中的差異，進行考察。

《論語徵》戊，〈子罕第九．子貢曰有美玉於斯章〉

子貢曰有美玉於斯，韞匵而藏諸，求善賈而沽諸。子曰，沽之哉沽之哉，我待賈者也。

善賈者，賈人之善者也。賈音古，何註蓋亦爾。自邢昺以爲善價，而朱子因之，音嫁，殊不知善琴善笛及良農良工一類語，當謂賈人，未聞貴價謂之善價，可謂謬矣。求良賈，謂求先容之人也。待賈亦待人之先容也。甚當。求價待價，語殊未穩，且鄙俚甚，豈君子之言乎。且聘禮執玉，必有賈人從之，㊺是玉難識，故必待賈人，古之道也。按蔡邕石經，沽諸沽之哉，皆作賈，可見賈發平聲即沽已。㊻

「善賈」一詞，何晏《論語集解》並沒有加以注解，皇侃《論語義疏》則說道：「善賈，貴賈也」

㊼，邢昺或許是承繼皇侃的看法，因此說道：「若求得善賈之賈，寧肯賣之邪」㊽也就是說皇侃、邢昺都將「善賈」的「賈」字，看成是「價」字，亦即「價值」之意。朱熹也同意此種說法，所以《論語集注》中說：「賈，音嫁」㊾相對於此，徂徠則主張：「賈音古」，「賈」字「當謂賈人」，亦即從事買賣時的仲介商。徂徠所持的理由是：自古以來沒聽說將高價一事說成「善價」㊿，因此又怎能將「善賈」解釋成高價(51)呢，所以說皇侃、邢昺、朱子都會錯意了。這是以今言的「價」來解釋古言的「賈」，而不是就古言的「賈」來加以理解。徂徠接著舉出實證說《儀禮》〈聘禮〉中不就記載著手執圭、璋等玉器時，一定會有「賈人」當仲介，來將玉器呈獻給上面的人。也就是說，徂徠以爲子貢既然將孔子比喻爲玉器，則「求善賈」的「善賈」，講的無非就是說要求得一位好的仲介人，好將孔子這塊美玉，引薦給在上位的人。何況蔡邕石經(52)《論語》中，此章乃將「沽」字寫成「賈」字(53)，徂徠因此主張「賈」字當念成「gu3」，而不是念成「jia4」，否則就不是「古言」了。徂徠的此種主張，日後清儒劉寶楠在其著作《論語正義》中，贊成之並引用說道：「物茂卿《論語徵》云，善賈者，賈人之善者也。賈音古。」(54)

接著我們來看《論語徵》丁，〈述而第七．子曰文莫吾猶人也章〉：

子曰，文莫吾猶人也。躬行君子，則吾未之有得也。

升庵外集曰(55)、晉書欒肇論語駁曰、燕齊謂勉強爲文莫。陳騤雜識云，方言，侔莫，強也。凡勞而勉，若云努力者，謂之侔莫，故文莫黽勉也。何註，莫無也。文無者，猶俗言文不也。是古來相傳之說，非何晏之言也。文不吾猶人者，凡言文皆不勝於人也。是何晏之言也。何以知之，若使盡出於何晏，則止當云莫不也。文不吾猶人者，凡言文皆不勝於人也。今解莫為無，解文無為文不者，是文無、文不，皆漢時有是言，與文莫俟莫同義，故展轉作此解，而何晏不識其意也。56

但是何晏《論語集解》，卻在引了「莫，無也。文無者，猶俗言文不也」這自古相傳而來的說法後，沒弄懂這「古言」的意義不說，居然還將「文草」等於「文不」的「不」字，誤讀成否定語的「不」，結果將「文草吾猶人也」句，解釋成了：「文皆不勝於人也」。徂徠在此引楊慎《升庵外集》卷三十六〈經說部〉中的記載證明「文莫」一詞，當是「黽勉」之意。徂徠所以能指出何晏的誤讀，除了藉助楊慎之說以外，主要恐怕還是因為他始終能嗅出語言在不同性質的表述方法背後，存在著古今異質的雙重斷層。所以何晏若沒引述漢代流傳的「文無」「文不」這一古代曾面的「古言」，而只說了：「莫，不也，文不吾猶人者，凡言文皆不勝於人也」這一後人何晏的「今言」的話，我們極有可能沒有機會真正了解到「文無」「文不」57的「無」字和「不」字的意義，並不是否定詞「不」的意思，而是指「黽勉」。如此一來，則我們不只是沒有正確理解「文莫吾猶人也」這一《論語》原文的意義，我們還有可能因著何晏的誤讀經典而在不知「文不」一詞的的真義的情況下不了了之，還好何晏引述了：「文無者，猶俗言文不也」這一漢代俚言。細心敏銳的徂徠，經由何晏文字表述上的性質差異，找出了語言的古今斷層。明白了何晏《論語集解》乃是：「舊註不成解」，而朱子所謂：「莫，疑辭。」58也是在沒意識到古今分層的語言特性，而「援唐詩中莫字以解論語」，所以說朱子義。

乃「可謂不識古文辭已」，指的其實是朱子沒察覺出古今二分，言語岐義的分裂現象，而繼續分裂語

徂徠敏銳地察覺出「今言」「古言」語義相異的例子，尚可見於《論語徵》丙，〈雍也第六・子曰不有祝鮀之佞章〉⑲

接下來，我們來看徂徠如何區分孔子所處該時代以前的「古言」，和孔子對這些「古言」的論斷。第二種類型的「徵諸古言」，為了論述上的方便，筆者乃將之區分為二：一是從其他典籍中援引證據加以證明，用以支撐徂徠自身的學問主張。下文中僅舉一實例說明。

《論語徵》乙，〈里仁第四・子曰里仁爲美章〉：

子曰，里仁爲美，擇不處仁，焉得知。

里仁爲美，古言，孔子引之，何者，里訓居，孟荀可徵焉。居仁曰里仁，非孔子時之言，故知其爲古言也。擇不處仁，焉得知，孔子之言也。何以知之，變里爲處也。⑳

徂徠在此先依據《孟子》〈盡心〉上，有所謂的：「居仁由義」；《荀子》〈大略〉，有所謂的：「仁非其里虛之」㉑，而斷定「里」字應解成「居」，但「里仁爲美」的「里」字既然不寫成「居」，可見是孟子・荀子以前的「古言」。至於爲何還可以說是孔子之前的「古言」，是因爲「里仁」若等同於「居仁」，那麼不就與「擇不處仁」的「處仁」相同意義了嗎？原來是孔子將「古言」的「里仁」的說法，說成了「處仁」。徂徠的這種注解法，使得《論語》中乍看之下，似乎都是孔子平板地敘述

的發言，經由時間的回溯，出現了古今二層相異的字義構造，亦即「古言」的「里仁」，在春秋時代說成了「處仁」，到了戰國時代，又說成了「居仁」。徂徠從同樣是描述存在於所謂仁的狀態，但描述方法，亦即使用字詞卻不同這點，來看出「古言」不斷演變成「今言」的軌跡，並藉此追溯過程而指認出何爲「古言」。

徂徠對語言的敏感，使得語言不斷消失的古代意義，經由對照古代典籍，而將「古言」鱗光片羽加以重組，使得「古言」的眞正意義可重現於今人眼前。徂徠也藉此提示給《論語徵》的讀者們一個古今相異，聖人旨意不斷有被曲解的、危機四伏的經典閱讀世界。

第二類徂徠所指稱說是「古言」，卻無明指出處，也因而遭致後人批評非議的「古言」，是否眞只是徂徠強說爲詞的「古言」？

島田鈞一〈論語徵解題〉文中對徂徠自稱是徵引古言的注釋方法評斷道：「徂徠所謂的徵諸古言者，……乃徂徠於文章開頭，舉出總括之語，於下文中對之進行解說者。若有用於特殊意義的文字，皆以古言視之。其說雖新奇，然而僅以一例立說，卻欲將類似之語全部加以附會之。總之，實不免牽強」。(62)島田鈞一認爲徂徠在《論語徵》中指稱是古言者，雖然別出新裁，但卻不免流於以偏蓋全，牽強附會。其實在島田鈞一之後，對《論語徵》中徂徠指稱何者爲古言，以及何者是孔子對古言的評價這種注釋方法爲文加以論述的，按時間先後，可以大江文城、吉川幸次郎，和日野龍夫三人爲代表。大江文城的看法大致與島田鈞一相同，認爲徂徠在《論語徵》中，不論是其所詮釋出的義理，或是其所採的注釋方法，多牽強無理，大江文城說：「徂徠學因爲以經世爲主，故在解說「論語」各章時，多有牽強立說之處。……皆一律解爲治國安民之義，不可不謂之爲牽強之說。將這一切都主張爲古言古辭。認爲《論語》之文，乃是孔子常常揭舉的先王的法言。……認爲孔子先揭舉古言，然後以下再對之進行解釋。其中有徂徠非常特別的剏見，然亦有相當不合理的地方」。㊳

吉川幸次郎則以爲《論語徵》中，徂徠以徵引古言的方法所得到的意義，與其說是在注解《論語》，毋寧說是藉用《論語》的文字記述，而來解說徂徠自己的學說主張。吉川幸次郎說：「《論語徵》十卷中所謂的古言，是採用《辨道》《辨名》中所定義出的「古言」的意義，同時以之來解釋《論語》中的文章，……與其說是在解釋《論語》，毋寧說是每每都以「論語」之文章爲材料，以論述己身學說」。㊴日野龍夫則說徂徠在證明何者爲古言的過程中，多無確實的證據，徂徠在注解《論語》時雖富有豐沛的想像力，然而這種證據不足的古言指稱，其精神在根本上而言，乃與僞證相同。日野龍夫如此說道：「『論語徵』中，屢次將歷來人們認爲是孔子自身之言論的語句，毫無根據地便解釋說：那其實是孔子引用當時的歌謠或俚諺。因爲沒有根據，所以也不是不可斷其爲僞證，而此種自由自在且富於想像力的解釋，使『論語徵』增趣不少的柔軟奇想，精神根本與僞證一致」。㊵

大江文城、吉川幸次郎、日野龍夫在探討《論語徵》中徂徠所採用的解經方法時，都將焦點鎖定在徂徠「徵諸古言」的這個問題點上，同時由徂徠所引用的文獻是否合理，而來裁斷徂徠「徵諸古言」的這一解經方法到底具有何種價值、意義和理論結論。但是就筆者看來，要究明任何一種解經方法的內在理論結構，及其意義所在，應該不能只是藉由再次檢證解經者所援引的文獻資料出處正確、合理與否，就可以給出適當詮釋或評價的。就這層意義上來說，上述三位先生對《論語徵》中，可稱得上是徂徠最重要的注解《論語》的方法——「徵諸古言」——，恐怕也不見得就有了眞正的理解。有鑑於此，以下筆者便就《論語徵》中徂徠指稱爲古語、古言、法言的文章來作具體的說明。

《論語徵》甲，〈學而第一・子曰父在觀其志章〉：

子曰，父在觀其志，父沒觀其行，三年無改於父之道，可謂孝矣。

父在觀其志，父沒觀其行，觀人之法也。然三年無改於父之道，可謂孝矣。則父雖沒，猶有未可觀其行者也。此上二句蓋古語，下二句孔子補其意。⑯

《論語徵》丙，〈雍也第六・子曰知者樂水章〉：

子曰，知者樂水，仁者樂山。知者動，仁者靜。知者樂，仁者壽。

知者樂水，仁者樂山，此二句，非孔子時辭氣，蓋古言也。而孔子誦之。下四句，乃孔子釋之也。蓋孔子多誦古之法言，故孝經曰：非先王之法言不敢道也。古書不傳者多，而後儒昧乎文辭，概以爲孔子之言，非矣。⑰

《論語徵》丁，〈泰伯第八・子曰篤信好學章〉：

子曰，篤信好學，守死善道。危邦不入，亂邦不居。天下有道則見，無道則隱。邦有道，貧且賤焉，恥也。邦無道，富且貴焉，恥也。

篤信好學，守死善道，古言一也。危邦不入，亂邦不居，古言二也。天下有道則見，無道則隱，古言三也。孔子引古言者三，以證邦有道之貧賤，邦無道之富貴，皆可恥也。㊽

由這三個例子我們可以看出徂徠有著一固定的注解《論語》的模式，那就是《論語》中的言論記載，基本上存在著一種古與今的時間上的差異，對徂徠而言，今、昔之間壁壘分明，一層是由古代世界相傳而來的「古言」；一層是孔子引用、評價「古言」而說出的「今言」，《論語》中的言論便在古、今二分的雙重構造下形成。但問題在於：徂徠究竟是根據什麼來區分出何者為古，何者為今？針對這點，前人多對徂徠的說法持負面評價，日野龍夫甚至以為徂徠對「古言」、「今言」的斷定是：「毫無根據地進行解釋」。㊾但筆者以為《論語徵》中到處充斥著徂徠指責朱子、仁齋不識古文辭，甚或說到「後儒不識古文辭」㊿、「後儒不知古言」(71)，徂徠若沒有相當有力的根據，想必也很難有這麼深刻的感嘆。

《論語徵》甲，〈為政第二．哀公問曰何為則民服也章〉：

哀公問曰，何為則民服也。孔子對曰，舉直錯諸枉，則民服。舉枉錯諸直，則民不服。

舉直錯諸枉，舉枉錯諸直，蓋古言也。而孔子引之也。經曰，非先王之法言，不敢道，古之道若是焉。後儒不知，迺謂聖人以意造言，謬矣哉。舉直錯諸枉，諸，之乎也。枉與曲不同，枉者材之反張者也。直者材之良者也。蓋以積材之道為喻，積材之道，以直者置於枉者之上，則枉者為直者壓而自直矣。故它日語樊遲而曰，能使枉者直。(72)直謂材之良者，故喻諸善也仁也。枉謂材之不良者，故喻諸惡也不仁也。枉直喻也。故當不拘字義，以善與仁解之，宋儒不識其爲喻，曰好直而惡枉，天下之至情也。可謂謬矣。以錯爲廢置，包咸之陋也。宋儒因之，殊不知天下有善而無惡，惡者善之未成者也。先王之道，養以成之，惡皆化爲善，故孔子曰，能使枉者直。子夏曰，舜有天下，選於衆舉皋陶，不仁者遠矣。湯有天下，選於衆舉伊尹，不仁者遠矣。言舉而不言錯，可見錯非廢置之義已。故充包咸朱子之說，則季康子殺無道以就有道也。[73]其與先王孔子之道，何啻霄壤哉。又接易，舉而錯之天下之民。[74]舉錯一義，正如此章，可以徵諸。[75]

徂徠首先指出後儒[76]因爲不知道「舉直錯諸枉」與「舉枉錯諸直」是「古言」[77]，以爲是孔子自己所造出來的話，因此不求「古言」之原意，而就字面意義加以解釋。因此認爲既然「直」是筆直不彎的意思，那麼「枉」字應該就是與之相對的，指的是彎曲的意思。「錯」字意指「捨置」，亦即廢棄不顧；「諸」字則是衆多之意。[78]徂徠認爲之所以會有此種誤讀經文的現象產生，除了是因爲不知「古言」之外，還因爲後世的注經者只看到了《論語》經文的表面意義，而沒有解讀出經文背後，孔子藉由文字的比喻。「枉」是彎曲的木材，亦即不善、不仁之人的比喻，而「錯」字之上位的執政者在用人時，要如堆積木材時一樣，要將彎木置於下，直木置於上，如此一來才可往上積累。所以用人時若也將正直之人安排在上位，使之握有權勢，壓制在下的邪曲之人，則邪曲之人也不得不正直。這便是先王之道所說的養成教化之功，這也是〈顏淵〉篇中孔子向樊遲解釋何爲「知人」時所說的「能使枉者直」的意思，同時也是子夏向樊遲解釋孔子所說的：「舉直錯諸枉，能使枉者直」，指的便是：

「舜有天下，選於衆舉皐陶」、「湯有天下，選於衆，舉伊尹」這種舉賢人以使不仁者遠之的意思。在此徂徠所開示出的「古言」世界，基本上是將焦點鎖定在孔子這個引用「古言」的主體本身，而非「古言」這一個被引用的客體，藉由對孔子的關注，剖析出一個「喻」的世界。因此「直」與「枉」就不能只是停留在字面上的、望文生義的所謂筆直之物、彎曲之物的解釋而已，而應該是在孔子所生活的那個古代世界中所具有的政治支配原理下，以及生活倫常中，來考量「直」、「枉」二字與孔子那個有機古代世界的關連，如此一來，「直」、「枉」二字的文字概念，也就可以放到善、惡，仁、不仁這一具有相對性關係的詞彙組合中來考量，也才可以與「選賢與能、依才適用」的儒家理想人材登用論產生因果關連的作用。徂徠將每個個別、部分的文字概念放進到整體的古代世界，或者理念世界中，來作概念換置，於是「喻」便被塡充成一個內部實在的世界，我們也藉此望見了一個經典文字以外的、孔子所間接告訴我們的比喻世界。

所以徂徠反對包咸、朱子、仁齋等主張「錯」爲「廢置」、「捨置」的意思，因爲如此解釋的話，將與先王孔子化惡爲善的主張不同。

所以《論語徵》中那些「後儒昧乎古文辭」「後儒不識古文辭」的激烈批判，與其說是徂徠流於主觀偏激的漫罵，毋寧說是徂徠強烈感覺語言有著古今變異，但後人卻不自覺，繼而加入分岐「古言」意義的行列，不斷誤讀經典一事所敲出的警世洪鐘。

但若將經典中各個詞彙的概念解釋，全都放到孔子那個有機體的古代世界裏，或是既成的儒家思想理念中來解釋，而將每個詞彙個別的概念轉換成全體古代世界，或是儒家思想理念的概念的話，那麼徂徠透過注經所能夠表現其自身思想的部分，恐怕將會受到相當大的限制。因為統合在某一個世界或理念下所注解出的解答，在某種程度上是可以想像得到的。但是有趣的是：由於安排進「孔子」這個代表古代世界或儒家思想理念的說話者，徂徠因此避免了直接去面對「古言」，而有了一段緩衝地帶。因此徂徠不必以朱子在《論語集注》中以「小注」「大注」的方法，也不必以仁齋在《論語古義》中以「小注」「大注」「論注」的形式一般⑲，那種由掌握各個字詞語彙的意義開始，到文章全體文意的理解，那種注經者直接去面對「古言」，受「字義」所困，伸展受限的統合各別語意以構成一個整體世界的注經方法。透過揣模「孔子」這一說話者對「古言」的評價、態度，徂徠因此得以隱身於「古言」和「孔子」這一古今相異的時代斷層中，徂徠也就可以從一個整體意義的立場出發來界定每個字詞的意涵。徂徠因而獲得了比朱子或仁齋還大的發揮己意的空間，因為孔子的發言本身可以是直說，可以是比喻，也還可以是包含多種相關意義的「微言」。徂徠在孔子背後，自在變化於古今之間。

(二)何謂「微言」

《論語徵》丙，〈公冶長第五・子曰道不行章〉：

子曰，道不行，乘桴浮於海，從我者其由也與。子路聞之喜。子曰，由也，好勇過我，無所取材。

道不行，乘桴桴于海、從我者其由與。此孔子之微言也。易曰，利涉大川。⑳謂涉艱難也。而海之難涉，非復大川之比。蓋孔子所言，其事之至難，迪非獨力所能濟，而所可與共者，又難其人，唯子路好勇，故假設云爾，非實許子路也。子路不解假設之意，喜其言與己共行，故孔子又曰，由也好勇過我，是迪無可慮者，祇恐其無所取桴材，欲從而卒不能從耳。蓋言興大事涉艱難，非勇之所獨能，亦必有其具迺可為也。無經濟之材則不能也。朱子材訓裁，其不解微言，亦猶子路歟。宜其無所解於詩也。且取字不明，謬矣。㉛

在這個例子中我們首先可以發現，如果說，徂徠在指稱所謂的「古言」時，基本是將視點放在「古言」和孔子對「古言」的評價之間的構造上的話，這裏徂徠則是將視點換到孔子所說的「微言」，和孔子對自身所說的「微言」的評價之間這一構造上。徂徠劈頭便說這是孔子含意深遠的話，亦即不是只限於字面意義而已。如果是這樣，仁齋依照字面意義所謂孔子因不容於中原，故有渡海教化夷民的願望，而解釋說：「此與欲居九夷章同，蓋夫子素志也。當時君昏驕，天下無所之往，故欲乘桴桴海，化島夷之民，以為禮義之俗，聖人以四海為一家之心，於此可見矣。」㉜這或恐是徂徠批判的主要對象。徂徠以為「乘桴浮於海」是一項比喻，指的是說，要在亂世中行先王之道，便如同渡海一般，其難度比起，渡河不知要大上多少倍。又「乘桴浮於海」的「桴」字也是一項比喻，是指「經濟之才」，亦即具有政治才能的人材。所以既非朱子以為的孔子眞有此「假設」之想㉝，當然也不是仁齋所認為的孔子眞有此意。徂徠以為固守字義，將無法解讀出孔子話語中「喻」的部分，這一開始便有違孔子當初所「假設」的意圖——以「微言」表眞意。徂徠藉由孔子的「微言」這一具有多義性可能的發言方式，將「桴」字的意義轉換到「經濟之材」這個本來「桴」字所不具有的意義系統裏。

由此看來，不論是第二類「古言」中徂徠所謂孔子的「喻」，或是這裏徂徠指出說是孔子所說的「微言」，都提供了讓徂徠伸展自我發揮己意的空間。事實上即便是在追索詞語原來意義的第一類「古言」，徂徠也藉由語言的文法特性，取得了注釋時的自我空間。例如：

《論語徵》甲〈為政第二・子曰由誨女知之乎章〉：

子曰，由，誨女知之乎。知之為知之，不知為不知，是知也。

知之為知之，不知為不知，語知人之方也。蓋門人以意錄孔子之言，而不錄其所由，故後人難其解，遂鑿耳。此章之言，與答仲弓舉爾所知正相發矣。古來註家，皆以為孔子語學問之道，夫以不知為知者，不知之失也。苟使其人知，豈有此病乎。且不知為不知，止而不求知，則學問之道廢矣。且子路非好知之人也。孔子豈然乎。且知人者政事所急，故強求知其所不知，勢之所必至，故孔子於仲弓於子路，以此告之耳。後世儒者與孔門諸子學問自別，故動求諸己。且如諸家說，知之二字穩。皇侃本作不知之為不知。

徂徠在注解此章時，一反朱子《論語集注》所說的：「但所知者則以為知，所不知者則以為不知。如此，則雖或不能盡知，而無自欺之蔽，亦不害其為知矣。況由此而求之，又有可知之理乎」；以及伊藤仁齋《論語古義》所說的：「其所知者，自以為知，所不知者，便以為不知，是謂之知也」。蓋知者務知其所當知者，而知而無益者，不必求知之，以其不在盡知天下之事也」這種將注釋的重點放在「知」字上，而轉將重點放在所指不明確的指示代名詞「之」字上。徂徠既然不能全然地指示朱子、仁齋將「之」字作「虛字」解釋的作法是一種錯誤的話，他只能盡可能去解說「之」字所指的實際內容究竟是什麼。所以他才會劈頭便說這是孔子在告訴子路如何才是「知人」，而不是歷來注家以為說是孔子告訴子路如何做學問求知識這回事。

徂徠所持的理由有四。第一：如果「之」字是指學問的話，會強以不知為知的人，本來就只會顯露出那個人的無知，眞正有學問的人，基本上不會犯此強以不知為知的弊病，因此難道還需要特別告戒說「不知為不知」這件事嗎？答案當然是不必要。所以會產生強以為知，不知道要「不知為不知」的，應該不是在學問方面。徂徠如此認為。第二：而且如果在追求學問時，以「不知為不知」這種態度的話，學問又怎能有所進步發展。第三：何況子路本來就不是一個喜好追求學問的人；孔子則是一個愛好學問的人。懂得因材施教的孔子，不會明知道子路不好追求學問，還故意去向子路說如何才是學問之道，同時，愛好學問的孔子，也沒有理由會以「不知為不知」來做為追求學問的態度。第四：會強以不知為知的，只有因為政治是急切的事務，才會迫於情勢而勉強想去了解自己不清楚的對方。而「知之」一詞，實際是指「知人」一事，這又可由〈子路．仲弓為季氏宰〉章中，仲弓問孔子：「焉知賢才而舉之」時，孔子回答說：「舉爾所知」便可以明白「知」的目的語㉞是「人」。由此看來，徂徠不僅指出了朱子、仁齋在注解此章時沒有具體釐清「之」字意義為何的盲點，並且還藉由「之」字文理上也具有指示代名詞的特性，而將「之」字解釋為具體的「人」的過程中，把此章的意義導引向自己一貫的學問課題——政治。對徂徠而言先王之道的終極目的便在安天下，儒家所有德行的養成，無非也是為了成就此目的，「知」㊭所以為孔門德目之一，當然也在於其有助於安天下之民這一大事業的達成。所以徂徠說：「凡經所謂智，皆以君子之德言之，如知禮，知言，知道，知命，知人，是也。……知人者，謂知仁賢也。是智大者也。……且先王之道，為安民設，則宜若莫大於安民者，而知人先之。孔子稱智仁，亦智先於仁，是無它，安民之道，非知人則不能行故也。」㊮

在此值得我們注意的是：徂徠在注解《論語》時，似乎相當注重意義的整合與否，所以統合了〈為政・子曰由誨女知之乎〉章與〈子路・仲弓為季氏宰〉章，而詮釋出「知」的對象「之」是指「人」。但是徂徠在其他地方，卻又不執著必需在《論語》的世界中，求得一自足統合的意義。例如：

《論語徵》癸，〈子張第十九・曾子曰吾聞諸夫子孟莊子之孝也章〉：

曾子曰，吾聞諸夫子，孟莊子之孝也，其他可能也。其不改父之臣，與父之政，是難能也。

孟莊子之孝也。仁齋先生據中庸，以繼述為孝至，可謂喜解論語已。然又據此而以三年不改於父之道，必為父之善者，泥矣。獻子魯之賢大夫，則仁齋先生之解此章，為得之。然必以父之善言之，不為世之嗣主喜改父之臣與父之政者口實哉。學而篇所載，父在觀其志，父沒觀其行，古言也。三年無法改於父之道，可謂孝矣。亦古言也。孔子並引古言，示學貴博貴不固也。君子之不執一而廢百也。一則言彼，一則言此，並觀則道生於其間焉。古之學為爾。㊯

徂徠肯定仁齋依據《中庸》第十九章的「夫孝者，善繼人之志，善述人之事者也」，而以能繼父親志業的人子，可說是至孝的解釋，相當合理正確。但徂徠認爲並不能因爲孟莊子的父親獻子是魯國的賢臣，有「善政良法」[88]，而孟莊子繼述了此「善改良法」，就反果爲因，在解釋〈學而篇・子曰父在觀其志〉章的：「三年無改於父之道」時，以爲：「曰志曰行，皆以善而言。道者，指其良法而言。」[89]也就是說父親的作爲是「善」，所以爲人子所繼述的也應該是這個「善」的部分，仁齋這麼認爲。徂徠則認爲孟莊子的個案並不能成爲一種泛論或準則，何況〈學而篇・子曰父在觀其志〉章中，前半段的：「父在觀其志，父沒觀其行」專後半段的：「三年無改於父之道可謂孝矣」這兩段話，其實是孔子分別引用了兩段「古言」，各有所指，並不需要勉強合而爲一來解釋，孔子不過是列舉「古言」，使我們可以從中對「道」有所理解，而不是要我們固守一端，忽略了各種可能性。

徂徠所以強調要能不「執一而廢百」，筆者以爲這應該與他企圖以己意解經[90]有關。因爲只有給出「道」的解釋可多樣化的許可，相對地徂徠才有可能得到注經時自由發揮的廣義空間，而不會被限制在一狹義的領域內。徂徠說：「人各有所見，何必能同。所見雖異，足下不能外孝悌忠信別爲道，不佞亦然，則均是孔門之徒也。何必爭其異同。且孔子時，書無定義，各從其人所見。……不佞譾劣，豈能知聖人之心乎。亦豈知宋儒果非而不佞果是乎。」[91]又說：「然吾亦不欲學者因吾以廢宋儒及諸家之說也。」[92]當然這也與徂徠對「道」的定義有著密切的關係。在徂徠而言：「孔子之道，先王之道也。」[93]這先王道乃是「先王所造」[94]，其特性是「多端」[95]，因此「道」的描述也就有各種的表述方式。徂徠說：「道者統名也」，以有所由言之。蓋古先聖王所立焉，使天下後世之人由此以行，而己亦由此以行，辟諸人由道路以行，故謂之道。自孝悌仁義，以至於禮樂刑政、合以名之，故曰統名也。」⑯也就是說「道」其實是先王(聖人)對爲了整治世界的各項依據,如孝悌仁義、禮樂刑政等的一種統合的稱呼。如此一來,如果想具體地去識別「道」這個統合體的話,則當然要自孝悌到仁義,到禮樂,到刑政,逐一對這些被統合的先王(聖人)的治世依據加以理解才是。問題使在於這些依據物本身也相當多樣性。例如:「義者道之分也,千差萬別。」⑰;「禮者,道之名也,先王所制作四教六藝、是居其一,所謂經禮三百,威儀三千,是其物也。」⑱所以徂徠認爲:「道難知,亦難言。」⑲,「豈一言所能盡哉」。⑳也就是說:由於對象與表述的個別具體性對應關係多樣且不斷增加,所以想要將之一併識別的話,勢必有所困難,特別是想用一固定的表述方法來表現「道」這個統合體的企圖,更是不可能。所以說對「道」的詮釋,本來就有著多樣的可能,何況徂徠還認識到語言在表述時的有限性。⑽「言之所喩,雖詳說之,亦唯一端耳。」⑽,以及語言和事物制度一樣與時遷移。⑽所以語言文字所能表述的意義及內容,不可能超越時空無有破壞地傳達給我們其原初被使用當時的意義。在徂徠看來,朱子或仁齋想藉由固定語言文字的意義來掌握多變的語言本身,根本就是不樂觀的,對徂徠來說,語言文字就像事物現象一般混沌無有秩序。相同地,江戶這個社會空間所不斷發生的無數事物現象,也不是朱子的「理」,或是仁齋的「人倫」這種原理、原則性解釋所能回答的。事實上,從本文上節「徵諸古言」的論述中也可明白,所謂「徵諸古言」的方法,其實可說是徂徠自覺到自己所處時代與古代社會的乖離,並藉由此種自覺,接續了古、今之間的斷層。

徂徠所看見的現實就是：現存的經典本身，雖然是「道」的片面，但卻提示了事物、制度、語言分裂崩解的各種場面。後人若想從經典中讀取聖人旨意，當然不能去信賴語言文字本身，因爲做爲一認識客體，語言文字具有不可確定、不斷變異的特質，而是要將何以喚起此種語言文字表現的場面加以掌握。所以徂徠並不是在追索語言文字的客觀性意義或法則，而是在追究喚起孔子使用「微言」或「喻」這種心理現象的因果關連，徂徠是將孔子那個古代世界當作經典而來解讀。而古代理想世界像雖不鮮明，但因總不脫「先王之道，安天下之道也。」⑩⁴這個單一指歸，所以徂徠也就可以從這個整體立場來付與經典意義。因此才會如前面所分析的一般，徂徠所從事的注釋工作，不在確定每個詞彙的固定意義後，統合之以給出聖人旨意；而是將其「安天下之道」的意識型態付加在文本上。

㈢何謂「闕如」

在徂徠的認識裏，先王之道、聖人之道雖然記載於《六經》中，但令人遺憾的是：孔子訴諸文字、編算而成的《六經》，也是在先王之道崩壞後才由孔子整理出來的書籍⑩⁵，也就是說孔子所編纂而成的《六經》，事實上是與先王當時原來的《六經》之間，存在著某種微妙的斷絕。而如果說連孔子在當時都沒有辦法掌握到一個完整無缺的《六經》世界，後人也就更不用談了。所以徂徠說：「夫六經殘缺矣。生於今世，孰見其全。」⑩⁶既然如此，當後人想去理解《六經》這一個不完整的認識對象時，便難免會有不得其解之處，這也是理所當然的，所以無妨就承認自己所不知道的，留待後人裁定。徂徠說：「然六經殘缺，其不可得而識者，亦復不解。君子於其所不知，蓋闕如也。豈足以爲恥乎。」⑩⁷

有鑑於後人在理解經典時必然會有理解上的限制，徂徠因此給出了一個從事學問的準則，徂徠說：「故學問之道，苟立其大者，貴乎博，不厭雜，寧闕疑，以俟夫生。」[108]徂徠這種為學目的在求安天下，從事學問研究時當廣徵文獻資料，學而不得其解則存疑的為學立場及態度，在其注解《論語》時亦可看出。其學問濃厚的政治色彩，以及其廣泛徵引文獻的為學法，前面已有說明，以下便舉《論語徵》中的實例，來証明其不知為不知的解經法以外，並藉此分析徂徠在「闕如」這一注經筆法中所隱藏的企圖究竟為何？

《論語徵》乙，〈八佾第三．孔子謂季氏章〉：

孔子謂季氏，八佾舞於庭，是可忍也，孰不可忍也。

八佾舞於庭，八佾舞連讀，世人佾下斷句，非也。……由此觀之，他公僭用，而季氏遂僭之也。……於庭，古來無解，邢昺以為家廟之庭、殊為不通。竊疑成王賜伯禽以天子禮樂祀周公，天子之廟、八佾舞於庭，伯禽迺造臺以舞之，所以尊天子之樂也。後世有舞臺、或昉于是邪。是誠臆說，別無所據，然於庭二字，非此不通，故錄以俟後君子也。小不忍，亂大謀。[109]此先王之法言。孝經曰，非先王之法言不敢道，故知非孔子之言矣。且責季氏以心術，豈不妄哉。此章之義，蓋為昭公發之，昭公亦小不忍，以致乾侯之禍，故云爾。季氏之僭，不啻一世，從前魯君所忍，是尚可忍也。僭之大者，尚可忍也，則無不可忍之事矣。魯君能以此為心，季氏之僭可正，而魯可治焉。聖人之言，皆有作用。

[110]

徂徠首先指出此章歷來注家在斷句上所犯的錯誤，繼而與歷來注家相異的是，徂徠並未將注釋重點放在「忍」字上，而是在說明季氏不是第一個僭用「八佾舞」的魯臣之後，將注釋的重點轉移到「於庭」這個表示地點場所的語詞來。徂徠把諸侯僭用「八佾舞」這種古代禮制崩壞的歷史現象，回溯落實到成王與伯禽之間的具體歷史事件中來考慮，於是解讀出此禮制崩解的淵源所在，便在當年周成王賜下天子禮樂給伯禽，為的是用來祭祀對周室有大功的周公。這本是一個特例，但其他公侯卻在沒有周天子的賜許下便僭用天子禮樂，季氏不過是其中之一而已。所以說孔子的話應該不是為罵季氏而發的，而是別有用意。何況先前的魯君不也都可以忍受季氏之前的其他諸公僭用天子禮樂，那麼孔子何必又要魯昭公別忍受季氏的無禮呢？徂徠以為這章的主旨不是在指責季氏，而是孔子知道昭公是一個無法忍耐的執政者，所以要昭公學習即便權臣僭越非禮，也要能按耐住，避免君臣起衝突。如此一來，道德、輿論力量自然會對季氏有所指責或是施加壓力，則季氏的非禮舉動自然可被糾正過來。並且魯國君臣間仍可和睦相處，不會發生權力抗爭或武力討伐之舉動，於是魯國也得安享治平生活。徂徠認為這才是孔子說話的最主要用意。

在此引起筆者注意的是：徂徠將每個事件放回到其個自所屬的歷史時空場景來加以考量。所以說「八佾舞」首先會被使用於魯國，是周公的原故，並且還是因為伯禽與成王之間的關係。孔子說季氏僭用天子禮樂，是因為魯昭公個人個性的問題才說的，換成別的魯君可能就不說了。反過來說，若不是因為魯昭公是個耐性不好的國君，孔子也就不必舉季氏僭越的例子來說，因為僭用天子禮樂的，又何止季氏一人。也就是說成王與伯禽之間的關係、事由；昭公和季氏之間的關係、事由，徂徠是將之看成獨立個別的歷史事件，所以當然也要將之放到其所屬的歷史情境中來考量，如此才有可能掌握到孔子說話的眞正意旨。徂徠這種將事件還原到其當初所屬的固定場景、時空來賦予意義的注經法，在下一章的〈三家者以雍徹章〉中也可明顯看出。

> 三家者以雍徹。子曰，相維辟公，天子穆穆，奚取於三家之堂。

朱子《論語集注》在注解此章時，引程子之言說：「程子曰，周公之功固大矣，皆臣子之分所當爲，魯安得獨用天子禮樂哉？成王之賜、伯禽之受，皆非也。其因襲之弊，遂使季氏僭八佾，三家僭雍徹，故仲尼譏之」。徂徠則以爲不管於公於私，成王賜伯禽以天子禮樂祭祀周公，都有充分的理由，誰都沒話說；而成王懂得「崇德報功」也沒什麼不對。既然理由充足、正當、合情理，孔子又怎麼會去指責成王與伯禽呢？其實孔子指責的是後世的孟孫・叔孫・季孫三家，怎麼能今、古混爲一說，以爲孔子連成王、伯禽也一併罵進去了呢？徂徠說：「大氐後儒謂禮萬世不易者，是其心有自以爲禮者，故妄意成王伯禽皆非矣。夫禮爲一代之典，周禮周公作，而成王伯禽親受之，故王伯禽非禮歟，則孰爲禮。豈不肆乎。故孔子所謂非禮者，謂其後也。」[111]

同樣是就成王賜伯禽天子禮樂這一具體歷史事件來注解的，還有同樣是〈八佾篇〉的〈或問禘之說章〉。

> 或問禘之說。子曰，不知也。知其說者之於天下也。其如示諸斯乎。指其掌。

朱子《論語集注》說：「而不王不禘之法，又魯之所當諱者，故以不知答之」。徂徠批評朱子所以說「魯」這個整體都是錯的，是受到程子影響，才會以爲成王伯禽也是非禮，但是：「要之孔子所謂魯郊禘者，以當時言之，而非伯禽之舊也。」⑫為何徂徠要強調「郊禘」之禮已不是伯禽時的「郊禘」之禮，是因爲伯禽時，只有周公才祭以天子禮樂，這是因爲「周公」的原故。後來魯惠公僭越，以天子禮樂祭祀魯國諸公，特例因而被濫用，也就是說，錯在魯惠公以後的魯國國君，而不包括伯禽。所以孔子要指責的應是當時的魯君，怎麼會牽連到伯禽呢？

在上述的三個例子中，徂徠不僅將孔子的對話歸位到其個自的歷史背景環境中，並且還揣摩了事件人物的心情，從人性的立場來分析。徂徠的注釋因此也就在檢証史實的客觀求証之外，蘊含了各種主觀性的可能。各個歷史場景中有關人物的心情或企圖，也就是徂徠的心情和企圖。如此一來，徂徠雖然將語言限制在一個具體固定的場景中來推衍其意義，但卻也保留了某種自由發揮的空間。如此看來，「闕如」這一注經筆法與前述徂徠所採用的注經筆法，即第一類古言，第二類古言——喻，以及「微言」這三種注經法在性質上有所不同。如果說第一類古言這一注經法，徂徠是從孔子與「古言」之間的對話結構來解明《論語》經文意義的話；第二類古言一喻，以及「微言」這兩種注經法則是從孔子這一人物的心理、思想運作本身而來解讀《論語》，而「闕如」這一注經法則可說是藉由「古言」本身所提供的有機古代世界中所存在的制度、史實，而來推衍出《論語》中所記錄的特定人物、事件的個別性意義。

四、《論語徵》的影響

澙沼誠二在《儒學と國學──「正統」と「異端」との生成史的考察──》⑪書中曾說：「關於徂徠學學問特質的不確定性，及其學問本身所牽涉的範圍，其形成的軌跡筆者已有些微的了解。時或傾向朱子學，時或傾向仁齋學，其搖擺的幅度雖然大，而且激烈，但若說到其中經常不變的是甚麼的話，則是從最早期的《文罫》以來，到《論語徵》爲止，其持續對語言的興趣與關心，亦即其依據語言來追求眞理的態度。……所以當我在追求徂徠學複雜且多岐的函數關係時，我一貫都是將常數定位在語言。因此，不管是在討論徂徠學的政治論、思想論、抑或文學論，若不能根據此常數來設定X軸和Y軸的話，則其論述必然是一種虛妄的徂徠學。」⑭

若將澙沼誠二這番話用來形容《論語徵》問世後，自江戶時代以來到現代，後人研究《論語徵》時的重心所在，則可說是一語中的。據小川環樹〈論語徵解題〉⑮的說法，江戶時代針對《論語徵》而作的《論語》注釋書，在性質上可分成兩大類，一是注解《論語徵》的，如宇佐美灊水的《論語徵考》、中根鳳河的《論語徵渙》，松平瀨寬的《論語徵集覽》、西山元文的《論語徵冠註》等。一是批判《論語徵》的，其中又可分成三種，一是補正《論語徵》的，如岡白駒《論語徵批》、野村東皐《論語徵考》、戶崎淡園《論語徵批》⑯中，或引朱注或引仁濟《論語古義》辯駁《論語徵》的錯誤，或是以《論語徵》反駁二者，共批判了一百零九條，大致還是尊徂徠。事實上岡白駒自己在本書序文中便說：「余得其一二而批之，非敢駮之，庶乎爲之忠臣云爾。」二是指正《論語徵》徵引的「古言」有誤，或是指出用字有錯，据小川環樹的說法，宇野明霞《論語考》中，針對《論語徵》〈學而第一・子曰君子不重則不威章〉的注解批判到：「自負以知古言，而不知古言。……凡物子解論語，其徵諸古言善也。然其泥古言失之者，則與昧古言而失之，均失耳。」⑰而清田儋叟的《論語徵評》，据小川環樹的說法是：「其批評首先是指摘出漢文的錯誤，繼而改正內容上的謬誤。」⑱另外片山兼山《論語徵廢疾》，小川環樹則以爲：「兼山基本上並不反對徂徠的學說，而多指摘出徂徠在《論語》本文訓詁上的錯誤。」⑲在這些指正《論語徵》的著作中，就筆者所見過的片山兼山的《論語徵廢疾》⑳，確實誠如小川環樹所言。批判《論語徵》的還有一種是徹底否定《論語徵》的，如五井蘭洲《非物》，和中井竹山的《非徵》。由小川環樹的論述看，除了注解補正，或是全盤否定《論語徵》的之外，江戶時代指摘《論語徵》注經方法有問題的，多將重點放在渴沼誠二所說的「語言」這一問題上。到了現代的《論語徵》研究，「語言」也仍是後人研究《論語徵》的重要視點之一，這種研究視點本來應該沒有甚麼問題，但現在問題在於指責完徂徠徵引出的「古言」本身並沒有根据，是否就可以說徂徠注解《論語》時，其精神同於僞証㉑，或是說只整理出徂徠所引「古言」的出處，就說《論語徵》中引用經文的作法，便是：「不得不承認此種方法，乃是貫穿《論語徵》全書的基本構造。」等，㉒這種就只是給出這種未進一步分析的結論。又如果只將《論語徵》看成是徂徠在《辨道》、《辨名》中定義儒家語言概念工作的延長線的話㉓，則不免又窄化了徂徠注解《論語》的意義。

又據藤塚鄰在《論語總說》[124]〈第三篇，物徂徠著論語徵の清朝經師に及ぼせる影響〉中的詳細研究看來，《論語徵》在嘉慶年間以後，受到不少清朝考証學者的肯定。據藤塚鄰的研究，《論語徵》於嘉慶年間渡海傳到中國以後，首先影響到的清儒便是吳英[125]吳英在其著書《竹石軒經句說》二十四卷中，論述了漢代以來儒者經說的是非，清儒顧炎武、毛奇齡、閻若璩、惠棟、阮元等大家之說也都一一嚴判，其中徂徠並列其中，在《竹石軒經句說》第十五卷、二十一、二十四、二十五、二十六這五卷中，共引了八次《論語徵》中的說法。吳英之後，翁廣平（一七六〇～一八四二）在其著書《吾妻鏡補》[126]中的卷十五〈風土志〉，卷十九〈藝文志・一〉以及卷二十〈藝文志・二〉曾三次提到徂徠，其中卷二十〈藝文志・二〉曾引用了《論語徵》〈題言〉的部分。後清儒中首先在自己的《論語》注釋作品中，引用《論語徵》之說的則是荻子奇（一七八五？～一八四〇？），荻子奇的《論語質疑》二十卷中，共引了十三條《論語徵》的說法。荻子奇開啓了清儒注解《論語》時援用《論語徵》之風，爾後清朝《論語》注釋代表大作之一的劉寶楠《論語正義》中，明白標示引自《論語徵》的有：卷八中引了徂徠對〈述而・子釣而不綱〉章的注解，卷十又引了徂徠對〈子罕・求善賈而沽諸〉章的注解。而根據藤塚鄰的說法，這是劉寶楠之子劉恭冕所加入的，另外藤塚鄰還說《論語正義》中許多突破舊藩離的說法，頗肖似《論語徵》。即便到了清末，《論語徵》對清儒的影響更是有增無減。俞樾（一八二一～一九〇六）在其著作《春在堂隨筆》卷一中，便對《論語徵》的體裁描述說：「論語徵，甲乙至壬癸十卷，日本物茂卿譔，其書每葉二十行，每行二十字，每卷首末兩葉版心，皆有藤元啓謹書五字」。藤塚鄰說俞樾是：「清儒中最早從書誌學的視角，來研究此書的人。」⑰俞樾在《春在堂隨筆》中，抄錄了十七條《論語徵》的說法。後來李慈銘（一八二九～一八九四）於光緒六年（一八八〇）十二月四日讀了友人俞樾在《春在堂隨筆》中所引用的《論語徵》的說法，便評斷說：「如記日本物茂卿所譔論語徵諸條，皆有關係實學。」⑱

以上爲藤塚鄰所考証出在著作中直接援引《論語徵》的清儒，藤塚鄰還說阮元《揅經室》一集．卷二〈論語解〉；或是焦循《論語補疏》的注解，有不少與《論語徵》暗合之處。

以上根據藤塚鄰和小川環樹兩位先生的研究，乃就《論語徵》對江戶學者和清儒的影響，做了概略性的說明。在兩位先生的先行研究之上，筆者在此便以一己之感，作爲本文之總結。

徂徠的學問，雖因弟子、門人等的努力而推廣開來，然而與之相對的，立於反徂徠學之立場的人亦漸次增多。站在反徂徠學之立場的人，其批判的理由，正如小島康敬於《徂徠學と反徂徠》〈六、反徂徠學の人々とその主張〉⑲文中所指摘的一般，不外是就：「徂徠學的學問傾向，特別輕視修身論」、「其學問於文獻學上的實證性、客觀性不完備」、「徂徠學有著中華主義思想」等根據。結果使得《論語徵》也成爲被批判的衆矢之的。在這類的批判中，有一開始便試圖以一種貶義的、負面的觀點，來全盤否定《論語徵》全部的態度。在這種情況底下，筆者以爲這是很難能夠給《論語徵》一個公正、客觀的評價。

另一方面，清儒因爲不受所謂「輕視修身論」，或是所謂「中華主義思想」這種先入爲主的主觀設限，故較能客觀評價《論語徵》，並取其可供借鏡之處。筆者以爲：這或許可說是江戶儒者與清儒在評價《論語徵》時，最大的差異之處。而清儒在評價《論語徵》時，究竟是就甚麼標準、從甚麼價值觀、來作評斷的？這些都將是筆者今後應該研究的課題。總之，我們或許可以說：《論語徵》的價值，並未獲得江戶儒者完全的理解；但是卻引發了清儒對它的關注。

【附註】

① 見小川環樹〈論語徵解題〉，收於東洋文庫五七六，小川環樹譯注《論語徵》，二，東京：平凡社，一九九四年四月；及島田均一〈論語徵解題〉，收於關儀一郎編《日本名家四書注釋全書·論語部五》，東京：東洋圖書刊行會，大正十五年五月。

② 東京：平凡社，一九八四年五月。

③ 見《徂徠集》，卷二十，〈與下館侯〉，頁二一三。

④ 見《徂徠集拾遺》，〈與縣次公書〉，頁四〇二-四〇三，收於《近世儒家文集集成·三》，平石直昭編集·解說《徂徠集·徂徠集拾遺》，東京：ぺりかん社，昭和六〇年一月。

⑤ 見《徂徠集》，卷二十三，頁二四七。

⑥ 見懷德堂復刻叢書二，五井蘭州《非物》，卷一，頁四，大阪：懷德堂友の會，平成元年二月。

⑦ 有關山井鼎和根本武夷前往足利學校校勘經書一事，詳情可參考吉川幸次郎〈東方文化研究所善本提要〉一文，

收於《吉川幸次郎全集》，第十七卷，東京：筑摩書房，昭和四六年四月。

⑧ 本書共一卷，作者未詳，書中記載徂徠及其門人，以及蘐園學派周圍人物的逸事傳聞，與湯淺常山的《文會雜記》內容、體裁相彷彿，兩相比較互補之下，頗可窺知徂徠一門的動靜及其鮮爲人知的事蹟。

⑨ 見森銑三・北川博邦編《續日本隨筆大成》四，《蘐園雜話》，頁六五，東京：吉川弘文館，昭和五四年十二月。

⑩ 《蘐園雜話》，頁九四。

⑪ 《蘐園雜話》，頁九四。

⑫ 如島田均一〈論語徵解題〉（收於關儀一郎編《日本名家四書注釋全書・論語部五》，東京：東洋圖書刊行會，大正十五年五月）、金谷治〈論語徵解說〉（收於日本　思想一二，金谷治編《荻生徂徠集》，東京：筑摩書房，昭和四五年二月）或是今中寬司〈論語徵解題〉（收於今中寬司・奈良本辰也編《狄生徂徠全集》第二卷，東京：河出書房，一九七八年七月）皆以元文五年（一七四〇）的刊本爲《論語徵》最早的公刊本。

⑬ 見小川環樹〈論語徵解題〉，頁三六七，收於小川環樹譯注《論語徵》二，東京：平凡社，一九九四年四月。

⑭ 本文所謂〈論語徵題言〉，指的是〈論語徵甲〉第一卷，〈學而第一〉篇之前的六條條文，以下簡稱爲〈題言〉。

⑮ 以上三書之文本，皆採用嚴靈峰編《無求備齋論語集成》本，台北：藝文印書館，民國五五年十二月。

⑯ 《論語集注》之文本，採新編諸子集成第一輯《四書章句集注》本，北京：中華書局，一九八三年十月。

⑰《論語古義》之文本，採天理大學圖書館「古義堂文庫」所藏再刻本，京都：文泉堂，文政十二年（一八二九）。

⑱詳細請參閱拙稿〈伊藤仁齋《論語古義》在日本《論語注釋史上的地位》〉，收於《中國書目季刊》，第三一卷三期，台北：台灣學生書局，一九九七年九月。

⑲頁一。

⑳頁二-三。

㉑頁一。

㉒〈論語義疏敘〉，頁一。

㉓《朱文公文集》，卷七十五，頁一三八三，四部叢刊初編縮本〇五九，台北：台灣商務印書館，一九七五年二月。

㉔《論語精義》，上，頁三，收於岡田武彥・荒木見悟主編《和刻影印近世漢籍叢刊・思想三編》一，京都：中文出版社，一九七七年三月。

㉕《論孟精義》，上，頁七。

㉖《論孟精義》，上，頁九。

㉗《論孟精義》，上，頁九。

㉘《論孟精義》，上，頁十。

㉙《論孟精義》，上，頁十。
㉚《論語古義》，頁五。
㉛《論語古義》，頁五。
㉜《論語徵》，甲，頁一。
㉝「蓋聖人之道，便王者之道。」見《蘐園隨筆》，卷一，頁四六三。
㉞頁二〇一。
㉟《辨道》，二，頁二〇〇。
㊱《學則》，三，頁二五七。
㊲《辨道》三，頁二〇一。
㊳《論語徵》甲，〈題言〉，第六條，頁四。
㊴見「孔子之道，先王之道，安天下之道也。……及其終不得位，而後脩六經以傳之。六經即先王之道也」，《辨道》二，頁二〇〇。
㊵見《莊子》，〈天下篇〉。
㊶《論語徵》甲，〈題言〉第六條，頁三～四。
㊷即先王之道。
㊸頁一。

㊹《日本名家四書注釋全書・論語部五》，頁三。

㊺詳於《儀禮・聘禮》。

㊻頁一八五～一八六。

㊼卷五，頁十二。

㊽《論語注疏》，卷三，頁九。

㊾卷五，頁一一三。

㊿＝善賈。

51 ＝貴賈

52 東漢熹平四年（一七五）皇帝下詔將經書全文刻於石碑上，立於洛陽太學門外，蔡邕受命校訂此石碑經文，故後乃稱此石碑經文爲蔡邕石經。

53 蔡邕石經幾經戰亂，到宋代僅剩一小部分，後人遂以石經的《論語》本以記其異同。有關〈子罕・子貢曰有美玉於斯〉章中，「沽」字蔡邕石經作「賈」的記載，見於宋黃伯思《東觀餘論》，以及洪适《隸釋》中。

54《論語正義》，上，卷十，頁三四二-三四三，北京：中華書局，一九九〇年三月。

55 見〈經說部〉。

56 頁一五一-一五二。

57 徂徠強調的特別是「文不」。

(58) 《論語集注》，卷四，頁一〇一。
(59) 頁一一八。
(60) 頁七三。
(61) 唐・楊倞注曰：「虛讀為居，聲之誤也」。
(62) 頁三。
(63) 見《本邦四書訓點幷　注釋　史的研究》，頁二六七～二六八。
(64) 見《仁齋・徂徠・宣長》，頁一七八。
(65) 見《江戶人とユートピア》，頁二一一。
(66) 頁一一八。
(67) 頁一二三。
(68) 頁一六五。
(69) 《江戶人とユートピア》，頁二一一。
(70) 《論語徵》，乙，〈里仁第四・子曰里仁為美章〉。
(71) 《論語徵》，乙，〈里仁第四・子曰君子之於天下也章〉。
(72) 〈顏淵篇〉。
(73) 〈顏淵篇〉。

(74)〈繫辭〉。

(75) 頁三七～三八。

(76) 在此特別是指朱子和伊藤仁齋。

(77) 徂徠所持的證據，並不是古代經典中有與《論語》中一模一樣的經文，亦即典據。而是說〈爲政〉篇此章中的「舉」、「錯」二字的意義，應該是與《易經》〈繫辭傳〉上所謂：「形而上者謂之道，形而下者謂之器，化而裁之謂之變，推而行之謂之通，舉而錯之天下之民謂之事業。」中的「舉而錯之天下之民」的意義是相同的。

(78)《論語集注》：錯，捨置也。諸、衆也。程子曰，舉錯得義，則人心服。謝氏曰、好直而惡枉，天下之至情也。順之則服，逆之則去，必然之理也。然或無道以照之，則以直爲枉，以枉爲直者多矣，是以君子大居敬而貴窮理也。《論語古義》：錯，捨置也。諸、衆也。言舉錯得當，則民服，否則不服。哀公意以爲服民必有術，以能之，孔子告之，以舉錯得當，則民服。舉錯失當，則不服也。蓋好直而惡枉，天下之同情，順之則得，逆之則不得，非可以術能也。故治國之道，顧其所以處之者如何耳，非可以私意小智濟之也。

(79) 請參閱拙著〈《論語古義》の注釋方法について〉，收於《九州中國學會報》，第三十六卷，一九九八年五月，頁七二－九〇。

(80)〈易需卦〉。

(81) 頁九三。

(82)《論語古義》，卷三，頁四。

(83)《論語集注》：桴，筏也。程子曰，浮海之嘆，傷天下之無賢君也子路勇於義，故謂其能從已，皆假設之言耳。
(84)此指對象。
(85)此指智慧。
(86)《辨名》，〈智・二則〉，頁二一五。
(87)頁三五〇。
(88)《論語古義》，卷十，〈子張・曾子曰聞諸夫子莊子之孝也〉。
(89)見《論語古義》。
(90)亦即由其思想整體的內在理論而來定義《論語》中各個詞彙意義。
(91)《徂徠集》，卷二十五，〈復谷大雅〉，頁二七二。
(92)《辨道》，二五，頁二〇八。
(93)《辨道》，二，頁二〇〇。
(94)《辨道》，四，頁二〇一。
(95)見《辨道》，七・二三，頁二〇二，二〇七。
(96)《辨名》，〈道・一〉，頁二一〇。
(97)《辨名》，〈義・一〉，頁二三〇。
(98)《辨名》，〈禮・一〉，頁二一九。

(99)《辨道》，一，頁二〇〇。

(100)《辨道》，一七，頁二〇五。

(101)「言所盡者，僅僅乎理之一端耳。」見《辨道》，一六，頁二〇五。

(102)《辨名》，〈禮・一〉，頁二一九。

(103)「況道藝、事物、言語，皆昉於上古，次第潤色，次第破壞」（《譯文筌題》，〈題言〉，第一〇則，頁一三）。

(104)《辨道》，二，頁二〇〇。

(105)「於孔子，則生不遭時，不能當制作之任。而方其時，先王之道廢壞已極，乃有非先王之道而命以爲先王之道焉者，有先王之道而黜不以爲先王之道焉者，是非淆亂，不可得而識也。孔子訪求四方，釐而正之，然後道大集於孔子，而六經於是乎書。」見《辨名》，〈聖・一〉，頁二一七。

(106)《學則》，七，頁二五八。

(107)《徂徠集》，卷二十八，〈復安澹泊〉，頁三〇二。

(108)《學則》，六，頁二五八。

(109)語見〈衛靈公〉。

(110)頁四四-四五。

(111)《八佾第三・三家者以雍徹章》，頁四六。

⑫《論語徵》，乙，〈八佾第三・或問禘之說章〉，頁五五。
⑬東京：櫻楓社，昭和五十九年一月。
⑭頁三〇五。
⑮東洋文庫五七六，收於小川環樹譯注《論語徵》，二，東京：平凡社，一九九四年四月。
⑯收於《日本儒林叢書》，第十四卷，昭和五三年四月，東京：鳳出版。
⑰引自小川環樹〈論語徵解題〉，頁三九一。
⑱〈論語徵解題〉，頁三九三。
⑲〈論語徵解題〉，頁三九三。
⑳崇文叢書版。
㉑見本文前引日野龍夫之說法。
㉒見本文前引瀉沼誠二之書，頁三〇三。
㉓見本文前引吉川幸次郎之說法。
㉔東京：圖書刊行會，昭和六三年十一月。
㉕吳英，江蘇長州人，字簡舟，其祖父吳銓，父親吳成佐皆是清朝有名的藏書家。
㉖又名《日本國志》或《東鑑》。
㉗《論語總說》，頁三四五。

⑱ 見《荀學齋日記》，乙集，下。

⑲ 東京：ぺりかん社，一九九四年七月。

以內藤湖南的螺旋循環史觀論近世以來中日文化傳播的軌跡

日本長崎大學環境科學部副教授　連清吉

問題提起：內藤湖南的螺旋循環史觀

有關文化發展，有所謂由於各個地域的人或集團配合自身生存的自然生態，根據固有的文化傳統，吸收外來的知識、技術、制度而自發性的創造出文化的「內發性」（endogenous）發展的理論。①然而探究東亞文化形成與發展的問題時，恰如宇宙太陽系的形態，是以中國爲中心，其周邊地區受中國影響，引發文化的自覺而後創造出自身的文化。根據內藤湖南的說法，東亞文化是萌芽於中國黃河流域的文化，而後向西邊或南方展開，再向東北發展，最後跨海傳到日本。②即發生於黃河流域的中國文化傳到周邊地區後，刺激周邊地區民族，喚起該地域的自覺意識，逐漸形成其自身的文化形態，最後影響及日本，日本也創造出「日本的」的文化。因此在思考東亞文化全體發展的問題時，所謂中國的、日本的、韓國的國家主義或民族意識，就各國而言，固然是相當重要的問題；但是就文化發展而言，則不是以民族爲主體的自我展開的過程而已，是超越民族的獨自性和差別性而產生三度空間之文化繼承與融合的過程。換句話說東亞文化的發展是超越民族的境界，以東亞全體爲一的文化形態而構築形成的。

東亞文化的傳播是中心向周邊影響的正向運動和周邊向中心影響的相反方向運動交織而成的「螺旋循環」。③內藤湖南說：東亞文化的中心在中國，中原文化首先流傳到周邊的地區，周邊民族受到中國文化的刺激，也形成文化的自覺。中世以後隨著周邊民族的勢力增強，文化擴張的運動也改變其方向，逐漸由周邊向中心復歸。此正向運動與相反運動，作用與反作用交替循環即是東亞文化形成的歷史。④因此，就東亞文化發展而言，其主體雖然是中國的文化，中世以後則形成包含中國以內的東亞文化的時代。至於東亞文化形成的軌跡，則是最初發生於黃河流域的中國文化逐漸發展而影響周邊民族的「中心向周邊」的發展徑路。周邊民族吸收中國文化而產生「文化自覺」，周邊民族自覺的結果，終於形成影響中國的勢力，周邊的文化也流入中國，即「周邊向中心」發展的文化波動。本文擬根據「中心向周邊」傳播而形成「周邊地區文化自覺」，其後「周邊向中心」回流影響的徑路，探究東亞文化的發展軌跡，說明東亞文化的形態。

一、中心向周邊傳播

安井小太郎說：到江戶時代爲止的日本的學問始終是模倣中國的。⑤西村天因的《日本宋學史》

指出：以朱子學為主的宋學最初傳入日本的時期，是在日本的南北朝初期，即距離朱子的時代約有一百五、六十年。又伊藤仁齋或荻生徂徠的學問，類似中國明朝中葉的學者，伊藤仁齋和荻生徂徠與明朝中葉的學者的年代，亦有二百三、四十年到一百六、七十年的差距。此學問流傳的情況，內藤湖南以天候氣象的自然現象來說明。內藤湖南說：連結同一緯度地區的同一時期的氣象溫度，可形成一條曲線；然而此一曲線與地球的緯度有相當的差距。在中國形成的風雲，於一些時日之後，也吹到了日本。此一曲線與思想的層面有深遠的關連，中國產生的學問於一百五、六十年之後，也傳到日本。⑥茲以日本江戶後期接受清朝考證學的概況，說明東亞、特別是中日文化之「中心向周邊」傳播的情形。

江戶時代所謂的折衷學派，只是折衷古注、新注、仁齋、徂徠之說，尚未能樹立一家之言而開拓新局，代表的學者是井上蘭臺、井上金峨。至於井上金峨的門下山本北山似有別立一派，如清儒考據學的趨向，但尚不能超越折衷學派的境域。至其弟子大田錦城（一七六五～一八二五）之時，才有眞正的考據學的盛行。大田錦城的《九經談》卷五指出「予作大疏，以古注為主，古注所不通，則以朱注補之，朱注所不通，則以明清諸家之說補之，諸家所不通，則以一得之愚補之」。大田錦城的學風是純然的考據學，其說兼採漢宋、參酌明清而成一家之言。因此日本的考據學可以說是以大田錦城為嚆矢。⑦

與大田錦城幾乎同時，亦宜歸屬為考證學者的是龜井昭陽（一七七三～一八三六）。龜井昭陽的家學雖然是古文辭學派的傳承，其著作大抵是經學的研究為主，學問的特色則既有古學派嚴密於字句考證的本領，更留意於文章全篇段落章節的前後連屬，進而以構圖的方式顯示文章的脈絡關係。⑧因此龜井昭陽的學問乃超越古文辭學系統的藩籬而進入嚴謹考證的領域。至於其之所以重視經學，誠有反省傳統漢學研究的用心，探究其以經學爲中心的治學態度，乃不滿於幕府官學以宋學爲中心的學界趨勢，主張復古而以五經爲中心，從事根本學問的研究。

安井息軒（一七九九～一八七六）兼修漢唐古註、宋儒新註、清儒考證之學，又出入仁齋、徂徠的古學，其《論語集說》《孟子定本》《管子纂詁》皆足以代表日本考證學的著作。故安井息軒可以說是幕末考考證學之集大成者。如《論語集說》一書並舉古注、即魏晉何晏集解、皇侃義疏等及朱子集註，又兼收清朝考據學家的考證與伊藤仁齋、荻生徂徠等江戶儒者的注釋，更旁徵經傳諸子史書的典故，以爲自身見解的根據而補正諸說的不足與脫誤。由於旁徵博引與取捨精當，故明治四十二年（一九〇九），服部宇之吉監修《漢文大系》（富山房出版）時，即以安井息軒的《論語集說》《孟子定本》《大學說》《中庸說》爲卷首。⑨

有關江戶時代的儒學，安井小太郎指出：江戶時代的儒者是以《四書》與古文經學的研究爲主。⑩至於江戶儒者的研究方法，雖然未必有如清朝儒之於校勘與辨僞方面有原則的發現和專門論著的撰述，又古籍亡佚的輯佚工作也未必有關注。但是探究大田錦城等人的學問，或可以窺知日本的考證學的特色。大田錦城的學問在旁搜博引的基礎上，以「實事求是」，即實證爲原則，追求文獻考證學的究極。晚年又主張以文獻考證爲基礎，精確地發揮聖人之道，探究學問的究極，企求重建儒學的精神。

換句話說，大田錦城反省當時的儒學研究缺乏實用性，因此，在考證學流行的時代中，「實事求是」的學問方法固然是極爲必要的手段，但是聖人之道的發揚與實踐，才是學問的究極。江戶末期於經傳有深入探究的學者並不多，異於當時的學術潮流，埋首於經學研究，獨樹一格的是九州出身的龜井昭陽。龜井昭陽說：「余用畢生之力於詩書，猶先考之於論語」（《家學小言》第二十五章）正說明自身學問的宗尚乃在於經書的研究。至於龜井昭陽於經學研究的特徵，不僅是經書的注釋而已，乃在於精確地解釋經書的內容，進而分析文章的構造，探究全書的體例，尋求考證原則與方法的建立。雖然龜井昭陽未必發明了明確的考證經書的法則，但是龜井昭陽重視經書之構造性分析的研究方法，乃開日本經學考證方法的先聲。

幕末昌平黌教授安井息軒於經學研究的一貫態度是不拘泥於古注或新注而唯善是取。因此，於其經書注釋中，不但有漢唐古注、宋明新注，也有清朝考證學成果的引述，至於字句考證則頗爲精審，論斷亦極其慎重。此一學問態度乃反映了幕末既不極端地傾向朱子學，也不一味地倒向漢唐注疏之不執著於學派學統的學風。⑪

二、周邊地區的文化自覺

由於日本幕末尊王攘夷論，即抵抗西洋強大勢力而高唱大日本主義思潮的影響，在學問研究方面，以日本爲中心的思想也盛極一時。特別是幕末到明治初期，反對西洋至上之風潮而產生與西洋文明對抗之東洋傳統漢學復興的主張，其代表的儒者是安井息軒。安井息軒以爲維繫西洋文明之基督教所架構的是神主支配的世界，但是儒家經典所重視的是士大夫爲主宰的世界。又基督教的宗教精神是萬民平等，儒家的理想社會則是秩序整然，二者是扞隔不入的。再以科學理性主義檢尋聖經的記載，則聖經所記載的奇蹟和預言，是荒誕不經的，又聖經原罪論乃違反宗教淑世的精神。於是安井息軒撰述《辨妄》一書，批判聖經的虛妄，質問西洋文明的合理性，向西洋傾向的時勢提出了質疑。⑫雖然如此，到了明治十年前後，幕末的漢學家於先後死去，以松崎慊堂、安井息軒爲中心的幕末漢學隆盛期亦已成爲歷史的痕跡，西洋的學問如排山倒海而不可抑制地充斥日本全國。維新政府感受東洋的傳統學問將沈淪不復，乃於明治十年，在東京大學設置和漢文學科，企圖維護逐漸衰退的日本傳統學問。再者當時無論研究歷史或政治學，都必需要有和漢古典、歷史、文學等基礎知識，又於十五年五月、設立以「國學」爲主的「古典講習科」。同年十一月、文部省專門局長濱尾新提出設立漢文學講習科的必要。於是以「國學」爲主的「古典講習科」稱爲「古典講習科」甲部、以「漢文學」爲主的稱爲「支那古典講習科」屬於「古典講習科」乙部。修業年限爲四年，招收四十名學生。但是由於大學經費短缺，而且受到一般社會流行尊重「洋學」風氣的影響，明治十八年停止招收古典講習科的學生，明治二十年將古典講習科的修業年限縮短了一年，翌年廢止古典講習科。雖然古典講習科的歷史甚短，畢業生也才有四十四名，但是由明治後半到昭和初年，由於古典講習科發揮有其承先啓後的功能，代表日本東洋學的才俊輩出，建立日本近世中國學的基礎。因爲「古典講習科」所講授的是以《皇清經解》

爲中心的實證之學，開啓近代的「漢學」研究的先聲。又由於漢學研究領域的擴大而開展了嶄新的研究領域，如林泰輔的中國古代史和甲骨文的研究，長尾雨山的中國藝術論，安井小太郎日本漢學史即是。再者「古典講習科」的畢業生不但自身活躍於當時的日本漢學界，亦於大學培育人才，建立了近代中國學研究的基盤，確立了承先啓後的地位。⑬

明治十年「西南戰役」以後，日本國內政治安定，逐漸發展成亞洲中唯一的近代國家。明治十八年，締結天津條約，日清兩國在政治上形成對等關係，日本人的中國觀自此以後也有了重大的改變。在中國學研究上，日本漢學研究有足以與中國本土學問匹敵的傑作存在，而日本文化亦擁有日本獨特的形態，可爲東洋文化代表的思惟逐漸形成。特別是明治末期以來，由於研究方法新穎，成果堅實，以超越中國本土的研究而達到世界學術水平爲目標，逐漸走向確立日本近代中國學的道路。

明治三、四十年代，由於日本獲得中日、日俄戰爭的勝利，穩固其亞洲先進國家的地位，完成近代國家的政治體制。隨著時代的推移，日本人自以爲是先於中國實踐近代化的先進國家，形成日本比中國優越的價值意識。在此風潮的影響之下，日本的知識階層的中國觀自然也有所更易。漢學者固然尊重中國傳統的學問，然而在民族意識的高昂，提倡日本主義的聲浪不絕於耳的情勢下，⑭先哲前賢著述而足以匹敵中國學者的編纂，以史學觀點整理江戶儒者學說的撰述一時興盛。前者的代表是服部宇之吉編修的《漢文大系》、早稻田大學出版的《漢籍國字解全書》。後者的代表則是以學案、學派的形式論述江戶時代儒學史的安井小太郎的《日本儒學史》。

《漢文大系》是從明治四十一年（一一九〇九）到大正五年（一九一六）的七年間刊行而成的，全書共二十二卷，收載三十八種書籍。按四部分類的話，可分為

經部：易經、書經、詩經、春秋左氏傳、禮記、四書、弟子職、小學。

史部：戰國策、史記（列傳）、十八史略。

子部：老子、莊子、墨子、韓非子、管子、荀子、淮南子、七書、孔子家語、近思錄、傳習錄。

集部：楚辭、唐詩選、三體詩、古文眞寶、文章規範、古詩賞析。

服部宇之吉編集《漢文大系》目的有二，一為系統的介紹具有代表性而且是常識性的中國古典及其精審的注釋，二為蒐集日本幕末到明治時代儒學家的研究成果。至於《漢文大系》所顯示的意義，則在於介紹中國最新的學術研究，推崇日本幕末以來前賢於漢學研究的成果。因為《漢文大系》所收集的中國古典注釋不但有漢魏唐宋的注解，也有孫詒讓《墨子間詁》、王先謙《荀子集解》等清人的注釋，。至於日本前人的注釋，特別是諸子的注疏更是大量的收錄。如安井息軒的《四書注》《管子纂詁》，太田全齋的《韓非子注》等。因此《漢文大系》的編集固然可以代表日本近代學術研究的成果，更重要的是，在日本近代化國家確立的時代背景下，其學術研究上，特別是諸子研究，也有足以與中國當代的學問，即清朝學術比肩的成果，這或許是服部宇之吉編集《漢文大系》最大的用心所在。

⑮ 《漢籍國字解全書》是早稻田大學出版部於明治四十二年（一九一〇）到大正六年（一九一七）

的八年間，分四次出版而成的。全書收集了江戶時代的國字解，特別是日本漢學鼎盛之元祿（一六八八～一七〇四）至享保（一七一六～一七三六）年間的「先哲遺著」和當時學者的新注而成的。

第一輯：四書、易經、詩經、書經、小學、近思錄、老子、莊子、列子、孫子、唐詩選、古文眞寶。

第二輯：春秋左氏傳、傳習錄、楚辭、管子、墨子、荀子、韓非子。

第三輯：禮記、莊子、唐宋八家文讀本。

第四輯：文章規範、續文章規範、十八史略、戰國策、國語、淮南子、蒙求。

所謂漢籍國字解，是中國古典的國字化，即融和漢學與國學的注釋，換句話說是漢學的日本化，此乃形成日本文化的重要關鍵。因此，《漢籍國字解全書》雖然和《漢文大系》同樣是整理漢籍，但是《漢籍國字解全書》的主要目的在保存日本文化的遺產與發揚近代日本學術研究的成果，不止是江戶時代到明治大正期漢學史的參考資料，更是探究日本近代學術文化的重要依據。再者，《漢文大系》的編集有兼收中國與日本於漢學研究成果，進而顯示日本漢學特色的用心。⑯《漢籍國字解全書》則全盤顯示漢學日本化的色彩，換句話說日本本土文化意識的顯揚是《漢籍國字解全書》的編集目的。

《日本儒學史》六卷是補訂安井小太郎講授於東京文理大學及大東文化學院的原稿，在昭和十四年（一九三九），經過門人的校正，附錄安井小太郎的「日本朱子學派學統表」及《日本漢文學史》的稿本，由富山房出版的。安井小太郎以爲元祿時期，反朱子學的古學派，即山鹿素行的古學，伊藤仁齋、東涯父子的古義學，荻生徂徠的古文辭學的盛行，是江戶時代儒學的鼎盛時期。至於文化文政（一八〇四～一八二九）到嘉永安政（一八四八～一八五九），朱子學與陽明學的復興，漢唐學及考證學依次興起，則是江戶期儒學的第二個高峯。《日本儒學史》的體例，是先辨明江戶儒者學問的系統和學派的歸屬，然後敍述生平傳略，論述其學術的內容及在儒學史上的地位，進而品評其學術的優劣得失。換句話說安井小太郎並非列舉先哲的著作和學說而已，是以學術史的觀點，進行取捨品隲。就此意義而言，安井小太郎的《日本儒學史》可以和黃宗羲的《宋元學案》《明儒學案》相提並論。

三、周邊向中心復歸

明治三十三年，內藤湖南以爲日本近代中國學宜以融合東西學術，創造第三新文明爲目標，至於學問的方法則是清朝的考證學，因爲德川末期的漢學是固守傳統而無進展的學問，而清朝學者的考證學，乃體得了西歐理性主義的學問方法，因此日本的學者應提昇自身的學問而到達清朝考證學的學問水準，進而確立研究方法，樹立東洋學術，開拓世界文明的新局面。⑰以內藤湖南、狩野直喜爲中心而創刊的《支那學》雜誌，則是實現以合理的科學的精神爲治學的態度，蒐集了達到世界學問水準之研究論著的具體成果，確立了日本近代中國學的基礎。再者以內藤湖南、狩野直喜爲中心之京都中國學派所從事的「敦煌學」與「俗文學」的研究，更開啓以「與中國當代考證學風同一步調」之新學風爲目標，而形成合乎世界學術水準的學問。至於內藤湖南有關「日本文化史」的一系列研究論述，更是脫離傳統漢文的「場」而以世界爲目標之學風下的產物。內藤湖南以爲富永仲基的「加上說」不但江戶時代漢學研究中最獨特且有邏輯性的理論，也是通用於世界的研究方法，⑱因此祖述富永仲基獨創性學風，發揮其博學識見而提出的「文化中心移動說」、「螺旋循環史觀」。雖然內藤湖南自稱其研究爲「獨斷史觀」，由於有歷史文化的底據，何嘗不是放諸四海皆準的學界通說。再者一般以爲應仁之亂是日本黑暗時代，但是內藤湖南卻認爲當時的公卿盡其所能地保存書籍和文化，則是象徵著具有「日本文化素質」的時代。賀茂眞淵、本居宣長主張日本具有優異於中國學問的特殊性，而鼓吹日本主義。內藤湖南則以爲日本文化中固然有中國文化的存在，但是由於前人的愛惜保有與融合受用，中國既已亡佚的文物，卻尙存在於日本，進而形成「日本的」文化，此「受容而變容」的文化即是日本獨特的文化形態。明治以來，以「受容而變容」的形態融通西洋近代文化與東洋傳統文化而形成的日本近代學術文化，即通過各種管道而傳入中國。⑲

吉川幸次郎爲內藤湖南、狩野直喜之後，京都學派中國學的代表學者之一。其在《支那學》發表的〈日本の中國文學研究〉⑳是繼承內藤湖南、狩野直喜通向世界學術之學風的著作。吉川幸次郎首先整理明治時代到昭和初期，日本有關中國文學研究的論著，探究日本於中國文學研究的歷史發展，進而指出近年研究的偏差與將來研究發展的課題。其以爲以返本開新的歷史觀點，對戲曲、俗文學等新領域，從本質內涵上進行精密的研究，則必有著實新穎的成果。吉川幸次郎的論述，乃有袂別明治時期的漢學研究，超越中國本土的文學研究，躋身世界學術水準，確立日本近代中國學於世界中國界之地位的意義在焉。

日本近代以來既繼承包含中國文化在內的日本傳統文化，又融合西洋文化而形成日本近代文化。十九世紀以後，日本的近代文化不但傳入中國，也影響其周邊的國家，引發亞洲各國東洋文化的衝擊，形成東洋化的風潮。就東亞文化傳播的發展徑路而言，這是由周邊向中心逆向傳播的現象。回顧東亞文化傳播發展的歷史，東亞是一個文化共同體，再審視現代東亞各國的文化現象，融通中心所在的中國文化與周邊位置的日本近代文化而形成東亞現代新文化，或為當今東亞文化的理想形態。

四、東亞的文化形態

東亞雖然包含數個國家和地區，然就文化形態而言，則是以相同基底而形成的共同體。既是共同體，則必須有共通的文化認同意識來維繫其存在。換句話說東亞的國家和地區，雖然以其自身的傳統思想文化而展開，形成其獨自的文化形態，但是探究其基底，則是儒家和佛教的思想文化。而東亞各國的佛教並不是印度佛教，是融合中國思想文化而開展的佛教。因此東亞的文化就可以說是儒家文化，東亞的文化形態即以儒家思想為普遍性價值觀而形成的文化。

眾所周知的，儒家思想是中國傳統思想文化之普遍性價值觀的所在。唐宋以來，中國文化東傳日本，儒家思想根植於日本社會各階層，而「愛物」以產生的惜物保有的精神則是中國所闕如的。在探究東亞思想形態的問題時，會通儒家「安仁」與道家「安順」之極致發用的「和諧」㉑及日本惜物而保有的精神，或爲圓滿具足而有「普遍性價值觀」的東亞文化形態。因爲由於「和諧」的體得珍惜而長久保有，才能構築協調性的社會組織。《論語・學而》說：「禮之用和爲貴」，禮的作用在於調和的追求，即秩序整然而且諧調的社會才是理想的社會。《孟子・梁惠王下》說：「君子不以其所以養人者害人」，「所以養人者」是指生養衆生的土地，爲了食糧或財產的取得而殘害百姓是君子所不爲的。土地再貴重，也是生養大衆的大地，爲了爭奪土地而犧牲人命是本末倒置的行爲。換句話說，「和」的究極意義不但是以調和的精神孕育出的共同社會之結合意識的倫理思想，同時也是泯除彼我的差別，進而產生人與自然共生的和諧思想。

東亞各國的文化雖然是以儒家思想爲主體而形成的，但是依然有其獨自開展而成的所在。在自身歷史文化的發展過程中，由於與鄰接國家的交錯，終不免會發生文化的衝突。雖然如此，杭庭頓說：今日世界應有阻止文化、文明間衝突的必要性之認識，進而呼籲「文明化對話」以探索減少文化、文明差異之道，增進文化、文明的共通融合性的互動，是世界平和的重要課題。㉒若然，以「和」而開展出來的人與人共生、人與自然共存的思想則是東亞地區的共同意識。

結語

日本儒學的特質在於庶民化、文物保存的精神與禮文制度化，㉓即使明治維新全盤西化的時代，尚能維繫其傳統文化的精髓。此西洋科技與東洋文化兼容並蓄的文化傳統持續至戰前。戰後日本雖依然遵行其禮文制度，其立禮的涵義卻逐漸爲人所淡忘。經濟優先、科技第一而文化其次的結果，即使政府提倡教育改革，依然無法挽回人文教養日趨微薄的事實。至於當代研究中國學的學者或許是維持江戶時代古義學派政教分離而專事學問的傳統，也或許是不屑明治期東京部分學者依附政府，致使學術淪爲政治的附庸的學問形態，㉔甚少以社會關懷和社會教化的實踐爲其職志的。金谷治先生強調對現代有強烈的關心是中國學者共同的傾向，這是中國人的傳統，也是中國思想的特色。㉕此一論述正可以透露出日本中國學者對現代社會漠然無關的消息。

戰後的台灣維繫了中國傳統文化，特別是一九七五年以來，台灣的新儒家更開展了儒學的進路。相對於中國大陸和臨國的日本而言，知識分子關懷時代，而且能提出具有文化慧命的理論架構是台灣新儒學的特質。就今日的時代趨勢而言，以台灣鄉土文化建立的人文心靈和文化理想的新儒學爲原點，恢宏儒家以「和」爲主體的「普遍價値觀」，構築共生共存的倫理，則是東亞社會的終極理想。

【附　註】

① 鶴見和子《內發的發展論》（東京大學出版會、一九八九年）。

② 〈日本文化とは何ぞや（その二）〉（《日本文化史研究》（上）、一九八七年三月、講談社學術文庫、《內藤湖南全集》第九卷、一九九七年七月、筑摩書房）。

③ 內藤湖南〈學變臆說〉說：文化傳播的路徑不是直線的，而是螺旋狀的提昇。（《淚珠唾珠》所收、《內藤湖

南全集》第一卷、一九九六年一月、筑摩書房）。

④ 同註②。有關內藤湖南「螺旋史觀」的學說，參宮崎市定〈獨創的なシナ學者內藤湖南博士〉（《宮崎市定全集》二十四、一九九四年二月、岩波書店），小川環樹〈內藤湖南の學問とその生涯〉（《內藤湖南》、一九八四年九月、中央公論社）。

⑤ 安井小太郎〈《篁村遺文》跋〉。

⑥ 內藤湖南〈履軒學の影響〉（《先哲の學問》、一九八七年九月、筑摩書房）。

⑦ 安井小太郎〈大田錦城〉（《日本儒學史》六、一九三九年四月、富山房）。有關安井小太郎的《日本儒學史》，參連清吉〈安井小太郎及其《日本儒學史》〉（《東亞文化的探索——傳統文化的發展》、黃俊傑・町田三郎・福田殖主編、正中書局、一九九六年十一月）。

⑧ 町田三郎先生〈『漢學』二題〉（川添昭二《地域における國際化の歷史的展開に關する總合研究——九州地域に於ける》所收、一九八九年三月科研究成果報告書）。

⑨ 連清吉〈安井息軒：集日本考證學的大成〉（《日本江戶時代的考證學家及學問》、一九九八年十二月）。

⑩ 同註⑦。

⑪ 參連清吉〈清代與日本江戶時代經學考證學的異同〉（《日本江戶時代的考證學家及其學問》、一九九八年十二月）。

⑫ 安井息軒的基督教批判，參考町田三郎先生〈安井息軒覺書〉（《東方學》七十二輯、一九八六年七月）。

⑬ 關於「古典講習科」，參閱町田三郎先生的「東京大學『古典講習科』の人々」（《九州大學哲學年報》五十一期、一九九二年三月）。

⑭ 神田喜一郎說：大抵以中日戰役爲契機，一般人日本人對中國文化的態度遽變。（《日本における中國文學Ⅱ》、《神田喜一郎全集》第七卷、一九八六年十二月、同朋舍）中日戰爭的結果，與其說一般日本人輕視中國，毋寧說誘發蔑視中國文化的風潮。漢學、漢詩文之所以受到嚴重的打擊，與此社會背景有極大的關連。（《日本における中國文學Ⅱ》、《神田喜一郎全集》第七卷、一九八六年十二月、同朋舍）。

⑮ 有關《漢文大系》，參町田三郎先生〈漢文大系について〉（《九州大學文化史研究》三十四輯、一九八九年三月）。

⑯ 關於《漢籍國字解》的論說，參町田三郎先生「《漢籍國字解全書》について」（《東洋の思想と宗教》第九號、一九九二年五月）。

⑰ 內藤湖南〈讀書に關する邦人の弊風付漢學の門徑〉（於《內藤湖南全集》第二卷、《燕山楚水》、筑摩書房、一九九六年十二月）。

⑱ 內藤湖南《先哲の學問》、筑摩書房、一九八七年九月。宮崎市定說顧頡剛以「加上說」論述中國古代史的發展，（《古史辨》自序）或受到富永仲基「加上說」和內藤湖南「加上原理」的影響。（宮崎市定〈獨創的なシナ學者內藤湖南博士〉（《宮崎市定全集》二十四、一九九四年二月、岩波書店）。

⑲ 內藤湖南〈日本國民の文化的素〉（《日本文化史研究》（下）、一九八七年三月、講談社學術文庫、《內藤

湖南全集》第九卷、一九九七年七月、筑摩書房）。內藤湖南〈日本國民の文化的素質〉（《日本文化史研究》（下）、一九八七年三月、講談社學術文庫、《內藤湖南全集》第九卷、一九九七年七月、筑摩書房）。

⑳ 收入《吉川幸次郎全集》第十七卷、筑摩書房、一九六九年三月。

㉑ 余英時先生說：「維繫自然關係的中心價值則是『均』『安』『和』。……均衡與和諧都是獲致，而是必須克服重重矛盾與衝突才能到達的境界。」（《從價值系統看中國文人的現代意義》》、時報文化出版公司、一九筏四年三月）可知「和」是中國文化價值的中心所在。

㉒ 杭庭頓(Hungtingtion)《THE CLASH OF CIVILIZATIONS AND THE REMAKING OF THE WORLD ORDER》的譯本（《文明の衝突》、鈴木主稅譯、東京集英社、一九九八年八月）。

㉓ 辻達也《江戶時代を考える》、頁一七九－一八一、中公新書、一九九〇年九月。

㉔ 坂出祥伸〈中國哲學研究の回顧と展望－通史を中心として〉（《東西シノロジー事情》、東方書店、一九九四年四月）。

㉕ 金谷治先生〈中國の傳統思想と現代〉（《中國思想を考える》、中公新書、一九九三年三月）。

近代日本「東洋學」的成立與發展試論

中央研究院中國文哲研究所助研究員 陳瑋芬

西洋倫理以知識的探求為主，不重視心德的磨練。換言之，道德思想必須先經過知性的求索，才能付諸實踐。二者合一，不可偏廢。若能結合東西洋道德之長，古今未曾有的偉大道德必將出現。①

——井上哲次郎

向來講授支那歷史時僅以歷史興亡為主，未能涉及人種之盛衰消長。對於東洋歷史之講授，須不僅論述東洋諸國之興亡，且及於中國種、突厥種、女真種、蒙古種等之盛衰消長。②

——那珂通世

一、中國的「東洋」，日本的「東洋」

關於「東洋學」一詞，《廣辭苑》的定義是：「研究東洋的學問，始於十八世紀的歐洲」③。那麼「東洋」包含的地理範圍呢？《廣辭苑》提供了下列二種解釋④：一是「土耳其以東的亞洲諸國之總稱。特別是亞洲東部和南部，即日本、中國、印度、緬甸、泰國、印度支那、印尼等之總稱」。二是「在中國，意指日本」。由此可見，日語世界流傳的「東洋」概念與傳統漢籍中「東洋」所指涉的範圍，有相當的差異。何以造成如此狀況呢？本節將分別考察傳統漢籍的「東洋」語意，與日語世界的「東洋」用例作比較。

傳統漢籍中，「東洋」一語可見於酈道元的《水經注》，意指脩水⑤；作爲海域範圍的例子，始出於元人汪大淵的《島夷誌略》⑥。當時以「東洋」、「西洋」爲分隔「南海」東西之語；元代時其西境遠達印度、斯里蘭卡，到波斯沿岸。宮崎市定主張「東洋」、「西洋」的用法，可以上溯至南宋，乃周去非《嶺外代答》（一一七八）⑦中「東南洋」與「西南洋」的省略形態⑧。明人張燮的《東西洋考》⑨有「西洋考」十五國、「東洋考」七國──即呂宋、蘇祿、貓里務、沙瑤吶嗶單、美洛居、文萊、雞籠淡水；其中把日本及紅毛番編入「外紀考」內。《島夷誌略》與《東西洋考》所稱「東洋」，係南海東部及附近諸島，大約在北半球東經一一〇度以東，主要是加里曼丹島、菲律賓群島等地域。清人陳倫炯的《海國聞見錄》⑩以東洋記、東南洋記、南洋記、小西洋記、大西洋記、崑屯記、南澳氣記來敘述天下沿海之形勢。史傳中，《明太宗實錄》有「東洋馮嘉施蘭」⑪、「東洋朝鮮國」等語⑫；《明神宗實錄》亦有「東洋呂宋一國」、「西洋船闊一尺稅銀六兩，東洋船闊一尺稅銀四兩二錢」⑬等語。《明史》以婆羅爲「東洋盡處，西洋所自起也」⑭；並言及馮嘉施蘭是「東洋中小國」⑮，而「東洋不產丁香」，獨美洛居有之⑯。可以發現與《島夷誌略》、《東西洋考》相較，史傳中的「東洋」不僅涵蓋了南洋（馮嘉施蘭、美洛居），也包括日本與韓國（朝鮮國）。

相對於史傳和地誌，元明清的文學作品中雖可尋得為數不少的「東洋」文例，但所指涉的地域範圍顯得模糊。《水滸傳》有「馬跨東洋獸，人擎北斗旗」⑰，及「一望都是白浪滔天，無邊無際，似個東洋大海。就是肋生兩翅，也飛不過」⑱。《平妖傳》有「他投東洋大海去，那裡去尋？」⑲，及「我為客在東洋大海船上，只見水面上浮著一個吊桶，水手撈起來看時，硃紅字寫著大相國寺公用。正看之間，風浪大作，幾乎覆船。隨即許了送還吊桶，風浪即時平息。因此來還吊桶愿心」⑳。此外，《西遊記》裡約有二十個「東洋」的用例，「東洋大海」對悟空而言，簡直是個蓬萊仙境、寶藏無盡㉑。由記述中可知「東洋大海」在瀛洲和落伽山之東，距離甚遠；而其中最吸引悟空的去處，就是龍宮。再者，《金瓶梅詞話》、《醒世恒言》、《型世言》中都以「東洋大海」表示遠方㉒。

清代以降，因為日本位於中國之東的海中，因此中國人漸習稱日本為「東洋」，而使「東洋」呈現複義並存的局面。《新清史》有「賞京師大學堂東洋教員服部宇之吉文科進士」㉓。《清史稿》有以下諸例：「就五大洲言之，宜於西洋，宜於東洋，豈其獨不宜於中國？」㉔；「先赴東洋試行。……。先是招商局船駛往新嘉坡、小呂宋、日本等處」；「派大員往東洋議約。……。鴻章至日本」，皆以「東洋」為日本。《兒女英雄傳》的「東洋玫瑰油」應指日本㉕。紀昀的《閱微草堂筆記》則把「東洋」勾畫為「自日本以外」、包括「大小國土凡數十，大小島嶼不知幾千百」的廣袤海域，非南洋諸島、也非單指日本㉖，是為特例。

津田左右吉(一八七三—一九六一)認爲日本所使用的「東洋」語係源自中國。他如此說明歷史上「東洋」一語的產出、變遷、以及所指涉的海域範圍。

東洋之名源於支那，元末或明初時，爲了區分經由南海來貢的船舶所來往的海域，遂以其所在位置來命名——東部稱東洋，西部稱西洋。……。至於東洋與西洋之分界線在何處？是根據什麼標準設定此分界線的？學者們因人而異，有不同的見解。就算所指爲眞，時移境遷也或多或少應有所變化。概而言之，菲律賓群島方面爲東洋，菲律賓群島以西之群島與其沿海、以及印度洋方面爲西洋。當歐洲人經印度洋到支那時，他們也曾自稱自己的母國爲西洋。古老以西域稱呼經由西北陸路可交通之地；而西洋的稱呼，則在日後漸漸也含蓋了支那人智識所及的遠西。東洋在往後相當長的時間，所指涉的地域一直局限於狹窄的地域範圍，這是支那人因爲長期無法開拓東洋以東的航路，近來則以東洋稱呼位於東方的日本之故。本來以位於支那南海東部而得名的東洋，從此成爲支那東海的象徵。而西洋所謂東洋的含蓋範圍，皆爲支那的藩屬之地、即蠻夷之地，所以支那當然不會把自己納入東洋之一員㉗。

接著他指出日本近世以後出現了「東洋」一詞，但是日本人所理解的「東洋」，不論在地理位置或是文化意涵上，都不完全繼承中國。

至於日本，隨著德川時代中期對歐洲的了解漸增，開始使用西洋一詞稱呼位於此極西之地的諸國，並付予其文化意涵。亦即認爲西洋具有特殊的文化。但是此稱謂普遍之後，則生出爲東方之文化國命名的欲求；因此產生爲東洋一語付新意，並以此稱呼以支那爲中心、受納其文化之地域的構想。佐久間象山的詩：『東洋道德西洋藝，匡廓相依完圈模，大地一周一萬里，還須缺得半隅無。』所表述的應爲此意吧！若果眞如此，對支那人而言指涉了蕃人的東洋，到了幕末時代的日本人，卻易之爲包含支那、且在文化意義上是以支那爲中心的地域之稱謂。伴隨著西洋乃非蠻夷亦非蕃人之文化國的認知，日本未採納支那以東洋西洋區分經由南海來貢的蕃人之國、域外之國的作法，而將世界之文化國大別爲二，分別以東洋和西洋爲之命名。稱謂的意涵完全改變了。當然，在這個意義下的東洋，也包括了日本，這是因爲日本爲了要受納發源於支那的儒教、或說儒家之學，而視西洋的文化爲技藝，並採與之對立的立場，認爲日本與支那擁有同樣的道德㉘。

即十七世紀（江戶時代中葉）以降，日本人經由傳教士拓展了與西方國家的接觸，開始使用「西洋」之名，稱呼處於日本極西地位的歐洲各國㉙；並逐漸賦予「西洋」以文化上的意義，表述一種與東亞或日本異質的文化形態和社會形態。對於十七世紀以後的日本人而言，「西洋」逐漸成爲一個具有人文意義的範疇；「東洋」也在幕末時期成爲「西洋」的對應語，指涉東方的國家，開始具備文化上的意義。從佐久間象山（一八一一—一八六四）的著名詩作可知，在十九世紀初期，日本人已經區分出世界的「東洋」和「西洋」兩大文化圈。當時他們雖未稱呼中國人爲「東洋人」，但把中國當作「東洋」的核心；而以「東洋」指涉以中國爲主的、曾經影響日本文化的國家和地區。

明治維新後，「東洋」約在一八八〇年代進入公共論壇與學術場域，當時儒教伴隨著國家主義的興起，改頭換面成為「亞細亞論」而再生。「亞細亞論」中最重要的書寫形式，就是環繞著「東洋哲學」、「東洋思想」、「東洋倫理」、「東洋文化」、「東洋人」、「東洋學」、「東洋史」等主題所呈現出來的「東洋」論述。

井上哲次郎（一八五五—一九四四）是第一位提出「東洋哲學史」，試圖運用西式概念，重新全面地詮釋東方思想，加以哲理化、體系化的學者，被喻為「日本東洋學的開拓者」。他在一八八一年十月受加藤弘之之託，於編輯局兼官立學務局從事「東洋哲學史」的編纂工作，並創辦《東洋學藝雜誌》㉚。翌年轉任東大「古典講習科」副教授，負責「東洋哲學史」和「論理學」課程，同時繼續在東大編輯所編纂「東洋哲學史」。由於當時授課的相關記載闕如㉛，無法得知詳細內容。他晚年寫作《明治哲學界的回顧》㉜時，曾述及研究東洋哲學的動機是：作為「東洋人」的一員，自己有責任必須著重宗教和倫理範疇的史實，把東西洋思考加以比較和對照，來架構東洋的哲學體系。他認為東洋思想本身具體哲學性，只是尚未被充分展示出來，因此須參照西方哲學，加以理論化，提升它的價值。這樣的看法，既走出幕末的渡邊華山、高野長英等人以西洋文化含蓋東洋文化的觀念，也迥異於西周以中日思想完全不能和西洋哲學匹敵㉝的想法。「東洋」不再是一個必須甩脫離棄的概念，而成為可以正面肯定的目標。

進入二十世紀，從岡倉天心（一八六二—一九三二）的「亞洲一體」到二十年代為止，密集出現了不少探討「東洋倫理」的學術論著。如松村正一著《孔子之學?：東洋倫理》㉞，木村鷹太郎、久保天隨、三浦藤作的《東洋倫理學史》㉟，岩橋遵成、豊島要三郎編《修養寶鑑：東洋倫理》㊱，遠藤隆吉、服部富三郎、鈴木由次郎的《東洋倫理學》，㊲岩橋遵成、遠藤隆吉、宇野哲人的《東洋倫理》㊳，服部宇之吉著《東洋倫理綱要》㊴，岩橋遵成著《東洋倫理思想概論》㊵，安岡正篤著《東洋倫理概論》㊶，荻原擴《東洋倫理學史》㊷等等。而在日本將對大陸進行侵略二十年代到三十年代之間，則有數本「東洋文化」的相關論著問世。如松井等的《東洋文化觀》㊸、松本文三郎的《東洋文化之研究》㊹、中山久四郎的《東洋文化渾成時代》㊺、安岡正篤的《東洋文化之世界性意義》㊻、井上哲次郎的《東洋文化與支那的將來》㊼、金子健二的《東洋文化西漸史》㊽等等。

「東洋倫理」論者所指「東洋」的涵蓋範圍，與前述「東洋」≧中國+印度+日本的觀點有所差別；「東洋文化」論者則試圖在拭去儒教相對於中國的獨特性之後，進一步為日本的個別性賦上符合提供「東洋」普遍性倫理的資格。津田左右吉已經指出「東洋倫理」、「東洋文化」論者改易「東洋」意涵的目的，是欲消弭以中國文化、儒教思想為文化根源的意識，推行日本才眞正能繼承東亞傳統、日本思想中早已孕育東方思想本源的觀點，賦予日本的思想文化以一種普遍的價值。第二、三節將從「知識的分類」與「學問的重新定位」著眼，分別探討「日本東洋哲學的開拓者」井上哲次郎（一八五五—一九四四）與「日本東洋史學的創設者」那珂通世（一八五一—一九〇八）的學術背景，分析他們為何在知識場域主張哲學與史學的「東洋學」研究，並簡介其主張的具體內容。

二、東洋哲學的開拓者——井上哲次郎

學界在評論井上哲次郎的成就時，有以下數種看法。嚴紹璗將井上定位為「官學體制學派」的代表者，並舉出井上為「西洋腐儒」的說法，批評其學術為腐朽的象徵，他認為井上思想體系的全部價值，只是強化國民對天皇體制的認同感而已㊾。坂出祥伸則批評井上以「哲學」置換「漢學」的嘗試，和以「孝悌忠信」與「共同愛國」來解釋《教育敕語》的作法，都不過是假近代之名，行鞏固天皇絕對威權之實㊿。而 Warren W. Smith Jr. 則著重井上的王道主義和東洋文化論，並說明井上之所以從事日本倫理的相關研究，是因為憂心西方的功利主義和個人主義已經嚴重地侵蝕日本固有道德㊿。但是 Gino K. Piovesana 卻指出井上企圖結合西德維克的快樂論、史賓賽的進化主義、和東方的聖人倫理學，希望熔合西洋倫理與東洋道德於一爐。他所扮演的角色不僅跨越明治哲學發展的三個階段，並且沿伸到大正、昭和時代㊿。

究竟井上哲次郎的為傳統漢學近代化的嘗試，是否僅止於為天皇政治服務的價值？它的內容與西方近代思潮有什麼互動？而井上的「東洋哲學史」研究在日本近代哲學發展史上扮演著怎樣的角色？它承繼了什麼傳統？又表現出怎樣的新意？

井上哲次郎是東京大學的第一屆畢業生，留德近七年，在他身上剛好體現了日本近代化過程的幾個重要的轉折點。他出生於九州太宰府的醫師家庭，幼年正逢幕末蘭學的全盛期，因為家居九州博多

近郊，使他能夠同時接受四書五經和英語教育。維新時期適逢學制改變，中學赴長崎「廣運館」接受新制西式教育，其中教師幾乎全爲英美籍，授課交談均使用英語，因此充實了優異的語言能力。畢業後獲選進入東京開成學校，以兩年時間修畢課程，考入新成立的東京大學，成爲「史學哲學政治學科」的第一屆學生，主修哲學輔修政治。可以說，井上的求學過程都正好跟上西化政策的潮流，而能夠一帆風順地接受當時最尖端的教育。他僅在幼時漢學私塾教育中讀過四書五經，與皆自幼接受長期的儒學訓練，蘊蓄深厚儒學根抵的啓蒙學者不同；而他受的西式教育，也令他所走的路線與同世代的林泰輔（一八五四—一九二二）或西村天囚（一八六五—一九二四）等，隨地方儒者習傳統儒學的「書生」大相逕庭。然而井上卻自認爲「儒學」是引導他選擇「哲學」的契機。他自述主修哲學的動機是：

不知名的原因，心裡很希望能夠主修哲學。也許是小時從太宰府的中村德山先生學習儒學的印象，成了根深柢固的力量，令自己對哲學產生莫大興趣吧！㊿

此外，東大哲學系的課程設計，則令他重新燃起研讀儒學的願望。他指出自己之所以著手研究東方思想，是受到中村正直和原坦山二人的薰陶。

漢學課程由中村敬宇先生擔任，他的教學對我的影響不小。……。在敬宇先生的薰陶下，我再次著手漢學研究。

原坦山最初講的課是大乘起信論，授課方式和自撰講義都非常能夠吸引學生的興趣。在當時的學界相當受注目。……。吾今日仍不懈怠於大乘佛典的研究，固然是對其哲理感興趣，但喚醒這個興趣的，乃原坦山氏也。[54]同時他特別提到對菲諾洛沙的教學印象深刻[55]。菲諾洛沙在討論社會和宗教進化理論時，完全依循史賓塞路線，是史賓塞學說的忠實信徒。

東大畢業後，井上進入文部省「御用掛」，著手編纂「東洋哲學史」。同一年他將西周所表述的術語和概念，加以潤飾和修改，輯成《哲學字彙》一書出版；並與杉浦重剛等人創辦《東洋學藝雜誌》。一年後他因爲無法適應文部省的官僚主義而辭去文部省職，轉任東大「古典講習科」副教授，同時在東大編輯所繼續編纂「東洋哲學史」。他自述之所以研究東洋哲學，是來自強烈的「東洋人」責任感：

> 有些人認爲東洋的哲學除了考古學和文獻學的價值外，便不值一顧，這是他們未曾深究東洋哲學的緣故。對於東洋人而言，研究東洋學，將之與西洋哲學加上比較對照，進一步構造東洋的哲學思想，應最能得其眞諦。
>
> 特別在宗教和倫理範疇裡，必須基於東西洋的哲學史實，加以咀嚼消化，並須懷抱提升發展東洋哲學的抱負。因此本人在研究西洋哲學的同時，對東洋哲學的研究亦不懈怠，以兩者的融合統一爲己任。

至於研究東洋哲學的方法，他認爲必須捐棄成見，以辨別倫理之本源爲追求眞理的目標。他說：

> 須明辨倫理之大本，東洋西洋之論議不可混爲一談。區分大小派系、誹謗師父、詈罵友朋，或

> 以孔丘爲聖而排異端、以黑格爾爲賢兒斥牛頓，皆將陷於偏曲，詭辯蜂起、遁詞百出。而眞理遂不得討尋。余等既以哲學士自詡，必先講究倫理之大本。[56]不可因其爲泰西人之言而盲信之。必須質詢自己的理性，以之爲判斷是非的唯一標準。[57]

並強調面對西學時，不盲目崇拜信、獨立自主的態度。

井上於一八八四年（明治十七年）二月踏上西行之途，留學德國。他在這一段留學時期廣泛吸收歐洲哲學，並與多位哲學家討論「東洋哲學史」的構想，所接觸的西洋知識，深度遠遠超過中村正直等幕末的留洋者。他先在柏林學習德、法、意、希臘、拉丁語四個月，之後進入海德堡大學，以一年左右的時間修習菲秀（K.Fischer）的哲學課，並旁聽自然科學課程[58]。一八八五年九月他轉赴萊比錫大學，聽了一學期溫德（Wundt）的哲學課[59]。此時由於柏林大學新設「附屬東洋語學校」，邀請井上擔任日語教師，任教的三年期間，他亦於柏林大學旁聽切樂（Zeller）的課，同時在「萬國東洋學會」結識馮・哈特曼（Edward von Hartmann）和各國印度哲學的研究者，特別推崇哈特曼的「無意識哲學」與「靈魂存在」的觀念[60]。井上自述並不喜大量聽課，但積極訪視當時德國哲學界的大家，與黑格爾、李普曼（Otto Lipmann）、和菲希納（Fechner）等人均有接觸，亦曾赴英國與史賓塞見面。對大學時期便通讀過史賓塞主要著作的井上而言，親炙史賓塞的經驗是相當大的鼓舞。

井上以日記《懷中雜記》[61]記錄他留德六年十個月的時事和所思所感。他揚帆後的第一則日記中賦有如下的詩。

遲遲惜別出部門，蓮嶽摩天落日昏。此自所期唯一事，欲窮西洋哲學源。

留德期間，他再三地與歐洲的思想大家交換「東洋哲學史」的寫作意見。例如，一八八六年二月四日他訪問李普曼後，作如下的記載：

交談種種話題之後，余闡明已久蘊著作東洋哲學史之志，此稿未竟，然假以時日，應可完成脫稿。氏云，印度哲學方面，雖有少數著作，尚不完整。迄今支那哲學日本的哲學的著述鮮少，特別日本哲學方面更無聽聞，君若能完成東洋哲學史概論，可謂厥功甚偉。

數十日後他拜訪溫德教授時，也如此明志：

余述著作東洋哲學史之志。氏云，西洋之東洋研究，皆非關哲學，而哲學之內容均以西洋哲學為主，無暇顧及東洋哲學。君倘若能完竟此東洋哲學史，必生極大效益。62

長久以來對此課題的強烈自覺，獲得師友積極正面的肯定，顯然給予井上莫大鼓勵。西方對中日哲學思想近乎無知的現象，令他意識到「東洋哲學史」的完成，不僅將對東方思想界有所貢獻，也將使西方思想界認識中日的哲學，提供新的參考座標。不過在以上詩作和問答體記錄中，對於所接觸學者的學風學派等知識性分析幾乎闕如，也並未具體指陳將如何窮究西洋哲學源流的方法63。

留德後期，井上才逐漸歸結出刻劃東洋哲學的方式。一八八七年遊學巴黎期間，他主動訪問法國文官 Julos Simon 和 Paul Janet 教授，而有如下對話：

全歐無一人精通支那日本哲學，去年赴維也納出席東洋學會，廣會萬國東洋學者，然知曉極東諸國哲學史者甚少，知孔子者亦不及於老子，遑論諸子百家之學，皆未爲歐人所知曉。64

言談之間提及東洋哲學史的話題。氏云，日本古有哲學家乎?予謂，日本二百年前哲學家輩出，往往自倡一家之學。並向其說明江戶時代是日本哲學的全盛期，且具體地注記人名與著作。65

他特別提出古學派的伊藤仁齋與荻生徂徠、朱子學派的貝原益軒與山崎闇齋、以及陽明學派的大鹽中齋，來勾勒江戶時代的主要思想流派。之後他創作《日本古學派之哲學》、《日本朱子學派之哲學》、《日本陽明學派之哲學》三部作時，便採取以人物思想爲主的哲學史。他先區分學派，在以個論的方式，論述個別人物的學說事跡。

即將結束留學生涯返國之前，他再賦「此日賦五絕一首述志」詩，表明欲創新哲學的心志：

幾歲嘗辛苦，工夫漸入深。欲與新哲學，先自中心始。66

這個心願在他結束留歐生涯返國後，逐步實現。

井上於一八九〇年（明治二十三年）十月返日，當時適逢儒教教育的推廣期，他頂著一流精英的光環，受到明治政府極大的期待。於是他再度攀上明治二十年代回歸傳統的潮流，迅速成爲東京帝國大學文科大學「哲學科」的首位日籍教授；同時在以培育新漢學者爲目的的古典講習科中教授「東洋哲學史」，實踐儒學的近代化教學。他也立即受到文部大臣芳川顯正的提名，受命爲明治天皇敕撰《教育敕語》作注，出版《敕語衍義》一書，成爲教育政策的代辯者。芳川顯正爲《敕語衍義》所作的序中，指出發佈《教育敕語》的動機是因爲西風盛行，東洋傳統隱沒、道德淪喪。

> 維新以還，學藝競起，無處而無學校，無人而不挾開。人文之闢，蓋前古所未曾聞也。是以青襟子弟，各斐然成章，雖有大可觀者，然其於德行，則有甚遜焉者。憂國之士，慨歎不措。[67]

接著點明維持國家存續的要件，乃在道德。

> 道德之於國家，猶鹽之於肉也。夫有鹽則肉保其質。……。乃知道德也者，持國之鹽矣。

所以《教育敕語》的主要目的，就是宣揚國民道德，以結合民心。因此井上在《敕語衍義》的自序中指出：返國後對照西方繁盛文物和日本現狀，感慨萬端，意識到日本社會迫切需要改良。因爲在歐美列強環伺下，國人必須「視生命如塵芥，奮勇爲國，以示公義心之不可或缺」；體認天皇在敕語中所喻示的「修孝悌忠信之德行，以固國家之基礎，培養共同愛國之義心，備不虞之變」的眞意，並付諸實踐。他認爲雖然過往的漢學者與國學者已經闡明孝悌忠信的之必要，但是《敕語衍義》的目的在證明「何以孝悌忠信是德義之大者」，論述「何以人必行德義」。所以希望能透過自己的解說，彰顯《教育敕語》本意，並使之成爲「吾邦人今後國民教育的基礎」。

井上認爲東方思想最可貴者乃是「道德」——留洋的經驗令他深切體會到宣揚東方思想的重要，企圖以「西洋倫理」來演繹「東洋道德」，賦予後者更高的學術價值。他直接連結「孝悌忠信」和「共同愛國」，以之爲日本人道德的兩大德目，強調這是所有「臣民」對「君主」應盡的義務，也是拯救日本的唯一方法。他以「忠孝一致」作爲道德第一義，強調「忠君愛國」的精神，鼓勵臣民應如「孝親」般的「忠君」，對於國家社會應輕己身如鴻毛，無私奉獻。井上十分執著日本形態的皇統觀念—

即所謂日本天皇爲「天孫降臨」、「萬世一系」，日本民族爲「天降民族」、「八紘一宇」，故而日本爲「神國」、「超然萬國之間而獨秀」的觀念⑱。他在面對自由主義、民權風潮時，意識到這些觀念有可能動搖天皇體制，把儒學孝悌忠信的倫理觀念與德國國家主義結合，再強調日本傳統的皇道觀念，來鞏固人民的民族榮譽感和對天皇制國家體制的認同感。嚴紹璗認爲《敕語衍義》深深烙著德國國家主義的印記，而井上的這些信念，是留德期間受到俾斯麥、斯坦因等國集權主義者的影響的結果。他批評井上的思想體系「既是學術的，又是政治的」，這個龐大體系的全部價值在於「使國民天皇制國家體制的意識」⑲。

然而爲了說明歷史上如何應用「孝悌忠信」於「共同愛國」，他必須回歸歷史事實，加以檢證。於是在完成《敕語衍義》後，他立即著手「東洋哲學史」的編纂工作。可以說「東洋哲學史」和《敕語衍義》之間，存在著內在的必然性。

井上由中國、印度、日本三方面來形構東洋哲學的體系。中國思想方面，他發表了數篇先秦思想的論述。「哲學會」⑳的五十八回（一八九〇年十一月二十六日）例會中他以「性善惡論」㉑爲題發表演說，分析中國人性論的發展史及個別性論的內容，並對照西洋哲學的類似表述。指出康德已在其著作" Die Religion innerhalb der Grenzen der blossen Vernunft "（一七九三）中對性之善惡有精深的詮釋，值得借重，而此文詳細考察中國性論的內容，是希望不僅能裨益東洋學者，也能提供西方學者參考。然而內田周平卻爲文批評其論不過是一種西學知識的誇示，缺乏深度，井上也立即發表長文辯駁，與內田展開筆戰⑫。其中井上述及多年來編纂「東洋哲學史」的心路歷程。

吾之「性善惡論」爲「東洋哲學史」中的一篇，雖屬未定稿，卻已將之公開並於萬國東洋學會中宣讀。吾之著作東洋哲學史，始於十一年前，當時因史無前例而深感困難，持續三年，完成孔孟老莊等部分，其餘則尚未整理。赴歐七年間，專事西學，東洋哲學史之著作暫時中斷。歸國後再度蒐羅中國古書，盼能將之順次完稿，以遂多年宿志。然而益感脫稿問世之事，尚期十餘年之後矣。

吐露著希冀早日完稿的急切、與預料中的困難。雖然他終究未能完成「東洋哲學史」全稿，也終未付梓，但是由此段記述中可以窺知其內容應始於先秦諸子，以中國的哲學思想爲主要部分。

井上對印度思想的詮釋，主要透過教學活動。他在東大「哲學科」負責「西洋哲學」和「東洋哲學」的課程。前者的教材以康德和叔本華爲主，尤重康德的宗教哲學與叔本華《意志與表象的世界》中的涅槃論；後者雖名爲「東洋哲學」，但他主要講的是「印度哲學」，尤重釋迦牟尼與六派哲學⑬。教學內容著重西思想的比較，例如將叔本華涅槃論中灰身滅智的小乘思想，和起信論等大乘經典的常樂我淨思想對照講述。這是井上在教學中對融合東西洋哲學的實踐。他在一八九七年發表「現象即實在論」⑭，此標題譯自德文 Identitatsrealismus（同一實在論），文中把儒教的「太極」和佛教的「如來藏」觀念等同於西方哲學的「實在」概念，指出這樣的「實在」與「現象」處於「同一世界」，「離開現象就沒有實在，離開實在就沒有現象」；二者「同體不離，二元一致」。所以「現象即實在論」

又名「圓融實在論」。再把「實在」分爲「客觀實在」（物的實在）和「主觀實在」（心的實在）兩方面，但聲明這兩個方面的區分只是相對的，而「實在」本身實際上「融合貫通於主觀與客觀之中，並非在主觀與客觀之外的第三者」。井上宣稱這種理論超越了以往的唯物論和唯心論，「將精神和物質，即心物兩者調和融會於一個實在之中」，因而是最正確的世界觀與人生觀。他企圖以這樣的論述，克服赫克爾（Haeckel）和加藤弘之的素樸實在論[75]，指出康德和哈特曼區分現象和實在的作法是錯誤的。簡言之，井上否定赫克爾的一元論和康德的二元論，而欲尋求一種彼此等同的實在論（a realism identifying one with the other），或者更超越之。然而歸納井上所稱之爲「世界本體」的「實在」概念，並沒有超出由「根本假定」、「悟性境界」、「終極理性」等語彙所表述的觀念性、精神性內容。他的論述並沒有妥當地演繹理論本質。

井上最重要的成就在於日本思想史的整理。寫作《敕語衍義》的經驗，促使他意識到彰顯日本民族的優越性的必要。爲了從學理上證明這種優越性，「追溯德教之淵源，尋繹學派之相關」，他展開江戶思想史的整理作業。一八九七年，井上赴巴黎參加萬國東洋學會時，宣讀「日本哲學思想之發展」[76]一文，對江戶思想流派作概括的勾勒。一九〇〇年他完成《日本陽明學派之哲學》，以稿本形式問世。序文中他述及之所以不俟訂正，便匆忙發表是因爲維新後啓蒙學者所大力倡導的功利主義與利己主義，已經「破壞了我國民之道德心」。然而「國民之道德心」是「心德」普遍化之後的產物，也是「東洋道德之精粹」，故編輯本書，以闡釋「我國民道德心之本質」，對抗西歐功利主義，並將這種精神廣播於全世界。書中他以「懷抱純潔如玉的動機、貫徹壯烈乾坤的精神」一語，來闡釋陽明學派的特色。並舉中江藤樹爲首，博蒐網羅江戶期的陽明學者，分項闡釋其事跡、著作、思想學說、及相關批判。行文中不忘舉出陽明學進入日本後，與神道結合的史實，說明陽明學的「日本化」，以強調國家、民族精神⑰。並特別著重各人品格修養的描寫，試圖塑造陽明學者爲道德的模範。他認爲陽明學者富於創見⑱，並且在「實踐」上優於其他各派。

西洋倫理以知識的探求爲主，不重視心德的磨練。換言之，道德思想必須先經過知性的求索，才能付諸實踐。二者合一，不可偏廢。若能結合東西洋道德之長，古今未曾有的偉大道德必將出現。⑲

以「倫理」和「道德」來區分西洋和東洋的價值取向，並表示欲融合西洋倫理和東洋道德的企圖。繼《日本陽明學派之哲學》之後，井上又接連與蟹江義丸、有馬祐政共同完成多卷本《日本倫理彙編》、《武士道叢書》的編纂工作，並續完《日本古學派之哲學》和《日本朱子學派之哲學》。以「綿密嚴正的書誌調查、徹底的資料蒐證、整然的記述形式」⑳來把握近世日本思想發展的通史，同時對於思想家的個論，也能由思想史的整體脈絡來予以適當定位。採取「學案」體例記述日本思想史，也是一創舉。他試圖尋繹東方傳統思想中能夠對應西歐哲學思想和倫理學說的內容，作爲自我對「西洋倫理、東洋道德」的實踐。但是由於他急於求索彼此之「同」，往往忽視了思想的異質，論述常流於概念的互相代換。

在井上晚年有關道德修養論的著作，如《國民道德概論》和《我之國體與國民道德》中，更熱烈地使用國體論、國家至上主義的論調，強調忠孝倫理，試圖把儒教的家族主義與國家有機體說相結合。此時他也轉變了向來對「東洋哲學」的探討，成為對「東洋文化」的關心。他指出東洋文化與西洋文化，

不僅性質相異，歷史發展過程亦相異。西洋文化自希臘時期至今，向來呈縱線垂直發展，往美國等諸外國橫向延伸，為近世之事。反之，東洋文化興起於印度以東，至日本而集其大成。印度文化以佛教為代表，佛教朝支那東漸，終輸入日本。支那文化以儒教為代表，儒教與佛教一同輸入日本；而儒教卻未輸入印度。此外，神道乃日本所獨有，神道未曾輸入支那與印度。總之，印度文化與支那文化皆輸入日本，遺其精粹，由日本精神統制、整理、同化之，而形成具特色的東洋文化。㉛

指出相對於西洋文化之呈縱向發展，東洋文化朝平面擴散，而且向日本匯流，在日本集大成。

井上哲次郎在近代日本的漢學界，扮演了舉足輕重的角色，曾任東大文學院院長、哲學會會長、以及大東文化學院校長。作為近代日本首位提出「東洋哲學」構想的學者，他相當程度地運用西式概念全面詮釋東方思想，並加以哲理化、體系化，獲得初步成果。可以說「日本東洋哲學的開拓者」井上哲次郎和「日本西洋哲學之父」西周，雖然相隔不到三十年的期間，卻分別演繹了東西洋思想的兩種互動：後者是江戶幕末時期，西學的概念透過儒學字詞的表述得以進入日本思想界；而前者是明治

十年代，儒學卻反過來經由西方哲學的比附而改頭換面。下一節將以「東洋史學的創設者」那珂通世為主，探討「東洋」議題在史學界的出現所代表的意義。

三、東洋史學的創設者——那珂通世

第一節述及井上所提倡的「東洋哲學」把研究「東洋學」的風氣，由思想界漫延到史學界。一八九四年（明治二十七年），那珂通世（一八五一—一九〇八）、三宅米吉（一八六〇—一九二九）等人建議在中學設置「東洋史」教程[82]，包括歷史、地理、考古、法律、經濟、宗教、藝術等衆領域，幾乎囊括了除哲學之外的，以中國為中心的諸種文化的所有層面。一八九七年，市村瓚次郎（一八六四—一九四七）將五年前刊行的《支那史》六卷，濃縮改編為《東洋史要》[83]一册刊行，此書短期內曾再版數十次。一八九八年，桑原騭藏（一八七〇—一九三一）出版《中等東洋史》，是日本漢學界的第一批東洋史著作。當時日本中等學校教育課程中已有「萬國史」，為何要另設「東洋史」？以及為何要以「東洋史」來稱述以中國史為主要內容的通史，而不明言「中國史」？那珂通世作了如下的說明：

> 向來講授支那歷史時僅以歷史興亡為主，未能涉及人種之盛衰消長。對於東洋歷史之講授，須不僅論述東洋諸國之興亡，且及於中國種、突厥種、女眞種、蒙古種等之盛衰消長。[84]

「東洋史」是必須同時論及歷史和人種的興衰遞擅的，而且其中「東洋」所指涉的地域範圍，幾乎包括了整個亞洲。

由三宅米吉的下列記述可知此風氣的首唱者，當屬那珂通世，他因此被喻為日本「東洋史學的創設者」。

明治二十七年，高等師範學校校長嘉納治五郎氏接見同校教授及大學教授、高等中學教授等，著手了解中等學校各學科的教學情形。當時那珂通世君提議將歷史科的外國史區分為西洋歷史與東洋歷史兩部分，列席者皆贊同，是東洋史科目的發端也。⑧⑤

經此提議，一八九四年七月改訂的「高等師範學校校則」記載歷史分本邦歷史、西洋歷史、東洋歷史。一八九六年高等師範學校「地理歷史專修科規程」中亦記載本邦史、東洋史、西洋史三者。而一八九七年文部省主辦的「夏期講習會」邀請那珂通世為東洋歷史之講師，箕作元八氏為西洋歷史講師，三宅米吉為本邦歷史講師。此為文部省首次公開承認「西洋歷史」與「東洋歷史」的區分。此後各級學校開始設立東洋史教程，坊間也開始出版以「東洋史」命名的教科書。

那珂通世長於元史、蒙文、滿文，出生於盛岡，本名藤村莊次郎，為藩士藤村政德之子。幼年即聰敏夙慧，深受藩學教授江渚通高（屬森田節齋門，與吉田松蔭、久?玄瑞、鳥山義所等相善）喜愛，並於十四歲入籍為江渚家之養子，後隨江渚氏之恢復舊姓而改姓那珂。本隨其養父習漢學，曾為盛岡藩「作人館」之「句讀師」，並受藩主美濃守利剛之請，教導幼年藩主利恭漢學；明治維新後有感於時勢所趨，專志英文。一八七一年（明治四年），二十一歲上京入山東一郎所創辦的早稻田塾，翌年轉入福澤諭吉的慶應義塾，三年後畢業，赴山口縣「巴城學舍」任教，同時經常向其養父江渚通高主筆的學術性刊物「洋洋社談」投稿。一八七七年受聘爲千葉師範學校兼千葉女子師範學校教師長，翌年昇任總理，再翌年轉任東京女子師範學校訓導兼幹事，致力於假名標音、英日互譯法、以及日語文法的編定。

一八七九年，那珂通世受東京女子師範學校校長中村正直之託，接任該校校長，對於女子高等教育的振興與女子學校的獨立，貢獻卓著。一八八五年隨師範教育制度的改革——師範學校的合併而轉任東京師範學校的教諭，翌年則離開教職，專事著作。除了訓點本《近世朝鮮政鑑》、《日本地理小誌》（與秋山四郎共著）外，最殫心極慮的著述乃是以漢文編寫的《支那通史》三冊。明六社核心人物之一的中村正直（敬宇，一八三二－一八九一）在序中言道：

那珂通世氏此書，紀事實而及制度，略古代而詳近世，不獨采支那史，而兼收洋人所錄，簡易明白，一覽了然。㊶

而島田重禮（篁村，一八三八－一八九八）亦贊道：

……。那珂通世氏有見於此，尚書春秋而下，採摭諸書，兼參西洋史例，排纂數年，勒成一書，名爲支那通史。其爲書，舉歷代治亂興亡之跡，與夫地理風俗朝章國故之要，會萃而類別之，詳而不蕪，簡而有要，今日適用之書，莫過於斯編矣。㊷

《支那通史》以地理之概略、人種之區別、歷朝之概要、世態、與文事的次序來敘述朝代之更易，並附有歷朝興亡禪代圖、各朝及列國世系、帝王在位年數及年號、歷代官名沿革表。書中對於各朝的文物制度有相當精確的考證，行文卻極簡潔；更採用歐人的研究成果，舉證中國與西域諸國互相交涉的史實，來闡釋歐亞大陸諸國的交流史。其最大的特色是與內藤湖南（一八六六—一九三四）在《支那史學史》等著述中所表達的文明史觀相反，那珂通世採取停滯史觀來論述中國文明的發展，受到福澤諭吉《文明論之概略》影響甚鉅。

《支那通史》的出版，不僅俾益了日本各級學校的中國歷史相關教育⑱，也引起清末史學界的注目。羅振玉於一八九九年在上海將之重新翻刻，由東文學社出版，序中贊其為「良史」，介紹其內容道：

支那通史者，日本那珂通世之所作也。都若干卷，取精於諸史，而復縱橫上下於二千餘年之書。以究吾國政治風俗學術之流遷，簡而賅、質而雅，而後吾族之盛衰、與其強弱智愚貧富之所由然可知也。此非所謂良史歟。所謂持今日之識以讀古書者歟。以校吾土之作者，吾未見其比也。豈今人之果勝於古人哉？抑時使然歟？嗚呼！以吾國之史，吾人不能作，而佗人作之，是可恥也。不恥不能作，而恥讀他人所作之書，其為可恥，孰過是也！故序而重刊之，世之君子以覽觀焉。⑲

以那珂通世之書為冠絕古今，「可恥」之語中也蘊藏了深刻的浩歎。

可惜那珂通世《支那通史》敘及元代時，為了向東西方博搜關乎元朝的史料，並以蒙文點籍加以印證，耗時費力，終無法完成整部通史。幸而那珂另將滿清翰林學士文廷氏（一八五六—一九〇四）以私誼抄贈內藤湖南的蒙文元朝秘史，費時三年，和譯成十二卷《成吉斯汗實錄》，該書被學界喻爲「不朽之名著」[90]，未料卻在著手其續編時因心臟病突發而辭世。

除了《支那通史》與《成吉斯汗實錄》等大著外，那珂通世以中日之交流多發生於朝鮮半島，所以亦著力於朝鮮史的研究；同時與秋山四郎共同執筆爲《教育敕語》作注，於一八九一年發行《教育敕語衍義》一書，與井上哲次郎的《敕語衍義》並稱。一八九一年至九三年任職「華族女學校」教授，一八九三年因《支那通史》而聲名日高，獲聘爲高等師範學校與第一高等中學校的「支那史」教授，一八九六年再轉任東京帝國大學講師，負責「漢學支那語學」第三講座與歷史教學。當時他深感與「西洋」歷史相較，教育界對「東洋」諸國的歷史欠缺瞭解，說道：

> 向來中等學校的授課科目中有外國歷史一科，其中萬國史乃歐美所謂世界史（歐美及波斯印度等國的歷史），另有支那史。蓋我國對於歐美世界史之講授精詳，而對於東洋特別是支那事跡之講授未免過於簡略。教授西洋諸國歷史時以歐美之世界史爲準據，並無不當；然教授支那、朝鮮、印度等與我國密切相關的東洋諸國事跡，必須更加詳盡。[91]

因此建議「編纂東洋諸國之歷史，補世界史之一半」，並「區分中等學校之外國史教學爲二，設立東洋史科目」。他進一步指出：

> 東洋歷史者，乃以支那爲中心，闡明東洋諸國治亂興亡之大勢；與西洋歷史相輔相成，據世界

史之半。92

而教師在講授東洋歷史時，

須注重我國與東洋諸國古來之相互影響，亦須說明東洋諸國與西洋諸國之相互關係。

可以發現，井上哲次郎企圖以「西洋倫理」來演繹「東洋道德」，賦予後者更高的學術價值，強調「東洋文化」相對於「西洋文化」的特色；那珂通世所提倡的「東洋歷史」也是相對於「西洋歷史」，富含自身特色，並必須以中國爲主，涵蓋「東洋諸國與東洋諸民族的」歷史。那珂通世在精通西域史、朝鮮史的基礎上所勾勒的《支那通史》，其實就是他本身對於「東洋史」的實踐。

井上哲次郎在東京大學「古典講習科」開設的「東洋哲學史」課程，是繼一八八一年「政治科」設置的「印度及支那哲學」講座之後，學院中首次出現以「東洋」爲「西洋」的對語，指涉以中國、印度爲主的學問。而一八七七年四月東京大學創校時文學部第一科「史學哲學及政治學科」在各自分立後，「史學」科的內容即是「歐米史學」（其後再分化爲佛國史、英國史、英國憲法史、希臘史、羅馬史）。一八八六年，東京大學更名爲「帝國大學」，文學部易爲「文科大學」，組織隨之改變——成立「哲學科」、「和文學科」、「漢文學科」、「博言學科」等四科。翌年增設「史學科」、「英文學科」、「獨逸文學科」，一八八九年再於前述七科外，增加「國史學科」——這是日本特有的「國史」、「東洋史」、「西洋史」三分類的起源。一八九〇年開始倣效德國，施行講座制，共設置「國語學國文國史學」四講座、「漢學支那語學」三講座、「英語學英文學」一講座、「獨逸語學獨逸文學」一講座、「佛蘭西語學佛蘭西文學」一講座、「史學地理學」二講座、「哲學哲學史」二講座、「心理學倫理學論理學」二講座、「社會學」一講座、「教育學」一講座、「美學」一講座、「博言學」一講座，合計二十講座。直到一九〇八年，才在那珂通世的建議下出現以「東洋史」爲名的科目和學科；一九一〇年，當時的「支那史學」講座改稱爲「東洋史學」講座。高等教育組織和課程設計的「東洋化」終於完成。

四、結語：東洋學的成立與「世界史」的編入

子安宣邦指出：日本的近代化意味著積極地把自我編入「歐洲世界史」。而近代日本文明史的課題，很明顯的是以中國爲參考座標、盡量顯出自己的優越性——「脱亞」的論調由此產生。所謂「脱亞論」，就是日本從「非文明」的亞細亞視線中脱離，試圖濟身於西洋，成爲其中的「非西洋」的優越化視線。這樣的視線形成日本版的東方主義，日本的「支那學」與「東洋學」就是這個觀點下的產物⑬。嚴紹璗則指出：大約從明治時代第三個十年起，在部分受到歐美近代人文科學思想薰陶的日本學者中，正試圖實現把對中國思想文化的研究，從「日本漢學」形態向「支那哲學」的轉變。……。其主要的方向與內容，便是把漢學時代的傳統「經學」，改造作爲「哲學」的內容加以闡述和研究，它經歷了漫長的過程⑭。但是他認爲這個新設的「印度及支那哲學」講座雖有「哲學」之名，但是由於課程內容仍著重經學的知識和經學的解讀，「其內容還主要表現爲「經學」形態，尚不具備「哲學」

的意義。」因此與其說它是哲學形態的 Philosophie，不如說它更接近於語言文獻學形態的 Philologie ⑮。

第一節已述及一九二〇年代前二十年活潑議論「東洋倫理」的風潮、與二十年代到三十年代隨著「國民道德」論出現的「東洋文化」論，這些多樣的「東洋」論述之共通點，即近代日本的知識份子由於意識到西化將引來東洋理想的崩壞，試圖回溯「東洋」各國的歷史與文化，追索其相通的本源，把「東洋」用想像的地理斷片重新組合，籲求理想的復活。他們運用「東洋」這個語詞，將自我客體化爲學術論述的對象，尋求與西洋平等對話的可能，並消弭中國的文化母體性，把日本當作東洋文化的表徵，張顯其普遍性。明顯的，「東洋」的造語，是照應顯在的比較對象「西洋」而生，但是「東洋」造語，潛在著以「近代國家日本」的僞裝，突顯中國的非近代性，解消對中國的文化認同。因爲日本的近代化，需要把自己提升爲歐洲近代文明的正宗嫡子。例如竹越與三郎的《二千五百年史》，是以明治維新爲新日本成立的基點，採歷史性的角度，探討「新文明國日本」成立的必然性。但是竹越的文明史敘述中有一項重要之課題——亦即近代如何在文明史上解釋日本帝國是西洋文明在亞細亞諸國中唯一的正宗嫡子，它必須取代中華帝國，佔有中心地位。他根據日本假名的音聲文字，探索國民文化形成的足跡，有意從西洋文明的字母中，證明自己是依循此文明史發展的正宗嫡子。竹越氏看出了以象形字=漢字爲重的中國文化，與獨立形成假名文字的日本文化之間，有很大的不同，更可證明日本是西洋普遍文明的正宗嫡子。

井上哲次郎對「西洋」的態度是保守謹慎、甚至帶著反感的，相較之下，「東洋」的古典文化則珍貴可取。他再三強調「比較對照」，指出西洋文化已因物質文化的發達而墮落，東洋文化的特性則是「理想主義、精神主義、道德主義」，並批評西洋文化的功利主義與利己主義，與東洋文化重「理想、精神、道德」的特性迥異，且在近代墮落為唯物主義和功利主義，並導致第一次世界大戰爆發。相至於東洋文化則在維新時期啓蒙學者卻提唱全面西化，破壞了日本「國民之道德心」而遭受毀損。相似的主張也出現在其他「東洋」論中。例如高田眞治（一八九三—一九七五）認爲西洋文明的特點是個人主義和物質主義，東洋文明的特色則是家族主義和精神主義。而第一次世界大戰後，「東洋文化之支那思想與印度思想，其清純的部分皆屬理想主義，與日本文化融合後進行日本化，純粹清純的部分因此益加發達。」⑯岡倉天心也對西洋的文化侵略多所批評，強調愛護東洋文化的人，應重視因與西洋競爭而遭受破壞的東洋趣味與東洋理想⑰。西晉一郎則指出相對於西洋的倫理學，東洋之學是「實學」，涵蓋社會諸事物⑱。他轉換淺見絅齋的「成氣之理」爲「實現國家形相」或「國民道德」的根本，再使用「理一」的理由，解釋能夠「實現國家形相」的日本儒教之倫理中，原本便具備普遍性。雖然這樣的論理相當牽強，但西晉一郎運用這樣的方式，去除儒教發源於「支那」的「特殊性」，把「日本式」儒教倫理的特殊性，直接當作「普遍性」的倫理來看待。津田左右吉在回顧「東洋」論的演變時，指出日本把自我含括在東洋之中，是源自「把日本文化當作西洋文化的對立物，強調其特殊性」的想法⑲，所以日本使用「東洋」一語，面對「西洋」時，既承認了自我的文化較爲落後，又同時潛藏學習進步到與之同等地位的期許。他認爲「東洋文化」論是日本面對「支那」時，出自於卑鄙的威權主義的產物，目的是要主張一種與「支那」完全異質的、獨特的「日本文化之世界化」。親身經歷五四運動的竹內好，在反省中日近代化的過程時，指出中國的近代化，是確立了「東洋的自我」；日本的近代化，卻是喪失了「東洋的自我」。因爲中國經由抵抗而確是了變革的主體，中國的主體是在抵抗的過程中形成，而這個主體，也就是稱爲「東洋」的「自我」[100]。竹內好這位徹底的近代日本批判者，認爲近代日本遭受到二重否定：一則爲過度的西化，造成似「西洋」而非的日本；二則爲過度的脫亞，導致不倫不類「東洋」的日本。而日本因爲「沒有經驗過抵抗，所以沒有保護自我的欲求，沒有自我」；亦即日本「什麼都不是」[101]。太平洋戰爭開戰時，他幻想「東洋」將藉由戰爭，抵抗歐洲（「西洋」）資本主義，並且敗北；但是按照他的理論，「東洋」也將經由敗北和持續的抵抗，達成「自我」之內、主體性的眞正「近代化」。

井上哲次郎、那珂通世、高田眞治、岡倉天心、西晉一郎、和橘樸等人，基本上都肯定是採取類似的論述形式，解消儒教文化、「支那」的普遍性，再透過對日本「國體」、「國民道德」特殊性的強調，賦予其普遍性。充滿思辨性的津田左右吉反省了上述論調，指出日本與「東洋」間沒有相容，竹內好則進一步承認了日本近代化的失敗。近代日本的「東洋」論述，自岡倉天心「亞洲一體」式的唯美、抽象概念，演變到明確將地域範圍規定爲支那、印度、日本、朝鮮、東南亞細亞，最後再由思想的角度把這個地域範圍延伸到可以具現的、文化倫理上具備一貫性的層面。「東洋」內的日本，因此獲得了思想重新溯源和重新定位的契機；「王道」與儒教思想也隨著重新詮釋的江戶思想史，有了新的意涵。這種形式的「東洋」書寫，是假借儒教的表象，以「支那的特殊性」＝非國家性來淡化本具的中國色彩，並否定其存續的可能性，再直接把「日本化」與普遍性連結。也許可以說，近代日本的知識份子由思想上進行「東洋」一語的創造，是一種希望在領土上擴張版圖的手段；但也許更精確的說，透過古典的再解釋，完成思想上的「東西融合」，是他們更原始的動機、更積極的目的。

「東洋」、「西洋」、「支那」、「近代」等等語彙、以及在論述中明白被書寫出來的和刻意不書寫出來的文句中，蘊含著近代日本的知識份子對文化血緣選擇回歸或者超越的意向。井上哲次郎與那珂通世都意在刻意地與明治唯新以降的、盲目模仿西洋物質文明的風潮劃清界線，重新回歸「傳統的日本精神」，以「東洋本然」的文明與倫理爲基礎，保障「東洋」。朝向日本的求心式回歸，以及經由此回歸而完成的「東洋主義」、「亞細亞精神」之間，是互爲表裡，連續的一體⑽。他們的確如同津田所指摘的，是採取冠上「東洋」的方式，一方面執行自我定位，一方面獲取相對於「西洋」的普遍性。換言之，是技巧的把文化的淵源「支那」，從「東洋」這個擴大了的自我意識消去，然後以包括了「自我」（日本）的「東洋」，對「西洋」發出獲取「普遍性」的籲求。選取「東洋哲學」與「東洋史」這兩個特殊的學門來關照日本近代化過程中發生的思想轉換，以及其間「自我」理解和「自我」形塑，或能突顯日本式近代化的特徵吧！

【附註】

① 井上哲次郎《日本陽明學派之哲學》頁五七八（東京：富山房，一九二四）。

② 三宅米吉：〈文學博士那珂通世君傳〉，《那珂通世遺書》所收（一九一五年八月，大日本圖書株式會社刊），頁三二。

③ 《廣辭苑》（東京：岩波書店，一九九五年第四版），頁一八二四。

④ 同上書，頁一八二四。

⑤ 《水經注》〈魏書・道武帝紀〉：「天賜三年九月，度漠北，南還長川，是也。于延水今出邊外曰東洋河，即脩水也」。趙爾巽《清史稿》志二九（卷五四）：「東洋河自張家口入，會西洋河、南洋河，曰洋河，亦曰燕尾河，錯出復入，合水溝口河」，東洋河亦指脩水。

⑥ 依據荒川清秀：《近代日中學術用語の形成と傳播－地理學用語を中心に－》（東京：白帝社，一九九九年），頁一六九的考察。唯該文將《島夷誌略》作者汪大淵誤爲王大淵。《島夷誌略》（台北：臺灣學生書局，一九八五年）。中國之「東洋」語辭產出之經緯，請參閱拙稿〈自我的客體化與普遍化－近代日本的「東洋」論及隱匿其中的「西洋」與「支那」〉，《中國文哲研究集刊》第十八期（二〇〇一年三月）。

⑦ 《嶺外代答》（北京：中華書局，一九八五年）。

⑧ 宮崎市定：〈南洋を東西洋に分かつ根據について〉，《東洋史研究》七-四（一九四二年）。

⑨《東西洋考》十二卷(台北：學生書局，一九八五年)。

⑩《海國聞見錄》(台北：大通書局，一九八七年)。

⑪《明太宗實錄》(台北：中央研究院歷史語言研究所校印，一九六六年)卷五八，頁八四八、卷八一，頁一〇九一。

⑫同上書，卷八九，頁一一八四。

⑬《明神宗實錄》，(中央研究院歷史語言研究所校印，一九六六年)，卷二一〇。

⑭張廷玉：《明史》卷三二三，列傳二一〇，外國四(台北：鼎文書局，一九八一年)，頁八三七八。

⑮同上書，頁八三八〇。

⑯同上書，頁八三七四。

⑰《水滸傳》(台北：聯經出版社，一九八七年)，頁八九八。

⑱同上書，頁一二〇九。

⑲《平妖傳》(上海：古籍出版社，一九八一年)，頁一八四。

⑳同上書，頁一九五。

㉑《西遊記》(台北：三民書局，一九九〇年)二回、十四回、二十六回、五十七回等。

㉒《金瓶梅詞話》(香港：中國圖書刊行社，一九八六年)；《醒世恒言》(長沙：岳麓書社，一九八九年)；《型世言》(台北：中央研究所中國文哲所，一九九二年)。

㉓ 國史館清史組編《新清史》本紀三十三宣統本紀，宣統元年六月乙未。

㉔《清史稿》卷一五五，〈志一三〇〉交通志一（《續修四庫全書》，上海：古籍出版社，一九二八年），頁七二。

㉕《兒女英雄傳》（台北：三民書局，一九九〇年），頁一六四。

㉖《閱微草堂筆記》卷二十「灤陽錄」二（上海：上海古籍出版社，一九八〇年），頁四九五。

㉗ 津田左右吉：〈東洋文化とは何か〉，《シナ思想と日本》（東京：岩波書店，一九三八年），頁一〇八-一〇九。

㉘ 同上書，頁一〇九-一一〇。

㉙ 佐藤亨的研究也指出這一點（參照佐藤亨：《近世語彙の研究》，東京：櫻楓社，一九八三年）。

㉚《東洋學藝雜誌》於一八八一年（明治十四年）創刊，緒言提及發行目的是要提昇日本人的「理學」知識，故多刊載自然科學類的討論文章。

㉛《巽軒年譜》（東京：井上哲次郎生誕百年記念會刊行，一九五四年）記錄著：「九月，東洋哲學史開講。選課的學生有井上円了、三宅雄三郎、棚橋一郎、松本源太郎等十數名。」《井上哲次郎自傳》頁五五記錄著：「由於古典科的學生完全不識西洋學問，因此吾依據的《論理學》教授形式論理學。」

㉜《明治哲學界の回顧》（東京：岩波書店，一九三二-一九三三年）。

㉝ 西周於《百學連環》「哲學之部」的最後指出中日學問劣於西方，因爲過於泥古，所以須加以改革和開化。並

具體列舉八種改革方法。

㉞ 松村正一：《孔子の學說：東洋倫理》（東京：育成會，一九〇二年）。

㉟ 木村鷹太郎：《東洋倫理學史》（東京：博文館，一九〇三年）；久保得二：《東洋倫理學史》（東京：育成會，一九〇四年）；三浦藤作：《東洋倫理學史》（東京：中興館，一九二三年）。

㊱ 岩橋遵成、豊島要三郎編：《修養寶鑑：東洋倫理》（東京：博文館，一九〇九年）。

㊲ 遠藤隆吉：《東洋倫理學》（東京：弘道館，一九〇九年）；服部富三郎：《東洋倫理學》（名古屋：服部富三郎先生謝恩記念刊行會，一九三六年）；鈴木由次郎：《東洋倫理學》（東京：富士出版社，一九四一年）。

㊳ 岩橋遵成：《東洋倫理》（東京：博文館，一九一二年）；遠藤隆吉：《東洋倫理》（東京：早稻田大學出版部，出版年不詳）；宇野哲人：《東洋倫理》（東京：警察協會，一九四七年）。

㊴ 服部宇之吉：《東洋倫理綱要》（東京：大日本漢文學會，一九一六年）。

㊵ 岩橋遵成：《東洋倫理思想概論》（東京：天地書房，一九二二年）。

㊶ 安岡正篤：《東洋倫理概論》（東京：玄黃社，一九二九年）。

㊷ 荻原擴：《東洋倫理學史》（東京：建文館，一九三四年）。

㊸ 松井等：《東洋文化觀》（東京：國史講習會，一九二二年）。

㊹ 松本文三郎：《東洋文化の研究》（東京：岩波書店，一九二六年）

㊺ 中山久四郎：《東洋文化渾成時代》（東京：雄山閣，一九三〇年）。

㊻ 安岡正篤：《東洋文化の世界的意義》（東京：啓明會事務所，一九三一年）。
㊼ 井上哲次郎：《東洋文化と支那の將來》（東京：理想社，一九三五年）。
㊽ 金子健二：《東洋文化西漸史》（東京：富山房，一九四三年）。
㊾ 嚴紹璗：《日本中國學史》第一卷（江西：人民出版社，一九九一年），頁三〇四，三〇七。
㊿ 坂出祥伸：〈中國哲學研究の回顧と展望〉（《東西シノロジー事情》，東京：東方書店，一九九四年）。
(51) Warren W. Smith Jr. "Confucianism In Modern Japan - A Study of Conservatism in Japanese Intellectual History" (Tokyo : Hokuseido Press, 1959)。
(52) Gino K. Piovesana S.J.著，江日新譯《日本近代哲學思想史》。
(53) 井上哲次郎：《井上哲次郎自傳》，頁六。
(54) 《井上哲次郎自傳》，頁七。
(55) 哲學課程主要是菲諾洛沙(Ernest F. Fenollosa)教授所擔任，他是哈佛大學的畢業生，來日時(一八七八年)年僅二十六。敏銳活潑的教學，予我們相當不尋常的印象。」(《懷舊錄》頁二九三-二九四)。菲諾洛沙在日本期間，開始深入研究日本美術，不僅廣爲向歐美介紹，也透過了岡倉天心、狩野芳本、橋本雅邦等人，影響日本美術的發展。
(56) 《倫理新說》頁一-二。
(57) 〈泰西人ノ孔子ヲ評スルヲ評ス〉(《東洋學藝雜誌》一卷四號，一八八二)。

(58) 他稱讚二位教授教法優良，很受學生歡迎。海德堡期間，他和著名法學者宮崎道三同住，與同期的日本留德學生，如穗積八束、菊池大麓等都有交誼。同時他也極爲欣賞海德堡的居住環境，曾作詩：「萬里來投澗畔廬，樹陰深處俗塵虛。征鴻斷千山雨，一穗青燈讀古書。」（《井上哲次郎自傳》，頁一五-一六）。

(59) 井上回憶溫德平時謙遜溫和，但授課時則十分嚴肅，雖乏雄辯滔滔的本領，見解卻相當富有新意，尤其對東方思想了解深刻，視孔子爲一道德權威。此外，井上在萊比錫時期他與森鷗外相識，並成知交，經常一道觀劇。（《井上哲次郎自傳》，頁一七-一九）。

(60) 井上對馮・哈特曼的記述見《井上哲次郎自傳》，頁二三-二五。

(61) 都立中央圖書館「井上文庫」所藏，全二册。

(62) 《懷中雜記》一八八六年二月十七日「訪溫德教授」條。

(63) 大島康正批評井上留德是「不毛的留學六年」，「只是學習語言、購買書籍、會見名士，而未能自己發現問題並加以組織和哲理化。」（大島康正：〈井上哲次郎〉，朝日ジャナール編：《日本の思想家2》，東京：朝日新聞社，一九六三年，頁九六-一〇一）。

(64) 《懷中雜記》一八八七年六月二十六日「訪法國文部大臣 Julos Simon」條。

(65) 《懷中雜記》一八八七年六月六日「訪法國 Strasbourg 大學 Paul Janet 教授」條。

(66) 《懷中雜記》一八八八年一月二十二日。

(67) 《勅語衍義》芳川顯正序（東京：井上蘇吉，井上弘大郎，一八九一年）。

(68) 參井上《敕語衍義》爲《教育敕語》首句「朕唯吾皇祖皇宗，肇國宏遠，樹德深厚」所作的解說。

(69) 嚴紹璗《日本中國學史》第一卷頁三〇二-三〇三。

(70) 「哲學會」創立於一八八四年，是日本第一個哲學團體，會員共有二十九人，由加藤弘之、西周、西村茂樹、外山正一等人主導，還包括井上哲次郎、三宅雄二郎、有賀長雄、井上円了等東大哲學系的第一批畢業生。

(71) 刊載於《哲學會雜誌》四七、四八號（一八九一年一、二月）。本文同時也是他在一八八九年奧斯陸萬國東洋學會，以德語宣讀的論文。

(72) 論戰的詳細經緯參考大島晃：〈井上哲次郎の「性善惡論」の立場〉（《ソフイア》第四二卷四號，一九九四）。

(73) 參《井上哲次郎自傳》頁四一-四五。

(74) 〈現象即實在論の要領〉《哲學雜誌》一二卷一二八號（一八九七年八月）。

(75) 素樸實在論基於內在和直觀，企圖將實在與外界經驗畫上等號。

(76) 刊載於《哲學雜誌》一三卷一三二號「雜報」欄（一八九八年二月）。

(77) 大島晃認爲，井上表彰日本儒學的作法中，帶有國家主義的意味（參〈井上哲次郎の「東洋哲學史」研究と『日本陽明學派之哲學』〉（《陽明學》九號頁四〇，一九九七年）。

(78) 井上哲次郎〈大鹽平八郎の哲學を論ず〉（《國民之友》一六三號，一八九二年）。

(79) 井上哲次郎《日本陽明學派之哲學》頁五七八（東京：富山房，一九二四年）。

(80) 町田三郎〈井上哲次郎と漢學三部作〉（《明治の漢學者たち》頁二四三）。

⑧① 同上書，頁二六四–二六五。
⑧② 由此可知，日本最早用「東洋史學」概念來替代對中國歷史的研究，不是在高等教育，而是在中等學校中發展起來的。
⑧③ 市村瓚次郎：《東洋史要》（東京：吉川半七，一八九七年）。
⑧④ 三宅米吉：〈文學博士那珂通世君傳〉，《那珂通世遺書》所收（一九一五年八月，大日本圖書株式會社刊），頁三二。
⑧⑤ 三宅米吉：〈文學博士那珂通世君傳〉，《那珂通世遺書》所收（一九一五年八月，大日本圖書株式會社刊），頁三二。
⑧⑥ 那珂通世編《支那通史》中村正直序（大日本圖書株式會社刊，一八八八–一八九〇年）。
⑧⑦ 那珂通世編《支那通史》島田重禮序（大日本圖書株式會社刊，一八八八–一八九〇年）。
⑧⑧ 三宅米吉：〈文學博士那珂通世君傳〉，《那珂通世遺書》所收（一九一五年八月，大日本圖書刊），頁二七。
⑧⑨ 那珂通世編《支那通史》（東文學社，清光緒己亥年／一八九五）羅振玉序。
⑨⓪ 三宅米吉：〈文學博士那珂通世君傳〉，《那珂通世遺書》所收（一九一五年八月，大日本圖書刊），頁二八。
⑨① 三宅米吉：〈文學博士那珂通世君傳〉，《那珂通世遺書》所收（一九一五年八月，大日本圖書刊），頁三二。
⑨② 同上注。
⑨③ 子安宣邦：〈「世界史」と日本近代への視點〉，「東亞近世儒學中的經典詮釋傳統」第六次研討會宣讀論文，

二〇〇一年五月一二日於臺灣大學農化新館。

(94) 嚴紹璗：《日本中國學史》第一卷，江西：人民出版社，一九九一年，頁二九五。

(95) 《日本中國學史》第一卷，頁二九六，二九八。

(96) 高田眞治：〈東洋思潮の二流〉，《東洋思潮の研究》（東京：春秋社，一九四四），頁一五二-一五四。

(97) 岡倉天心：《東洋の理想—アジアは一になり》，收錄於岡倉天心著、岡倉一雄編：《岡倉天心全集》第一卷（東京：聖文閣，一九三九年），頁一，八。

(98) 西晉一郎：《東洋倫理》（東京：岩波書店，一九四〇年），頁三九。

(99) 津田左右吉：〈東洋文化とは何か〉，《支那思想と日本》（東京：岩波書店，一九三八年），頁一一二。

(100) 竹內好：〈アジアの內の日本〉，收錄於《竹內好全集》第五卷（東京：筑摩書房，一九八一），頁一四〇。

(101) 竹內好：〈近代とは何か〉，收錄於《竹內好全集》第四卷（東京：筑摩書房，一九八〇年），頁一二九。

(102) 參考山室信一：日本政治學會編《年報政治學　日本外交におけるアジア主義》〈日本外交アジア主義の交錯〉（東京：岩波書店，一九九九年），頁一九九。

莊子文學理論舉隅

銘傳大學應用中國文學所系副教授　徐麗霞

一、前言

中國思想在先秦諸子的縱橫捭闔裡開啓了光輝燦爛的史頁，中國文學也在這相同的領域拓展里程，所以章學誠《文史通義》說：「周衰文弊，六藝道息，而諸子爭鳴，蓋至戰國而文章之變盡，至戰國而著述之事專，至戰國而後世之文體備。……知文體備於戰國，而始可與論後世之文。」①諸子的文學表現，一如其哲學思想，各具體貌，別有姿態，他們渾身解術地一聲聲喊出了哲人的智慧，一筆筆刻勒下文藝的奇葩，而後期所有的學術討論、文學藝術，就自然而然從這裡吸取精髓，去做承繼與結果。本來，諸子並非有意於文學表現，因此，作品形式、寫作技巧等很少被付諸實際論敘；然而今日我們欲瞭解「文學理論」與「文學批評」，追本溯源，便不期地回顧諸子了。

儒家哲學與道家哲學，分出南北，統領支配整個歷史思潮的大局，孔子對文學的闡述，比較起老莊，明顯化得多了，他說詩可以興觀群怨，邇之事父，遠之事君；又說言以足志，文以足言，不言誰知其志，言之無文，行而不遠②；那種尙文的意識流露無遺。當漢武帝罷黜百家，獨尊儒術，孔門的尚文尚用即成了文學的圭臬，尤其在經師用力修飾之下，諷諫說、載道說根株於下，榮葉於上，文學教化相結合的道統論，一代接著一代，一直處於領導地位。然而在文學創作方面，不可諱言，道家所開闢出來的理境，對歷代文學的影響，實遠在儒家之上，中國文學如果沒有道家的滋潤，不知要減去多少活活潑潑的生機、悠遠跳脫的空靈，其間，莊周的成就，又非語約的老子可以望其項背。

正如前述，莊子一書作爲哲理呈現，實乃漆園的寫作動機，因此，無字無句不是精闢入裡，卻也一字一句皆非文學說明；今日，我們將莊周的哲學導入文學理論的範疇，做種種闡發，眞要如徐復觀先生所自嘲的：「把活句當作死句去理會」，③難免又是糟粕之說了。雖然，莊子原如廬山之峰，任憑左觀右眺，皆能各得其彷彿，他不予人以「必然」，一切風流卻盡藏茲中，因此林西仲論其文曰：「須知有天地以來，止有此一種至理，有天地以來，止有此一種至文。絕不許前人開發一字，後人摹倣一字。至其文中之理，理中之文，知其解者，旦暮遇之也。」④林西仲可以算是遇之矣，中國歷史透過莊子去瞭解文學、說明文學、創作文學者不乏其人，他們也都是知其解者了。但在作這方面的說明時，卻不得不重申一下：莊子原無意於文學理論、文學技巧的發明。職是之故，本末倒置，錯把文學理論、文學技巧去範圍莊子，是沒有必要的。

何以莊子在無意於文學創作之下，能產生如此偉大的文學作品，佔有文學之首席，而敲出振撼千古的感動力？原來，哲學與文學本有其共通之處，哲人們的思考來自宇宙萬物的引發，他們燃燒自己，企圖在瞬息萬化中找出「眞理」，找出「永恆」，詩人、文學家又何嘗不是如此呢？梁宗岱在《談詩》

裡說：「都是要直接訴諸於我們整體：靈與肉，心靈與官能，內在世界與外在世界，理想與現實；它不獨要使我們得到美感的愉悅，並且要指引我們去參悟宇宙和人生的奧義；而所謂參悟，又不獨間接解釋給我們的理智而已，並且要直接訴諸我們底感覺和想像，使我們全人格都受它的感化和陶鎔。」⑤文學的生命取諸宇宙生命，文學家所力求把捉的也就是哲學家所尋的永恆和亙古不變的眞理，因此，凡根植於哲學的文學，其內涵便更深入、更透徹，包孕思想的文藝，作者的情感，才有最合理的寄存、最高度的提昇。那麼，莊子之所以成爲哲學界和文學界的先驅，也就不言而喻了。

二、莊子文學的現代美學基礎

莊子哲學被轉換爲文學理論與文學批評，已是衆所皆知之事實，可惜，古來學者承繼莊子「呈現而非剖析」的慣例，都只做簡單扼要、境界式的說明，罕將何以如此之端緒，抽絲剝繭地覓出，於是談論起莊子的文學理論，仍不免予人「霧裡看花，終隔一層」的錯覺。因此，本文擬就現代文藝美學的觀點，嘗試把莊子與其不期而遇之妙處，加以粗淺解說，肯定一下它在文學理論的園地獨樹旗幟之可能性，當然，孟浪與不成熟，不敢覆缶，只求姑妄言之，姑妄聽之耳。

㈠鼓盆而歌與表現距離

「情」是文學創作不可或缺的要素，如果缺乏情所鼓舞的一份狂熱，創作便無由產生，所以柏拉圖說：「無論是誰，如果沒有這種詩人的狂熱，而去敲詩神的門，他儘管有極高的藝術手腕，詩神也不會讓他登堂入室。」⑥然而莊子卻對惠施「人故無情乎」的質詢，堅定的回答「然」，他認爲擁有一張人的形骸，同時具備一副人的感情，是人類所以只是平庸凡人的主因，眇乎小哉，人的累贅都在這裡泛濫了，因此，他要脫卻感情的羈絆，純粹做一個「無情之人」⑦〈至樂篇〉記載著：「莊子妻死，惠子弔之，莊子則箕踞鼓盆而歌。惠子曰：與人居，長子，老身死，不哭亦足矣，又鼓盆而歌，不亦甚乎？」莊子委實已經渾然忘情而無情。那麼，把它引做文學的闡述，實在了無關連，然而如果將莊子下面一段話，細加咀嚼，卻可以豁然貫通到：所謂無情方是大情，唯獨莊子這一位大情之人，才有如此之無情。他回答惠施說：

不然，是其始死也，我獨何能無概然，察其始而本無生，非徒無生也，而本無形，非徒無形也，而本無氣，雜乎芒芴之間，變而有氣，氣變而有形，形變而有生，今又變而之死，是相與爲春夏秋冬四時行也，人且偃然寢於巨室，而我噭噭然隨而哭之，自以爲不通乎命，故止也。

拿著一副人的感情，就人的拘限觀看形骸之有無存虧，實不能免乎生樂死悲，而就全體宇宙的大化流形言，死不過一種聚與散的自然回歸，回歸並非終點，而是另一個開始，儻深知如此，敲著盆歌頌造化的偉大罷！所以惠子說「既謂之人，惡得無情」，便非莊子「不以好惡內傷其身，常因自然而不益生」的情了。⑧妻始死時，莊子不能無慨然，這代表著：人類那副人的情感在作用著。如果一任其奔洴，勢必瀉而不返，沈溺自扼；唯獨智慧者能夠在奔洴中收煞，把自己安放在情感與情感的距離裡，去接受理智的澄清。因爲，從「何能獨無概然」的第一秒，到落入悼亡痛哭的庸者，生者的感情是一個不斷的連續，纏綿串組，密集壓縮，此時此地，唯有掄起一把慧劍，斬斷它的連續，造出它的距離，一切才能清醒，才有迴旋；就莊子對妻言，距離使莊周之妻從親屬的聯繫裡「孤立」而出，孤立後的妻方能爲莊周納入物種，去與芒芴四時相與變化；就莊子自身言，距離又使他從紛雜混淆、沈溺自扼的情感之罟「超脫」，因爲感情的作用在用力拉著莊子面對低層的現實界，超脫則去除所有現實所造成的魔障，讓他與原始本眞更接近；由此可見，「距離」如何造就一位哲人。文學創作也相同於此，一個文學家儘管有滿懷排山倒海之情，卻不能錙銖不漏全盤表現在作品裡，爲什麼呢？因爲感受和表現是有距離的。將自己最切身的情感抒寫出來，固然作品不致流於空疏，但感受最深刻之時，卻並不全等於創作之時，所以朱光潛先生說：

藝術所用的情感，並不是生糙的，而是經過反省的。蔡琰在丟開親生子回國時，決寫不出悲憤詩，杜甫在「入門聞號咷，幼子飢已卒」時，決寫不出奉先詠懷詩。悲憤詩和奉先詠懷詩都是「痛定思痛」的結果。藝術家在寫切身的情感時，都不能同時在這種情感中過活，必定把牠加以客觀化，必定由站在主位的嘗受者退爲站在客位的觀賞者。一般人不能把切身的經驗放在一種距離以外去看，所以情感儘管深刻，經驗儘管豐富，終於不能創造藝術。⑨

法國心理學家德臘庫瓦在他的《藝術心理學》也說：

感受和表現完全是兩件事。純粹的情感，剛從實際生活出爐的赤熱的情感，在表現於符號、語言、聲音或形相之先，都須經過一番返照。越魯維頁以爲藝術家須先站在客位來觀照自己，然後纔可以把自己描摩出來，這是很精當的話。藝術家如果要描寫自己切身的情感，須先把它外射出來，他須變成一個自己模倣者。⑩

換言之，一定要在自己和情感之間開闢一段適當距離，因著這距離才能使主觀的感受和旁觀的欣賞有換位之機，但是莫錯以為距離使作者與物隔絕，上面已說明孤立與超脫在莊子哲學中的作用，乃在於擺脫感情把人拉向現實界，文學的距離，也在造成孤立與超脫，孤立就物言，超脫就作者言，它能消極地讓吾人拋開物的實際作用，積極地使物的形相更清晰，更刻意的觀賞。

(二)削木為鐻與純粹直覺

上文說到距離造成孤立與超脫，讓吾人拋開物的實際作用，使物的形象更清晰，這句話什麼意思呢？原來，人類的知，有直覺、知覺、概念三種；當外物出現眼簾，像照相一般只留下此物本身的形相，喚不起任何由經驗得來的聯想，這是原始的知，稱為直覺；設若經由此物而引起與該物有關的聯想，便叫做知覺；如果超越此物，產生另一些抽象思考即為概念。知覺與概念最大的差別是：知覺的階段，由物產生的意義仍附著於該物的形相上，概念則完全可以捨棄割離於既有物的形相外；然而不論附著也好，割離也好，它們都是「已經獲得經驗」的堆積作用，這些都是現實實用界的產物，我們姑且將它分為兩大類：知識與欲望。因此，當文學家面對著外在景物時，社會價值、實有經驗難免要闖入景物形相與作者之間，作某些干擾，甚至帶著壓倒性的姿態，取代該景物的形相。所以文學創作實有賴於作者從現實實用觀念中獲得解脫，換言之，把物從層層團團的實用包圍裡渾圓透剔地剝取出來，對它做「純粹直覺」的觀賞。那麼，排除與淨化人類的心，便成爲文學創作的最基本工夫。朱光潛先在《談美》一書中說：

木商由古松而想到架屋、製器、賺錢等等，植物學家由古松而想到根、莖、花、葉、日光、水分等等，他們的意識都不能停止在古松本身上面。不過把古松當作一塊踏脚石，由牠跳到和牠有關係的種種事物上面去。所以在實用的態度中和科學的態度中，所得到的事物的意象都不是獨立的、絕緣的，觀者的注意力都不是專注在所觀事物本身上面的。注意力的集中、意象的孤立、絕緣，便是美感的態度的最大特點。⑪

德國心理學家閔斯特堡於《藝術教育原理》有很好的說明：

如果你想知道事物本身，衹有一個方法，你必須把那件事物和其他一切事物分開，使你的意識完全爲這一個單獨的感覺所佔住，不留絲毫餘地讓其他事物可以同時站在他的旁邊。如果你能做到這步，結果是無可疑的：就事物說，那是完全孤立，就自我說，那是完全安息在該事物上面，這就是對於該事物完全心滿意足；總之，就是美的欣賞。⑫

如此，一個文學家最大的敵人，即爲既有經驗：知識與欲望。那裡還有比忘去知識，排泄欲望更重要的事呢？《莊子．達生篇》中梓慶削木爲鐻，製造得唯妙唯肖，使魯侯驚猶鬼神，便是採用這種方式，不斷地作心的淨化。梓慶自己說：

臣將爲鐻，未嘗敢以耗氣也，必齊以靜心。齊三日，而不敢懷慶賞爵祿；齊五日，不敢懷非譽巧拙；齊七日，輒然忘吾有四枝形體也。當是時也，無公朝，其巧專而外骨消。然後入山林，觀天性，形軀至矣，然後成見鐻，然後加手焉，不然則已。

「齊以靜心」即是「心齋」，「忘吾有四枝形體」即是「坐忘」，心齋、坐忘本來就是莊子得道必由的途徑。天地宇宙本爲一個眞，偏偏每個人執著自己的是非，去是其所是，非其所非，道如何不被掩蓋產生眞僞呢？紛亂如何能避免？這些都起因於吾人之「成心」，而成心的鑄成則是既有的外在世俗之知在攪動我們的欲望，塑造訛謬的主觀，因此，要得道，要合參宇宙萬物的眞，就須日損其欲，捨棄俗知，損之又損，棄而又棄了。何謂心齋、坐忘？〈大宗師〉曰：

顏回曰：回益矣。仲尼曰：何謂也？曰：回忘仁義矣。曰：可矣，猶未也。他日，復見，曰：回益矣。曰：何謂也？曰：回坐忘矣。仲尼蹴然曰：何謂坐忘？顏回曰：墮肢體，黜聰明，離形去知，同於大通，此謂坐忘。

〈人間世〉曰：

回曰：敢問心齋？仲尼曰：一若志，無聽之以耳，而聽之以心，無聽之以心，而聽之以氣，聽止乎耳，心止於符，氣也者，虛而待物者也，唯道集虛，虛者，心齋也。

仁義禮智乃至於自我形骸，皆是道的腳鐐手銬，欲同於大通，而不破除這些障礙，如何可行？就心齋來說，莊子無異在告訴吾人：用感官形器去接觸，乃下乘之法，因爲感官形器往往反變成交感過程的隔閡，即使用心也不行，心已爲既有經驗，訓練得成爲接納符號的工具，這些都有所摻雜而不純粹，唯獨用虛氣去觀點，始能得道，爲什麼呢？因爲道的本身就是虛，他的作用就發源於氣。換言之，文學家面對外在景物，欲捕捉該景物精純之至眞至善至美，就必須付出等量的精純，讓我的心如同一面瀏亮的明鏡，去放射最純之直覺。然而莊子視美學家更高深奧妙許多，美學家雖然已抛開現實實用的累贅，卻不能完全去掉「覺」的作用，莊子則連「覺」都忘，純任虛，純任氣。

(三)道在屎溺與移情作用

在莊子的宇宙觀裡，萬物生生的本源是一個抽象存在的道，它有情有信，無爲無形，生長在太極之先、六極之下，未始有物、未始有始之時⑬，爲一超乎時間與空間的存在者，只是特不得其朕而已。雖然，道究竟何在呢？〈知北遊〉曰：

東郭子問於莊子曰：所謂道惡乎在？莊子曰：無所不在。東郭子曰：期而後可。莊子曰：在螻蟻。曰：何其下邪？曰：在稊稗。曰：何其愈下邪？曰：在瓦甓。曰：何其愈甚邪？曰：在屎溺。東郭子不應。莊子曰：夫子之問也，固不及質，正獲之問於監市履狶也，每下愈況，汝唯莫必，無乎逃物。

原來，道雖是個物物者，而物物者的本身卻是與物無際，而寄存於有際的庶物中⑭，簡言之，道是遍在的，它分散在一切物裡，不論該物的高低貴賤、壽夭貧富。換個立場觀，萬物的生長都是「通天下之一氣耳」的變化，都是肅肅至陰、赫赫至陽的交通成和罷了！聚則生，散則死，臭腐化爲神奇，神奇復化爲臭腐，用不同形體相禪；如果把這些分散的庶物結合起來，道便完完全全顯現出來了。因此求道離開物，乃欲之南越而北行，背道驅馳，終無所得，但，偏執著物去求道，卻又落入所蔽，好比瞎子摸象，莫能窺其全豹，因為道建立在可分與不可分之上，所謂「道通為一」者是也，所以向下看它是散，向上看則為全、為一，它是投入於萬物，又出乎於萬物。職是之故，當其為蝴蝶，莊周可以變成蝴蝶，當其覺醒，莊周仍然可以是莊周⑮。何故？因為莊周的生命就是蝴蝶的生命，蝴蝶的生命就是莊周的生命，乍觀之下，是兩個截然相異的形體，然而破除這累贅的形骸，二者都是道體的產物，那麼又有何差別呢？不僅蝴蝶與莊周如此，天下萬物莫不如是，那麼，物無彼我，渾然一體了，就文學創作言，史邦卿說：「此情老去須休，春風多事，便老去越難回避。」「臨斷岸新綠生時，是落紅帶愁流處。」⑯其實風的形成只是空氣的流動，那管得著人間之事呢？花謝當落是物理常態，豈能含愁帶怨呢？然而在文學家的筆下卻栩栩然，都具備了與人類相同的生機和情感。不僅中國文學如此，古今中外莫不皆然，泰戈爾在其詩集中寫道：「使我做你的詩人，哦，夜，覆蓋著夜，……把我放在你沒有輪子的戰車上，從世界到世界，無聲的跑著……。」⑰哥德在《浮士德》的開場便說：「太陽繞著古道道鳴，在衆星裡競行，自創世，他的路徑已前定，一聲雷響，結束行程。」⑱這即為文學創作「宇宙人情化、生命化」的表徵，為什麼宇宙可以人情化、生命化呢？就理智觀點論，人是人，物是物，人與物似乎必然存在於兩個不同世界，然而人的情感卻具有「外射作用」，文學家常把自己內在的情感外射於物上，物與人便產生迴流交感，我的生命寄託於物，使物也產生了生命，再由物反射回轉予我，如此，物我交融，綰成一體，此即為「移情作用」，波德萊爾說：

你聚精會神地觀賞外物，便渾忘自己存在，不久你就和外物混成一體了。你注視一棵身材停勻的樹在微風中盪漾搖曳，不過頃刻，在詩人心中只是一個很自然的比喻，在你心中就變成一件事實，你開始把你的情感欲望和哀愁一齊假借給樹，它的盪漾搖曳也就變成你的盪漾搖曳，你自己也就變成一棵樹了。同理，你看到在蔚藍天空中迴旋的飛鳥，你覺得它表現超凡脫俗，一個終古不磨的希望，你自己就變成一個飛鳥了。⑲

移情作用在文學創作中爲極重要的一環，因此，此說的創始人立普司便被推爲美學的達爾文。「移情作用」這個詞的原義是：感到裡面去。亦即說：把我的感情移注到物裡，去分享物的生命。⑳莊子曾與惠施出遊於濠上，莊子曰：「儵魚出游從容，是魚樂也。」㉑莊子即是用自己的快樂去外射魚，使魚也快樂起來，又使自己感覺到魚的快樂，莊子的儵魚之樂，固然有前述哲學體系做它的基礎，同時也是一種文學家移情作用的自然流露。爲什麼呢？移情作用與漆園哲學的道體遍在，都有一個共同的特質：物我不分。當然，移情作用比較起道體遍在渺小許多，那是極易明白，不必贅敘。

三、莊子哲學所含蘊的文學創作論

㈠純任自然

「自然」，是道家哲學的精華，亦是莊子文學的特色，是以由此發展出來的文學理論便首重「自然」二字，認爲文學的創作，非勉強可得，一切在「妙造自然」而已。〈養生主〉載庖丁爲文惠君解牛，手所觸，足所履，膝所踦，砉然嚮然，奏著刀在筋骨之間悠遊，好比音樂家演奏堯舜樂章一般，何以然哉？庖丁自已說：

始臣解牛之時，所見無非全牛者；三年之後，未嘗見全牛也；方今之時，臣以神遇而不以目視，官知止而神欲行。依乎天理，批大郤，導大窾，因其固然。技經肯綮之未嘗，而況大軱乎？良庖歲更刀，割也；族庖月更刀，折也；今臣之刀十九年矣，所解數千牛矣，而刀刃若新發硎。彼節者有間，而刀刃者無厚，以無厚入有間，恢恢乎其於遊刃必有餘地矣，是以十九年而刀刃若新發於硎。

這一段文字標出了「神」，要人們唾棄形體之養，去養精神的精純，因爲形體有消虧，精神無止境，然而精神是一抽象不可見者，養神之法唯在「神遇」，不能以固定方式去私相授受，而且其遇不可求，既來欲行則無往不入，泉湧不止。爲什麼呢？因爲「神」須「任自然」，非人力所能左右。〈天道篇〉中桓公讀書堂上，輪扁譏其拾古人糟粕，桓公大怒，要他有說則可，無說則死，輪扁的道理正與此同，他說：

臣也以臣之事觀之。斲輪，徐則甘而不固，疾則苦而不入，不徐不疾，得之於手而應於心，口不能言，有數存焉於其間。臣不能以喻臣之子，臣之子亦不能受之於臣，是以行年七十而老斲輪。

可見修道與得道，貴在天機妙悟，雖然也數存於其間，但要不疾不徐，得心應手，卻是口所不能言傳者，既然不能喻，非可受，那麼，唯有「純任自然」。文學創作也是如此，創作的妙道與靈思皆不可把捉，雖說似有章法條理可循，但硬循著章法條理，泰半的作者難免落入陳腔爛調的窠臼中，那談得上出新意、創新局呢？而文學貴在「收百世之闕文，採千載之遺韻」，要「謝朝華於已披，啓夕秀於未振」㉒，發人之所未發，言人之所未言；這便仰仗「神」了，這並非純靠「學養」所能獲致。淺顯地說：是仰仗作者「天賦的文學才能」，自然得之，無以假借。這種文學創作天才說，在建安時代便被曹丕標舉出來，〈典論・論文〉云：

文以氣爲主，氣之清濁有體，不可力強而致。譬諸音樂，曲度雖均，節奏同檢，至於引氣不齊，巧拙有素，雖在父兄，不能以遺子弟。

毫無疑義，曹丕這種鋒銳新穎的論點是在莊子學說薰陶下有感而發的。自是，莊子純任自然的創作理論，便成爲文學理論家樂道之法則，如宋蘇東坡論文的「行於所當行，止於所不可不止。」王世貞所謂：「非琢磨可到，要在專習，凝領之久，神與境會，忽然而來，渾然而就，無歧級可尋，無色聲可指。」㉓鍾惺所謂：「如訪者之幾于一逢，求者之幸于一至。」㉔嚴羽《滄浪詩話》所謂：「詩有別才，非關學也；詩有別趣，非關理也。此得於先天者，才性也。」趙翼《甌北詩話》評李清蓮所云：「詩之不可及處，在乎神識超邁，飄然而來，忽然而去，不屑屑於雕章琢句，亦不勞勞於鏤心刻骨，自有天馬行空，不可羈勒之勢。」他們都或多或少帶著莊學色彩以及出乎莊學轉化的跡象，此皆足以證明莊子對文學影響之鉅。

㈡味外之味

唐司空表聖《詩品》標出「含蓄」一目曰：「不著一字，盡得風流。」嚴滄浪也有「不涉理路，不落言詮者，上也」的論調，這些都已成爲文學理論及文學批評界的慣用語，其來源即本諸莊子的「言無言」㉕。何謂言無言？莊子之意：不言者上乘，旣言者下乘；蓋妙道在神遇，不在稱說，但不言他人何以知之？故不得已強爲之說，是所說皆姑妄說耳，聽者取其言外之意，則棄其言可也。換言之，語言文字都只不過是引出意的媒介，當任務已達成，便可拋掉，所以莊子把語言文字比筌蹄，曰：

筌者所以在魚，得魚而忘筌；蹄者所以在兔，得兔而忘蹄；言者所以在意，得意而忘言。㉖

筌的作用在捕魚，蹄的作用在捉兔，言的作用在達意，它們都是工具而已，但世俗之人每每抱著工具，不去追求意義，好比水中撈月、守株待兔，眞是不可與之言呀！爲什麼呢？因爲「即器求道」雖是至理，但道實非器，朱子《四書集注》有句話，適與此不謀而合，他說：「學者不可厭末而求本，亦非謂本即末，但學其末，本在是矣。」故莊子又曰：

世之所貴道者書也，書不過語，語有貴也。語之所貴者，意也，意有所隨。意之所隨者，不可以言傳也，而世因貴言傳書，世雖貴之哉，猶不足貴也，爲其貴非其貴也。㉗

王弼便將此理移入《易經》，去解釋聖人之書，其《周易略例》有極好的說明：

夫象者，出意者也；言者，明象者也。盡意莫若象，盡象莫若言。言生於象，故可尋言以觀象；象生於意，故可尋象以觀意。意以象盡，象以言著；故言者所以明象，得象而忘言；象者所以

> 存意，得意而忘象。……存言者，非得象者也；存象者，非得意者也。象生於意而存象焉，則所存者乃非其象也；言生於象而存言焉，則所存者乃非其言也。然則忘象者，乃得意者也；忘言者，乃得象者也。

《易》的道理假借自然現象以表現，自然現象復用言辭以闡述，那麼欲得象須透過言辭，欲得理須透過象；雖然，儘在言辭裡探求現象，所得之象必非眞象，儘在現象裡撏撦道理，所得之理決非眞理，因此要忘言得象，忘象得意，因爲：「大義類者，抽象之簡理；馬牛者，具體之繁象。具體之繁象生于抽象之義類，知其義類，何必拘于牛馬？」㉘那麼，文學也不能拘囿於文字章法結構，而是要出乎文字章法結構之外，追求更高一層的理境，此即所謂「味外之味」了。嚴羽提倡興趣，其《滄浪詩話·詩辨篇》云：「盛唐諸公惟在興趣，羚羊掛角，無跡可求，故其妙處透徹羚瓏，不可湊泊，如空中之音，相中之色，水中之月，鏡中之象，言有盡而意無窮。」阮亭與王士禎標榜神韻，王士禎的《唐賢三味集》附有王氏之徒王立極的後序，〈序〉中云：「大要得其神而遺其形，留其韻而忘其跡，非聲色臭味之可尋，語言文字之可求也。」民初王國維拈境界二字，自謂在嚴王之表，其言曰：

> 嚴滄浪詩話謂盛唐諸公，唯在興趣，羚羊挂角，無跡可尋，故其妙處，透澈玲瓏，不可湊泊，如空中之音，相中之相，水中之影，鏡中之象，言有盡而意無窮。余謂北宋以前之詞亦復如是，然滄浪所謂興趣，阮亭所謂神韻，猶不過道其面目，不若鄙人拈出境界二字爲探其本也。㉙

王氏又謂：「詞之雅鄭，在神不在貌。」㉚其實興趣說、神韻說，乃至王國維的境界說，內容雖小大差異，都是莊子「言無言」下一脈相承的產物，朱東潤在〈王士禎詩論述略〉一文中所點出的「在筆墨之外」者便是也。

㈢技巧潛藏

上述「言無言」及「文字糟粕」說，用於創作理論固然極為巧妙，用於實際寫作的技巧方面，則又另有其契機，文字的作用既然是達意的手段，終極目的在求味外之旨、自然神妙，那麼，一切修辭雕琢等技巧經營，便非一個成功文學家所應專意致力之所在了，但，這也並非意味著文學家可以不懂得寫作技巧。庖丁解牛的記載中，庖丁所以能以神遇不以目視，做到官知止而神欲行，是在所見無非全牛之後的第三年；就算梓慶削木為鐻，仍須齋七日，不斷地一層層忘卻慶賞爵祿、非譽巧拙，乃至四肢形體，然後入山林、觀天性，然後成見鐻，最後始加手焉；其他心齋、坐忘，在在皆透露出道是循序漸進修為而來的消息；〈大宗師〉南伯子葵問女偊何以年已老大還能色若孺子，女偊的攖寧境界，也正如此：

吾猶守之告之，參日而後能外天下；已外天下矣，吾又守之，七日而後能外物；已外物矣，吾又守之，九日而後能外生；已外生矣，而後能朝徹；朝徹而後能見獨；見獨而後能無古今，無古今而後能入於不死不生。殺生者不死，生生者不生。其為物也，無不將也，無不迎也，無不毀也，無不成也，其名為攖寧。攖寧也者，攖而後成者也。

可見修為達於神凝，至於至人、眞人、神人的階段，一切修為便一掃而空，便像藐姑射山的神人，晶瑩淖約，婉如處子㉛，這實是反璞歸眞。文學寫作適同於此，文學家固然要以自然流露爲表現的登峰造極，但登逢造極仍須一步一履往上攀援，是以寫作技巧的經營以及學養工夫的貯藏，或許會變成直接觀照時的阻礙，卻不能不具備，況且上乘的作者仍然可以將這些工作做在事先，成爲寫作的預備，方其眞正提筆搦翰之時，則運斧於天工，完全不見鑿斫之痕；這種工夫近代學者稱之爲「二度和諧的鍛鍊」，何謂二度和諧呢？就是在原來生糙渾沌的初度和諧中，經過鍛鍊與洗滌，超昇於透徹玲瓏、恬靜圓通的第二度和諧之歷程；表面觀，似乎沒有多大變動，實際卻早已脫胎換骨、判若雲泥了。許印芳《詩法萃編》錄司空圖〈與李生論詩書〉並評論道：

唐人中王孟韋柳四家，詩格相近，其詩皆從苦吟而得。人但見其澄澹精緻，而不知其幾經陶洗而後得澄澹，幾經鎔鍊而得其精緻。

張汝瑚稱王世貞：

先先少時，才情意氣，皆足以絕世，爲于鱗七子輩，撈籠推輓，門户既立，聲價復重，譬乘風破浪，已及中流，不能復返。迨乎晚年，閱盡天地間盛衰禍福之倚伏，江河陵谷之遷流，與夫國事政體之眞是非，才品文章之眞脈絡，而慨然悟水落石出之旨於豐濃繁盛之時，故其詩若文，盡脫去牙角繩縛，而以自然爲宗。㉜

許張二人的說法，正是二度和諧鍛鍊的最佳注腳。陶淵明的詩，可以算得上中國詩史上沖淡深粹，最最出乎自然者，技巧自不在其經營之中，然而元遺山仍慧眼獨具，洞瞻其「豪華落盡見眞淳」㉝。

所以袁枚主張：「詩宜朴不宜巧，然必須大巧之朴；詩宜澹不宜濃，然必須濃後之澹。」㉞其《詩話補遺》卷一曰：

凡多讀書爲詩家最要事，所以必須胸有萬卷者，欲其助我神氣耳，其隸事不隸事，作者不自知，讀詩者亦不知，方可謂之眞詩，若有心矜炫淹博，便落下乘。

此即是「入乎其內」，又能「出乎其外」，一切學養技巧到此，唯須「如水中著鹽，但知其味，不見鹽質」，縱若有他山便便書史，在吟詠之際，如何可不棄捐隱藏呢！㉟

(四)虛構手法

文學本貴乎想像，句句是眞，字字皆實，固然可以號稱本色，卻嫌板滯，味同咀臘；由想像而來者則文章可以虛構，這種手法在中國文學界早已流行普遍，屈原的作品百分之九十九憑空摹出，上天入地，無所不至，他可以命令羲和和豐隆替他駕車，來往於崦嵫咸山，讓蹇修爲媒，追求虙妃姚女，這些虛構情節、假想人物，都在文學家的生花妙筆下有了眞實生命和意識行爲，像〈漁父〉一篇假託漁父問答，〈卜居〉一篇假託鄭詹尹占卜，更留予後人摹仿的範本，洪興祖《楚辭補注》云：「〈卜居〉〈漁父〉皆假借問答，以寄意耳。」洪邁在《容齋隨筆》裡云：「自屈原詞賦假爲漁父問答之後，後人作者悉相規倣；司馬相如〈子虛〉〈上林賦〉以子虛、烏有先生、亡是公；揚子雲〈長揚賦〉以翰林主人、子墨客卿；班孟堅〈兩都賦〉以西都賓、東郭主人；張平子〈西都賦〉以憑虛公子、安處先生，左太沖〈三都賦〉以西蜀公子、東吳王孫、魏國先生，皆改名換字，蹈襲一律，無復超然新意，稍出法度規矩也。」兩漢賦家雖蹈襲屈原，但虛擬手法卻也使它們從附庸而蔚爲大國，造成辭賦的新氣象，唯獨以上作者，都不曾明白地說明自己正在虛構，好像說謊者怕給人拆穿底細般。莊子一書更以想像虛構爲擅場，內篇之首〈逍遙遊〉裡的北冥之魚，千變萬化，忽而爲鵬，忽而爲鯤，可以摶扶搖而上九萬里，乘著六月海上的暴風，怒起一飛，前往南冥㊱；〈至樂篇〉裡空髑髏可以與生人娓娓交談㊲；甚至孔老夫子也被拉入文中，披上道家的外衣，說了許多莊周的話；莊子更臉不紅氣不喘，從從容容地寫了一篇〈寓言篇〉，一清二楚告訴世人，他在虛構文章。〈寓言篇〉云：

寓言十九，重言十七，卮言日出，和以天倪。寓言十九，藉外論之，親父不爲子媒，親父譽之，不若非其父者也。非吾罪也，與己同則應，不與己同則反，同於己爲是之，異於己爲非之。重言十七，所以已言也，是爲耆艾，年先矣而無經緯本末以期年耆者，是非先也，人而無以先人，無人道也，人而無人道，是之謂陳人。卮言日出，和以天倪，因以曼衍，所以窮年。

〈天下篇〉也說：

莊周聞其風而說之，以謬悠之說，荒唐之言，無端崖之辭，時恣縱而不儻，不以觭見之也。以天下爲沈濁，不可與莊語，以卮言爲曼衍，以重言爲眞，以寓言爲廣。獨與天地精神往來而不敖倪於萬物，不譴是非，以與世俗處，其書雖瑰瑋而連犿無傷也，其辭雖參差而諔詭可觀。

林西仲《莊子雜說》對寓言、重言、卮言有很好的解釋：

寓言者，本無此人此事，從空驀撰出來。重言者，本非古人之事與言，而以其事與言屬之。卮言者，隨口而出，不論是非也。作者本如鏡花水月，種種幻相，若認爲典實，加以褒譏，何啻說夢。

莊子可以說把世人調侃盡了，也把寓言虛構的手法把弄得出神入化了，因此劉大杰禁不住贊歎道：「他有絕出的天才，超人的想像，高尙的人格與浪漫的感情。文字到了他的手裡，成了活動的玩具，顚來倒去，離奇曲折，創造了一種特有的文體，這樣的文體，在中國有二千多年，從沒有一個人能夠模擬，能夠學得像。」「他不顧一切的規矩，使用豐富的字彙，倒裝重疊的句法，奇怪的字眼，巧妙的寓言，使他的文字，格外靈活，格外新奇，格外有力量。」㊳這位王公大人不能器之的莊子，可以推爲虛構手法的鼻祖了。

四、結語

總而言之，吾人若要在中國歷史上，尋出第二個人，能與莊子並駕齊驅，實在難乎其難，所以錢賓四先生誇他是一卮盡日汩汩地流也流不盡的水。㊴不錯，《莊子》一書確是取之不盡、用之不竭的靈泉，古來多少文人、哲人，從這裡汲取智慧，以啓迪自我的頭腦，昇華自我的情操。雖然莊子文學中所包含大量自然主義的文學理論，在標榜儒學主宗經尊孔的漢朝，似乎很黯淡，但它的血液流在底層的脈管裡，潺潺湲湲地流著，揚雄極推崇聖教，舉凡不道仲尼者，皆被他擠出正統文學的門牆外，譏之爲書肆說鈴，㊵但他仍按耐不住去請教司馬相如的「賦心」，贊美他爲「賦神」，不似從人間來

㊶，這皆足以證明莊子文學的潛在力量正在對儒家傳統的文學理論，做一種解放工作，這股暗潮，終於匯成洪流，在儒家哲學崩潰瓦解，不足以維繫人心的魏晉時代，隨著道家思想的勃興，全面的瀰漫整個文學界，於是文學才得以逐漸脫離教化的束縛，慢慢找回眞正的定義，而針對純文學而發的文學理論也相繼出現，陸機〈文賦〉、葛洪〈抱朴子〉等，都是很好的代表。可以說，沒有莊子，文學只好永遠蜷屈於教化的大帽下昏睡著，文學家的眞性靈便唯任它活生生埋葬斷送，今日，我們能在花團錦簇的文學園地裡獲得陶養，豈能不歌頌莊子的偉大呢？

【附註】

① 見《文史通義．詩教上篇》。

② 《論語．陽貨篇》：「詩可以興，可以觀，可以群，可以怨，邇之事父，遠之事君，多識草木鳥獸之名。」又《左傳》襄公二十五年引孔子之語：「志有之：言以足志，文以足言，不言，誰知其志。言之無文，行而不遠。」

③ 徐復觀《中國藝術精神》第二章：中國藝術精神主體之呈現：「老子乃至莊子，在他們思想起步的地方，根本沒有藝術的意欲，更不曾以某種具體藝術作爲他們追求的對象。因此，他們追求所達到的最高境界的『道』，假使起老莊於九泉，驟然聽到我說的『即是今日所謂藝術精神』，必笑我把他們的句當作死句去理會。」

④ 見林西仲《莊子雜說》。

⑤ 見《哲學與文化》第四卷第十一期張肇祺〈文學與哲學〉引《詩與眞》。

⑥ 見《文藝心理學》第十三章：藝術的創造，引柏拉圖《斐竺艥司》。

⑦ 《莊子・德充符》：「惠子謂莊子曰：人故無情乎？莊子曰：然。惠子曰：人而無情，何以謂之人？莊子曰：道與之貌，天與之形，惡得不謂之人？惠子曰：既謂之人，惡得無情？莊子曰：是非吾所謂情也，吾所謂無情者，言人之不以好惡內傷其身，常因自然而不益生也。」

⑧ 見註⑦。

⑨ 見《談美》二：當局者迷，旁觀者清：藝術和實際人生的距離。

⑩ 見《文藝心理學》第二章：美感經驗的分析㈡心理的距離。

⑪ 見《談美》一、我們對於一棵古松的三種態度：實用的、科學的、美感的。

⑫ 見《文藝心理學》第一章：美感經驗的分析，㈠形相的直覺。

⑬ 《莊子・大宗師》：「夫道，有情有信，無爲無形，可傳而不可受，可得而不可見，自本自根，未有天地，自古以固存，神鬼神帝，生天生地，在太極之先而不爲高，在六極之下而不爲深，先天地生而不爲久，長於上古而不爲老。」

⑭ 《莊子・知北遊》：「物物者與物無際，而物有際者，所謂物際者也，不際之際，際之不際者也。」又曰：「人之生，氣之聚也，聚則爲生，散則爲死。若死生爲徒，吾又何患？故萬物一也，是其所美者爲神奇，其所惡者爲臭腐，臭腐復化爲神奇，神奇復化爲臭腐，故曰通天下一氣耳，聖人故貴一。」〈田子方〉：「至陰肅肅，

至陽赫赫，肅肅出乎天，赫赫發乎地，兩者交通成和而物生焉，或爲之紀而莫見其形。」

⑮〈齊物論〉：「昔者莊周夢爲胡蝶，栩栩然胡蝶也，自喻適志與，不知周也。俄然覺，則蘧蘧然周也，不知周之夢爲胡蝶與，胡蝶之夢爲周與？周與胡蝶則必有分矣，此之謂物化。」

⑯史邦卿《梅溪詞、祝英台近》：「柳枝愁，桃葉恨，前事怕重記；紅藥開時，新夢又溱洧；此情老去須休，春風多事，便老去越難回避。阻幽會；應念偷翦酴醾，柔條暗縈繫；節物移人，春暮更憔悴；可堪竹院題詩，蘇階聽雨，寸心外安愁無地。」又〈綺羅香、春雨〉：「做冷欺花，將煙困柳，千里偷催暮；盡日冥迷，愁裡欲飛還住；驚粉重蝶宿西園，喜泥潤燕歸南浦，最妨他佳約風流，鈿車不到杜陵路。沈沈江上望極，還被春潮晚急，難尋官渡；隱約遙峰，和淚謝眉嫵；臨斷岸新綠生時，是落紅帶愁流處，記得當日門掩梨花，剪燈深夜語。」

⑰見泰戈爾詩集《採果集》（二〇）。

⑱歌德《浮士德》天上序曲。

⑲見《文藝心理學》第三章：美感經驗的分析㈢物我同一，

⑳同註⑲。

㉑《莊子・秋水》：「莊子與惠子遊於濠梁之上，莊子曰：儵魚出游從容，是魚之樂也。惠子曰：子非魚，安知魚之樂？莊子曰：子非我，安知我不知魚之樂？惠子曰：我非子，固不知子矣，子固非魚也，子之不知魚之樂，全矣。莊子曰：請循其本，子曰女安知魚樂云者，既已知吾知之而問我，我知之濠上也。」

㉒ 見陸機〈文賦〉。

㉓ 王世貞《藝苑卮言》卷一：「西京建安，似非琢磨可到，要在專習，凝領之久，境與神會，忽然而來，渾然而就，無歧級可尋，無色聲可指。」

㉔ 鍾惺《詩歸・序》：「眞詩者，精神所爲也，察其幽情單緒，孤行靜于喧雜之中，而乃以其虛懷定力，獨往冥游於寥廓之外，如訪者之幾于一逢，求者之幸于一至。」

㉕ 《莊子・寓言》：「不言則齊，齊與言不齊，言與齊不齊也，故曰無言。言無言，終身言，未嘗不言；終身不言，未嘗不言。」

㉖ 見《莊子・外物篇》。

㉗ 見《莊子・天道篇》。

㉘ 見《周易略例。明象篇》。

㉙ 見《人間詞話》卷上。

㉚ 同註㉘。

㉛ 《莊子・逍遙遊》：「藐姑射之山，有神人居焉。肌膚若冰雪，淖約若處子，不食五穀，吸風飲露，乘雲氣，御飛龍，而遊乎四海之外，其神凝，使物不疵癘而年穀熟。」

㉜ 見張汝瑚〈王弇州傳〉。

㉝ 見《元遺山詩集箋註》卷十一〈論詩絕句〉。

㉞見《隨園詩話》卷五。

㉟《隨園詩話》卷七：「用典如水中著鹽，但知鹽味，不見鹽質。」又〈倣元遺山論詩詠、查愼行〉：「他山書史腹便便，每到吟詩盡棄捐。一味白描神活現，畫中誰似李龍眠。」

㊱《莊子．逍遙遊》：「北冥有魚，其名爲鯤，鯤之大不知其幾千里也，化而爲鳥，其名爲鵬，鵬之背不知其幾千里也，怒而飛，其翼若垂天之雲，是鳥也，海運則將徙於南冥，南冥者天池也。齊諧者，志怪者也；諧之言曰：鵬之徙於南冥也，水擊三千里，搏扶搖而上九萬里，去以六月息者也。」

㊲《莊子．至樂》：「莊子之楚，見空髑髏，髐然有形，撽以馬捶，因而問之曰……於是語卒，援髑髏，枕而臥，夜半，髑髏見夢曰：子之談者似辯士，視子所言，皆生人之累也，死則無此矣。子欲聞死之說乎？莊子曰：然。……。」

㊳見劉大杰《中國文學發達史》第三章：詩的衰落與散文的勃興。

㊴錢賓四《莊老通辨》：「莊周的心情，初看像悲觀，其實是樂天的，初看像淡漠，其實是懇切的，初看像荒唐，其實是平實的，初看恣縱，其實是單純的。他只有這些話，像一隻巵子裡流水般，汩汩地盡日流，只爲這巵子裡的水盛得滿，盡日汩汩也流不完。其實總還是那水，你喝一口是水，喝十口百口還是水。」

㊵揚雄《法言．吾子篇》：「好書而不要諸仲尼，書肆也；好說而不要諸仲尼，說鈴也。」

㊶《西京雜記》卷三：「司馬長卿賦，時人皆稱典而麗，雖詩人之作不能加也。揚子雲曰：長卿之賦不似從人間來，其神化至邪？」又卷二相如云：「賦家之心，苞括宇宙，總覽人物斯乃得之於內，不可得而傳。」

《史記》人物個別性與普偏性結合的幾個例子

——文景朝皇權與功臣、諸侯王的結構性矛盾及其意義

國立清華大學
中文系教授　林聰舜

摘　要

《史記》是紀傳體史書的首創者，全書以人物傳記為主。但《史記》能透過人物傳記，呈現出歷史中的大問題與大趨勢，到達「通古今之變」的高度，則有賴於史公結合了人物個別性與普偏性。由於《史記》人物也是能反映歷史的普偏性的人物典型，因此就能夠顯示一種「更高的真實」——一種未來仍可能發生的真實。如此，亞里斯多德認為歷史所陳述的只是特殊的已發生之事，不具有普偏性的評價就不能成立了。而史公透過人物傳記的歷史詮釋，也使「述往事，思來者」的用心，有了具體落實處。

本文以文景朝周勃父子與吳、梁、淮南三王之傳為例，探討《史記》如何藉著這些個別的人物傳

記，呈現具有普偏性的皇權與功臣宿將及皇權與諸侯王的結構性矛盾。周勃父子與三王最後都以悲劇收場，他們的悲劇反映了背後的社會矛盾，此一矛盾不因當事人不同而改變，也不是當事人個人可以迴避，而是由背後的社會結構所決定。

了解皇權與功臣宿將及皇權與諸侯王的必然矛盾，也就可以找到漢代相權逐步萎縮及諸侯國趨於式微等重大問題的癥結。而《史記》就是藉著人物個別性與普偏性的結合，呈現出具有普偏性的社會關係，也就呈現了史公卓越的歷史見識。

一、前　言

秦漢大一統專制帝國成立之後，伴隨權力愈來愈向皇權集中的趨勢，以及不容覬覦的封閉性，在體制上有資格由皇權分享到權力者，往往與皇權形成結構性的權力矛盾。此一矛盾經常激化到以悲劇作結，而且此一權力矛盾不因當事人不同而改變，諸如帝王的賢不肖，臣下的忠奸，甚至雙方性格的剛柔，均無法改變其矛盾性，所以可以稱之爲結構性的權力矛盾。

本文取漢文景朝作爲論述對象，乃因文景時距漢帝國成立不久，帝國體制尚未定型，結構性的權力矛盾更爲豐富多樣；尤其文景時號稱治世，文帝景帝皆爲英主，文帝且以仁君著稱，《史記・孝文本紀》〈贊〉就以「豈不仁哉」作結，①以文景朝爲例更能看出此一結構性權力矛盾不是偶然發生的。

在論述上，本文重點放在兩個領域：其一是討論朝廷內部帝王與功臣宿將的矛盾。以周勃、周亞夫父子爲例，因爲他們父子都曾手握重兵，「習兵」，且都出將入相，是具有威脅性的重臣的典型。父子二人個性不同，但不論如何自處，都難逃皇帝的猜忌，可以印証他們與皇權的矛盾是結構上的，與個人行事作風殊少關係。而父子二人都曾擔任位高權重的漢丞相，又同樣遭遇皇權的打擊，皇權對相權的猜忌，以及日後相權逐步被侵削，由此也可以看到一些端倪。其二是討論朝廷與地方諸侯王的矛盾。以吳王劉濞、梁孝王劉武、淮南厲王劉長爲例，因爲他們是最具代表性的諸侯王。②他們與朝廷的親疏不同，處境各異，面對朝廷的態度也不一，然同樣得承受朝廷的猜忌，由此也可以印証藩國與中央的矛盾是結構性的。諸侯國日後不管是遭遇來自朝廷嚴厲的摧折，或是軟性的「推恩」政策下的分化，以致逐步趨於式微，也可以在此見到一些端倪。

尤有進者，本文取材以《史記》爲主，並不只因爲《漢書》有關這些人物的敍述本諸《史記》，更是想發掘司馬遷如何透過具體的人物傳記，呈現其獨特的歷史觀照。由於司馬遷寫作人物傳記，傳主不但是活生生的、特殊的具體人物，更具有能代表某些重要的社會面，發掘出一定社會矛盾的典型。③因此《史記》透過人物傳記，就可以呈現出歷史中的大問題與大趨勢，到達「通古今之變」的高度。人物個別性與典型性的結合，其實也是個別性與普偏性的結合，司馬遷的《史記》達到這個程度，也就顛覆了亞里斯多德（Aristotle）在《詩學》（On Poetics）中對詩與歷史的評價。亞氏說：

> 歷史家與詩人間的區別，並非一寫散文，一用韻文。……二者眞正之區別爲：歷史家所描述者爲已發生之事，而詩人所描述者爲可能發生之事，故詩比歷史更哲學與更莊重；蓋詩所陳述者

毋寧為具普徧性質者，而歷史所陳述者則為特殊的。④

亞氏認為詩比歷史更哲學更莊重的理由，是歷史家只描述已發生的特殊事件，如此則不具有普徧性；詩人所描述的，則是某種理想的型，具有更大的普徧性，是未來可能發生之事。亦即「詩所顯示的為一種更高的眞實（a higher reality）。所謂更高的眞實，不是已有的眞實，而是可能的眞實。」⑤然而，若能理解《史記》藉著人物個別性與典型性結合的「創作」，⑥也能達到個別性與普徧性結合的高度，那麼亞氏重詩而輕歷史的評價就被顚覆了。

本文藉著對周勃父子與吳梁淮南三王悲劇的探討，發掘其背後的結構性權力矛盾，正可揭示《史記》將人物個別性與典型性結合，呈現歷史中的大問題與大趨勢，以呈現其獨特的歷史觀照，達到「通古今之變」的用心。而我們也就能了解，《史記》中一篇篇的人物傳記，敘述的不只是活生生的、特殊的具體人物，也是能反映歷史的普徧性的人物典型。因此，本文所論述的朝廷內部帝王與功臣宿將的矛盾，或朝廷與地方諸侯國的矛盾，在漢以後的歷史上也史不絕書。《史記》在這些傳記中確實顯示了「更高的眞實」——一種未來仍可能發生的眞實。

二、帝王與功臣宿將的結構性矛盾

——周勃、周亞夫父子在皇權壓力下的不自安

周勃與周亞夫父子在西漢政權的穩固過程中，是舉足輕重的人物，周勃的最大貢獻在於呂后死後，

諸呂專政，周勃與陳平等人合謀，奪北軍將印，矯節入北軍，誅滅諸呂，迎立代王劉恒，親上天子璽符，是文帝能得帝位的關鍵人物。周亞夫的細柳營故事早已膾炙人口，他後來更以三個月的時間，敉平來勢洶洶的七國之亂，讓朝廷安然渡過來自封國最嚴厲的一次挑戰。

司馬遷對周勃、亞夫父子極為激賞，他把周勃比為伊尹、周公，把亞夫比為司馬穰苴，「諸呂欲作亂，勃匡國家難，復之乎正。雖伊尹、周公，何以加哉！亞夫之用兵，持威重，執堅刃，穰苴曷有加焉！」⑦這種崇高的評價在漢初諸臣中僅有韓信可與比擬。

尤有進者，史公在〈絳侯周勃世家〉中，全力描寫周勃父子與文景二帝的緊張關係，凸顯了彌天蓋地的專制皇權壓力下，功臣的不自安。由於性格不同，周勃、亞夫各以不同的方式，面對專制皇權的壓力：亞夫剛直，常出諸抗爭方式；周勃木強敦厚，經常委屈求全，甚至痛苦地扭曲自己。但不論他們如何自處，始終無法擺脫皇帝的猜忌，加以君臣地位懸殊，他們遂始終痛苦地活在君權壓力的陰影下，過著膽戰心驚的日子。周勃後來在遭到獄吏折磨後，孤獨地就國，孤獨地離開人世；亞夫則在反叛的罪名下，義不受辱，在獄中悲壯地以「不食五日，嘔血而死」⑧的方式，用死亡寫下他的悲憤。

㈠周　勃

周勃是劉邦豐沛起義的舊部，在反秦與楚漢戰爭期間，跟隨劉邦東征西討，立下不少戰功。天下一統後，又參與平定臧荼、韓王信、陳豨等反叛的戰役。「最從高帝得相國一人，丞相二人，將軍、二千石各三人；別破軍二，下城三，定郡五，縣七十九，得丞相、大將各一人。」⑨是與曹參、樊噲、灌嬰等齊名的戰將。

勃木強敦厚，劉邦認爲可託付大事，劉邦臨終時告訴呂后：「周勃重厚少文，然安劉氏者必勃也，可令爲太尉。」⑩後來他成爲誅殺呂氏集團，迎立文帝的重要人物，文帝封他爲右丞相，賜金五千金，食邑萬戶，位在誅殺諸呂另一要角陳平之上。

然而，功高震主者身危，周勃對文帝雖有擁立的大功，文帝對這位權柄傾國的大功臣卻心懷戒懼，這就註定了周勃後半輩子要在疑懼不安中熬過。

周勃擔當右丞相才月餘，就有人勸他：「君旣誅諸呂，立代王，威震天下，而君受厚賞，處尊位，以寵，久之即禍及身矣。」周勃的反應是退讓以求保身，「勃懼，亦自危，乃謝請歸相印。上許之。」⑪對於功高震主者的下場，周勃應該是很能體會的，淮陰、黥、彭等族誅，留侯稱病，蕭何繫獄，都是他親眼目睹的，而自己現在卻正處在朝廷猜忌的核心，「懼」、「日危」深刻刻劃著周勃當時惶惶不可終日的心境。文帝雖然相當仁厚，但在客觀形勢上，他以外藩身份，因緣際會入繼大統，對高帝舊臣顧忌甚深，此觀劉邦舊臣誅諸呂後，迎立代王，代王猶疑再三可知，當時代王郎中令張武所議的：「漢大臣皆故高帝時大將，習兵，多謀詐，此其屬意非止此也。」⑫這也正是文帝日後揮之不去的疑忌。然而，文帝旣接受擁立，就不能不承認誅殺諸呂的正當性，以及諸老臣的功勞，於是又不得不擺出優寵劉邦舊臣的姿態，但在他內心深處仍缺乏安全感，對具有興風作浪，顚倒乾坤能力的劉邦舊臣是極端不放心的，周勃身爲政變要角，「習兵」，更是文帝猜忌的焦點。

周勃的請歸相印，馬上得到文帝的批准。但一年後，丞相陳平卒，論資望，文帝不得不再度起用周勃，然文帝雅不欲周勃久居具有實權的相位，十餘月後，就以列侯就國爲藉口，告訴周勃：「前日吾詔列侯就國，或未能行，丞相吾所重，其率先之。」⑬於是周勃免相就國，孤獨地脫離政治核心。然而，文帝並沒有因此就放過他，司馬遷用力刻劃周勃家居時被文帝捉弄，戰戰兢兢活著，以及下獄被折磨的痛苦：

歲餘，每河東守尉行縣至絳，絳侯勃自畏恐誅，常被甲，令家人持兵以見之。其後人有上書告勃欲反，下廷尉。廷尉下其事長安，逮捕勃治之。勃恐，不知置辭。吏稍侵辱之。勃以千金予獄吏，獄吏乃書牘背示之。曰「以公主爲証」。公主者，孝文帝女也，勃太子勝之尚之，故獄吏教引爲証。勃之益封受賜，盡以予薄昭。及繫急，薄昭爲言薄太后，太后亦以爲無反事。文帝朝，太后以冒絮提文帝，曰：「絳侯綰皇帝璽，將兵於北軍，不以此時反，今居一小縣，顧欲反邪！」文帝既見絳侯獄辭，乃謝曰：「吏方驗而出之。」於是使使持節赦絳侯，復爵邑。絳侯既出，曰：「吾嘗將百萬軍，然安知獄吏之貴乎！」⑭

這是周勃被整得神經兮兮，備受煎熬的慘狀。小小的河東守尉居然敢在大功臣絳侯的門前囂張，當然是文帝授意的，而周勃「常被甲，令家人持甲以見之」的神經質反應，生動刻劃了朝廷屠戮功臣的陰影已籠罩著周勃。等文帝的神經戰告一段落，果然是「誣以謀反」故事的重演，「勃恐，不知置辭」，固然是因周勃木強敦厚，但也因這是莫須有的罪名，是無從辯白的。太后的求情之語固是平情之論，但這不是皇帝慣常的思考模式。周勃曾「綰皇帝璽，將兵於北軍」，正是遭忌之由；而「居一小縣」也不會消除皇帝的猜忌，否則淮陰、彭越廢王後，不會再遭族滅。只要是有可能對皇權成威脅者，都是皇帝猜忌的對象，此一猜忌不會因地位的改變而消除，幸好文帝只想折辱周勃，並未有除之而後快的決心，否則太后的求情未必有用。「吾嘗將百萬軍，然安知獄吏之貴乎！」感嘆的不只是酷吏的囂張，更是自己面對彌天蓋地的專制皇權下的卑微與痛苦，這種悲憤由親身經歷過獄吏折磨的司馬遷寫來，⑮更令人動容。

由自請歸相印以避禍，免相就國，到盡力討好太后弟薄昭，周勃是儘量的收斂，儘量的委屈求全。但專制皇權並沒有放過他，下獄受折辱而不死，已是不幸中的大幸了。周勃最後就在類似放逐的情況下就國，孤獨的離開政治核心，淒清的走向人生的盡頭。他後半生的痛苦，正是專制皇權壓力下功臣不自安的典型。

(二)周亞夫

周亞夫面對的是猜忌苛深更甚文帝的景帝，他又常用抗爭的方式伸張自己的理念與尊嚴，雖然他爭的是國家大體，他忠心耿耿，卻依然引發景帝的猜忌，下場比其父周勃更慘。

亞夫嶄露頭角在文帝細柳勞軍之時，這時他除了治軍的才能外，剛直的個性也已表現出來。「軍中聞將軍令，不聞天子之詔」，是公然否定天子對軍隊的直接指揮權，這是極易引起猜忌的話，所以文帝出軍門後，「群臣皆驚」。群臣驚駭的，一則是亞夫的軍威，但更是對「君威難測」的可能反應的驚懼。幸好此時文帝外懼匈奴，內憂吳楚，是急於用人之時，所以能包容，欣賞亞夫治軍的作風，升亞夫爲中尉，且在臨終時誡太子：「即有緩急，周亞夫眞可任將兵。」⑯

吳楚反時，亞夫被任命爲太尉，統率三十六將軍出征，由於他卓越的戰略與指揮能力，僅僅三個月就平定了亂事。亞夫在此役的戰略部署，已可看出他不計個人得失，爲朝廷長遠利益打算的耿耿忠心。他的基本戰略是以梁委吳，自己堅守昌邑，派兵絕吳楚兵糧道，待吳楚兵乏糧疲弊，再出精兵追擊。這基本上是楚漢相爭時劉邦對付項羽的故智，劉濞雖強，但強不過項羽；而漢中央的力量，遠比劉項之爭時穩固。所以當亞夫乘六乘傳先一步搶占滎陽、雒陽戰略要地後，七國之亂已不足憂。⑰然而以梁委吳，是要深深得罪梁孝王與竇太后的，梁王是太后最鍾愛的少子，景帝爲討好太后，曾說過「千秋萬歲後傳於王」⑱的話，可見梁王的尊寵。但亞夫站在朝廷長治久安的立場考慮，以梁委吳是一石二鳥之計，既可制吳之死命，兼可弊梁，消除日後梁對中央的威脅。所以儘管梁日使使請太尉出兵相救，景帝亦礙於太后情面下詔救梁，亞夫仍守便宜不奉詔，堅壁不出。亞夫此一爲天下國家計長利的忠誠，雖得到景帝諒解，但「由此梁孝王與太尉有郤」、「梁孝王每朝，常與太后言條侯之短。」⑲亞夫的正直，使他在朝廷樹強敵。這些專斷的行爲在景帝仍信任他時，固然可得到諒解，甚至欣賞；但當物換星移，景帝開始猜忌他以後，所有專斷的行爲都可能被解釋爲對皇權的挑戰。

亞夫與景帝關係趨於緊張，緣於三件事，亞夫在這三件事上的抗爭，都出諸爲國家計長利的耿耿孤忠，但景帝感受到的，卻是亞夫對皇權無上權威的挑戰。亞夫在平吳楚軍後五年，升爲丞相，後景帝廢栗太子，亞夫固爭之，不得，景帝開始疏遠他。這時梁王常在太后面前言條侯之短，更使亞夫的處境雪上加霜。就穩定帝國秩序的立場出發，廢太子易使國本動搖，亞夫的堅持有其道理，但景帝不免認爲亞夫越俎代庖，桀傲不馴。接著，竇太后想讓皇后兄王信封侯，景帝與丞相亞夫商議，亞夫曰：「高皇帝約『非劉氏不得王，非有功不得侯。不如約，天下共擊之。』今王信雖皇后兄，無功，侯之，非約也。」⑳亞夫抬出高皇帝之約，迫使景帝打退堂鼓。就亞夫的想法，外戚勢力抬頭，難保不再發生呂氏之亂，對政局安定不利，所以盡力防堵，這又得罪了景帝、太后與皇后。其後，匈奴王徐盧等五人降，景帝欲侯之以勸後，亞夫又持反對意見，曰：「彼背其主降陛下，陛下侯之，則何以責人臣不守節者乎？」㉑就維護封建道德的立場而言，亞夫之言正表現他對漢王朝的忠心；但就現實招降納叛的利害考慮，景帝自有其道理。而且這次景帝的怒火再也彎不住，曰：「丞相議不可用。」悉封徐盧等爲列侯。亞夫面對自己的理念的挫敗，採用激烈的抗爭方式，以「謝病」的方式表示抗議，景帝也不示弱，讓他「以病免相」。㉒

於是亞夫爲國家計長利的正直行爲，完全被景帝視爲不遜、不忠的表現，加以亞夫本就功高足以震主，景帝對他的猜忌之心，就更加表面化。

頃之，景帝居禁中，召條侯，賜食。獨置大胾，無切肉，又不置櫡。條侯心不平，顧謂尚席取櫡。景帝視而笑曰：「此不足君所乎？」條侯免冠謝。上起，條侯因趨出。景帝以目送之，曰：「此怏怏者非少主臣也！」㉓

景帝的「賜食」是爲了捉弄、侮辱亞夫，但亞夫絕不逆來順受，忍辱苟活。景帝準備了未切的大塊肉，又不放筷子，欲觀亞夫反應，亞夫的不平馬上表現出來，自行向尚席要筷子。在景帝「此不足君所乎？」此一銳利如刀的調笑聲中，在「上起」的動作下，亞夫遂拒絕再受侮辱，拂袖而出。「此怏怏者非少主臣也」顯露了景帝蓄之已久的不滿與猜忌，此語一出，亞夫的命運已經註定。

接著發生的又是誅殺功臣的故技—誣以謀反。亞夫子向工官尚方買甲楯五百套作葬器，被誣指爲預備謀反，事件牽連亞夫，吏簿責之，亞夫不回答以示抗議。景帝大怒，召詣廷尉，廷尉責問：「君侯欲反邪？」亞夫曰：「臣所買，乃葬器也，何謂反也？」廷尉的話頗堪玩味：「君侯縱不反地上，即欲反地下耳。」[24]地下造反是「莫須有」的罪狀，這代表景帝欲置亞夫於死地而後快了。

面對自己的悲慘命運，亞夫是有自覺的，所以先前廷尉逮捕時，亞夫就想自殺，夫人止之，以故不得死。但他面對景帝的威逼，卻絕不低頭，絕不委屈自己的信念，最後他悲壯地選擇自我毀滅的方式，在廷尉獄中，「不食五日，嘔血而死」。他的嘔血，含藏了多少的無助與悲憤！景帝雖摧毀了亞夫的軀體，卻不能毀滅他的靈魂。但面對被猜忌、被羅織謀反罪名的命運，亞夫也僅能以絕食、嘔血而死的方式表達些微的抗議。

㈢小　結

在彌天蓋地的專制皇權壓力下，具影響力的功臣的不自安是必然的發展，不管是委屈求全如周勃，或是剛直地堅持理念如亞夫，都不能擺脫被猜忌的陰影，這是專制體制下功臣的宿命，是他們必須承受的痛苦。

《史記》為周勃父子單獨立傳，㉕不但刻劃出傳主獨特的面貌，更奇妙地將人物的個別性與典型性結合，呈現出周勃父子這類人物重要的社會面，發掘出他們一生的悲劇所凸顯的社會矛盾。於是我們就看到了曾經具有左右國家大局能力的功臣宿將，與皇權之間具有的結構上的緊張性。此一結構性的矛盾，不但會出現在開國時期的劉邦與韓信、彭越、黥布等人之間；也會出現在治世的文景帝與周勃父子之間。當然以後的歷史也會繼續出現。《絳侯周勃世家》透過對具體人物的刻劃，完成個別性與普遍性的結合，呈現出此一歷史上具普遍性的重要面相，顯示了亞里斯多德在《詩學》中所說的「更高的眞實」。透過人物個別性與典型性的結合（或個別性與普遍性的結合），《史記》所描述的也是未來「可能發生之事」。如此，司馬遷已將「以史為鑑」的功能發揮到了極致。

三、朝廷與諸侯王的結構性矛盾
——吳梁淮南三王在朝廷猜忌下的不善終

吳王劉濞、梁孝王劉武、淮南厲王劉長是文景朝最具代表性的諸侯王，司馬遷看出他們的代表性，單獨給他們立傳。他們結局的不幸，表面上雖似咎由自取，但更重要的原因，是結構上朝廷與諸侯王的矛盾。他們與朝廷親疏不同，劉濞是高帝兄劉仲之子，與文帝、景帝關係已疏。劉武是文帝子，景帝同母帝，竇太后最鍾愛的少子，尊寵非比尋常。劉長是高祖擊韓王信時，趙王張敖所獻美人所生，文帝即位時，高帝子唯文帝與劉長二人在，「淮南王自以爲最親」、「常謂上大兄」。㉖吳梁淮南三王，雖與朝廷親疏不同，畢竟都是皇室成員，劉姓骨肉，但他們卻仍然擺脫不了朝廷的猜忌。當漢朝廷剷除了異姓諸侯王後，這些同姓諸侯王的代表人物就成爲朝廷猜忌的焦點。

漢初至文景之時，諸侯王的權力極大，大國連城數十，地位極尊，服章號令幾與皇帝相埒。文帝時賈誼曾爲此而「長太息」，他說：

諸侯王所在之宮衛，織履蹲夷，以皇帝所在宮法論之；郎中謁者受謁取告，以官皇帝之法予之；事諸侯王或不廉潔平端，以事皇帝之法罪之。曰：「一用漢法，事諸侯乃事皇帝也。」是則，諸侯王乃埒至尊也。……天子之相，號爲丞相，黃金之印；諸侯之相，號爲丞相，黃金之印，而尊無異等。……天子親，號云太后；諸侯親，號云太后。天子妃，號曰后；諸侯妃，號曰后。然則諸侯何損而天子何加焉？妻既已同，則夫何以異？㉗

諸侯王權力地位如此尊隆，加以漢代立嫡立長並未形成定規，㉘文帝本身又係以外藩因緣際會入承大統，因此劉姓諸侯王在理論上都是競逐帝位的可能人選。文帝本人在立太子時，也必須客套禮讓一番，謂：「楚王，季父也，春秋高，閱天下之義理多矣，明於國家之大體。吳王於朕，兄也，惠仁以好德。淮南王，弟也，秉德以陪朕。豈爲不豫哉……今不選舉焉，而曰必子，人其以朕爲忘賢有德者而專於子，非所以憂天下也。」㉙再加上景帝也在太后、梁王面前說過「千秋萬歲後傳於王」的話，可見具宗室身分的劉姓諸侯王確有繼承大統的可能性與正當性。然而，皇帝的謙讓只是故作姿態，皇權基本上是不容覬覦的。對於強大又可能覬覦帝位的諸侯王，朝廷必然如芒刺在背。

賈誼對諸侯王坐大給中央帶來的威脅，言之最爲痛切。他在〈治安策〉中，站在朝廷立場，認爲這些劉姓諸侯王，「雖名爲臣，實皆有布衣昆弟之心，慮亡不帝制而天子自爲者。」他甚至預言同姓諸侯王將繼異姓諸侯王而動，「其異姓負強而動者，漢已幸勝之矣，又不易其所以然。同姓襲是跡而動，既有徵矣，其勢盡又復燃。」更重要的，賈誼看出諸侯王的威脅不是親疏關係或道德忠誠的問題，而是形勢造成的，無法用仁義恩厚的方式解決，他甚至直言朝廷與諸侯王互相猜忌的必然性。「夫樹國固必相疑之勢，下數被其殃，上數爽其憂，甚非所以安上而全下也。」「臣竊跡前事，大抵強者先反。淮陰王楚最強，則最先反；韓信倚胡，則又反……長沙乃在二萬五千戶耳，功少而最完，勢疏而最忠，非獨性異人也，亦形勢然也。曩令樊、酈、絳、灌據數十城而王，今雖以殘亡可也；令信、越之倫列爲徹侯而居，雖至今存可也。」由是賈誼提出「衆建諸侯而少其力」的主張，希望以漸進的手段削弱割據勢力，完成中央集權的目標。而且此一中央與諸侯王矛盾的形勢非常嚴竣，必須儘早解決，否則難以挽救。「天下之勢方病大瘇，一脛之大幾如腰，一指之大幾如股，平居不可屈伸，一二指搐，身慮亡聊，失今不治，必爲錮疾，後雖有扁鵲，不能爲已。」㉚

賈誼看到了漢初中央與諸侯王的嚴重矛盾與猜忌之必然性，而且看出這是形勢造成的，與人性或道德無關。亦即他看到了漢初的封建與周的封建本質有所差異，不可能長治久安，㉛這種矛盾是一種結構上的必然矛盾。

然而，賈誼雖看到了漢初諸侯王與皇權之間結構上的矛盾，他的立場卻是偏向皇權，企圖以漸進的方式削弱割據勢力，完成中央集權的目標。司馬遷則是站在歷史的高度，對此一結構性的矛盾作出比較全面性的反省，在〈吳王濞列傳〉、〈梁孝王世家〉、〈淮南衡山列傳〉中，史公透過人物傳記，將個別性與典型性結合，亦即將個別性與普徧性結合，呈現出諸侯王與中央的結構性矛盾。由於司馬遷的歷史家立場，不同於賈誼作為朝廷策士的立場，以及《史記》的人物傳記特色，吳、梁、淮南三傳讓我們看到了更豐富、更複雜的人性與政治，看到了三位諸侯因與皇權之間結構性的權力矛盾譜成的悲歌。司馬遷透過人物傳記的歷史詮釋，也呈現了歷史發展中一些普徧性的問題，值得進一步思考。

(一)吳王劉濞

吳王劉濞是漢代最大規模的一場諸侯王叛變的首難者，亂事雖因周亞夫指揮得當及劉濞戰略失策僅三月即敉平，但初起時聲勢浩大，「景帝往來兩宮間，寒心者數月」，㉜帶給朝廷莫大的壓力。這場叛變，正是朝廷對諸侯王長期猜忌後的總清算，由於劉濞是叛變的主角，是最具典型性的代表人物，《史記》為他單獨立傳，結合了人物個別性與普徧性，忠實呈現文景時中央與諸侯王間的結構性矛盾，也呈現身為朝廷猜忌核心的吳王劉濞譜出的悲歌。㉝

劉濞轟轟烈烈搞了一場流血政變，但他其實不是一個具賭徒性格，勇於打天下的人物，他最後把自己的身家性命都賭上，走向反叛的不歸路，正是在朝廷猜忌下，在缺乏安全感中，一步步走上絕路。劉濞舉事時，年已六十二，白頭舉事，絕非可以預謀已久視之。若非被逼急了，實難理解。陳傅良云：「濞以壯年受封，至是垂老矣。寬之數年，濞之墓拱，則首難無人，七國雖強，皆可以勢恐之也。錯不忍數年之緩暇，欲急其攻，而躑躅為之，身殞國危，取笑天下。」㉞朝廷不能「寬之數年」，急著削藩，正是劉濞舉事的導火線。景帝後來用袁盎計，斬晁錯於東市，固是塞諸侯「共誅晁錯」之口實，恐亦是怪錯急切削藩之失。當然，朝廷若未急切削藩，中央與諸侯王的結構性矛盾仍是存在，只是此一矛盾會以不同的形式表現出來罷了。劉濞瞻前顧後，不具一往直前的打天下性格，也見諸舉事後的戰略布署，當時吳大將軍田祿伯建議：「兵屯聚而西，無佗奇道，難以就功。臣願得五萬人，別循江淮而上，收淮南、長沙，入武關，與大王會，此亦一奇也。」吳王不許。吳少將桓將軍建議：「吳多步兵，步兵利險；漢多車騎，車騎利平地。願大王所過城邑不下，直棄去，疾西據雒陽武庫，食敖倉粟，阻山河之險以令諸侯，雖毋入關，天下固已定矣。即大王徐行，留下城邑，漢軍車騎至，馳入梁楚之郊，事敗矣。」吳王亦接受老將「此少年推鋒之計」的批評，不用桓將軍計。㉟吳王瞻前顧後的性格，使他在戰略布署上喪失良機，此觀諸周亞夫乘六乘傳，迅速入據滎陽後，喜曰：「吾據滎陽，以東無足憂者」可知。而此一性格，最後居然賭上身家性命，走向反叛之路，可見這是在朝廷猜忌下，不由自主的發展。

劉濞封王始於隨高帝征英布後，「荊王劉賈為布所殺，無後。上患吳、會稽輕悍，無壯王以填之，諸子少，乃立濞於沛為吳王。」已拜受印，高帝召濞相之，謂曰：「若狀有反相。」心裡後悔，但業已拜，乃撫其背告曰：「漢後五十年東南有亂者，豈若邪？然天下同姓為一家也，慎無反！」㊱這是一則傳奇性的預言，但這個故事不就顯示劉濞從封王那天起，就受到朝廷猜忌！吳與朝廷結釁於文帝時吳太子入見，侍皇太子飲博爭道，爲皇太子所殺。「於是遣其喪歸葬。至吳，吳王慍曰：『天下同宗，死長安即葬長安，何必來葬爲！』復遣喪之長安葬。吳王由此稍失藩臣之禮，稱病不朝。」㊲劉濞的表現，是賭氣，因爲中央對吳太子被皇太子所殺未有任何交待。朝廷不作任何交待，是皇權的展示，是立威，是不願對諸侯王示弱。這些細微的動作，已隱約可以看出朝廷與諸侯王間微妙的緊張關係。至於劉濞膽敢「稱病不朝」，消極反抗，除了朝廷理屈外，是因爲此時諸侯王權力仍大，且他們之間唇齒相依，「動一親戚，天下圜視而起」，㊳仍保有與朝廷抗衡的本錢。但朝廷爲展示權威，逼迫更緊。

京師知其以子故稱病不朝，驗問實不病，諸吳使來，輒繫責治之。吳王恐，爲謀滋甚。及後使人爲秋請，上復責問吳使者，使者對曰：「王實不病，漢繫治使者數輩，以故遂稱病。且夫『察見淵中魚，不詳』。今王始詐病，及覺，見責急，愈益閉，恐上誅之，計乃無聊。唯上弃之而與更始。」於是天子乃赦吳使者歸之，而賜吳王几杖，老，不朝。吳得釋其罪，謀亦益解。㊴

「察見淵中魚」生動地刻劃出朝廷的猜忌。而由吳使者一再被治罪，吳王仍一再派出使者，可見吳仍採取低姿態。最後文帝賜吳王几杖，許其不朝，則是此時中央準備尚未充分，仍不想刺激生變，是文帝在黃老思想引導下採用的「與民休息」政策的表現。至於劉濞由「爲謀滋甚」到「謀亦益解」，可以看出若非朝廷逼迫太急，劉濞並未有舉事之志。

劉濞終究起兵，膠西等六國應之，這是朝廷與諸侯王矛盾關係的總清算。這時朝廷對諸侯王的猜忌到達臨界點，想一勞永逸解決諸侯王坐大問題，採晁錯之議，大規模削藩，於是趁楚王入朝的機會，以楚王「為薄太后服，私姦服舍」的罪名，罰削東海郡，因削吳之豫章郡、會稽郡，趙之河間郡，並削膠西六縣。晁錯削吳郡的理由：「今削之亦反，不削之亦反。」並不盡然。但不削地則朝廷與諸侯王的緊張關係會一直僵持下去，終究是朝廷的心腹大患，倒是實情。在諸侯王方面，面對朝廷的猜忌、打壓，除非甘心納土撤藩，否則只好挺而走險。「吳王恐削地無已，因以此發謀，欲舉事。」另外，膠西王的反應也可看出諸侯王面對朝廷的猜忌，已經喪失安全感，故起兵自保。「膠西群臣或聞王謀，諫曰『承一帝，至樂也。今大王與吳西鄉，弟令事成，兩主分爭，患乃始結。諸侯之地不足為漢郡什二，而為畔逆以憂太后，非長策也。』王弗聽。」㊵膠西王寧可選擇前途不可測的險路，而放棄「承一帝」的「至樂」，是因為在朝廷的逼迫下，「承一帝」已不可得了。

晁錯勸景帝削諸侯地時，將吳「即山鑄錢，煮海水為鹽，誘天下亡人」視為「驕溢」、「謀作亂」的罪狀，㊶也是羅織的罪名。因為鑄錢為當時法律所允許，㊷鹽鐵專賣也尚未施行，而「誘天下亡人」其實更是很好的政績，因為吳國國用富饒，「無賦」，比起其他郡國自高祖四年起，以算賦名稱收人頭稅，㊸往往逼得人民流離失所，成為「亡人」，吳王算是相當善於拊循其民的。徐復觀謂：「在正常情況下，郡守縣令的政治清明，常為流民(亡命)所歸，即可列為好的政績。但在諸侯王則視為圖謀不軌的證據。」㊹這段話說明了朝廷對吳擁山海之利，且內政清明，能得民心的眼紅與猜忌。晁錯建議削地的眞正動機事實上不關乎吳是否有過，而在乎關係疏遠的強藩分享了過大的權力。他說：「昔高帝初定天下，昆弟少，諸子弱，大封同姓，故王孽子悼惠王王齊七十餘城，庶弟元王王楚四十餘城，兄子濞王吳五十餘城：封三庶孽，分天下半。」㊺這不就反映了朝廷對吳、楚、齊的眼紅與猜忌！

透過〈吳王濞列傳〉，我們看到了身爲諸侯王領導人物的劉濞的不自安，也看到了諸侯王與皇權的結構性矛盾。此一矛盾不是劉濞本人能解決的，這是他的悲劇。賈誼早就看到此一結構性矛盾的必然性，所謂「夫樹國固必相疑之勢，下數被其殃，上數爽其憂。」諸侯王強大無可避免會與皇權產生猜忌，最後必然以悲劇收場。司馬遷在本傳〈贊〉云：「故古者諸侯地不過百里，山海不以封。『毋親夷狄，以疏其屬』，蓋謂吳邪？」㊻這裡畫龍點睛地指出：諸侯王封地大，享山海資源，又靠近夷狄，結盟引以爲外援，與朝廷的矛盾是不可避免的。用賈誼的話，這種矛盾是「形勢」造成的，非關人性、道德。因此是結構性的矛盾。

《史記》的特殊處，在於以人物傳記的方式，結合了人物的個別性與普偏性，一方面踫觸到歷史發展的重大關鍵，一方面又呈現豐富多姿的人物形相，更生動地傳達他的歷史觀察與反省。

㈡梁孝王劉武

梁孝王劉武是景帝同母弟，竇太后最鍾愛的少子，寵眷之隆，無以倫比。後來卻因爭立爲太子未遂，心生怨望，使人刺殺反對他立爲後嗣的袁盎，被景帝疏遠，最後在憂懼中病熱而死。他的一生反映了諸侯王與朝廷的矛盾，而且是有可能入承大統的同母弟與皇權的矛盾。

劉武一生由隆寵無比到被景帝疏遠後憂懼而死，關鍵在於他仗恃景帝是親兄弟，且自己有太后鍾愛，因此恃寵而驕，甚至在太后主導下，覬覦神器，犯了大忌。他無法看清景帝對他的優遇，除了討好太后外，頗出於政治考量。劉武漠視了凶險的政治鬥爭，尤其是微妙難測的皇位繼承鬥爭。他與景帝的關係，不只是親兄弟的關係，更是帝王與有可能入主大統的諸侯王的矛盾關係。就後者而言，他們二人之間的利害、鬥爭關係會壓過親情。劉武一再恃寵而驕，挑動他與景帝之間最敏感、脆弱的矛盾關係，結果自然是雙方矛盾的表面化，是皇權對他制裁的陰影的日漸迫近。

然而，劉武恃寵而驕，景帝要負很大責任，是他先挑起劉武對皇位的幻想。景帝前三年，未立太子，劉武入朝，「上與梁王燕飲，嘗從容言曰：『千秋萬歲後傳於王。』王辭謝。雖知非至言，然心內喜。太后亦然。」㊼劉武雖知景帝「非至言」，但從此入承大統一事成為他揮之不去的欲望，並緊緊地與他後來的行為與命運綁在一起。景帝的戲言雖有討好太后之意，但更應注意的，這是政治考量很濃的一句承諾，景帝是在拉攏、利用劉武的梁國，作為朝廷的扞蔽。因為當時吳楚反事已山雨欲來，同年春，吳楚七國反，「吳楚先擊梁棘壁，殺數萬人。梁孝王城守睢陽……吳楚以梁為限，不敢過而西，……吳楚破，而梁所破殺虜略與漢中分。」㊽景帝的拉攏發揮了功用，梁成為朝廷的前線堡壘，設若梁未死守睢陽，吳楚就會長驅而入，直取滎陽、成皋，朝廷也就來不及作「以梁委吳」的戰略部署。萬一梁加入反叛軍陣容，吳楚軍更可直撲關中，朝廷危矣。由此可以看出，景帝「傳於王」的話，有很強的政治動機。吳楚破後，「明年，漢立太子。」這時朝廷心腹之患已除，劉武的梁國已不具利用價值，景帝也不用拉攏劉武，在乎他的感受了。前人從「君無戲言」的道德角度，批評景帝「不宜出好言於梁王」，㊾是未察及景帝的政治動機。

由於在吳楚之役立下大功，又是太后鍾愛少子、景帝親弟，劉武著實過了好幾年風風光光的歲月，築東苑、廣睢陽城、大治宮室，「得賜天子旌旗，出從千乘萬騎。東西馳獵，擬於天子。出言蹕，入言警。招延四方豪傑，自山以東游說之士，莫不畢至。」「二十九年十月，梁孝王入朝。……以太后親故，王入則侍景帝同輦，出則同車游獵，射禽獸上林中。梁之侍中、郎、謁者箸籍引出入天子殿門，與漢宦官無異。」㊿

表面的榮寵卻掩蓋不了結構性的矛盾，出入游戲，僭於天子，已冒犯皇權，「天子聞之，心弗善也。」51作為有資格入承大統的儲君候選人，劉武不曾忘懷神器，更犯了大忌。劉武與景帝的矛盾終於表面化：

上廢栗太子，竇太后心欲以孝王為後嗣。大臣及袁盎等有所關說於景帝，竇太后議格，亦遂不復言以梁王為嗣事由此……乃辭歸國。其夏四月，上立膠東王為太子。梁王怨袁盎及議臣，乃與羊勝、公孫詭之屬陰使人刺殺袁盎及他議臣十餘人。52

竇太后欲以梁王為後嗣的提議受阻後，劉武終於絕望。但他無法了解景帝對他的優寵只是「以太后親故」，對於他們兄弟的關係，景帝是偏於政治性操作遠勝於親情考慮。53景帝從未將劉武列為嗣君的眞正候選人。劉武無知，遂發怒於袁盎等人，於是他與景帝的表面和諧，遂告結束。

由於劉武理屈在先，景帝不用再顧慮太后感受，嚴厲徹查梁案。

於是天子意梁王，逐賊，果梁使之。乃遣使冠蓋相望於道，覆按梁，捕公孫詭、羊勝。公孫詭、羊勝匿王後宮。使者責二千石急……王乃令勝、詭皆自殺，出之。上由此怨望於梁王。梁王恐，乃使韓安國因長公主謝罪太后，然后得釋。⑭

這是劉武「初寵後辱」的轉捩點。雖然「上由此怨望於梁王」的眞正原因是在權力結構上，梁王有奪嗣的可能性與企圖心，就如吳齊賢所說的「非爲殺大臣而怨，爲奪嗣而怨。」⑮但劉武派人刺殺袁盎等人的愚蠢作爲，讓景帝因顧念太后而壓抑許久的猜忌之心徹底爆發，此後朝廷對劉武的猜忌遂排山倒海而來。劉武連表面的尊寵也無法再維持，「景帝益疏王，不同車輦矣。」⑯朝廷給他的壓力終於超過他的負荷能力：

三十五年冬，復朝。上疏欲留，上弗許。歸國，意忽忽不樂。北獵良山，有獻牛，足出背上，孝王惡之。六月中，病熱，六日卒，謚曰孝王。⑰

面對朝廷日益增強的猜忌壓力與自己的茫茫前途，劉武「意忽忽不樂」。他終於知道，自己已被朝廷視爲背上作亂之人，正一步步走上被猜忌的諸侯王的共同命運。北獵良山，有人獻牛，足出背上，不就蹤觸到他最脆弱、最忌諱的心理防線，所以他崩潰了。「足當處下，所以輔身也；今出背上，象孝王背朝以干上也。北者，陰也。又在梁山，明爲梁也。」⑱劉武恃寵而驕，卻不知不覺把自己推向無法挽回的「背上」的境地。

梁王劉武與景帝雖親為兄弟，但因皇權不容覬覦的特性，他們之間依然存在著結構性的矛盾，此一矛盾無法藉親情化解，梁王的內史韓安國其實早有體會。他說：

大王自度於皇帝，孰與太上皇之與高皇帝及皇帝之臨江王親？……夫太上、臨江親父子之間，然而高帝曰：「提三尺劍取天下者朕也」，故太上皇終不得制事，居于櫟陽。臨江王，適長太子也，以一言過，廢王臨江；用宮垣事，卒自殺中尉府……語曰「雖有親父，安知其不為虎？雖有親兄，安知其不為狼？」……有如太后宮車即宴駕，大王尚誰攀乎？⑲

在政治圈中，親情敵不過權力的矛盾，親父可以為虎，親兄可以為狼，梁王劉武與景帝雖親為兄弟，得太后鍾愛，且立有大功，但因覬覦神器，踰觸到權力的禁忌，終遭親兄猜忌，憂懼而死。他的一生，見證了有資格入承大統的諸侯王，與皇權形成的矛盾帶來的悲劇。

㈢淮南厲王劉長

淮南厲王劉長是高帝少子，其母因貫高謀反事被牽連，在獄中生下劉長後高帝未理，恚恨自殺。後劉邦令呂后母之，因此得以安然度過呂后當政時期。劉長約二歲封淮南王，王黥布故地。文帝即位時，年十九，此時高帝諸子只賸文帝與劉長二人，「淮南王自以為最親，驕蹇，數不奉法。」「從上入苑囿獵，與上同車，常謂上『大兄』。」⑳然而，文帝顯然並不放心這位曾與他同列帝位候選人的異母弟，㉑六年，以謀反罪名將他放逐到蜀郡嚴道邛郵，劉長在道上不食死。

劉長造反的事蹟，史公敍述很簡略，卻詳述朝廷官員劾奏之辭，然劾奏之辭代表朝廷觀點，很難據以斷定劉長謀反事件的眞假。至於本傳所載劉長的違法事蹟，諸如自袖鐵椎、椎辟陽侯，令從者頸之，然後馳走闕下，肉袒謝罪一事。因辟陽侯審食其往昔得幸呂太后，屬於諸呂集團的一員，劉長雖是爲報母仇而椎殺審食其，勉強可算是「爲天下誅賊臣」。所以「孝文傷其志，爲親故弗治，赦厲王」，㉒表面是友愛寬大，事實上劉長是替新政權除去舊勢力。但劉長如此作爲卻表現出剛狠倔強的性格，坐實朝廷後來對他「數逆天子之令」的指控。有關謀反一事更是疑竇叢叢，「六年，令男子但等七十人與棘蒲侯柴武太子奇謀，以輂車四十乘反谷口，令人使閩越、匈奴。」㉓以七十人、四十乘車造反，終是可疑。縱使是行刺天子，也應有大規模的動員、部署配合，以便行刺成功，趁亂謀反。但本傳中卻看不到任何這方面的證據，包括朝廷百官劾奏劉長之辭亦然。尤有進者，棘蒲侯太子柴奇謀反，理應誅殺三族，但「棘蒲侯柴武以文帝後元年卒，謚剛。嗣子謀反，不得置後，國除。」㉔嗣子謀反，柴武無須連坐，可見朝廷只是要對付劉長罷了。

劉長謀反一事殊爲可疑，但可以確定的是文帝對他極爲猜忌。猜忌的結構性原因是劉長曾爲帝位的競逐者，對皇權具有威脅性，而劉長的作爲又加深了文帝的不安。劉長剛狠倔強，又沒有意識到他與文帝間的矛盾，所以他們很快就面臨攤牌的局面。他「自以爲最親」，「常謂上『大兄』」，又椎殺審食其，加上本身「有材力，力能扛鼎」，是故冒犯皇權、引起猜忌而不自知。至於文帝三年，長入朝後歸國，「益驕恣，不用漢法，出入稱警蹕，稱制，自爲法令，擬於天子。」㉕這些行爲，若依《漢書》本傳帝舅薄昭予厲王書所載，有些是經文帝特准的，但依然強化了文帝的猜忌、不悅。

文帝對劉長逼迫甚急，劉長在文帝三年入朝，尚「從上入苑囿獵，與上同車」，但六年即以謀反罪名流放蜀郡，短短三年中間，文帝還令薄昭予劉長書，責難甚切。這封責備、恐嚇兼具的信，可視爲朝廷對劉長的思想鬥爭，爲緊接著的整肅行動的正當性作預備。或者有見於此，《史記》並未收錄此書信。即便此書代表朝廷的詮釋觀點，但依然可以由此發掘一些被湮滅的眞相，其中提到劉長曾「欲屬國爲布衣，守冢眞定」。亦即劉長曾上書欲放棄淮南王爵位，到眞定爲其母守墓。薄昭以這件事爲核心，給劉長扣上不孝、不誼、無禮、不順、不知等八條罪名，恐嚇劉長走的是「危亡之路」，逼迫劉長上書謝罪。㊻薄昭的書信代表皇權對劉長猜忌的表面化，而在此之前，由劉長欲棄國守墓一事，可以看出皇權對劉長的猜忌已到達他不能忍受的地步。

劉長剛狠倔強的個性使他冒犯皇權，當他遭遇猜忌、打壓時，依然是以此一個性回應，絕不逆來順受。「欲屬國爲布衣，守冢眞定」，是他面臨猜忌時的反擊，如此使朝廷難堪，遂有薄昭以此事爲核心對他的譴責。接到薄昭的信後，他的反應是「得書不悅」，未如薄昭要求的上書認錯謝罪。最後以謀反的罪名被放逐到蜀郡時，依然是以「不食死」的方式，回應皇權的摧逼。

劉長以絕食而死的方式將他與皇權的矛盾暴露出來。他死後，文帝受到很大的壓力，問袁盎如何善後，袁盎答以「獨斬丞相、御史以謝天下乃可。」由袁盎之言不得罪文帝，可看出當時輿論多不直文帝所爲，亦即認爲劉長謀反有其冤情。另外，當時有民謠歌淮南厲王曰：「一尺布，尚可縫；一斗粟，尚可舂。兄弟二人，不能相容。」㊼銳利地諷刺文帝對親弟猜忌的殘酷。

以寬仁著稱的文帝，走的依然是猜忌諸侯王，甚至猜忌、摧折身為諸侯王的親弟的道路。

四小　結

在劉濞、劉武、劉長的傳記中，我們看到了個性不同、與朝廷親疏關係不同，對朝廷猜忌反應不同的三個諸侯王，最後都同樣以不幸的結局告終。由於他們擁有王國的資源，又是劉氏宗族，朝廷在處理他們的問題時比對付功臣更為棘手，但他們一樣得承受被猜忌的陰影，承受朝廷摧折的痛苦。

諸侯王與皇權的結構性矛盾根源在於藩國太大，又位尊權尊，對朝廷形成威脅。加以具劉氏宗室身分的諸侯王在漢初具有入承大統的正當性，不管他們是否眞正覬覦神器，都會成為皇權猜忌的對象。因此在皇權不容覬覦、不容挑戰的情況下，皇權與諸侯王的緊張是必然的，這是「形勢」使然，與人性或道德無關，所以此一矛盾是結構性的。

諸侯王與皇權的矛盾雖是結構性的，不因其他因素而消失，但諸侯王的不同個性、關係、反應，卻會使矛盾呈現出不同的型態。劉濞最後以轟轟烈烈的反叛行為為雙方的矛盾關係作一總清算，劉武以奪嗣不成憂懼而死，劉長則以絕食而死的方式回應皇權的摧折。《史記》將三位諸侯王單獨立傳，除呈現出他們獨特的形相外，更將人物的個別性與典型性(普偏性)結合，呈現了他們所凸顯的悲劇、社會矛盾等重要的社會面相。這三個傳記所呈現的不同型態的諸侯王與皇權的矛盾，合而觀之，更可確認此一矛盾的必然性。而我們也由此可以瞭解，只要地方有強藩存在，皇權與強藩的矛盾就會存在著。而如何處理封國的問題，也必然會是中國歷史上皇權最頭痛的問題之一。

《史記》透過人物傳記，透過人物個別性與普偏性的結合，呈現皇權與諸侯王的結構性矛盾，更眞實、更生動地反映了處在此一矛盾中的諸侯王的無奈，也讓我們具體地看到了帝制中國的歷史中，分封建藩所面臨的最難以解決的難題。司馬遷站在歷史的高度，確實踫觸到了歷史上此一具普偏性的重要面相。在吳、梁與淮南三傳中，透過人物個別性與普偏性的結合，《史記》確實顯示了《詩學》中所說的「更高的眞實」，描述了未來「可能發生之事」。

四、結語

《史記》以人物傳記的方式，呈現其獨特的歷史觀照，傳主不但是具個別性的特殊人物，也是能反映某些重要的社會面，能呈現某些具普偏性的社會關係的人物典型。藉著人物個別性與普偏性的結合，《史記》就達成了亞里斯多德在《詩學》中認爲的，歷史所不能呈現的「更高的眞實」——一種未來仍可能發生的眞實。

在周勃父子以及吳、梁、淮南三王之傳中，《史記》呈現了文景朝皇權與功臣，及皇權與諸侯王的結構性矛盾。由於此一矛盾是結構性的，因此也是必然會發生的、具有普偏性的矛盾。了解此一矛盾，就更能接近歷史的大問題與大趨勢，達到「通古今之變」的高度。也由於此一矛盾具有普偏性，未來仍可能發生，司馬遷所說的「述往事，思來者」，[68]或傳統學者喜言的「以史爲鑑」就更有落實處。

當專制帝王以天下爲一己之產業時，任何對皇權有威脅性的力量，都很容易成爲被猜忌的對象。在曾經「出將入相」的周勃、周亞夫父子被猜忌的過程中，我們就看到具有左右國家大局能力的功臣宿將，與皇權間具有的結構上的緊張性。而且由《史記‧絳侯周勃世家》對此一普偏性矛盾的呈現，我們就更能理解身居官僚系統樞紐地位的相權何以一再被剝奪。仲長統曾對相權萎縮的原因加以解釋：「光武皇帝慍數世之失權，忿強臣之竊命，矯枉過直，政不任下，雖置三公，事歸台閣。自此以來，三公之職，備員而已。」㊾這裡點出了皇權「忿強臣之竊命」的心理，但仍遠不及《史記》對此一矛盾的具象化描述。另外，漢代充當統帥的軍人，逐步改由具外戚身分的人充任，亦可以由周勃父子與皇權的矛盾看出端倪。簡言之，皇權既猜忌任何有威脅性的力量，那麼「權移外戚之家，寵被近習之豎」遂成必然的發展，而此一發展在〈絳侯周勃世家〉已可看出端倪。

吳、梁、淮南三王的悲劇，呈現出皇權與諸侯王間結構性的矛盾，呈現出皇權對諸侯王窺伺神器的不安與猜忌。由於這些人物典型是個別性與普徧性的結合，於是漢代皇權對諸侯王的壓制，由此已可看出是必然的走向；而漢代諸侯國趨於式微，其原因亦早已爲史公藉著結合個別性與普徧性的人物典型所揭露。《漢書‧諸侯王表》〈序〉云：

> 文帝采賈生之議分齊趙，景帝用鼂錯之計削吳楚。武帝施主父之冊，下推恩之令，使諸侯王得分户邑以封子弟，不行黜陟，而藩國自析……景遭七國之難，抑損諸侯，減黜其官。武有衡山淮南之謀，作左官之律，設附益之法，諸侯惟得衣食稅租，不與政事。至於哀平之際，皆繼體

苗裔，親屬疏遠，生於帷牆之中，不爲士民所尊，勢與富室無異。⑦⓪
這是皇權軟硬兼施，裁抑諸侯王的過程，也是諸侯王逐步趨於式微的過程。而這樣的發展，在吳、梁、淮南三傳中，已可看出是形勢所趨。獨占性極強的皇權，對勢大位尊的諸侯王如芒刺在背，必然會軟硬兼施加以裁抑。

當然，漢朝廷裁抑了諸侯王，卻未必能阻止其他力量對皇權的覬覦，這是權力遊戲的弔詭。所以班固接著感嘆地說：

王莽知漢中外殫微，本末俱弱，亡所忌憚，生其姦心……漢諸侯王厥角稽首，奉上璽韍，惟恐在後，或乃稱美頌德，以求容媚，豈不哀哉！⑦①

皇權裁抑了諸侯王，自然也就喪失了諸侯國屏障藩翼之衛，此一權力安排的左右爲難，遂一直與專制帝國相終始。而司馬遷將人物個別性與普徧性結合，呈現的歷史觀照，卻早已蹠觸到問題的癥結。

【附註】

①司馬遷，《史記．孝文本紀》，卷十，頁四三七—八。《新校本史記三家注幷附編二種》，台北：鼎文，一九八五。

②《史記》有〈吳王濞列傳〉、〈梁孝王世家〉、〈淮南衡山列傳〉，單獨給他們立傳（或以其子封王者附之），有別於其他諸侯王。

③ 有關司馬遷筆下人物，往往富有個性，也富有典型性，可參看季鎮淮，《司馬遷》，頁一一七—八。上海人民，一九五五。本文因「個性」一詞易引起誤解，故有時使用「個別性」一詞。

④ 亞里斯多德著，姚一葦譯註，《詩學箋註》，頁八六。台北：中華，一九七八。

⑤ 見姚一葦，《詩學箋註》〈箋〉，頁八九。

⑥ 以人物傳記為主的「紀傳體」是司馬遷首創，由此一形式表現其獨特的歷史觀照，可視為一種原創性的「創作」。

⑦ 《史記・絳侯周勃世家》，卷五七，頁二〇八〇。

⑧ 《史記・絳侯周勃世家》，頁二〇七九。

⑨ 《史記・絳侯周勃世家》，頁二〇七〇—一。

⑩ 《史記・高祖本紀》，卷八，頁三九二。

⑪ 《史記・絳侯周勃世家》，頁二〇七二。

⑫ 《史記・孝文本紀》，卷十，頁四一三。

⑬ 《史記・絳侯周勃世家》，頁二〇七二。

⑭ 《史記・絳侯周勃世家》，頁二〇七二—三。

⑮ 司馬遷在〈報任安書〉中自述下吏的悲痛，謂：「遂下於理，拳拳之忠終不能自列，因為誣上，卒從吏議。家貧，財賂不足以自贖，交遊莫救，左右親近不為一言。身非木石，獨與法吏為伍，深幽囹圄之中，誰可告愬者！

……悲夫！悲夫！」（見班固，《漢書・司馬遷傳》，卷六二，頁二七三〇。《新校本漢書集注幷附編二種》，台北：鼎文，一九八三。）

⑯《史記・絳侯周勃世家》，頁二〇七四－五。

⑰《史記・吳王濞列傳》載：「絳侯將乘六乘傳，會兵滎陽。至雒陽，見劇孟，喜曰：『七國反，吾乘傳至此，不自意全。又以爲諸侯已得劇孟。劇孟今無動。吾據滎陽，以東無足憂者。』」（卷一百六，頁二八三一。）

⑱《史記・梁孝王世家》，卷五八，頁二〇八二。

⑲《史記・絳侯周勃世家》，頁二〇七六－七。

⑳《史記・絳侯周勃世家》，頁二〇七七。

㉑《史記・絳侯周勃世家》，頁二〇七八。

㉒《史記・絳侯周勃世家》，頁二〇七八。

㉓《史記・絳侯周勃世家》，頁二〇七八。

㉔《史記・絳侯周勃世家》，頁二〇七九。

㉕《漢書》將周勃父子與張良、陳平、王陵合傳，就個別性與典型性（或普徧性）結合的標準而言，遠不及《史記》。

㉖《史記・淮南衡山列傳》，卷一〇八，頁三〇七五－六。

㉗賈誼，《賈子新書・等齊》。吳雲、李春台校注，《賈誼集校注》，頁四一。河南：中州古籍，一九八九。此外，漢初諸侯王的權力地位，《史記・五宗世家》〈贊〉云：「高祖時諸侯皆賦，得自除內史以下，漢獨爲置

丞相，黃金印。諸侯自除御史、廷尉正、博士，擬於天子。」（卷五九，頁二一〇四。）《漢書・諸侯王表》〈序〉亦云：「藩國大者，夸州兼郡，連城數十，宮室百官，同制京師。」（卷十四，頁三九四。）

㉘ 漢代以嫡長太子身分繼位的只有三人，即使惠帝為太子時，亦差點被廢，改立戚夫人子趙王如意。有關漢代皇位繼承的問題，可參看邢義田，《奉天承運－皇帝制度》，收入《中國文代新論・制度篇》・《立國的宏規》，頁六〇－六二。台北：聯經，一九八三。

㉙ 《史記・孝文本紀》，頁四二九。

㉚ 《漢書・賈誼傳》，卷四八，頁二二三二－九。有關賈誼對漢初中央與諸侯王矛盾形勢之討論，可參看拙著《西漢前期思想與法家的關係》，頁九五－一〇〇。台北：大安，一九九一。〈「禮」世界的建立－賈誼對禮法秩序的追求〉，《清華學報》，新二三卷二期，一九九三。

㉛ 此一差異可參看徐復觀，《周秦漢政治社會結構之研究》，頁一六八－一七二。台北：學生，一九七四。

㉜ 武帝時博士狄山語。見《史記・酷吏列傳》，卷一二二，頁三一四一。

㉝ 有人不了解《史記》此一用心，質疑吳與淮南單獨立傳之失，如司馬貞，《史記索隱》云：「其吳濞請與楚元王同為一篇，淮南宜與齊悼惠王為一篇。」（瀧川資言，《史記會注考証》，卷一百六，頁一一二八。台北：中新，一九七六。）

㉞ 轉引自《補標史記評林》，卷一百六，頁二四一三。台北：地球，一九九二。

㉟ 《史記・吳王濞列傳》，頁二八三二。

㊱《史記・吳王濞列傳》，頁二八二一。

㊲《史記・吳王濞列傳》，頁二八二三。

㊳賈誼，〈治安策〉。《漢書・賈誼傳》，頁二二三四。

㊴《史記・吳王濞列傳》，頁二八二三。

㊵以上并見《史記・吳王濞列傳》，頁二八二四－七。

㊶《史記・吳王濞列傳》，頁二八二五。

㊷徐復觀，《周秦漢政治社會結構之研究》，頁一七六。另《漢書・荆燕吳傳》改「益」爲「盜」，更坐實劉濞的罪名。（卷三五，頁一九〇四。）

㊸參見加滕繁，〈漢代的國家財政和帝室財政的區別及帝室財政一斑〉，《日本學者研究中國史論著選譯・三》，北京：中華，一九九三。

㊹徐復觀，《周秦漢政治社會結構之研究》，頁一七六－七。

㊺《史記・吳王濞列傳》，頁二八二五。

㊻《史記・吳王濞列傳》，頁二八三六。

㊼《史記・梁孝王世家》，頁二八〇二。

㊽《史記・梁孝王世家》，頁二八〇二。

㊾褚先生言。《史記・梁孝王世家》，頁二〇九〇。

㊿《史記·梁孝王世家》，頁二〇八三－四。
51《史記·韓長孺列傳》，卷一百八，頁二八五七－八。
52《史記·梁孝王世家》，頁二〇八四－五。
53 不管是利用梁抵擋東方諸侯王，或優寵劉武以取悅太后，都可視爲政治性操作。
54《史記·梁孝王世家》，頁二〇八五。
55 轉引自《補標史記評林》，卷五八，頁一六八〇。
56《史記·梁孝王世家》，頁二〇八五。
57《史記·梁孝王世家》，頁二〇八六。
58 司馬貞，《史記索穩》，引張晏言。《史記·梁孝王世家》，頁二〇八六。
59《史記·韓長孺列傳》，卷一百八，頁二八六〇。
60《史記·淮南衡山列傳》，頁三〇七五－六。
61 大臣誅諸呂後，欲立諸侯王最賢者爲天子，當時被考慮的有齊王、淮南王、代王三人。見《史記·呂后本紀》，卷九，頁四一〇－一。
62《史記·淮南衡山列傳》，頁三〇七六。
63《史記·淮南衡山列傳》，頁三〇七六。
64 裴駰，《史記集解》引徐廣言。《淮南衡山列傳》，頁三〇七八。

(65)《史記·淮南衡山列傳》，頁三〇七六。

(66)《漢書·淮南衡山濟北王傳》，卷四四，頁二一三六—二一四〇。

(67)《史記·淮南衡山列傳》，頁三〇八〇。

(68)《史記·太史公自序》，卷一三〇，頁三三〇〇。

(69)仲長統，《昌言·法誡》。引自范曄，《後漢書·仲長統列傳》，卷四九，頁一六五七。《新校本後漢書幷附編十三種》，台北：鼎文，一九八一。

(70)《漢書·諸侯王表》，卷十四，頁三九五—六。

(71)《漢書·諸侯王表》，頁三九六。

陶淵明「孤松」考

西南學院大學教授 邊土名朝邦作
金培懿譯

一、

陶淵明（三六五—四三七）的〈歸去來辭〉中，或可稱之爲自由闊達，但不知爲何，很難掌握，然而全篇卻又響徹著確能掌握的韻律感。北宋的歐陽修（一〇〇七—一〇七二）對之無上的稱讚道：「兩晉無文章，幸有此篇而已。」這說法原來最首肯〈歸去來辭〉誠爲古今絕無此類之傑作。①然而誠如衆所皆知的，此詩中有一詠孤松之處。

雲無心以出岫，鳥倦飛而知還。

景翳翳以將入，撫孤松而盤桓。

爲扶養妻兒而違背本意所當成的彭澤縣令，在嫁給程氏的義妹亡命於武昌時，陶淵明便以此爲契機，豁出去似地罷官歸故里。淵明四十一歲的秋天，世間正是血雨腥風的東晉末年的安帝義熙元年（四〇五）。在這層意義上，〈歸去來辭〉並非單單只是在歌詠所謂：哎！歸去吧！這種返回故里的事態而已，這還是陶淵明向自己心中世俗性的某種事物永遠訣別的一種宣言。正因如此，所以其格調高雅，全詩充滿著不可言喻的氣象。

八月至彭澤赴任，八十餘日後便歸返故里，此事在其序中雖已明言說到，但是從另一方面來看，不滿三個月的話，不就是離開故鄉的期間相當短嘛，雖然或許將被人小題大做地嘲笑，但是不再有懷疑，回心轉意的陶淵明心中，究竟望見何種令人懷念、新鮮且愛戀的故鄉田園？脫卻旅裝在狹促邋遢卻仍可隨心所欲的自宅中，愜意舒暢的陶淵明，日日拄杖散步觀賞的故鄉田園自然景物之一，便是孤松之外無他。而此松乃是纖弱孤寂地生長在秋天草木枯萎的丘陵一隅的一株松樹。

陶淵明或許是在撫觸這棵孤松的同時，在樹下逡巡難以離去，而凝視夕陽西沈的吧！「撫」字日文大致讀爲「なでさする（撫摩）」，若更詳細地說，其意思應該是指輕輕悄悄地按押松樹樹幹，或者是輕敲樹幹這種孕含感情在內的動作。Hightower 教授將這句「撫孤松而盤桓」，以英語譯成「I walk arbund a lovely pine tree,stroking it.」，這也是將「撫」字解爲「なでさする（撫摩）」的意思。

陶淵明對這「撫」字似乎有著特別的留戀，其他詩作中也可看見幾個使用該字的例子。

春醪獨撫（停雲）

撫已有深懷（歲暮和張常侍）

良友撫我哭（擬挽歌辭）

撫劍獨行遊（擬古其八）

筆者以爲其中特別是(2)的用法，似乎有著陶淵明獨特的含意。在「窮適靡攸慮，顦顇由化遷。」

之後，接上此句，接著更以「履運增慨然」一句，總結全詩，撫己身的「撫」，指的是一種憐恤慰勞的動作，而所謂「深懷」，指的是雖然是拙劣的人生，但自己卻有自己好好堅決活下來的所謂自我慰藉的深懷。我們應該注意的是：在「撫」這個作爲發生的同時，深懷也一同出現，亦即「撫摩」這樣的物理行爲，伴隨著慈愛憐惜的情感，同時也引發了陶淵明深入自我反省的一連串心理作用之過程。其心路歷程在〈和郭主簿〉詩句中，可更加清楚地得到確認。

芳菊開林耀　青松冠巖列

懷此貞秀姿　卓爲霜下傑

銜觴念幽人　千載撫爾訣

在這首詩中，所謂撫松菊指的是：更加抽象地，陶淵明品嚐松菊所象徵的古代隱者的人生哲學，這種內在思念的直接表現。

在「撫孤松而盤桓」的詩句中，我們不也可以追認到上述同樣的心路歷程。在憐愛撫摩荒蕪丘陵上那一棵松樹的反復動作中，深切的感慨向陶淵明襲來，因爲如此，所以才在松樹下逡巡不去、盤桓不已。如果是這樣，如此深切的感慨，其眞相究竟爲何？關於這點，現在在此並無法馬上得到答案，但筆者以爲姑且可以知道的是：那是寄與孤松的共鳴感，無法言喻的某種孤獨情愫。

二、

陶淵明將鳥和菊、柳並列使用於詩中的程度，並不頻繁，但其喜愛松樹，常將之用為詩材。例如其在〈飲酒．其八〉詩中，則如下詠道：

青松在東園　衆草沒其姿
凝霜殄異類　卓然見高枝
連林人不覺　獨樹衆乃奇
提壺挂寒柯　遠望時復爲
吾生夢幻間　何事紲塵羈

此詩的前半部，當然是根據《論語》的「歲寒，然後知松柏之後凋也」（子罕第九）而來。③特別是嚴冬來臨時，當一切草木枯萎時，只有常綠樹木的松和柏仍然常青不落葉，孔子將之比喻為：危難時，方可知曉其人眞正的價値。孔子所捕捉到的此種松樹印象，在《詩經》〈皇矣〉等詩中亦可窺見其原型，但經過孔子將其印象更加鮮明化之後，超越思想流派之異同，在中國便將之與傳統的清廉高潔的士大夫人格牢固連結，並繼承此種觀念。《荀子》〈大略篇〉中有「歲不寒，無以知松柏，事不難，無以知君子」，又《莊子》〈德充符篇〉有「受命於地，唯松柏獨也在，冬夏青青」，〈讓王篇〉也有「天寒既至，霜寒既降，吾是以知松柏之茂也」。

到了漢代，司馬遷在《史記》〈伯夷列傳〉中引用《論語》之語，繼而說道：「舉世混濁，清士乃見」。陶淵明「獨樹衆乃奇」一句，因「乃」字的助詞用法與上述司馬遷的句子中的「乃」字相似，故筆者以爲其受到司馬遷此語的啓發應當很大。然而後半部的「提壺挂寒柯，遠望時復爲」兩句，通常被解讀成「將手提的酒壺，懸掛於冰冷枝梢，遠遠眺望」（一海知義譯）④從遠方聚精會神凝視樹枝懸掛著酒壺的孤松，這顯然是將孤松擬人化，以構成一幅令人喜悅的景象，實在不是平常心境。所以吉川幸次郎博士會說：「遠離松林，僅單獨一棵的某棵松樹，其樹枝上懸掛著所謂的壺，即是酒壺。淵明懸掛之，並從遠方凝視之。然而吾生宛若夢幻般短暫，時而無視塵世間的束縛，恣意從事奇矯之行爲，應該也可以被寬恕吧！」（《吉川幸次郎全集》七，三三七頁，筑摩書房）這也是因爲基於上述的解釋而有的說法。但是此種說法未免把陶淵明的行爲解釋的過爲奇矯，而令人感到不安。筆者以爲「遠望時復爲」的「遠望」，毋寧可將之解釋爲：佇立在懸掛著酒壺的孤松下，由此眺望前面廣闊的風景。Hightower 教授以英語將此詩翻譯成：

I lift my jug to hang on a cold branch
From time to time I stare into the distance.

即是依據這種解釋。⑤而筆者以爲此種解釋雖然平凡，卻不失爲一強而有力的說法。

但是，此首詩中其實有著更應該將之視爲問題的事態。清人陶澍將「挂寒柯」的「挂」字，注解作「何本云一作撫」，所謂何本，指的是明人何孟春校勘而成的本子。因「挂」與「撫」字形相近，所以在傳寫過程中，容易犯下所謂魯魚、焉馬之誤。

所謂「一作撫」，指的是何孟春所見的各本中，有一本「挂」作「撫」，雖然說大部分的通行本中都作「挂」字，但是也不能因此就斷定爲是這本誤寫。根據逯欽立的校注本，⑥早在宋紹熙三年（一一九二）刊行的曾集詩文兩刪本中，以及元代刊行的蘇寫本中，都可得知其注記爲「一作撫」。這兩本書中所謂的一本，很有可能與何孟春所看到的一本是同一本，雖然如此，但也不能否定這有可能是別本。這也就是說，「挂」作「撫」的版本並非誤寫，或恐是一有系統性的異本。如果是這樣，毋寧將之想成是原本本作「撫」。逯欽立將「今從一作」和底本的「挂」字改爲「撫」。關於這個問題，筆者贊同逯欽立的看法。

若作「撫」解，則前兩句應讀作：「手提酒壺而愛撫冰冷的樹枝，佇立於荒涼的山丘上而向遠方眺望」。而不是解釋成將酒壺懸掛在樹枝上。撫摸松樹枝幹雖很恰當，但撫摸「樹枝」的行爲，則很奇怪，還是解爲「懸掛於樹枝」較好，或許有人會如此反駁也說不定。但是，「柯」字的原意指的是：由樹幹直接延伸出來的粗枝，若看看陶淵明對這個字的使用方法，如在「柯葉自摧折」（〈擬古〉其九）、「喬柯何可倚」（〈雜詩〉其十二）中「柯」字的用法，還是上述的意思。而如果是延伸出來的粗枝的話，「撫摸」這樣的行爲也就不會被認爲是特別不可思議的行爲了。

若依據這樣的解釋，則這兩句很明顯地，與〈歸去來辭〉的「撫孤松而盤桓」，根本上是一樣的。亦即，淵明再次愛撫孤松，給人更加印象深刻的是：其寄與孤松的深意，乃非比尋常。

三、

我們應該注意的是：陶淵明所歌詠的孤松，乃根據《論語》，同時經過了司馬遷的〈伯夷列傳〉，而由其繼承。誠如衆所皆知的，〈伯夷列傳〉並非單單只是傳記，司馬遷假伯夷、叔齊兄弟守節義以餓死的事蹟，而提出了天理是否合理？以及人對上天所賦與的不合理命運，又應如何安身立命等根源性的問題。就如內藤湖南所說的，〈伯夷列傳〉可稱之爲《史記》的總論。但是雖然不是很明顯，司馬遷針對自己這項提問則自己回答道：不顧幸與不幸，決然實行自己所信守的道，其正確與否則依據其死後是否得到歷史評價（名），這正是讀書人所應該奉行的處世哲學。〈伯夷列傳〉中可看見的此種想法，在司馬遷的〈悲士不遇賦〉中，也可明顯看出。

而值得注意的是：陶淵明也有〈感士不遇賦〉（《陶淵明集》卷五）。讀之則發現其深受司馬遷此種想法的影響。陶淵明將此賦如下總結道：

蒼旻遐緬　人事無己
有感有昧　疇測其理
寧固窮以濟意　不委曲而累己
既軒冕之非榮　且欣然而歸止
擁孤襟以畢歲　謝良價於朝中

總而言之，陶淵明在此是對司馬遷所謂：不遇之士，該如何在人世安身立命的問題，加以追根究底。司馬遷所確認的死後名譽，對陶淵明而言，不過只是空虛之物罷了。陶淵明所窮究出的，便是將節義與名譽隔絕開來，節義的完美成就，毋寧是與世事截斷，只有靠著復歸到將名譽無意義化的田園世界，過著隱者的生活，方能成就。隔絕世俗社會，既是意志性的，也是決定性的。

逯欽立以為此賦的成立，應是陶淵明辭去彭澤縣令的義熙二年，即〈歸去來辭〉作成的翌年，就西元來說的話，則是四〇七年，陶淵明四十二歲的作品。原來如此，該賦中所流動的意志性氣脈，確實與〈歸去來辭〉中的相通。

筆者在此想說的是：愛撫孤松這種乍看之下雖是無心的行爲，雖然也許因人而異，看像優雅的行爲，在考慮從事此種行爲的陶淵明心中的想法時，其心中乃縈回著某種進退兩難的錯綜意識，此意識的實情之一，難道不是隱藏著其對繼承自司馬遷的命題，其個人在思想上的艱苦奮鬥和曲折心情。

陶淵明所懷抱著對孤松的印象，似乎也與兩漢魏晉之間，中國人對松樹所有的共同印象有所關連。而從漢代到魏晉，松樹又是如何被中國人所理解的呢？筆者首先想到的是，建安七子的其中一人——劉楨，其〈贈從弟〉三首中的第二首詩。

亭亭山上松　瑟瑟谷中風
風聲一何盛　松枝一何勁
冰霜正慘愴　終歲常端正
豈不羅凝霜　松柏有本性

全篇在讚揚松樹的同時，其實是將貞節的從弟比擬成松樹而鼓勵之。這裏所描寫的松樹的印象，是《論語》以來的那種印象，這在魏晉時期也是相當傳統性的，也有很多詩人歌頌過。潘岳（二四七～三〇〇）的「勁松歲寒彰，貞臣國危見」（《文選》十，〈西征賦〉）等也是。

若看到被視爲是後漢劉向所作的《列仙傳》，則記載仇生赤或偓佺因常食松脂和松子，乃得長生（三百歲），偓佺能飛行，快速如走馬，可以察知松樹與神仙之術緊固相連。又《嵩山記》中說老松之精，可以變身爲青年，可以成爲伏龜。「松者靈木」（謝惠連〈松贊〉），與其他種類的樹木不同氣，其存在本來就被認爲是相當神秘的，自古以來就是與道術淵緣最深厚的植物。隱棲於山間的隱士（其中大多也是道術之士），其居所中作爲象徵主人高潔德行的點綴，與白雲一起的，一定添加進孤松。陶淵明的〈擬古〉其五，正是以此印象而構成。

東方有一士　被服常不完
三旬九遇食　十年著一冠
辛苦無此比　常有好容顏
我欲觀其人　晨去越河關
青松夾路生　白雲宿簷端
知我故來意　取琴爲我彈
上絃驚別鶴　下絃操孤鸞
願留就君住　從今至歲寒

這麼說來，〈歸去來辭〉的「三徑就荒，松菊猶存」之句，應是根據漢代隱者蔣詡在居宅庭院闢三條小徑，各種植松、菊、竹的故事而來的。或許也可以說：對於具有神仙氣氛的隱者的思慕，也是存在於陶淵明愛撫孤松的意識中。

筆者更以為在松樹的印象中，還伴有死亡的印象。對張孟陽的〈七哀詩〉，呂向注道：「松柏墓丘所生也」⑦，而就如古詩中所說的「古墓犁為田，松柏摧為薪」一樣，自古以來，松柏都是種植於墓地的樹。如〈擬古〉其四中陶淵明所歌頌的：

古時功名士　慷慨爭此場
一旦百歲後　相與還北邙
松柏為人伐　高墳互低昂
頹基無遺主　遊魂在何方
榮華誠足貴　亦復可憐傷

此種松樹的印象，也投影在陶淵明的意識中。

以上總而言之，雖然這或許是粗略的說法，在支撐陶淵明愛撫孤松這種行為的意識中，如上文所看到的，是與他對松樹的各種思念有關。

結言

我日本歌人西行（一一一八～一一九〇）有如下的和歌。

一九四一：谷間松亦僅一株聳立，無友者難道只有自己一人？我明明如此以爲。

一一五四：昔時參拜此人幡宮神殿時所見之松，今日再見已成老木。見松或可知己身如何老去……。

一三五八：年歲時時增，松樹呀！我死後請爲我憑弔。自己如此仰慕大師而結廬在此，是因我是一無人追憶之人。

一三五九：又覺此地難留，心若不停一處而出遊，則松樹或將形單影隻。

一三六九：雖與佇立荒野山陵的松樹無異，然思及其如此成爲象徵弘法大師誕生之地的松樹，其前世盟約之深，更加令人動容。

一五四六：我與立於庭院稍高處的一株松爲友，而漸次老去。

以上所舉六例，雖皆爲詠松之作，然令人感到意外的是，西行以松樹爲題材的和歌相當多，大概可找出三十四個例子。《萬葉集》以來，在和歌的傳統潮流中，如平安朝時人們在子日前往山中找出小松樹，或是山峰之松風等，松樹未必不能成爲和歌的題材。但是，即使在花鳥風月的世界中，松樹說起來就是個小角色，並不那麼受到重視。有了這個認識，西行對松樹的愛戀，似乎更形特殊。而就如以上所舉六例中可見的一樣，那些銘刻在心的佳歌，很多特別都是有關松樹的和歌，這難道不是西行和歌的特色嗎？這些和歌的基調中有著深刻的孤獨感，並非只是作爲餘興而以松樹爲題材，此點自不待言。我們可以感受到西行親身體驗所具有的深刻性。同時筆者也感受到：自己喜愛陶淵明有關松樹之詩文的感情中，似乎有著某種懷念的心情，可在西行描寫松樹的和歌中得到共鳴。

現在並沒有明確的證據，來證明西行這些歌詠松樹的和歌，直接受到陶淵明詩的影響。即使查閱《山家集》全書，也無法明確知道西行是否有讀過陶淵明的詩，然而其顯然受到了《和漢朗詠集》的影響。《和漢朗詠集》中有一些歌詠松樹的和歌及詩句。但是無論如何，筆者並不認爲西行歌詠松樹的和歌，是在《和漢朗詠集》的影響下而作成的，因爲兩者彼此對松樹所投注的情感，未免過分懸殊。

本文所舉六首西行歌詠松樹的和歌，若大致加以區分的話，可以分爲兩部分，一是西行隱居吉野（三十二歲前後）時的作品，一是仁安二年（一一六七年，五十歲時）西行行經四國讚岐時的作品。收錄第八四一首的《玉葉集》中付有說明，說道此首和歌是：「見庵前松樹挺立而歌詠」。來到讚岐的西行，首先詣拜了白峰崇德院的御陵，繼而結草庵於與弘法大師有著很深因緣的善通寺。說明文中所謂的庵，指的便是這草庵。原本行經讚岐的目的之一，便在追溯空海上人的行跡。對眞言宗的僧侶西行而言，對空海的敬慕可說是其信仰上最眞切的心情。第一三六九首和歌的說明文則說：「因是弘法大師誕生之地，故四周有籬巴，西行見其中長有松樹而作此和歌」。所謂「這般靈驗」，指的是松樹靈驗地標示出弘法大師的誕生地。松樹被牢固地與弘法大師連結在一起而加以印象化。若想探究其影響關係，筆者以爲或許可以從空海《性靈集》中有關松樹的詩句來加以考慮，在此限於篇幅，可惜無法舉例，但直截了當地說：其乃是受《文選》影響而作成的詩。只是空海與西行一樣，並無法確認其詩乃根據陶淵明之詩而來，但是空海所懷抱的有關松樹的印象，則是以漢代、魏晉詩人們所共同擁有的松樹印象為基礎，這點乃與陶淵明相同。如果是這樣，則設想西行是以空海的《性靈集》為媒介，而與陶淵明之間有著間接的影響關係，這或許也不能說是完全錯誤。因為西行所描寫的松樹與陶淵明的關係密切，所以可以作這樣的考量。但是這兩人對松樹所投射的感情，比起這表面的影響關係，更深刻的是兩人各自在其孤獨感中所掌握到的松樹，不期然地竟是同樣的印象，這或許有著更根源性的理由。第一五四六首的和歌，雖然是在吉野草庵所作的和歌，但作為同是孤獨之人，無論是在何種情況下都寄情於松樹，而且受到松樹鼓舞而能忍耐時勢變化的西行的身影，無論如何，在筆者的心中，總是與愛撫孤松而盤桓佇立的陶淵明之身影相重疊。俳歌詩人種田山頭火曾說：「孤獨和貧窮者，敏感於自然的變遷。」又，英國的 J. Powys 在《孤獨的哲學》中則說：「只有在靈魂孤獨之際，宇宙不可思議的力量，方能流動於其中。」陶淵明和西行，在深深與世隔絕的情況下，究竟在一顆松樹上看出了什麼？有人說陶淵明所寫的松樹，是其自身也是其理想。（清人吳瞻泰說：「此借孤松而為己寫照」，清人溫汝能說：「以青松自比」）就西行而言，松樹也可說是其朋友。此種看法，絕對沒錯。但是我們想追問的是：吾人孤獨時，松樹是否能象徵吾人自身，或是足以為吾人之友？是故我們不得不瞭解陶淵明和西行的孤獨所具有的嚴峻性。若無法理解，則我們便永遠不能體認到陶淵明與西行，他們獲得的那種與松合而為一的體認。小林秀雄對西行如下評道：「誠如衆人所說的，風花雪月果眞為其友耶？這是有疑問的。自然向其詢問、對其暗示、使其痛苦，這難道不是愈發使其孤獨？其所見者，毋寧說

是經常以自然狀態呈現的，所謂的歷史。」（《小林秀雄全集》八，〈西行〉，頁三六）

文中最後所謂的「歷史」一詞，乃小林秀雄獨特的修辭，筆者並不贊成這就是其結論，但是否定風花雪月為西行之友一事，則眞不愧是一新穎的說法。而此種認知，就松樹而言也可以這麼說。因為雖然西行自己說松樹乃為其友，然而一棵松樹有時卻嚴整地與其自身對峙。而此種情形就陶淵明而言，難道會有所不同？陶淵明筆下的孤松，也嚴整地與其相對。他們透過孤松所凝視的，並非作為一個別物體的孤松，而是某種超越性的什麼。同時，此種行為還是一種在其內心深處，潛藏在錯綜意識裏的，殊死的追求某種根源的行為。這兩位詩人所追求的是——靈魂。

【附　註】

①　宋李格非說：「沛然如自肺腑中流出，殊不見恙斧之痕。」

②　James Robert Hightower《The poerty of Tao ch'ien》oxford，頁一六九。

③　《世說新語》客止篇有：「嵇叔夜之人也，嚴嚴如孤松之獨立。」，或許陶淵明心中亦有此感。

④　世界古典文學全集二十五《陶淵明》，筑摩書房，頁九四。

⑤　同注②，頁一三六。

⑥　中國古典文學基本叢書《陶淵明集》，中華書局，頁九一。

⑦　請參照《六臣註文選》卷二十三，以及仲長統的「古葬，植松柏」。

新世紀《文心雕龍》研究的展望

北京大學中文系教授 張少康

在已經過去的一個世紀中，《文心雕龍》的研究確是取得了很輝煌的成績，根據不完全的統計，二十世紀有關《文心雕龍》的研究論文有二千八百多篇，研究專著二百一十多部，但是爲了使《文心雕龍》研究進一步向縱深發展，從一個更高的標準來要求，也還有不少問題需要認眞加以解決。在新的二十一世紀剛剛開始的時候，我們應當爲《文心雕龍》研究提出一些新的希望。人類已經進入一個信息化的時代，學術研究也進入了跨學科、跨文化研究的新時期，《文心雕龍》研究在繼續深入解決二十世紀尚沒有能解決好的許多問題的同時，還應該運用新的研究方法，開拓新的研究領域，努力把《文心雕龍》研究提到一個新的高度。下面，我們想就此談幾點看法。

一、發展史料與理論并重的研究

從二十世紀《文心雕龍》研究的狀況來看，無論是在中國還是外國，實證研究和理論研究結合得很好的仍然比較少，而大多數研究者或是偏重於實證研究，或是偏重於理論研究，這對於提高《文心雕龍》的研究質量是會受到很大限制的。對劉勰的身世、著作的研究考證，《文心雕龍》的版本校勘、文本注釋等都屬於實證性研究，也是基礎性的研究，不重視這方面的研究，理論研究是不容易眞正落實的，往往會流於空泛。比如《文心雕龍》的各種不同版本，在文字上有很多差異，而這些差異直接涉及到對內容的理解，也直接關係到對劉勰文學理論的正確認識。《辨騷》篇的「酌奇而不失其眞」，唐寫本作「酌奇而不失居貞」，楊明照《文心雕龍校注拾遺》雲：「按，貞，字是，居，則非也。《楚辭補注》、《訓詁》本、《廣廣文選》作，其貞，。貞，正也；（《廣雅釋詁》一）誠也。」這裏是「奇不失正」之意，如果作「奇不失眞」解，意義就差得遠了。五、六十年代提倡兩結合，有人就認爲劉勰的「酌奇而不失其眞」，就是浪漫主義和現實主義的結合，這本來也是很勉強的，但如果按照唐寫本「眞」作「貞」，也就不會發生這種問題了。實證研究本身是一個獨立的方面，它可以獲得有很高學術價値的成果，也是整個科學研究中十分重要的一部分，但實證研究畢竟不是研究《文心雕龍》的最終目的，我們的最終目的還是要深入地探討《文心雕龍》的文學理論內容及其文化意蘊，研究它的重要歷史地位和深遠理論意義，研究它對建設當代文學理論的積極作用和巨大價値。爲此，我們要把實證研究和理論研究非常緊密地結合起來，以實證研究作爲理論研究的基礎，以理論研究作爲實證研究的最終目的。從一般的科學研究來說，研究者可以偏重於實證研究，也可以偏重於理論研究；但對《文心雕龍》這一個案來說，研究者必須既進行實證研究，也進行理論研究，缺少了哪一方面都是難以達到高水平的。一百年來，爲什麼我們還沒有一本在校勘注釋和理論闡述兩方面都能達到高水平的研究專著呢？問題就在於從事實證研究的學者在理論素養方面往往有所不足，而從事理論研究的學者則常常在實證研究方面顯得基礎薄弱。《文心雕龍》研究要有新的重大突破，必須解決好實證研究和理論研究的高度統一問題。

二、從文化史角度看《文心雕龍》

《文心雕龍》是一部文學理論著作，但又不僅僅是一部文學理論著作，它同時又是一部文化史的著作，它對我國從上古一直到齊梁時期的文化發展作了全面的總結。《文心雕龍》包含的內容非常廣泛，經、史、子、集都在他的論述範圍之中。在《文心雕龍．原道》篇中所說的「人文」與「天文」、「地文」相參，是「心生而言立，言立而文明」的結果，指的是包括一切用語言文字寫作的所有各種文章和著作，其含義確是非常廣闊的。劉勰所說的「人文」比我們今天所講的「人文科學」的範圍還要寬泛得多。所以，劉勰不僅是文學理論家，而且也是一位非常傑出的文化思想家。對我們今天所說的藝術文學，劉勰把它看作是整個文化中的一個有機組成部分，他比我們早一千五百餘年，就已經從文化歷史發展的角度來研究藝術文學的發展及其特點，從這方面來說，我們現在研究文學的熱門話題，也就是從人類文化的視角和觀念來看文學，其實，並不是什麼新的發現，而是劉勰早在一千五百年前已經這樣做、並且已經做得相當不錯的了。由於劉勰認識到審美的藝術文學具有文化的品格，因此它首先具有人類文化的普遍共性，也就是說，審美的藝術文學在根本性質上與人類文化的其他方面並無不同，而且也首先要著重研究這種普遍的共性。他提出各類文章源於「五經」說，正是這種思想的具體表現。因爲中國古代的「五經」（《詩》、《書》、《禮》、《易》、《春秋》），是具有典範性的「人文」之代表，包括了哲學、政治、歷史、倫理道德、禮儀制度、文學藝術等各個方面，是中國古代文化的集中代表。由此可以看出劉勰文學觀念的起點是很高的，他對藝術文學的認識並沒有局限在藝術文學本身。在《文心雕龍》上篇二十五篇中，他對「五經」、史傳、諸子和集部的各種文類，都分別研究了它們的發展歷史和不同特點。當然，劉勰比較側重在研究它們的寫作方法和寫作經驗，但他也很全面、很概括地論述和分析了它們的學術內容。從文化的觀念來認識藝術文學，同時又要充分認識藝術文學不同於文化領域內其他部分的特殊特點。從《宗經》篇對「五經」異同的分析中，可以看出劉勰對藝術文學和哲學、政治、歷史等其他科學部門的差別是認識得很清楚的。《詩經》是藝術文學，是「言志」的，它的特點是「摛風裁興，藻辭譎喩」，所以「溫柔在誦，故最附深衷矣」。他認識到作爲藝術的文學是表達人的情懷的，是抒發作者的思想感情的，它需要有感興（靈感）的萌發，需要有美麗的文辭，需要有豐富的比喻和想像，這和其他各「經」是不同的。他並沒有因爲把經、史、子、集都列入「人文」的範圍，而模糊或取消了它們各自的特點，更沒有模糊或取消作爲藝術文學的特徵。相反的，正是在比較中使他們各自的共性和個性都得到了更爲清晰的呈現，讓我們更深刻地瞭解藝術文學的獨特性。以「五經」爲文學的源頭，並不是取消文學的特徵，而是爲了把文學放在廣闊的文化背景下來考察它的特殊個性，以便於正確把握文學的本質。《文心雕龍》從總的方面說，他所論的是「人文」，屬于大文化的範圍，但它的目的是要研究其中各個「文類」之間的同和異，而其中更爲重要的是要研究以詩賦等爲主的審美的藝術文學之創作特徵，《文心雕龍》下篇二十五篇都是圍繞以詩賦爲主體的藝術文學來立論的。由於《文心雕龍》的這種特點，所以我們更必須從廣闊的文化背景上來研究《文心雕龍》，認眞地探討《文心雕龍》所提出的一系列文學理論問題的深遠文化意蘊，在廣泛研究中國思想文化發展、特別是六朝思想文化發展特點的前提下，來研究《文心雕龍》文學理論的意義與價値。

三、從中西比較的角度來研究《文心雕龍》

《文心雕龍》既然是一部具有世界意義的偉大著作，是可以和亞里斯多德的《詩學》相媲美的東方詩學代表作，我們更需要從中西比較的角度來研究《文心雕龍》，考察它在世界文學理論和美學思想發展中的重要地位，這也是研究《文心雕龍》的一個非常重要的方面。文學理論批評的發展是和人們的認識水平、思維能力的發展分不開的，而人們的認識水平、思維能力又常常是和特定的物質文明和精神文明發展狀況相聯繫的，所以在不同國家、不同民族，即使並無直接的文化交流，但在文學理論批評方面，卻可以有許多相類似的共識，當然它們在表現形式上又往往是各有特點的。文學理論比文學創作在不同國家、不同民族中有更多相同的東西，比較文論的研究可以使我們更好地把握中國古代文論的基本原理和發展規律，同時也可以使中國古代文論走向世界，把我國古代豐富多彩、具有東方特色的文學理論批評介紹給廣大的西方朋友。爲此，我們應當努力發展從中西比較的角度來研究

《文心雕龍》，這也有助於對《文心雕龍》文學理論的進一步開掘，更深刻地認識它的意義和價值。在二十世紀的《文心雕龍》研究中，王元化先生在這方面爲我們開了一個好頭，他的《文心雕龍創作論》（後修訂爲《文心雕龍講疏》）中的「文心雕龍創作論八說釋義」，在許多地方都和西方文藝美學中相應的內容作了比較，是非常深刻而富有啓發意義的。王元化先生是我國著名的思想家，尤其對中西比較文化有精深的研究。他不僅十分熟悉西方的思想文化，而且國學根基非常之深厚，對中國古代的思想文化也有極高的造詣。非常遺憾的是在我們大陸的比較文論研究中，特別是對《文心雕龍》的比較研究中，卻很少像王元化先生這樣的學者，有些研究者往往以爲只要弄懂了西方文論（其實也未必眞正弄懂了），就可以作比較了，而在《文心雕龍》和中國文論研究上下的功夫則很不夠，總覺得我是中國人，弄懂《文心雕龍》和中國文論還不容易嗎？事實正好與此相反，有好些比較研究之所以不成功，其原因就是對比較的雙方並沒有眞正的瞭解，特別是對《文心雕龍》和中國古代文論知之不深，其失足處恰恰是在這一方面。比較研究之前提和出發點是對比較雙方要有正確的認識和把握，如果對比較的一方（有時甚至是雙方）還沒有弄懂，那麼也就失去了比較的基礎，這種比較自然不會有任何意義與價值。我們中國人作《文心雕龍》的比較研究，首先要對《文心雕龍》有確切的瞭解和深入的研究，而這需要有很好的國學根底，要熟悉中國古代的歷史與文化，要熟悉中國古代的文學和藝術，這確實也是不容易的。但在西方文論方面，一般說我們是難於和西方學者相比的，而在《文心雕龍》和中國文論方面，西方學者則大約比我們掌握西方文論要更難，因此，我們應當發揮自己作爲中國人的優勢，在深入理解和精通《文心雕龍》和中國文論的基礎上，同時力求正確地把握西方文論的特點和規律，這樣才能作出科學的比較研究。這也是我們在新的二十一世紀中要努力加強的方面。

四、從理論聯繫實際的角度，用歷史的比較的方法研究《文心雕龍》的理論範疇

理論範疇的研究在二十世紀的《文心雕龍》研究中，已經有了很大的發展，也取得了不小的成績，這是一件和可喜的事。因爲理論範疇的研究是《文心雕龍》文學理論研究中的一個核心部分，它直接影響著《文心雕龍》文學理論研究的深度。但是在已有的對于《文心雕龍》理論範疇研究中，也存在著一些明顯的不足，這就是有些範疇的研究往往流於空泛，而缺少嚴格的科學的論證，有很大的主觀隨意性，其原因就是缺乏認眞的深入的個案研究基礎，也就是我們前面所說的沒有實證研究的前提。《文心雕龍》中所提出的一系列重要的文學和美學理論範疇，本身就構成了一個範疇體系，互相之間有十分密切的內在聯繫，各自都有特殊的理論內涵，如果我們對《文心雕龍》的文本沒有深入的研究，對它的理論體系缺乏全面的正確的認識和把握，是很難把這些理論範疇的內容和特點闡述清楚的。同時這些理論範疇從文論史的角度看，大都有一個漫長的歷史發展過程，在這個過程中它的含義也是不斷豐富發展的，而且往往在不同的歷史階段和不同的語境中有很不同的特定意義，到劉勰在《文心雕龍》中運用它的時候，又有很多新的發揮，因此如果我們不能從這些理論範疇的歷史演變中去考察，

就很難正確地把它闡釋清楚。而這又需要我們對整個文論史有相當深入的研究。此外，《文心雕龍》中所運用的許多理論範疇，往往並不是僅僅局限在文學範圍之內的，它們有很多是在哲學史、思想史、宗教史上所普遍運用的範疇，例如道、氣、神、心等等，也有很多在繪畫、書法、音樂等藝術理論批評中有廣泛運用，甚至許多很重要的理論範疇是從藝術理論批評中移植到文學領域中來的，比如體、勢、風骨、神韻等等，它們在不同的學科領域中所體現的內容和意義常常是並不完全相同的，因此，需要我們作十分細緻的比較和辨析，而這又需要我們對哲學史、思想史、宗教史、藝術史非常熟悉，有比較深入的研究。這樣，才能對這些範疇在不同的領域中的含義之異同作認眞的比較研究，從而正確地研究清楚《文心雕龍》中使用這些範疇的含義。範疇本身總是比較抽象的，但作爲文學範疇又是從非常具體的創作實踐中總結出來的，所以如果我們不能緊密聯繫創作實踐來分析，只是從理論到理論的抽象論證，也是不能眞正把握它的確切內涵的，更無法用它來指導創作實踐。從目前已有的理論範疇研究來說，很少見到有人能用大量作品的實例來說明這些範疇在創作中的具體體現，這其實是一種很不正常的現象，它也是現在的理論範疇研究不能令人滿意的重要原因之一。所以，對我們「龍學」研究者來說，範疇研究如何深入還是一個很大的問題，需要我們化大力氣來加以解決。

五、培養青年「龍學」家，擴大和加強《文心雕龍》的研究隊伍。

目前，從我們研究《文心雕龍》的隊伍狀況來看，並不是很理想的。在中國（包括臺灣、香港），許多老一輩專家年事已高，都陸續退出了《文心雕龍》研究領域。而像王利器、詹鍈、周振甫等著名的研究《文心雕龍》專家均已去世，中國大陸一些很有成就的中年學者（如牟世金、李慶甲、寇效信等），也在十餘年前相繼因癌症去世，在青年學者中專門從事《文心雕龍》的研究，並已取得較好成績的還很少，缺少很拔尖的人才。如果我們著眼於《文心雕龍》研究發展的前景，應當加緊培養青年「龍」學家的工作，必須要有一大批學風正派、基礎扎實的中青《文心雕龍》研究者，「龍學」研究的發展才會有希望。日本本來是國外研究《文心雕龍》水平最高的國家，但目前則正處於低谷時期，原來一些知名《文心雕龍》研究專家，也已經不再從事《文心雕龍》的研究，而專門研究《文心雕龍》的中青年學者則非常之少。和韓國的漢學家中，現在專門從事《文心雕龍》研究的老一輩學者比較少，車柱環先生雖然還健在，但也已不再研究《文心雕龍》。不過，近年來韓國研究《文心雕龍》的青年學者逐漸增多，他們很多是從中國大陸和臺灣地區留學回去的，雖然目前的研究成績還不突出，但是我們希望他們在《文心雕龍》研究方面，會愈來愈繁榮興旺。歐美各國研究《文心雕龍》的學者相對來說就更少了，我們希望這種情況在二十一世紀中會有根本的改變。《文心雕龍》研究的隊伍產生青黃不接的情況，也許是和另外一個問題相聯繫的，這就是目前研究《文心雕龍》很難有新的突破。近年來雖然研究著作和論文很多，但是多數在學術水平上比較一般，并且無意義的重複研究很多。特別是對《文心雕龍》中的一些基本文學理論問題和概念範疇的研究，有深度的著作確實是太少了，新發現的有價值資料也不多。所以，如何使《文心雕龍》研究走出現階段的低谷，需要我們認眞地加以思考，總結《文心雕龍》研究發展的歷史經驗和教訓，在一些薄弱點上投入大量的研究力量，同時尋找新的研究角度和切入點，這樣才有可能使《文心雕龍》研究跨上一個新的臺階，也才有可能吸引更多的中青年學者加入《文心雕龍》的研究隊伍，使《文心雕龍》的研究進入到一個新的繁榮發展高峰。我們熱切地期待著。

六、讓「龍學」研究走向世界

《文心雕龍》作爲一部傑出的文學理論著作，現在已經受到世界各國學者廣泛和充份的注意。《文心雕龍》已經有了英文、日文、韓文、意大利文、西班牙文的全譯本，並有某些篇章被譯成德文、法文、俄文等，很多國外的漢學家都在研究《文心雕龍》，「龍學」已經成爲具有世界性的顯學。因此，如何進一步發展《文心雕龍》研究的國際交流和合作，不僅是必要的也是非常重要的，這將有可能使《文心雕龍》的研究，在東西文化的交融中獲得新的生命力，進一步向縱深方向發展。這就需要中國學者和世界各國的漢學家、特別是對《文心雕龍》感興趣的學者，一起作出更大的努力。在這方面，中國的研究《文心雕龍》學者尤其要擔負起自己的光榮職責，爲《文心雕龍》研究走向世界做出更大的貢獻。《文心雕龍》是一部用精美的駢文所寫的理論著作，文字極其精煉，用典也非常多，要眞正讀懂它是很不容易的，對于外國人來說，就更爲困難了。要使「龍學」研究走向世界，首先要做普及的工作，讓外國人也能夠比較容易地讀懂它，然後才說得上作進一步研究。所以，我們中國學者必須要對《文心雕龍》的版本、校勘、注釋、今譯，特別是對理論概念的闡釋，做得非常細緻精確，然後外國學者的翻譯和研究才會有一個良好的基礎。對《文心雕龍》的文學理論，也必須我們自己首先有深入的研究，達到很高的學術水平，然後外國學者才能夠發揮他們對自己國家思想文化特點熟悉和瞭解的優勢，把《文心雕龍》的研究和他們國家民族的文藝美學狀況聯繫起來，吸收《文心雕龍》的優點和長處，並且從他們的視角對《文心雕龍》的意義和價值作出新的判斷。在二十世紀的後二十年，中國的學者和中國大陸的《文心雕龍》學會已經做了不少的工作，但是從「龍學」發展的前景來看，還是非常不夠的，需要我們充分重視這項工作，並爲此作出更大的努力。

（本文爲《文心雕龍研究史》的最後一節，全書將由北京大學出版社出版）

文人的世俗生活：以《聊齋誌異》來觀察

佛光大學校長 龔鵬程

一、文人階層與市井生活

蒲松齡《聊齋誌異》所載諸奇聞異事，若細爲分類，大概可區別爲兩種：一是屬於蒲松齡自己這個階層，也就是文人階層間的事跡，例如參與科舉體系的生徒士子、教書坐館的先生、縉紳文人之類。另一種，則是市井中一般百姓的遭遇。

這兩種，分量各半。但歷來讀《聊齋》者，注意較多的，乃是前者。這是因《聊齋》的寫作本來就可歸屬於文人筆記這個傳統。它的文筆、觀點、選材，均與這個傳統中其他的作品有交光互攝的關聯，易於讓人感受到它與文人間的關係。這樣的關聯性，從世界書局刊印的本子上附錄了各則與蒲松齡所記相類似的文人筆記資料就不難看到。蒲氏的誌異，除了跟唐人傳奇如許堯佐〈柳氏傳〉、薛調〈無雙傳〉、李成威〈龍女傳〉等有直接關聯外，與林雲銘〈林四娘記〉、《觚賸》等同時代文人之筆記也頗多牽涉，尤其與同屬山東、又曾有交情的王漁洋《池北偶談》雷同更甚。

同時，蒲氏所記謏聞異事，事實上也有極大篇幅是在談「文人運蹇」這個主題的。蒲松齡自己落拓不偶，對於科舉考試，味同雞肋，食之固已無味，棄之卻又感到可惜，故談起來不免又嗟又怨又羨又妒，既高自期許，又灰心看破，所講文人間的故事，甘苦誠非局外人所能道。這是其他仕途順利的文士所無法寫的題材，也是紀曉嵐王漁洋所沒有的感觸，是以寫來自具特色，即使在文人筆記小說這個傳統中亦別具風味，令人低迴嗟咨不已。全書最後以自己夢入仙界爲花神草擬檄文作結，寓意殆如劉勰自謂夢仲尼而撰《文心雕龍》。不少人認爲《聊齋》與《儒林外史》足資比觀，也是著眼於此。

再者，《聊齋》裡記述鬼狐事，有一個常見的敘述模式，且這個敘述模式只用在文士身上，那就是「某書生，方夜讀。有麗人來，扣戶自薦，遂相繾綣」。這個模式反覆使用，令人印象深刻，已成爲《聊齋》的商標。而且，不僅與鬼狐繾綣者是文士，鬼狐本身，也是文人。故牠們輒與文人吟詩作詞、詩酒唱和，有時還會爲文士批改文章，指斥利病。

如此這般，當然會使讀者感到《聊齋》是一部充滿文人氣息，所記亦多文人階層事跡的小說了。

可是，蒲松齡因久居民間，其處境實與王漁洋紀曉嵐這樣的文人頗不相同。那些人，科舉得雋，仕途通顯，往來無白丁，談笑有鴻儒。他們所屬的，是一種官、紳、士結合的階層。蒲松齡所屬，也是這個階層，但只是這個階層中最下一階的士。無位，故非官；無財，故亦非紳。靠文筆及坐館教書糊口，往來者，固然仍然多屬官紳人士，他與士以下各社會流品的接觸卻更多、更親切，因爲市井生活正是他實際的生活空間。

在這個空間中，蒲松齡寫下了貨梨的、鬥鶉的、傭書的、賣筆的、耕耨的、販氈裘的、種花的、牧豬的、捕獵的、海上經商的、無賴游手的……等各色人等之奇特遭遇。這些遭遇，有不少，蒲松齡會記錄他獲知這些故事的來源，指明講述這些故事者與當事人，以及跟他這個記錄者的關係。

由這些記錄中，我們便不難發現蒲氏的生活史，知道他與此類市井人士來往的狀況。例如卷十〈馬介甫〉記楊萬石怕妻事，楊雖是諸生，但後來淪爲乞丐，其妻改嫁屠夫，嫁後反受屠夫虐待。這些經過，蒲松齡都記錄了，唯有屠夫死後，楊與其婦又相來往事，蒲說：「此事余不知究竟，後數行，乃畢公權撰成之」。可見楊氏夫婦與屠夫的糾葛，他是知道的。〈蕙芳〉記青州賣麪的馬二混遇仙事，結尾說：「今馬六十餘矣，其人但樸訥無他長」，可見馬氏這個人他也是見過的。卷十一〈布商〉記另一青州人爲布商，入廟遇劫事，結尾說：「趙孝廉豐原言之最悉」，表示這是一個雖非他親自聞見，卻在當地流傳甚廣的故事。此即古代小說專記「巷議街談」之遺意。要能如此，非走入民間，熟悉其生活、聽他們說故事不可。而也正因爲他對民間如此熟悉，所以《聊齋》中除了記奇聞異事之外，也記了不少民間的奇風異俗，如〈布商〉後面一則〈跳神〉就是說：「濟俗，民間有病者，閨中以神卜，倩老巫擊鐵環單面鼓，婆娑作態，名曰『跳神』」。

布商、屠夫、賣麪人，就是蒲松齡日常生活上與相往來的人等；夫婦相處、遇仙、遭盜，則是一般民氓日常生活中的經歷。對於商貿贏虧、屠夫與被屠物間的關係、夫妻相處與遇合之狀況，民間通常也會有一套對應的方法和用以解釋事況的觀念，那就是《聊齋》所經常談及的因果業報觀、命數觀、鬼狐作祟觀等。由於有這些觀念，民間有病者，閨中會請老巫來擊鼓跳神。但跳神爲什麼不在廳堂上，由男人來主持，而要在閨中？且，山東民俗，跳神是找女巫來跳；都城裡，乾脆就「良家少婦，時自爲之」。這難道不是因爲民間普遍相信婦女較易與神靈通感，她們較男性更接近神異領域界嗎？

蒲松齡雖然是個文人，寫的是文人筆記小說，但《聊齋誌異》呈現的其實就是這樣一個世界。這個世界，固然不是民間生活的眞相，但它代表了當時文人所理解或接觸到的「小傳統」。此一理解，受時空之限，並不全面。對理解當時的民間生活、觀念，及其與文人階層之互動關係，卻仍是非常有用的。

順著前文的舉例，底下我準備談的，有三個相互關聯的部分：一、布商、屠夫、賣麨人等《聊齋》中出現的社會諸色流品職事。二、這些人對女性的看法，基本上視爲「妖麗的異類」；由於女性是妖麗的異類，故所述以悍婦及鬼狐爲主。這是敘述題材與意識上的關聯。三、布商入廟遇劫、楊萬石家有悍婦、逢狐仙禳解，這些故事中，都顯示了僧人與道士等方外人士在民衆日常生活中扮演著重要的角色，在蒲松齡這樣的文人階層心目中，其形象似乎也很特殊。

以下分別言之。

二、文人棄文業商的境遇

㈠《聊齋》所記各種行業人

《聊齋》計十六卷，各卷所載異事之主角，除了士人官紳之外，流類甚雜，今略鉤稽其職事，列如下表：

鄉人貨梨於市（種梨）
破落故家子，做小生意、鬥鶉（王成）
楚某翁行賈（賈兒）　以上卷一
金凌顧生爲人書畫，受贄以自給（俠女）
魚台任某，販氈裘爲業（任秀）
豫人，樵（張誠）
一人作劇於市（蛙曲）
一人在長安市上賣鼠戲（鼠戲）
趙城隸（趙城虎）
術人（小人）　以上卷二
士而商（大男）
牧牛人子（姐妹易嫁）
農叟（水災）

邑人某，佻健無賴（戲縊）　　以上卷三

高密人，貿販爲業（阿纖）

典商（五通）

花販（黃英）

兗人賈於閩（齊天大聖）

學賈（白秋練）

還俗僧爲雜負販（金和尚）　　以上卷四

居民趙某，市葯至金陵（金陵女子）

泛海爲賈（夜叉國）

綠林之傑（老饕）

乞兒（大力將軍）　　以上卷五

父子善蹴鞠（汪士秀）

開琉璃廠（小二）

農子（毛狐）

業獵者（田七郎）

賈人子（羅剎海市）　　以上卷六

養鬥蟋蟀者（促織）
養鴿者（鴿異）
江西之布商（牛成章）　以上卷七
商（二商）　卷八
雜貨肆中女子（阿繡）
貨殖（細柳）
戍邊丁（羅祖）
弄偶戲者（木雕美人）
貿販（金永年）　以上卷九
小負販（雲翠仙）
貨麯爲業（蕙芳）
業儒未成，去而爲吏（蕭七）
醫（役免）
賈客（夜明）　以上卷十
布商（布商）
諸商（美人首）

以上卷十一

武舉（庫將軍）
居積爲業（紉針）
傭爲造齒錄者繕寫（房文淑）
賈人（張不量）
樵人赴市（負尸）
盜（盜戶）

以上卷十二

術人作劇（倫桃）
口技（口技）
游俠（丁前溪）
開旅站（尸變）
農（莊中怪）
業漁（王六郎）
以弄蛇爲業（蛇人）
主計僕（四十千）
邑之博徒（王大）
負鹽者（王十）

醫（二班）
富賈（募緣）
農業（蹇償債）
業牛醫（臙脂）
養八哥者（鴝鵒）
作戲人（戲術二則）
賣油者（拆樓人）
車夫（車夫）
布客（布客）
農人（農人）
醫（醫術）
農婦（農婦）
僮僕（郭安）
賈某，貿易蕪湖（義犬）
醫（丐仙）
採樵（斫蟒）

以上卷十三

以上卷十四

以上卷十五

農（于江）

業酒人（王貨郎）

操業不雅，暮歲還鄉，大爲士類所□（餓鬼）

賣酒人（金陵乙）

賈者（折獄二則）

弋人（鴻）

獵獸者（象）

梁上君子（詩獻）

瘍醫（毛大福）

牛醫（劉全）

農民（韓方）

以上卷十六

全書所記，除此之外，便是僧、道、秀才、官員、世族、閥閱、兵將、書生。若拿《閱微草堂筆記》來比較，記僧、道、秀才、書生、官員、世族、閥閱、兵將、書生者同，記農人、樵子、醫生也不罕見。可是紀曉嵐特別愛講「老儒」的故事，蒲松齡所喜歡談的商人事跡，則在紀氏書中絕少。正如蒲松齡喜歡說文士下第不偶、考試甄選不公之類事，在紀曉嵐書中亦絕少那樣。

上面列的，有幾類看起來好像不應視爲市井職業人。如金陵顧生爲人作書畫，受贄以自給；或傭爲造齒錄者繕寫等，都仍是士，其業與坐館授讀相似，爲什麼也併入上表呢？這是因坐館屬於聘任性質，名義上是西席，不失士居四民之首的位階；爲人作書取値或抄繕齒錄，職同雇傭，跟替大戶做主計，其實已無區別。而且，文人爲了謀生，去從事這種工作，也才更足以凸顯文人的處境。

㈡文人的處境及其與商人階層的互動

文人以能文，居四民之首，其才藝可令神鬼狐妓均生歆羨，固然是其榮耀之處，但若考試終究考不上，榮耀就會慢慢變成恥辱，然後再形成飢寒。這就是文人爲什麼把科考看得如此嚴重的緣故。蒲松齡說：

秀才入闈，有七似焉。初入時，白足提籃似丐。唱名時，官呵隸罵，似囚。其歸號舍也，孔孔伸頭，房房露腳，似秋末之冷蜂。其出闈場也，神情惝怳，天地異色，似出籠之病鳥。迨望報也，草木皆驚，夢想亦幻，時作一得志想、則頃刻而樓閣俱成；作一失意想，則瞬息而骸骨已朽。此際行坐難安，則似被縶之猱。忽然而飛騎傳入，報條無我，此時神情猝變，嗒然若死，則似餌毒之蠅，弄之亦不覺也。初失志，心灰意敗，大罵司衡無目，筆墨無靈，勢必舉案頭物而盡炬之；炬之不已，而碎踏之；踏之不已，而投之濁流。從此披髮入山，面向石壁，再有以「且夫」「嘗謂」之文進我者，定當操戈逐之。無何，日漸遠，氣漸平，技又漸癢，遂似破卵之鳩，只得銜木營巢，從新另抱矣。如此情況，當局者痛哭欲死，而自旁觀者視之，其可笑甚焉。

一旦考上，得意了，便從此拾青紫，飛黃騰達；若落榜、失意，那就慘了。家道倘若素封，尙可繼續攻讀，準備再考。若無貲產，便須覓個工作糊口。而文人能做什麼呢？無非前面談到的，境遇好些，可謀到個教童蒙的教席；境遇差的，就只好替人抄抄寫寫；再差些，則竟可能淪爲餓殍。黃仲則詩所謂：「九月衣裳未剪裁，全家都在秋風裡」，洵實錄也。捱不下去，絕望了，便將如上表所云，有「業儒未成，去而爲吏」或「士而商」者矣。

業儒未成，去而爲吏之外，更多的，其實是去經商。卷四〈白秋練〉云：「直隸有慕生，小字蟾宮，商人慕小寰之子。聰慧喜讀，年十六，翁以文業迂，使去而學賈」。卷六〈羅剎海市〉云：「馬駿，字龍媒，賈人子。……十四歲入郡庠，即知名。父衰老，罷賈而居，謂生曰：『數卷書，飢不可煮、寒不可衣，吾兒可仍繼父賈』，馬由是稍稍權子母，從人浮海」。卷七〈促織〉云：「邑有成名者，操童子業，久不售。……轉側床頭，唯思自盡」，遂去養促織，終於大富。卷八〈胡四娘〉云：「程孝思，劍南人，少甚慧，能文。……赤貧，無衣食業，求傭爲胡銀台司筆札」。卷九〈細柳〉云：「母令棄卷而農，……農工既畢，母出貲，便學負販」。卷十一〈紉針〉云：「王心齋，亦宦裔也，家衰落無衣食業，浼中保貸富室黃氏金，學作賈」。這些，講的都是棄文從商，但情況互不相同。一種是如上文所說，業儒不成而改行學賈。其次，爲無才華，不能文，遂去業賈者。還有，則是已貧窮了，更難學文。此外，另有商人家庭早已看出文事不足恃，早早就教小孩去學商的。學商之原因不一，然其棄文事而業商賈，均爲不得已之舉，亦皆因當時文人之處境不良所致。

清乾嘉時期，寫《浮生六記》的沈三白，就是在這樣的處境中，文戰不捷，出而游幕，爲某某官員司筆札，又遭裁員，乃轉而跟他姑丈去做生意，釀酒賣。不料又碰上台灣林爽文事變，海道阻隔，虧蝕了老本，弄得貧病交迫。故《聊齋》所描繪的，是當時文人普遍的困境，也是文人階層與商人階層逐漸在這個情境中發展出較緊密的關係的原因。

或曰：士農工商，業儒不成，爲何不業農業工而多業商？又或者，宋代以來便常有儒業未就，出而行醫者，不也很好嗎？何以要改行去學貿易？

從《聊齋》來看，蒲松齡並無「儒醫」之觀念，對醫生也未必有好感。因此，卷十四〈岳神〉說：「或言閻羅與東岳天子日遣使者男女十萬八千衆，分布天下，作巫醫，名勾魂使者」。把醫生形容成勾魂使者，謂醫生經常「出爲方劑，暮服之，中夜而卒」，顯然謔而且虐。卷十五〈醫術〉更舉兩位名醫故事，說一人根本不識字，道士善相者卻說他能成爲名醫，他懷疑道怎麼可能，道士笑曰：「迂哉！名醫何必多識字？」後終於糊里糊塗、誤打誤撞而成了名醫。另一人不會治病，把自已身上的汗垢搓下來給病人吃，也莫名其妙好了，遂爲名醫。這也都是挖苦醫者的話。可見在他那一輩文人社群中，醫生評價並不高，文人也很少從事於此。

至於農工商，農工的傳統位階雖高，實質上卻較清苦。文人轉業，本爲脫貧之故，自然以趨商爲主要選擇，否則便入山隱遁去了，何必再去計晴雨於隴畝、操技工於廛里呢？況且，農勞辛苦，工匠需要技術，也非文人所易爲；商人在這個時代，又已經是最接近文人的階層，文人業儒不成而從商者才會如此普遍。

清史研究者，很早便注意到社會階層與社會流動的問題，如一九六二年何炳棣《明清社會史論》（哥倫比亞大學出版社）即指出：官民之界限並非不可踰越，四民之間，分際亦不如字面清楚，頗有交集與流動。一九八四年來新夏〈清代前期的商人和社會風尚〉（《中國文化》一輯）也指出：商人中還可以再分成若干類型：壟斷性商人、大商人、一般舖戶商人、小商販。而除了小商販外，其他商人之地位均較從前提高了。且表現出官僚、士子與商人相互結合的現象，社會上對商人的看法也反映了商人地位變化這個現象。

這些研究，用來解釋《聊齋》中為何有那麼多商人、蒲松齡為何那麼了解商賈之事、為何對業商之態度毫無批評……等，都非常有用。但《聊齋》所描述的狀況，並不只是印證了從前的研究而已。因為，像何炳棣研究「士」的流動，是把士分成入仕與未入仕者（舉人進士貢士則為入仕候選者，生員則為尚未入仕者），然後討論他們向上與向下流動的現象。其中向下流動的部分，只談到幾個家族逐漸式微的過程，並未使用到《聊齋》提供的資料，也未討論文人朝商人流動的事例。文人朝商人流動，既是職業間的橫向轉移，也是社會地位的縱向流動。可是，何先生只談到軍籍、鹽漕、商家、匠人家庭晉身士林、出了進士。反過來看，如《聊齋》所述，大量文人棄儒業而從商者，他便未及論列了。

而在清朝前期商人活動的研究方面，史學界成果雖豐，但較集中於徽州、山西兩大商業集團，以及江南市鎮經濟之研究。山東區域商人之研究甚少。《聊齋》所述商務，雖不限於山東，但山東佔主要部分，而且具有山東區域經濟之特色，例如它談海上貿易的地方就特別多，談婦女持家，也具有經營管理意識。論者未於此取資，均不免遺憾。

余英時〈中國近世宗教倫理與商人精神〉一文，曾舉了許多事例來說明十六世紀至乾嘉期之間有棄儒就賈之現象，且可由此了解士商關係之變化。《聊齋》的情況，恰好符合他的分析。例如他引沈垚〈費席山先生七十雙壽序〉中「非父兄先營事業於前，子弟即無由讀書以致身通顯。是故古者四民分，後世四民不分。古者士之子恆爲士，後世商之子方能士」等語，說當時儒者有「治生」的觀念（見該文第三節，收入一九八七，聯經公司，中國思想傳統的現代詮釋）。《聊齋》卷九〈劉夫人〉載劉夫人告廉生曰：「讀書之計，先於謀生」，即與之若會符節。劉夫人交兌八百餘兩給廉生，讓他去荊襄做生意，再往淮上，進身爲鹽商。廉生「嗜讀，操籌不忘書卷，所與游皆文士」。這不就是先商而後爲士嗎？余先生另引一些文獻，證明明清之際頗有「其俗不儒則賈」之風，尤足以說明《聊齋》所記確爲一時通例。

但余先生談這些問題，是從儒商關係上立論的，強調儒家倫理與商人倫理在這個時期有相融合的現象。可是，實際上當時所謂之「士」，除了儒學內涵及儒士之外，還有衆多與儒未必相關的文章之士。這類文章之士，固然認同商人倫理（例如卷九〈金永年〉條云金氏「本應絕嗣，念汝貿販平準，賜予一子」），但文章之士所遵循的倫理，有時並不同於儒士之倫理，也未必適用於商人。例如儒者要修辭立其誠；做生意，誠信也很重要；可是寫文章，卻以把文章寫好爲最要的品格。文章寫得狗屁不通，《聊齋》備致譏誚，詆爲「金盆銀碗裝狗屎」。反之，義理縱或有疵漏，若文章好，仍堪稱許：「題目雖差，文字卻佳，怎肯放在他人下？」（卷十四，臙脂）此等倫理狀況以及文人與商人的關係，均非余先生該文所能囿，故依然有很大的討論空間。

三、在市井間的方外人士

(一)方外人的神聖性

在蒲松齡筆下，商賈多於農工，乃其一大特點，已如上述。可是活動在這些商賈與文士之間，還另有一大批方外之士。這些方外人士，雖具有「方外」的身分，可是卻經常出現在市井中，跟士農工商各色人等相往來，成爲《聊齋誌異》中非常顯目的一群人。

這些僧道，相對於一般世俗人，多代表「異人」。異人每有奇術，非常人所能及，亦非常人所能測度。如卷一〈畫壁〉云一生入寺院，院中壁上畫甚精妙，生見其中畫女子甚美，意動，遂幻入畫中；後來再由畫回到現實世界，恍然若有所悟，寺僧才點化他。〈種梨〉說鄉人賣梨，吝嗇，又捨不得送一顆給道士，遂爲道士所戲弄。〈勞山道士〉說一生入勞山求道，但不耐勞苦，僅學得穿牆術，但撞得額頭腫起，像個雞蛋。〈長清傳〉說一僧死後靈魂不昧，雖轉生奢華之家仍不退道心。〈成仙〉說醫生灰心世情，入勞山成仙事。〈畫皮〉載一生遇鬼物，蒙麗女之皮，幻化爲倩姝。後遇道士，替他禳解。這僅是卷一所記，便有這麼多僧道，其他各卷，情況可以類推。

而僧道在此中，最主要的角色功能，顯然也就是藉由他們來顯示一個非現實、非日常性生活的世界。因此人進入寺院，或上勞山，均可以開悟，可以登仙。僧人道士，代表著一種超越世俗的人與力量，所以他們或可歷經輪迴仍不退道心，或可指點人們看破世相，或能幫助迷溺中的人獲得解脫。《聊齋》各卷，所載僧道故事，均可見此基本模型。此亦方外人士在小說中的基本角色功能。《聊齋》在這方面，其實與我國的敘述文學大傳統是合拍的，在許多其他小說中也都可以看到這類故事，以及這類僧道人物的角色功能。

(二)方外人的妖異性

《聊齋》比較特別的地方不在這兒，而在於它所描述的僧道方外人世既顯神聖性超越性，又顯現了它妖異、世俗的一面。

所謂妖異，是說僧道方外人士可能並不具有神仙或開悟者的心靈超越性質，而僅僅是具有異術；甚或他本身就不是禳解妖溺的清正力量，而是邪妄的。

卷三〈番僧〉載西域來的兩位番僧，人問：「西域多異人，羅漢得無有奇術否？」於是一僧表演通臂術，一僧手掌上小塔放光。卷六〈賭符〉云：「韓道士，居邑中之天齋廟，多幻術，共名之仙」。卷十四〈寒月芙蕖〉云濟南道人冬夏均只著一單袷衣、赤腳行市上、夜臥街頭，「初來，輒對人做幻劇，人爭貽之」。後來官府「執以爲妖」，準備刑罰，他即遁走。同卷〈單道士〉，也是「工作劇，公子愛其術，以爲座上客」。同卷另有一位僧人，能替人醫異疾，把體內的酒蟲引出來，裝到甕裡去，見〈酒蟲〉條。卷十五〈癲道人〉則說該道士歌哭不常，能煮石為飯，後因赤足破衲在路上行走，擋了邑中貴人的路，貴人使僕隸逐罵他，而施展了法術作弄了這些人。〈醫術〉又載一道士「善風鑑」。

這些例子，所紀錄的僧道均以術法顯。有些顯露術法者，可感覺他既有些異術，必有不凡的修養，但大部分只是有術用術罷了。像西域兩番僧，我們就只曉得他們有那種異能奇術。〈醫術〉中之道士也只是善於看臉相。其他〈賭符〉〈寒夜芙蕖〉〈單道士〉等，道士也均以善幻術、表演戲法見稱。此類藝技，其實與走江湖變戲法者差不多。而戲法幻術，本身是不能認為它就具有神聖性的。例如〈酒蟲〉那個故事中，僧人能引出酒蟲，這種技術，不但蒲松齡不以為即能顯示該僧為高僧，更懷疑他根本就是個騙子，說：「或言蟲是劉之福，非劉之病，僧愚之以成其術，然歟否歟？」在〈寒夜芙蕖〉中，官府也把善作幻劇的道人「執以為妖」。可見幻戲術法只是術法，其術不具神聖性，反而常被認為它具有妖異性。

〈寒夜芙蕖〉中的道士，被挾嫌報復，執為妖人，固然屬於誣指。但另有一部份，則蒲松齡卻是明確說它是妖異或不正經的。

如卷十五〈長治女〉載一女美慧，被行乞道士瞧見，他就打聽出這位女孩的生辰八字，再施術，惑住女孩，且將她殺了，把魂魄安在木人上，派去替他偵查事情。後來事情敗露，道士才被捉了。同卷〈耳中人〉則說某生練導引之術，勤練數月，若有所得，後來耳中有聲音，他還以為大丹將成，誰知乃是一小人。後來大病一場，得了顛疾。後面這個故事，頗有挖苦導引煉丹術之意味；前面那個故事就直指邪妄道人用術法去害人了。此外，卷六尚記「天佛寺來一僧，專事摴蒱，賭甚豪」。其所挾術，非幻術，而是賭技。利用賭來賺錢，害人傾家蕩產，此亦邪人也。

《聊齋》所記宗教邪人，如上述者均爲個案；整個宗教都被它視爲邪妄者，只有白蓮教。卷五〈白蓮教〉記：「白蓮教某者，山西人，忘其姓名，大約徐鴻儒之徒，左道惑衆，慕其術者多師之」。又，卷六〈小二〉說：「滕邑趙旺，夫妻奉佛，不茹葷血。……未幾，趙惑於白蓮教，徐鴻儒既反，一家俱陷爲賊。小二知書善解，凡紙兵豆馬之術，一見輒精。小女子師事徐者三人，唯二稱最，因得盡傳其術」。卷十一〈邢子儀〉又記：「滕有楊某，從白蓮教黨，得左道之術。徐鴻儒誅後，楊幸漏逃，遂挾術以遨。……至泗上某紳家，幻法爲戲，婦女出窺。楊睨其女美，既歸，謀攝取女」，他又能做木鳥，讓人飛騰。

這些記載，凡白蓮教均稱「左道」，定義爲邪教。但這可能是因白蓮教已遭政府正式誅剿，故不得不如此稱，實際上白蓮教中也有好人，如小二就是。他記小二美慧，與楊某之妖妄，恰好成一對比。

白蓮教淵源甚早，或上推於南宋茅子元建立白蓮懺堂，成立白蓮宗始。元明期間，白蓮教亦有長足的發展。但蒲松齡所記，則是清初以山東爲主的白蓮教。考《明史》卷二五七〈趙彥傳〉云：「萬曆四十二年，薊州人王森，得妖狐異香，倡白蓮教，自稱聞香教主。……（王森）復爲有司所攝，越五年，斃於獄。其子好賢，與鉅鹿徐鴻儒等踵其教，其徒愈衆。會謀洩，鴻儒遂先期發兵，蹂躪山東者二十年，徒衆不下二百萬」。蒲氏所記即此事，與古白蓮教未必有關。

另據《大清會典》記，康熙十二年「無爲、白蓮、焚香、混元、龍元、洪陽、圓通、大乘等邪教，或聚衆念經，執旗鳴鑼，聚衆拈香者，通行八旗直省，嚴行禁飾，違者照例鞭責枷號」。此即蒲松齡同時代事。而事實上在此前後，山東地區的「邪教」活動也一直非常活絡。如創立羅教的羅祖羅夢鴻，就是山東即墨人。其教義後來影響到明末清初許多民間宗教教派。順治三年，林起詔奏請查禁各教門，謂：「近日風俗大壞，異端蔚起，有白蓮、大成、混元、無爲等教，種種名色，以燒香禮懺，煽惑人心」，而這些教大部分在山東都有活動。如紅陽教所傳十八枝，六輩、八輩、九輩都在山東德州（見嘉慶二十二年十二月二十一日直隸總督方受疇奏摺）。依年輩推算，其年世亦與蒲松齡爲同一時期。康熙初年，河南人劉佐臣又到山東創立了八卦教。到乾隆三十九年，清水教王倫在山東舉事，甚至還連克陽穀、壽張、堂邑諸縣，圍攻臨清。

凡此，均可見山東宗教氣氛之盛，蒲松齡所記「邪教」雖僅涉及白蓮，但他活在這樣一種氣氛中則是不難體會的。在他之後，俞蛟寫《夢庵雜著》，還專門用一卷來記清水教王倫之事蹟，用兩卷來記異人奇術，稱爲「齊東妄語」。其書深柳讀書堂本籍將之與《聊齋》合刻，名《新增聊齋誌異夢庵雜著》。該書以「齊東妄語」來稱呼這些怪事異跡，豈不也顯示了齊東野語，雜於妖妄，確實是乾隆道光年間人對山東一種觀感嗎？後人將俞著與《聊齋》合刊，蓋亦以兩者均有齊東妄言之故。《聊齋》中記許多僧道方外士，也因爲在這個氣氛中，所以不免會談到他們一些邪妄的事例與術法性質。

㈢方外人的世俗性

蒲松齡所記僧道，除了可能具妖異性之外，還有一部份則是它的世俗化。世俗化，是說僧道等方外人士本來就屬於方外，故應不染塵俗才是。講經、說法、修煉、悟道等才是他們的本分。然而不然，他們不乏介入世俗生活，或以世俗情欲之滿足為其職事者。在這方面，他們表現得像世俗人，甚且比世俗人還要世俗。

卷四〈金和尚〉後面，有蒲松齡以異史氏名義發表的一段議論曰：

抑聞之：五蘊皆空，六塵不染，是為和尚。口中說法，座上參禪，視為和樣。鞋香楚地，笠重員夫，是為和撞。鼓鉦鍠聒，笙管敖曹，是為和唱。狗苟鑽緣，蠅營逕賭，是為和障。全者也，尚耶？撞耶？唱耶？抑地獄之障耶？

金和尚，就是一個僧人世俗化的代表。平生不奉一經、不持一咒、不管佛事，以雜負販起家，數年累暴富，弟子千數、甲第數十棟、田地千百畝，其中富貴豪奢，莫可名狀。又畜狡童數輩，皆慧黠能媚人，會唱艷曲。他又廣為結交社會賢達，互通聲氣。且買小孩做兒子，送教讀書考試登第。卒時喪禮之豪奢，亦世所罕見。如此僧家，非世俗化而為何？

僧家之世俗化，不僅有如金和尚之富貴者，也有肆於色者。如卷十五〈藥僧〉說一遊方僧人賣春藥，自誇：「弱者可強，微者可鉅，立刻而效，不肆經宿」。一書生買了他的藥，又貪心多吃了幾顆，不料陽具暴長，增大不已。僧人發現後，急忙給他解藥，但已來不及了，陽物大得幾乎像腿一樣，「縮頸蹣跚而歸，父母皆不能識，從此為廢物，日臥街上」。卷十四另有一位女尼，也對男女之事頗有研究，能行媚術，讓男戀女、女戀男。其法以春宮畫爲之，剪下畫中人，以針三枚、艾一撮，裹而咒之，縫入枕頭中。這與賣春藥的僧人一樣，雖非自己肆於色、縱於慾，但出家人清靜爲本，何庸預人性事？售販壯陽藥、教人合媚法，皆爲媚俗之舉。

此類故事，有趣之處，還在於它不是講道士賣壯陽藥或教人房中術。因爲道教中本有此相關術法與藥物，若由道士來擔任這些故事的主角就不稀奇，也就無所謂世俗化之問題。正因爲這些人是和尚尼姑，所以才值得重視。

小說中刻畫出家衆涉淫穢事，乃明代末期的新風氣，《僧尼孽海》《歡喜冤家》等書，影響深遠。前者是專門從僧尼肆淫這方面去批判佛教的，後者則在第十一回發議論道：「自古不禿不毒、不毒不禿。爲其頭禿，一發淫毒。可笑四民，偏不近俗，叫禿爲師，遇俗反目，吾不知其意云何！」其言與《僧尼孽海．西天僧西番僧》相似，均從「聖/俗」角度來批評。認爲一般人偏偏要把自己貶視爲俗人，而把僧尼視爲師，神聖化，而崇敬之。可是實際上僧尼非但不超凡脫俗，他們更猥俗，更淫毒。

清代艷情小說《諧佳麗》《換夫妻》《巧緣艷史》《艷婚野史》《百花野史》《風流和尚》《兩肉緣》《芍藥裀》都抄襲或拼湊自《歡喜冤家》。足證這種僧尼形象和對僧尼的看法，在明末清初已形成一套逐漸定型的傳統。徐志平〈從《三言》看明代的僧尼〉（一九八八，嘉義農專學報，十七期）、陳益源〈《歡喜冤家》裡的和尚形象及其影響〉（一九九六，遼寧古籍出版社，從《嬌紅記到紅樓夢》）等文，對此均有所探討。這種形象以及小說中的描寫，並非人們有意謗佛，實乃當時佛教不爭氣，確有不少此類事蹟，遂予人以口實。蒲松齡的記異，也從許多角度透露了這個社會現象，並呼應了他同時代一些小說中對僧尼形象的描繪。

在道教方面，蒲松齡也有類似的刻畫，如卷三〈陳雲棲〉載夷陵呂祖庵中有四位女道士，皆美貌，而實際上是做著類似妓女的勾當，以美色餌人。如此行徑，與僧尼肆淫可謂一丘之貉。

這些僧道妖異和世俗化的現象，都顯示在方外士活動於市井中時。佛道教在明初雖經立法禁止僧俗相混，但中葉以後，世俗化傾向越來越盛，僧道與市井生活關係越來越密切。方外僧道之超越塵俗的形象與性質，逐漸爲其世俗性甚至妖異性所取代或侵蝕。《聊齋》雖然在描述中仍常以方外士來顯其超越追求，但他本人畢竟不信人間之外尚有淨土（卷十〈席方平〉後自發議論云：「人人言淨土，而不知生死隔世，意念都迷，且不知其所以來，又焉知其所以去？而況死而又死，生而復生者乎？」），因此，其書喜歡紀錄僧道等在市井間的活動，也是很自然的。

(四)妖異的方外之士

在這些方外之士中，我們可以看到不少僧道具有妖異性，可是倒過來說，妖異的方外士，確可能並非僧道白蓮教各色人等。他們是「方外士」，但不是「方外人士」，例如「狐仙」就是其中一類。狐狸，旣名之爲仙，自然是承認了牠的神聖性，其居所，往往在深山洞府或異境秘窟，亦具有超越塵世的意味。他們雖是狐，可是往往能以其異能，爲人紓困濟危，故又具有神聖性。如前文提到的〈馬介甫〉，馬氏就是一位狐仙，他極力協助怕老婆的楊萬石，行爲不失爲俠義。卷十四〈狐懲淫〉

更說狐會懲罰家畜春藥者。其他記狐能助人懲惡者甚多，不贅一一舉例。

但我要說的是：狐仙無論如何仙如何俠，他畢竟是狐。蒲松齡寫這麼多的狐仙故事，正是用狐仙這個形象來講妖異性與神聖性合一的道理，仙而妖、妖而仙，狐仙一身兼之。

四、世俗生活裡的悍婦

《聊齋》本以記鬼狐見稱，狐仙中則多女狐。狐仙若代表了神聖性與妖異性結合的意蘊，則其女性觀也就可想而知了。

在蒲松齡筆下，女性多美艷。但女性的美，他用什麼形容詞來描述呢？卷二〈巧娘說〉：「女一回首，妖麗無比」；卷三〈林四娘〉：「夫人窺見其容，疑人世無此妖麗，非鬼必狐」。巧娘林四娘固然都是鬼，但以妖麗形容女人，卻顯示了他對女性的一種看法。

卷四又載洛人常大用遊牡丹園，逢一女郎，「宮妝艷絕。眩迷之中，忽轉一想：『此必仙人，世上豈有此女乎？』」遂跑去長跽於女郎前說：「娘子必是神仙」。這女郎實非眞仙，而是花妖。然而常大用看見這麼美的女人，第一個念頭就是忖想她應該不是人。這種想法與「夫人窺其容」而疑林四娘非鬼即狐，正相彷彿。他們都把美看成非人間所能有的一種價值，非妖即神。

美麗的女仙、美麗的鬼狐、木魅、山精、花妖、怪物，遂在蒲松齡書中承擔了審美對象這個角色，令人對之生美感、起愛欲、滋情戀。

《聊齋》所述故事雖多，但主角基本上是男人，縱使主角是女子，敘述者也是男人的觀點與聲音。故事中那些仙鬼狐怪，以男人之審美對象出現，並不奇怪。《聊齋》在這方面，跟唐傳奇以降之文人小說傳統，也是合轍的。文人小說，不論是傳奇、筆記，或長篇如《紅樓夢》《鏡花緣》，女性總是以男性之理想對象的形式出現，其美非俗世所能有，飄飄乎若仙，冰清玉潔、不染纖塵。《聊齋》裡，女人的超俗離塵，既是神、也是妖。它比一般文人小說更強調妖的這一方面，才使得它在文人小說傳統中特別以擅狀鬼狐之情狀著稱。

可是，即或如此，《聊齋》的女性觀跟一般文人亦無太大不同。眞正足以顯示其特點者，恐怕不在美麗脫俗的神鬼妖狐，而在悍婦。

悍婦，是人間生活的常態。在理想世界中，女人是男人心目中美麗脫俗的女神；可是，在實際現實生活裡，女人並不是脫俗離塵、不染俗務的。一本小說，如果只寄想於理想世界，則其所寫的女人就會像大觀園中女子，水靈水秀，令鬚眉濁物愛煞，也自慚形穢煞。可是大觀園裡的女孩不能老，尤其是不能嫁，因爲一旦嫁人，便「入世」了。嫁人後的女子，不再只是男人的審美對象、愛欲對象。她與男人要一塊兒經營世俗現實生活。故她再也不能生存在一個離俗絕塵的世俗世界之外的空間。她的空間，換成了家。在這個空間裡，她仍是神。因爲她主宰之、支配之，所謂「主中饋」、「秉家政」。擔任這個空間的王者，男人事實上乃是她的臣子，因爲她管理這個家、這個男人，以及家中的兒女僕隸等。以致男人仰此天威，當然要驚懼莫名。這就是世俗生活中婦女由超塵絕俗逐漸變成悍婦的邏輯。

蒲松齡與其他文人筆記小說不盡相同之處，正在於他對市井生活是有體會有參與的，對女人在家中主政的狀況，他也不憚其煩，屢有描繪：

……女腆然出，竟登北堂，王使婢爲設席南向，王先拜，女亦答拜，下而長幼卑賤，以次伏叩，女莊容坐受，惟妾至則挽之。自夫人臥病，婢惰奴偷，家久替，眾參已，肅肅列侍，女曰：「我感夫人誠意，羈留人間，又以大事相委，汝輩宜各洗心，爲主效力，從前愆尤，悉不較計，不然，莫謂室無人也。」共視座上，眞如懸觀音圖像，時被微風吹動，聞者悚惕，鬨然並諾。女乃排撥喪務，一切井井，由是大小無敢懈者。女終日經紀內外，王將有作，亦稟白而行。……以此百廢俱舉，數年中田地連阡，食廩萬石矣（卷十一・小梅）。

女爲人靈巧，善居積，經紀過男子。嘗開琉璃廠，每進工人而指點之。……以故値昂得速售。居數年，財益稱雄，兒女督課婢僕嚴，食指數百，無冗口。暇輒與丁烹茗著棋，或關書史爲樂。錢穀出入，以及婢僕，凡五日一課。女自持籌，丁爲之點籍，唱名數焉。勤者賞罰有差，惰者鞭撻罰膝立。是日給假不夜作，夫妻設肴酒，呼諸婢度俚曲爲笑。女明察若神，人無敢欺，而賞輒浮於勞，故事易辦。村中二百餘家，凡貧者俱量給資，本鄉以此無游惰。（卷六・小二）

的邏輯。

……居久，見家政廢弛，爲孫曰：「妾此來，本欲置他事於不問，今見如此用度，恐子孫有餓莩者矣，無已，在腆一經紀之。」乃集婢媼，按日擇其績織。家人以其自投也，慢之，無人時竊相誚訕，而婦若不聞知。既而課工惰者鞭撻不貸，眾始懼之。又垂簾課主計僕，綜理微密。孫乃大喜，使兒及妾，皆朝見之。（卷十二・呂無病）

女持家逾於男子。擇醇篤者，授以資本，而均其息。每諸商會計於簷下，女垂簾聽之，盤中物下一珠，輒指其訛，內外無敢欺。數年，夥商盈百，家數十巨萬矣。（卷八・柳生）

婦尤驕倨，常庸奴其夫。自享饈饌，生至，則脫粟瓢飲，折稀爲匕，置其前，王悉隱忍之。年十九，往應童子科，被黜。自郡中歸，婦適不在室，釜中烹羊胛熟，就啖之。婦入不語，移釜去。生大慚，抵箸地上曰：「所遭如此，不如死」。婦恚，問死期，即授索爲自經之具。（卷十二・錦瑟）

第一則講「女主」升座，全家長幼卑賤依序叩伏，由其全權管理的情況。家中男主人也在叩伏之列，也受其管理，故他若準備幹什麼事也得「稟白而行」。第二則一樣講女主人主持家政。「女自持籌，丁爲之點籍」，說明了男主人只是女主的助手。第三、四則亦女主垂簾親政，「課主計僕」之實錄。這些記載，表明家中的政治地位與權力關係，乃是女主男從的，所以主婦在家中往往極爲跋扈，如第五則說：「婦尤驕倨，常傭奴其夫」，就是發生在這種情況下的。

這種生活實況，形成的夫妻關係，絕不再是書生美麗浪漫之想像，或儒家道德理想主義式的倫理模式。本來儒家對政治的想法，即源於對家政之理解，故云：君子齊家，「是亦為政，奚其為為政？」但春秋戰國時期的儒者怎麼會料到後世眞正主持家政者其實乃是女人呢？在主婦的管理統治下，「一切井井，由是大小無敢懈者」「惰者鞭撻罰膝立」。這些不敢懈怠、否則就會被鞭撻的人，也即包括著她的丈夫在內。

男人處此，幸而尚能獲得老婆歡心，日子當然可以過得好些；不幸遇上暴君，苛政猛於虎，便每天得活得提心吊膽了。蒲松齡所描述的悍婦現象，即本於這個現實。

現實上，固然婦不盡悍，但治於人者恒畏其長上，老婆不是莊嚴如觀音（如上舉第一則），就是老醜恐怖如夜叉，焉得不懼？

卷五〈夜叉國〉記交州人徐某，泛海為賈，被大風吹至一島，島上均是夜叉。二牙森戟，目閃雙燈，爪劈生鹿而食。本來也要吃他，因他能生火燒食奉養夜叉而罷。後遂與一母夜叉交配，生二子。若干年後，徐某偶得機緣返中土，又將母子三人接來。家人見其醜怪形狀「無不戰慄」。其子後從軍，母夜叉隨之征戰，「每臨巨敵，輒環甲執銳，為之接應，見者莫不辟易」，封為夫人。這個離奇的故事講完後，蒲松齡用異史氏名義說一句非常耐人尋味的話：

夜叉夫人，今所罕聞。然細思之而不罕也。家家床頭，有個夜叉在。

此眞妙批也。家家有個夜叉在。可知其記悍婦事，非志怪搜奇，乃是藉一些具體事例來說這個他認爲的普遍現象。

其所舉之例甚多。如卷四〈珊瑚〉說某人母「悍謬不仁」，把媳婦虐待幾死，又休出。有二子，小兒子娶了個老婆更凶，「驕悍戾沓，尤倍於母。母或怒以色，則臧姑怒以聲。二成又懦，不敢爲左右袒，於是母威頓減，反望色笑而承迎之，猶不能得臧姑歡。臧姑役母若婢。生不敢言，唯身代母操作，滌器汜掃之事皆與焉。母子恆於無人處相對飲泣」。後來兩兄弟分居，「兄弟隔院居，臧姑時有凌虐，一家盡掩其耳。臧姑無所用虐，虐夫及婢」。

卷五〈續黃粱〉說某人夢轉世爲一女子，爲人姬妾，「而冢室悍甚，日以鞭箠從事，輒以赤鐵烙胸乳」。同卷〈辛十四娘〉云「公子妻阮氏最悍妒，婢妾不敢施脂澤。日前，婢入齋中，爲阮氏掩執，以杖擊首，腦裂立斃」。卷七〈江城〉記兩女「姊妹相逢無他語，唯各以閫威自鳴得意」。兩人的先生偶與朋友聊天，女即以巴豆投湯水中，結果大家上吐下瀉，「從此同人相戒，莫敢飲於其家」。又一次，一先生「與婢語，女疑與私，以酒罈囊婢首而撻之。已而縛生及婢以繡剪剪腹間肉，互補之。……女每以白足踏餅，抛塵土中，叱生摭食之」。

卷十八〈馬介甫〉說楊萬石「妻尹氏奇悍，少忤之，輒以鞭撻從事。楊父年六十餘而鰥，尹以齒奴隸數」。其家人告訴狐仙馬介甫說：「家門不吉，蹇遭悍嫂，尊長細弱，橫被摧殘」。楊有妾，妊五月，尹氏知之，「褫衣慘掠。已乃喚萬石跪受巾幗，操鞭逐出」，馬介甫替楊萬石解去巾幗，馬居然驚恐到「聳身定息，如恐脫落。馬強脫之，而坐立不寧，猶懼以私刑加罪」。其餘種種酷毒，難以殫述。卷十二〈崔猛〉載崔氏「比鄰有悍婦，日虐其姑。姑餓瀕死，子竊啖之。婦知，詬厲萬端，聲聞四院」。卷十四〈妾擊賊〉又記一女爲某富室妾，「而冢室凌折之，鞭撻橫施，妾奉事之惟謹」。凡此等等，都是婦悍汙辱人傷害人的例子。動輒詬罵、鞭撻、凌虐、甚至殺人，家中長幼老小均遭荼毒。此家中之女暴君、胭脂虎也。

蒲松齡對於這類悍婦，只能寄望於神仙異人來救死紓困，拯民於水火。如〈馬介甫〉說狐仙來搭救；卷十三〈王大〉說有鬼見某著名悍婦落單，把她捉進山谷裡，掬土塞其口，以長石條插入其陰戶中以懲罰之；卷十五〈邵臨淄〉說一女悍虐，其夫不堪，後鳴於官，由官府代其申冤，杖責其妻。這些，無論是神仙、是鬼、是好官來拯救，其實都是沒辦法中的辦法。蒲松齡對此，非常感嘆，所以他說：「邑有賢宰，里無悍婦矣。誌之，以補循吏傳之所不及」。古來本有句俗語說：「清官難斷家務事」，現在他卻不能不寄望於清官循吏，冀其能稍紓民困，其情蓋亦甚爲可哀。在〈馬介甫〉故事後面，蒲松齡寫了一篇長跋，具體表達了這種哀感，他說：

（懼內者），天下之通病也，然不意天壤之間，乃有楊郎，寧非變異！余嘗作《妙音經》之續言，謹附錄以博一噱。竊以天道化生萬物，重賴坤成；男兒志在四方，尤須內助。同甘獨苦，勞爾十月呻吟；就溼推乾，苦矣三年嚬笑。此顧宗祧而動念，君子所以有伉儷之求；瞻井臼而懷思，古人所以有魚水之愛也。始而不遜之聲，或大施而小報；繼則如賓之敬，竟有往而無來。

祇緣兒女深情，遂使英雄短氣。床上夜叉坐，任金剛亦須低眉；釜底毒煙生，即鐵漢無能強項。秋砧之杵可擲，不擣月夜之衣；麻姑之爪能搔，輕試蓮花之面。小受大走，直將代孟母投梭；婦唱夫隨，翻欲起周婆制禮。婆娑跳擲，停觀滿道行人；嘲哳鳴嘶，撲落一群嬌鳥。惡乎哉！呼天籲地，忽爾披髮向銀床；醜矣夫！轉目搖頭，猥欲投繯延玉頸。當是時也，地下已多碎膽，天外更有驚魂。北宮黝未必不逃，孟施舍焉能無懼？將軍氣同雷電，一入中庭，頓歸無何有之鄉；大人面若冰霜，比到寢門，遂有不可問之處。豈果脂粉之氣，不勢而威？胡乃骯髒之身，不寒而慄？猶可解者，魔女翹鬟來月下，何妨俯伏皈依；最冤枉者，鳩盤蓬首到人間，也要香花供養。聞怒獅之吼，則雙孔撩天；聽牝雞之鳴，則五體投地。登徒子淫而忘醜，迴波詞憐而成嘲。設爲汾陽之壻，立致尊榮，媚卿卿良有故；若贅外黃之家，不免奴役，拜僕僕將何求？彼窮鬼自覺無顏，任其斫樹摧花，止求包荒於怨婦；如錢神可云有勢，乃亦攖鱗犯制，不能借助於方兄。豈縛游子之心，惟茲鳥道；抑消霸王之氣，恃此鴻溝，然死同穴，生同衾，何嘗教吟白首？而朝行雲，暮行雨，輒欲獨占武山。恨煞池水清，空按紅牙玉板；憐爾妾命薄，獨支永夜寒更。蟬殼鷺灘，喜驪龍之方睡；犢車麈尾，恨駑馬之不奔。榻上共臥之人，撻去方知爲舅；床前久繫之客，牽來已化爲羊。需之殷者僅俄頃，毒之流者無盡藏。買笑纏頭，而成自作之孽，太甲必曰難違；俯首帖耳，而受無妄之刑，李陽亦謂不可。酸風凜冽，吹殘綺閣之春；醋海汪洋，淹斷藍橋之月。又或盛會忽逢，良朋即坐。斗酒藏而不設，且由房出逐客之書；故人踈而不來，遂自我廣絕交之論。甚而雁影分飛，涕空沾於荊樹；鸞膠再覓，變遂起於蘆花。故飲酒陽城，一堂中惟有兄弟；吹竽商子，七旬餘並無室家。古人為此有隱痛矣。嗚呼！百年鴛偶，竟成附骨之疽；五兩鹿皮，或買剝床之痛。髯如戟者如是，膽似斗者何人？固不敢於馬棧下，斷絕禍胎；又誰能向蠶室中，斬除孽本？娘子軍肆其暴，苦療妒之無方；胭脂虎噉盡生靈，幸渡迷之有楫。天香夜墜，全澄湯鑊之波；花雨晨飛，盡滅劍輪之火。極樂之境，彩翼雙棲；長舌之端，青蓮並蒂。拔苦惱於優婆之國，立道場於愛河之濱。咦！願此幾章貝葉文，灑為一滴楊枝水！

這是一篇妙文。妙在它長歌以當哭，無可奈何而安之若命，是所謂「哭不得，只好笑也」。處在胭脂虎噉盡生靈的時代，英雄氣短，金剛低眉，驚河東之獅吼，故婦唱而夫隨，謹遵妻教。

老婆對待先生，也常用做生意的態度來經營，如同卷同則後面附錄兩個故事，便可以看出現實世界中女人持家、經紀家政時，是如何把老公也納入其經營項目中去的：

△章邱李孝廉。………夫人閉置一室，投書滿案，以長繩縶榻足，引其端自櫺內出，貫以巨鈴，繫諸廚下。凡有需，則躡繩，繩動鈴響則應之。夫人躬設典肆，垂簾納物而估其值，左持籌，右握管，老僕供奔走而已。由此居積致富。每恥不及諸姒貴，錮閉三年，而孝廉捷，乃喜曰：「三卵兩成，吾以汝為毈矣，今亦爾耶？」

△耿進士崧生，亦章邱人。夫人每以績火佐讀，績者不輟，讀者不敢息也。或朋舊相詣，輒竊

聽之。論文，則瀹茗作黍；若恣諧謔，則惡聲逐客矣。每試得平等，不敢入室門。超等，始笑逆之。設帳得金，悉納獻絲毫不敢隱匿。故東主餽遺，恆面較錙銖。人或非笑之，而不知銷算良難也。

卵未孵成鳥叫做蝦。這位夫人不但居積致富，顯然也經營其夫以致貴。第二則這位情況也一樣。此即市井生活之實相，一般文人詩文中固無此類，文人筆記中要看到這類實況也並不多，故《聊齋》所記，彌足珍貴。其價值豈僅在談狐說鬼耶？

五、三重宰制下的世俗生活

在描述市井生活及妻子肆虐方面，與《聊齋》關係最爲密切的文獻，是另一部小說《醒世姻緣傳》。

《醒世姻緣傳》跟《聊齋》不同之處，在於一是長篇章回話小說，凡一百回；一是短篇筆記小說。其次，《聊齋》談玄說怪、志狐敘鬼，內容較廣；《醒世姻緣傳》則專講夫妻相處之事。

據刊刻《醒世姻緣傳》的東嶺學道人說，原書本名《惡姻緣》，因刊印者認爲其旨足以醒世，故易爲今名。但書有〈引起〉，只稱爲〈姻緣傳引起〉，似乎本書並不只針對世間不好的姻緣說這番故事，而是普遍性地說姻緣大抵都是惡苦的。故其序詩云：

婦去夫無家，夫去婦無主。本是赤繩牽，睢至逑相守聚。異體合形骸，兩心連肺腑。夜則鴛鴦眠，晝效鸞鳳舞。有等薄倖夫，情乖連理樹。終朝起暴風，逐雞愛野鶩。婦鬱處中閨，生嫌逢彼怒。或作〈白頭吟〉，或買〈長門賦〉。又有不賢妻，單慕陳門柳。司晨發吼聲，行動掣夫肘。惡語侵祖宗，詬訐凌姑舅。夫如癭附身，留則言恐醜。名雖伉儷緣，實是冤家到。前生懷宿仇，撮合成顯報。同床睡大蟲，共枕棲強盜。……漫道姻緣皆夙契，內多伉儷是仇雠。

這個意思，文中也說得明白：「人只知道夫妻是前生註定，月下老將赤繩把男女的腳暗中牽住。……依了這等說起來，人間夫妻都該搭配均勻，情諧意美纔是，如何十個人中倒有八九個不甚相宜？或是巧拙不同，或是媸妍不一；或做丈夫的憎嫌妻子，或是妻子凌虐丈夫；或是丈夫棄妻包妓，或是妻子背婿淫人，種種乖離，各難枚舉」。夫妻道苦，依其所見，乃是十中有九的。所以此雖非定理，卻是普遍的現象，也是實際的夫妻生活實況。

談姻緣的小說，只敘男女如何好逑、如何相愛以至結合、如何有情人終成眷屬、如何姻緣天定、千折百轉終歸聚首，僅只講到上半截。也就是「理應如此」「都該」「本是」的部分。結爲夫妻之後，到底如何？乃是「公主與王子從此過著幸福快樂的日子」之類小說所不問的。這類小說，其實均屬於理想型的。故男必才、女必貌、愛必堅、情必貞、緣也必定匪淺。才子佳人之章回小說、文人筆記所載情愛傳奇，概爲此等。但從現實型的小說作家觀點看，此即忽略了：「漫道姻緣皆夙契，內多伉儷是仇雠」，是不通人情世故之談。《醒世姻緣傳》第五回有葛受之評語，謂其書描寫人情世故，讀之，「只覺湯若士〈牡丹亭記〉便同嚼蠟」。表現的，就是這樣的觀點。《醒世姻緣傳》要講的，也即是此一觀點，說說姻緣中「種種乖離」之實況。

這本小說，題名西周生撰，歷來均以爲西周生可能就是蒲松齡，見於乾隆時期楊復吉的《夢闌瑣筆》。清末覓道人《舊學庵筆記》則云：「小說中有《醒世姻緣》者，可爲快書第一」，「惜不知作者爲誰。署名西周生，或是陝人耶？其語氣則似山左人。或謂是蒲留仙先生則非，以文氣太不相類也」。所謂文氣太不相類，是因兩書文體不同，一爲典雅的筆記小說，一爲夾雜市井俚俗的章回體。但一人爲何不能同時從事兩種文體寫作呢？胡適之先生的考證，便支持西周生即蒲松齡說，見胡適〈醒世姻緣傳考證〉，首載《醒世姻緣傳》卷首，亞東圖書館，一九三三年，上海，後收入《胡適論學近著》，商務印書館，一九三七年，上海。其後孫楷第〈一封考證醒世姻緣的信〉，也主張小說所寫地域「確爲章丘」，「所敘人事，實是章丘淄川事」「謂小說爲蒲留仙作，乃極近情理極可能之事」（收入《滄洲後集》，中華書局）。支持沿用其說者，包括趙狂茗〈醒世姻緣考〉，載世界書局《足本醒世姻緣傳》卷首；劉大杰《中國文學發展史》；徐北文〈醒世姻緣傳簡論〉，載齊魯書社，一九八〇年出版《醒世姻緣傳卷首》；朱燕靜《醒世姻緣傳研究》，撰者自印，一九七八年，台北；李永祥〈蒲松齡與醒世姻緣傳〉，《中華文史論叢》一九八四年第一輯，上海。

而反對的，則有劉階平《蒲留仙遺著考略及誌異遺稿》，台北正中書局出版；路大荒〈聊齋全集中的《醒世姻緣》與《鼓詞集》的作者問題〉，收入齊魯書社出版《蒲松齡年譜》；金性堯〈醒世姻緣傳作者非蒲松齡說〉，載上海《中華文史論叢》一九八〇年第四輯；曹正義〈近代文獻與方言研究〉，《文史哲》一九八四年第三期；劉鈞杰〈從語言特徵看蒲松齡跟醒世姻緣傳的關係〉，《語文研究》一九八八年第四期；徐復嶺《醒世姻緣傳作者和語言考論》，齊魯書社，一九九三年八月，濟南；袁世碩〈醒世姻緣傳考證〉、鄒世良〈醒世姻緣傳的歷史地位與寫作年代上下限的推考〉，收入二〇〇〇，三民書局版《醒世姻緣傳》。王素存〈醒世姻緣作者西周生考〉，台北《大陸雜誌》第十七卷第三期；田璞〈醒世姻緣傳作考新探〉，《河南大學學報》一九八五年第六期；張清吉《醒世姻緣傳新考》，中州古籍出版社等。其書之作者也有丁耀亢、李粹然、賈應寵、章丘文士等各種推斷。可見爭論仍在持續中，一時亦尚未能有定論。

然而，這部小說之所以歷來認為即是蒲松齡所撰，除了它使用山東方言、所載多山東事跡、寫作時間又與蒲松齡極為接近等形式條件外，最主要的，還是它所描寫的正是一種與《聊齋》若合符契的文人市井生活。

書中描寫書生晁大舍，因父親晁秀才得美缺，養成揮霍情性，買妾射獵無所不為，氣死了老婆計氏，又射死了狐仙。遂致這兩人轉世成為他的妻妾來報仇。晁大舍轉生成為不才書生狄希陳，狐轉為素姐，計氏轉為寄姐，對狄希陳施展種種酷毒手段，整得他死去活來，幾乎家破人亡。

這因果循環的敘述模套，當然只是一種對夫妻本應和愛而卻勢同水火，勝似寃家苦毒的解釋，是「無可奈何而安之若命」。蒲松齡對夫妻關係亦作如是觀。

為了解除夙世之寃孽，西周生教人勿殺生、誠心懺悔，這也是與蒲松齡反對殺生相同的。也就是說，它與《聊齋》有內在的一致性。

這種一致性，又表現在對兩位主人公身分及遭際的描述上。晁大舍及狄希陳都是讀書人，但頂著個文士之名，實乏文采，彙緣仕宦，其生涯，蓋足以爲一般文士之寫照。他們在社會上如何生活與生存，看其他小說不易明白，要看《醒世姻緣傳》這樣的作品，才能瞭然。

特別是書中主線故事之外，作者會跳出來，夾敘夾議，討論文人生活的處況。例如第三十三回至四十回，藉著敘述狄希陳少小讀書就學時之頑省嬉遊，「唾手遊庠」，寫文士謀生之拙，以至漸無廉恥起來，繼而強調：古人雖說「君子固窮」，但窮是難捱的，因此，「倒還是後來的人說的平易，道是『學必先於治生』」。

學必先於治生，是明末新思潮，前文已有述及。可是《醒世姻緣》不只是從理論上談這個問題，它還要接下來問：「但這窮秀才有甚麼治生的方法？」

它提了幾種營生之法，一是開書舖，二是拾大糞，三是作棺材，四是結交官府（起頭且先與他作賀序、作祭文、作四文啓，漸漸與他賀節令、慶生辰，成了熟識。或遇觀風、或遇歲考、或遇類考，都可以仗他的力量考在前邊，瞞了鄉人的耳目，浪得虛名。或遇考童生，或遇有公事，乘機囑托，可以僥倖厚利，且可以誇耀閭里、震壓鄉民）。但這此辦法都有其困難度。像要結交官府，就得先同府吏衙役混得相熟，「打選一派市井的言談、熬鍊一副誕皮頑鈍的嘴臉」。凡此等等，都顯得「這等經營又不是秀才的長策」。無可奈何，「千回萬轉，總然只是一個教書，這便是秀才治生之本」。

教書當然也不是好營生，也有種種難處，故而「小人窮斯濫矣」竟成爲書生秀才們普遍的情況。也就是說，秀才讀書人，在此已完全沒有道德理想、價值追求、文采才華等任何神聖性意涵，它只是世俗之業、治生之事。其生活亦與世俗市井無絲毫之不同。一般論《醒世姻緣傳》者，大多會強調它與《金瓶梅》的相似性及血緣關係。兩書在描述世俗社會生活方面確實非常近似，但《金瓶梅》講的主要是商人奢淫之故事，《醒世姻緣》談的卻是文士。然而，文士之生活，居然同於商人，適可以見其世俗化嚴重的程度。

晁家的治生之業是結交官府，晁思孝以歲貢身分受到人情照顧，考選了江南大縣的肥缺。期滿後又通過戲子行賄太監，買得知州之官，並收得私贓十數萬。狄家情況也差不多。這些家庭，男人只有兩種類型，一是有本事治生，經營各類社會關係，撈到錢或做上官的；二是浮浪子，仗著家中的錢與勢而胡天胡地的。因爲其中並無道義可以世守，亦無詩禮足以傳家。

而這些家庭中的女人，由於男人或出外營生交結，或出外浮浪去了，家中大小用度、人事派任，遂當然落在她的身上。故家中「主母」的權威大於一切。例如狄家：

狄希陳是個不知世務的頑童，這當家理紀、隨人待客、做莊農、把家事都靠定了這狄婆子是個泰山，狄員外倒做了個上八洞的純陽仙子。這狄婆子睡在床上動彈不得，就如塌了天的一般（五六回）。

狄家老的不管事，小的不知事，家政全賴狄老婆子主持。待她被媳婦氣癱了半邊身體後，家裡就一團亂。

而媳婦爲何氣她呢？原來，中國社會裡的婆媳問題中，有一個絕大的關鍵所在，那就是權力。主母是主政者，媳婦則是接班人。可是掌權者對於將來即將取她而代之的這個接班人是愛恨交加的。一方面她要教導她，使她懂得將來如何持家；一方面她又懼惱她時時準備接位。媳婦對婆婆，則既不服其管教，又思量著如何接手掌起權來。這種緊張關係，只要看看宮廷鬥爭中父子相殘的景況，便不難索解。唐肅宗即位於靈武，唐明皇便成了宮中伴著寂寞秋燈的老人。武則天即位，兒子們也殺的殺，貶的貶。家政國政，在此實爲同一原理。故素姐罵她老公給婆婆聽道：「拿著你就當個兒？拿著我就當個媳婦？爲什麼倒把家事不交給你？」（五六回）這不是擺明了來是要奪權的嗎？難怪「狄員外和狄婆子，一個氣得說不出話來，一個氣得抬不起頭來」。

待素姐將婆婆氣死，順利掌權之後，才漸漸感到持家原來並不容易：

一個女人當家，況且又不曉得當家事務，該進十個，不得五個到家；該出五個，出了十個不夠。入的既是有限，莫說別處的漏卮種種皆是，只這侯、張兩個師傅，各家都有十來口人，都要喫飽飯，穿煖衣，用錢買菜，還要飲杯酒兒，打斤肉喫。這宗錢糧，都是派在薛素姐名下催征。當時狄員外在日，凡事都是自己上前，田中都是自家照管，分外也還有營運。以一家之所入，供一家之所用，所以就覺有餘。如今素姐管家，所入的不足往年之數，要供備許多人家的喫用。常言「大海不禁漏卮」，一個中等之產，怎能供她的揮灑？所以甚是掣襟露肘。娘家的兄弟都是守家法的人，不肯依她出頭露面，遊蕩無依。雖然有個布鋪，還不足自己的攪纏，那有供素姐的浪費？於是甚有支持不住之意（九四回）。

素姐信奉侯、張兩位道婆，所以在家中供養著兩人及其徒衆，家貲益發不得寬饒；何況她又不會理家，自然漸感不支。這時狄老員外已死，狄希陳又遠赴四川任官。她便捨了家尋丈夫去了。不料，狄希陳之所以要離家謀官，正是爲了逃避閫威，途中且與童寄姐結了婚，意欲來個「兩頭大」。而且躲在外頭，瞞住了素姐。素姐不知情況，冒冒失失闖進去，仍以爲可以像往常一樣發發她主母的威風。誰知此刻狄希陳宅中已另有「主母」了。結果被新主母及其底下人圍起來痛毆了一頓，只好低聲下氣，不再撒潑，讓寄姐對她說：

家仍是我當，不許妳亂插槓子。事還是我管，不許妳亂管閑事。媳婦子、丫頭都我教誨，不許輕打輕罵的。

這就確定了家裡的權力位階。對這位主母，胭脂虎素姐只能陪笑臉，「寄姐凡有生活，爭奪著要與寄姐去做。寄姐手上偶然生了瘡，死塞著要爭與寄姐梳頭。寄姐或是頭疼發熱，一日腳不停留地進房看望，……寄姐的連盆馬桶，爭著要與她端」（九五回）。

看官要知：主母的權威如此，連素姐都要曲意奉承，陪小心、伺顏色到這個地步，丈夫又何敢不然？蓋其勢足以劫之、其威足以懼之、其號令足以使喚之，可以讓底下人爭著去獻殷勤、套近乎。情況跟專制王權底下的政治生態是一模一樣的。

九十一回〈狄經司受制變妾，吳推府考察屬官〉載吳推官詢考僚屬，竟然全都怕老婆，而感嘆說：「世上但是男子，沒有不懼內的人，風土不一、言語不同，唯有這懼內的道理到處無異」。男人爲何懼內呢？若說因果報應，難不成人人均欠了老婆的前生債？那當然不可能，而是這種家中權力結構使之如此，故人人若是。

《醒世姻緣傳》開語即曾以專制王權下臣子的處境來形容男子與主母的關係，謂：「你做那勤勤懇懇的逢干，她做那暴虐狼愎的桀紂，你做那順條順綹的良民，她做那至貪至酷的歪吏」。對家庭中夫妻關係之實況，做了清楚的喩示。

然而，暴政雖猛於虎，母老虎實又更虐於暴君。就是專制帝王也不能跟老婆比。所以〈姻緣傳引起〉云：

人世間和好的莫過於夫妻，又人事仇恨的也莫過於夫妻。君臣之中，萬一有桀紂的皇帝，我不出去做官，他也難爲我不著。……冤家相聚，無論哪稠人中報復得不暢快，即是那君臣父子、兄弟朋友之際，也還報復得他不太快人。唯有那夫妻之中，就如脖項上癭袋一樣，去了愈要傷命，留著大是苦人。日間無處可逃，夜間更是難受。官府之法莫加、父母之威不濟、兄弟不能相幫、鄉里徒操月旦。……豈不勝如那閻王的刀山、劍樹、碓搗、磨挨、十八重阿鼻地獄？

晁大舍射死仙狐，又讓妻子生氣上吊，二姝含恨，便轉生成爲他的妻妾。期間曾託夢給晁大舍他娘，晁老夫人問：爲何被射殺了，反而要給他做妻妾呢？鬼魂答道：「做了他的妻妾，纔好下手報仇，叫他沒處逃，沒處躲，言語不得，哭笑不得，經不得官，動不得府，白日黑夜風流活受，這仇纔報的茁實！」這句話，便是前面〈引起〉的注腳，這才叫做「無所逃於天地」。

晁大舍轉世爲狄希陳，果然受兩妻酷虐悍撻、荼毒萬般、無所不至。這種對悍婦的描寫，無疑與《聊齋》極爲肖似，狄希陳尤似楊萬石。

雖然素姐與寄姐之悍惡，或許可視爲特例，但無論《聊齋》或《醒世姻緣傳》，都是把「懼內」視爲普遍現象的。天下之爲妻者，未必均如素姐寄姐般悍惡、未必均挾了冤來報仇，但「世上但是男子，沒有不懼內的」。亦如君王亦有仁政愛民者、亦有溫善者，然臣民仰其天威，依然有所畏懼。

家庭中，做妻子的誠然也不乏怨懟。但那是統治者的煩惱。米穀不登、計用不足、夫不服管、子不服教、僮僕不勤、鄰里戚族多囉唆之類。斯乃君王感嘆刁民、盜寇、劣吏、頑梗、庸臣、懦將、以及四鄰未能賓服一類的抱怨，而不是「懼」。天下只有懼內一辭，只有怨婦一辭，就因爲婦只是怨，怨夫不乖、怨子不好、怨事太勞、怨命不夠好等等，而先生才是懼。懼其威，故伏其教；懼其怒，故承其歡，哄著讓她高興。對妻子的關懷憐愛、奉承體貼、遂也是懼的一部份。

何況，臣民對君王，不會有內在自發的愛，夫對妻卻不然。因對之有愛，故又不能捨去，不能像對其他人那樣，要求平恕待我。以致因愛妻而受制於妻，終於形成愛懼共生的情況。

一般市井小民固然也如此愛懼交迸，但虐妻者亦不乏人，這又是爲什麼呢？此殆如政治上亦有盜寇起事、困民揭竿，甚或強臣劫迫君王之事，本不足爲奇。可是書生文士此種揭竿而起、鋌而走險的勇氣一向較少；又受聖賢言論之制約，不喜歡也不擅長訴諸武力；受了專制壓迫，更慣於逆來順受。他們在面對君上時的順從態度，跟他們在家庭中面對老婆時「俯首貼耳，而受無妄之刑」（聊齋・卷十），是完全符應的。書生文士，在我國社會上，向來不是暴動或起事的主要階層，至多只是個別地在有人揭竿或落草時去依附之，從旁出謀畫策而已。這種現象的原因，正可以從其家庭生活中去理解。

因此，總體地看，《醒世姻緣傳》在輕視醫生、批評邪教、提倡放生、描寫市井生活、主張「學必先於治生」、講說世俗生活中的文人生涯、刻繪悍婦嘴臉……等等方面，都與《聊齋》非常符契。兩書縱非均爲蒲松齡作，也可視爲同一組作品。它們寫成於同一時期，反映了同一階層的社會及家庭生活狀況。透過《醒世姻緣傳》，更能讓我們理解《聊齋》所描述的文士處境。

在蒲松齡所身處的十七世紀末期，歐洲社會形成了一種迥異於中世紀的風貌，其上層社會的家庭結構，據勞倫斯・史東（Lawrence Stone）《英國十六至十八世紀的家庭、性與婚姻》的描述，有核心家庭重要性增強、夫妻情感關係、父權均增強之勢。原因有三，一是親族關係、扈從關係在社會上不再成爲組織原則，所以家越來越是夫妻家庭的核心的事；二是國家權力接收了從前一些由家庭、親屬及扈從所執行的社經功能；三是新教將基督教道德帶入紳士階級及都市中產階級家庭中，既神聖化了婚姻，也使家庭成爲教區的一部份。而這一點，配合著第二點，又使核心家庭比較不受親族（尤其是妻方的親屬）的干涉，宗教、法律、政治變遷則促進了戶長權力的現象。

此種現象，一方面強調婚姻中情感的因素，一方面卻又強化了父權。故史東寫道：「妻子對丈夫的順從，在上層即上層中產階級裡，是確然無疑的事。但在工匠、店老闆、小農、非技術勞工中則沒那麼明顯」「國家和法律將妻子對戶長的順從，認爲家庭對其首領的臣服，是與臣民對君主的臣服類似，且前者是後者的直接肇因」（詳見該書第四、五章）。

十六至十八世紀，也是我國國家權力增強的時段，但國家對家庭結構的影響並不明顯，因爲即便在中古世族社會，親屬、扈從都已不是組織原則，也無法干預家庭核心，亦即夫妻之關係。可是早期夫妻結合，並不太強調情愛之地位，明末清初一大批才子佳人遇合小說，才對此極力刻畫。故可說因情愛而結合的婚姻關係，是十七世紀末期文人階層所提倡的新倫理觀新理想，這點與英國到有些類似。

但強調婚姻中的感情因素，所形成的家庭內部關係，卻與英國截然異趣。文人階層從聖賢經傳及理念層次上獲得的是父權式的家庭觀念，可是，若套用史東的話來說，則是「丈夫對妻子的順從，在上層及文人階層中，是確然無疑的事」。也就是說，在文人的世俗生活領域，他除了受王權之宰制、經濟市場之宰制外，同時也受到妻子的宰制。

蒲松齡所描述的不第秀才，奔波於科舉體制中，事實上屬於第一類。甘心帖耳於鑽帝王之彀。而且在這個體制中，毫無掙脫的辦法，悲其境遇而莫能逃亦莫能離卻。他所敘述的文人業賈現象，則凸顯了文人受到經濟市場之宰制，不能不去治生。至於那些悍婦對丈夫慘無人道的管束虐待，或丈夫叩服於女主座前之現象，就是文人受妻子宰制的寫照了。

文人的市井生活或世俗生活，就是深陷在這三重宰制中的。

六、文人的世俗生活之研究

文人生活的研究，以往甚少，而且頗爲偏狹。因爲視域大抵集中在文人的文壇交遊、文藝活動、詩詞歌賦、琴棋書畫，以及詩酒酬唱、煙霞寄傲的部分。這是文人的文學生活，乃其本業，猶如商人從事其貿易、農人操其農事一般。當然是值得注意的。其次，就是文人的日常生活。明清時期，文人的日常生活早已藝術化。就像我在〈生活的藝術化〉一文中所描述的，對於生命的每個階段、生活的每個領域、季節時令每一段時間的安排，都有所經營，兼顧養生及人文情趣。例如賞花、品茗、焚香、議蘭、集古、飲酒、奕棋等等，形成一種優雅閑適的美感生活。對這種文人之美感生活狀態，以及它逐漸浸潤到社會各個階層去的狀況，邇來研究者也開始漸漸有所論析。

但文人的生活，除了藝術化的這一面和其文學職業生活之外，尙有其世俗面。也就是他們與社會上其他各流品、各人等、農工商傭一樣的衣食日用生活起居。

這種文人的世俗生活狀態，爲向來討論文人生活者所忽略。大家忘記了文人也是人，也有其世俗生活的一面。而且正因爲文人所從事的文學職業及其所追求之藝術活品味，須要在世俗生活領域中取得支持，否則根本不能進行，故文人的世俗生活其實比起其他行業人更爲重要。可惜論者對此，殊乏關注。

以前文所舉乾嘉文人沈三白的〈浮生六記〉爲例。評述者淸一色只注意到沈三白與芸娘的愛情、兩夫婦的美好藝術生活，間則批評中國大家庭中的婆媳關係而已。實情豈僅是如此？

事實上，三白夫婦的閨房之樂，其實是一種文化品味所烘托所培養出來的樂趣，其中充滿了對美的追求與對韻趣的欣賞。故在其閨房之樂中，我們看到的不只是兩人膩在一塊兒卿卿我我你儂我儂，而是看到類似〈醉翁亭記〉所謂「樂乎山水之間」的遊賞之樂，看到園林生活之樂、詩文賞析之樂、友朋讌聚之樂、飲食料理之樂等等。他們夫妻蒔花養草、飲酒食蒜、刻印章、禱神祠、和詩、行令，一舉一動，皆充分顯示了文明潤澤的美感。正是這樣優雅而有情趣的文化生活，陶鑄滋養了夫妻的感情，使它能相悅以守、莫逆於心。我們看書的人，之所以豔羨其夫婦，也即是因爲我們都對那樣文明韻趣之生活倍感嚮往。

但是，這樣的生活，本身乃是充滿危機的。沈三白是清朝乾嘉時期生活在蘇州的文人。蘇州的文化氣氛，養成了他的文化品味，也提供他遂行此種生活的條件。例如他們可以住在景觀秀絕的滄浪亭，家中可以經常召伶演戲，他們精於花藝，能製作盆栽，又擅長疊石，對於居室佈置，如怎樣製作屏風、怎樣焚香，均有若干講究。這種生活，雖未必定須饒於貲業者方能備辦、未必即屬於資產階級之生活品味，但必須是對生活本身費力經營、用心打理。故沈三白自稱：「貧士起居服食，以及器皿房舍，宜省儉而雅潔。」身雖貧士，在文化生活上卻要求精緻而富裕。此其爲理想。然生活若過度貧困，衣食尚需張羅，則豈能再論其雅潔與否？生活的重擔，有時是會壓彎了人的脊樑，使人只能蜷曲苟活於時代的角落中，對器皿房舍服食，無暇講究的。

不幸沈三白正是個拙於生計的文人，所學只是如何替人辦文書當幕僚。其游幕生涯，頗不順利；而且浪跡四方，俯仰由人。故夫妻相處，離居時多。有時無故遭到裁員，心緒及經濟也大受影響。後來一度想從商做生意，跟他姑丈去釀酒。不料又碰上林爽文事變，海盜阻隔，虧蝕老本。種種不如意，弄得貧病交迫，依親友接濟，勉強支持。到芸娘死時，沈三白要「盡室中所有，變賣一空」，且得友人濟助，方能將之成殮。其生活境況之慘，可以想見了。

因此，所謂〈坎坷記愁〉，並不單指芸娘與三白在「舊式大家庭禮教下遭到摧折」或婆媳不和的問題。他們的坎坷，是因其文化生活本身即是有條件的。漂泊動盪、奔走衣食，會使這種閒情逸趣根本無法滋長。

由此看來，三白夫妻的坎坷，是同時來自幾個方面。一是人事上的困絀艱辛，貧弱無依。這種貧困，自然影響到他們在家庭中的處境，例如財務債務的糾紛。加上芸娘代司筆札所引起的筆墨口舌糾紛，以及處事方式，不得姑舅歡心，釀成了家庭中的坎坷。在個人情感方面，又受憨園背信、阿雙捲逃的刺激，無法承擔。

個人情感上深受打擊，家庭中糾紛不斷，外向世界又使他們處處碰壁。以致妻死、父喪、子夭、弟逼、女遣，人生的痛苦，集中到這一卷小書裏。若說〈閨房記趣〉極夫婦之樂，那麼，〈坎坷記愁〉就是盡生人之悲、窮人倫之變的痛苦悲號了。以三白與芸娘的死別爲主線，勾勒出這一幅茫茫大悲的景象：「當是時，孤燈一盞，舉目無親，兩手空拳，寸心欲碎，綿綿此恨，曷其有極！」

《浮生六記》正是在這裏顯示了它的經典意義：極夫婦之樂，盡生人之悲。其悲，本於文人世俗生活之拙困，而其樂，遂愈形可悲也。

《聊齋誌異》敘文士之悲，同樣具有經典意義。蒲松齡場屋科考不順利，落拓江湖載酒行，以談狐說鬼寓其悲慨，其自序云：「集腋成裘，妄續幽冥之錄；浮白載筆，僅成孤憤之書。寄託如此，亦足悲矣」，洵爲實錄。

蒲松齡的父親蒲國鼎，就是個落拓文人，「操童子業，苦不售。家貧甚，遂去而學賈」。因此他非常期待蒲松齡能考上科名，不幸蒲松齡屢考不上，「五十餘，猶不忘進取」。結果是屢敗屢戰，終致家貧如洗。幸而有賢妻劉氏經營持家，才免於餓死。

劉氏在蒲家，本來也與家中幾位女人相處不來。蒲松齡說她：「入門最溫謹，樸納寡言，不及諸宛若慧黠，亦不似他者與姑42 43也。姑董謂其有赤子之心，頗加憐愛，到處逢人稱道之。冢婦益恚，率娣姒若爲黨，疑姑有偏私，頻偵察之；而姑素坦白，即庶子亦撫愛如一，無瑕可蹈也。然時以：虛舟之觸爲姑罪，呶呶者竟長舌無已時」。由於實在處不來，所以就兄弟們分了家。分家以後，「紡績勞，垂老苦臂痛，猶績不輟。衣屢浣，或小有補綴。非燕賓則庖無肉。松齡遠出，得甘旨不以自嘗，緘藏待之，每至痛敗。兄弟皆赤貧，假貸爲常」（劉氏行實，聊齋文集，卷八）。

蒲松齡有一女四男，「大男食餼，三男四男皆掇芹。長孫立德，亦幷童科」。但都非蒲氏的功勞，因爲他外遊到七十歲才停止，孩子都賴劉氏教誨養大。

這樣的生平，使得《聊齋》中對文士不第有深刻的體認，文士之窮、以及文人轉而業賈，他是有親身體驗的，且與沈三白頗有相同之處。可是他比沈三白幸運，老婆非但能如芸娘般理解他支持他，而且比芸娘能幹。芸娘對沈三白，只能提供愛以及藝術化的生活。然而，對世俗生活，芸娘是呆扭沒有能力處理的。劉氏在這方面，遠比芸娘強。她處在大家庭中，能以溫謹獲得婆婆的喜愛。雖因此導致娣姒失和，且析家產時分得極少極差，但分家之後，一肩挑起家計重任。治生持家之能，非芸娘所能及。

在未分家前，蒲家固然還有蒲老先生及夫人在，然而家中之「主母」卻非蒲老夫人，而是「冢婦」。冢婦率娣姒若為黨，不但「偵査」蒲老夫人之言行、與劉氏的關係，更「時以虛舟之觸為姑罪」。這種情況，適足以說明當時家庭內部權力狀況之眞相。「冢婦」之稱，猶如「冢宰」，正是眞正秉持家政國政者。

分家以後，劉氏自己擔任家中之冢宰，「食貧衣儉，甕中頗有餘蓄」。蒲松齡之所以能不淪落如沈三白，全靠了她。我們唯有從蒲松齡沈三白這樣的生活經歷中，才能了解文人的世俗生活，也才能明白《聊齋》中所記的一些事。

看他這樣的經歷，也有助於說明《聊齋》中有關女性描寫的問題。

據蒲松齡兒子蒲箬所寫的〈清故顯考歲進士候選儒學訓導柳泉公行述〉言蒲松齡所撰之書、所編之曲，「直將男之雅者俗者，女之悍者妒者，盡舉而匋於一編之中」。可見蒲箬也認為他父親所寫的女子以悍妒爲主。《聊齋》中的女人，在談戀愛階段，都是可憐可愛、不悍不妒的，悍與妒都表現在婚後家庭生活中。可能是蒲松齡所著的《醒世姻緣傳》，更是針對這點極力刻繪。

居家是人類主要的日常生活。在這種生活中，中國向來被指摘是個父權社會，父權的主要行使領域也就是家庭。可是，爲什麼父權制的社會竟然出現這麼多悍婦呢？爲什麼懼內現象如此普遍呢？過去的研究者對此亦乏究心。不是反覆說女人如何受虐受壓迫，就是仍把婦悍歸罪於男人，說因爲男人花心，所以婦妒；由於長期受壓抑而形成心理不健全故婦悍。這些解釋，都是因不明白中國父權制之實況使然。

目前一般人（包括女性主義人士）慣常用「父權制」來描述歷史上男性對女性的壓迫。但這是這個辭意在現代的借用，原先政治學社會學或法學中，父權制主要並不指這個意思。

父權制，要遲到一八六一年才由 Henry Maine《古代法》中提出，後來漸漸普及。研究者用這個術語及概念去分析古代社會，大體認爲希臘、羅馬、以色列等處均具有父權制的特徵。

那麼，父權制之內涵爲何呢？一、這是指一種父系宗族的權威關係。二、這種父系宗族系譜必須與財富及土地聯結，因爲父親的權威之一，就是分配財產。貧無立錐之地者，事實上即無法建立這種宗族，只能依附爲貴族之「客」。三、家族中的家戶長同時又是與神聯結的，因爲要由他代表宗族主祭祀。他也因與神聯結而具有「克里斯瑪」奇魅的領袖地位及權威能力。四、父親對財產、土地、奴隸，均有其處分權力；也可指定繼承順序；可收養子女、離棄妻子；命令家族成員。家族成員則須順從他。五、在法律上，只有他能擁有市民權；家族成員若有不法行爲，也只有他可以處罰，甚至有權殺掉兒女或奴隸。

這種體制，在中國有沒有呢？早期的研究認爲是有的，不但有，而且跟羅馬一樣，非常典型。但近期的研究則覺得中國情況特殊，宜另做分析。

怎麼說呢？一、羅馬法允許被認養者納入父系團體中，給予被收養人跟血親相同的權利，中國則否。二、中國沒有「家父長」（Patria Polestars）這個概念，勉強說，只有「孝」與它類似。但孝意指順從於家族或社會中的角色；家父長一詞，卻意味權力關係。羅馬法強調父親對兒子的所有權。三、西方歷史的發展，是國家權力逐漸取代宗族、地主權力，故父權制逐漸脫離世襲制而削弱而改變。中國很難如此類比。例如希臘早期，父親有權殺其子女，後來就不可以。古羅馬時也可以，後來國家法律便不允許如此了。中國則只有明清時期才有此可能。四、但國家力量的介入，又規範了父親許多權力。父親在家庭中喪失了世襲制權威，以及隨意處分其財產、婚姻、繼承關係的權力。比西方社會中的父親更不具有父權制的支配地位。

而更重要的是，「父親」這個角色，在中國常是由母親扮演的。也就是父系而母權。母親實際上主持家計、管教子女、分配財產、指揮傭僕、命令家族成員。因此中國的父權制之實況，並不能依它字面意思去理解。我們看《醒世姻緣傳》或同樣寫於康熙乾隆間的《紅樓夢》，就都可以發現那些家庭中發號司令的權威支配者，都不是老爺而是奶奶，如賈母、王熙鳳、探春等。

陳翠英《世情小說之價值觀探論：以婚姻爲定位的考察》把這些在家中掌權的女人稱爲「婦女形象的男性化」，認爲它代表了傳統男尊女卑社會的鬆動跡象。也就是說，男尊女卑、父權制並不能完全宰制女性，女性可藉由男性化來顛覆傳統體制（一九九六，台大文史叢刊）。

這個講法只說對了一半，眞相是：男尊女卑的理論在實際生活中有非常多樣的轉變（即實踐）方式，而實踐的結果，恰好常與理論所說不同。猶如理論上都說「民爲邦本」，人民是國家的主體或根本，民爲貴君爲輕；但實際政治實踐卻是君貴民賤，君凌駕於民之上。

爲什麼男尊女卑之實際運作能反過來呢？政治上，民貴君輕，而終至君貴民輕，原因在於君代表了人民、代表了政權。人民被他所代表了之後，人民實際上就不存在了，只剩下代表而已（並如人民選出民意代表之後，政治上就只由代表去玩，人民沒份。代表也從此不再代表人民，只遂行他自己的意志）。而且相反地，人民還必須供養這個代表、維護這位代表，因爲這個代表已代表了他及整個政權。家庭中，情況類似：本來男尊女卑，父親在家中是家長，有其權威地位，但因父親經常出游（游學、游幕）如蒲松齡那樣，家長這個位置遂由母親取代了，形成了父系而母權的局面。文人又不善治生，家計需賴妻子經營，經濟權因此也歸了主母。

阿瑟·科爾曼《父親：神話與角色的轉變》一書曾分析父親與小孩的關係，在其第二章〈貫穿生命周期的天父意象〉中說早期父子關係趨於理想化，成年時期變得疏遠和情感矛盾，最後才形成和解（一九九八，劉文成譯，東方出版社）。這樣的父子關係，事實上不發生在中國傳統家庭中，因爲父親只以理想型存在於兒子心中。兒子成長後並不需要掙脫父親之籠罩，並不必拋棄兒童時期的父親意象，才能成就自我。在他成長期間，父親基本上都是不在場的，養之教之者，乃是母親而非父親。反之，媳婦與婆婆的關係才比較接近西方意義的父子關係。媳婦是「父親自己對兒子的恐懼的繼承人」，故「父親必須處理好自己壓服或毀掉孩子的強烈慾望，必須接受兒子將要取代他的必然性」；媳婦則彷佛有弒父情結的伊底帕斯。兩者在家中形成難以避免的緊張關係。

對於父權制在社會生活中的這些實際狀況，蒲松齡及其同時代的小說，提供了我們許多視角，足以澄清歷來之誤解。過去對此缺乏論究，實在是頗爲可惜的事。

「圖騰詮釋」在古史神話上的運用

淡江大學中文系教授　傅錫壬

前言

解釋神話的的方法很多，往往因學域的不同，就創立一種新的說法，我曾將本土學者比較常用的一些神話理論加以整理，約略有㈠想像說㈡解釋說㈢信仰說㈣自然現象說㈤史談說㈥寓意說㈦語言訛誤說㈧潛意識說㈨圖騰說㈩外來文化說⑪幽浮說等十餘種①。而本文則專注於以「圖騰（totem）」與神話的關係為基礎，對夏、商、周三代古史中的若干神話成分加以解析，發現它實際上只是一種圖騰崇拜的記載而已。

一、神話思維

人類的一切活動，包括藝術、文學、哲學等創作性的行為，概括的說，都是思維的活動。而思維實際上也隨著時代或社會的演變而在不斷的變易。趙仲牧②把思維分成幾種類型。他以為我們處理日常生活的種種事與物時，是運用「混合思維」，在計量時是運用「運算思維」，在思辨時是運用「分析思維」，在體悟時是運用「直覺思維」，在審美時是運用「藝術思維」，而最原始的思維模式，或原始初民的思維，則可稱之為「神話思維」。若反向思考，我們也可以說：「神話是一種原始思維」。那麼「原始思維」與其他的思維究竟有何不同？趙氏更依據人類學家與心理學家的研究分析，列出幾個重點：

㈠闡釋性職能與表現性職能合一

㈡主體與客體不分

㈢心（情意）與物（形象）不分

㈣虛（想像）與實（物）不分

㈤心向物投射，物在心中幻化

㈥因社會不同而改變

說得更簡明一點，前五項是在強調「原始思維」中，物與我是混淆而不易劃分的；「表現性職能」是人類具象存在的行為，而「闡釋性職能」則是根據經驗與推理法則而得的未然行為。主體是我，而客體是物。至於情意與想像都是主體的思維活動，而形象與實物又是客體的存在。二者之所以會混淆，正是「心向物投射，物在心中幻化」的結果。而第六項則是說明這種主客體的混淆，不是一成不變的，它會因社會的結構不同而改變。明乎此，就比較容易去體會，我們的祖先何以會產生神話。

二、圖騰（ToTem）崇拜

在神話思維中，「圖騰崇拜」正是在原始思維下所產生的概念。學術界以爲「圖騰」一辭最早記錄於十八世紀末之文獻。英國商人J.朗格（Joun Lang）③介紹了印第安人的圖騰信仰。爲了記述印第安人相信人與動物存在血緣關係的信仰而首先使用了這一詞彙。Totem爲阿爾袞琴（Algonkin）部族方言，又可稱Ot-otem或Ot-otam意即「他的親族」。」岑家梧④承襲其說，以爲它是從北美奧日貝（Ojibways）人的土語轉化而來，意謂：「彼之血族」、「種族」、「家庭」之意。

中國最早介紹和研究圖騰文化的學者爲嚴復，他在一九〇三年翻譯英國學者甄克斯的〈社會通詮〉一書時，首先把Totem一詞譯成圖騰，遂成中國學術界的通用譯名。嚴復在按語中指出：「圖騰是群體的標誌，旨在於區分群體。」我國早期的歷史學家，如傅斯年、徐旭生、孫作雲都贊成此說。而徐亮之在〈中國史前史話〉一書中運用得最爲透闢。他以爲這種圖騰信仰原起於人類的心理因素。即如安得烈・蘭氏所謂之「魔術的迷信」。他說：「初民相信人是由某些自然存在的動物中來的。所以遭遇極度驚懼時，人可以變成野獸，也可以變成植物來趨避危險。」而徐旭生有〈我國古代部族三集團考〉，孫作雲有〈中國古代鳥氏族諸酋長考〉、〈后羿傳說叢考……夏時蛇鳥豬鼈四部族之鬥爭〉以及傅斯年的〈夷夏東西說〉等都是運用圖騰以解析上古史的重要著作。

何星亮在翻譯蘇聯學者A.E.海通〈圖騰崇拜〉一書時則說：「圖騰崇拜是初生氏族的宗教，它表現在相信氏族起源於一個神幻的祖先半人半獸、半人半植物或無生物，或具有化身能力的人、動物或植物。氏族以圖騰動物、植物或無生物命名，相信圖騰能夠化身為氏族成員或者相反。氏族成員以各種形式表示對圖騰的崇敬，對圖騰動物和植物等實行部分或完全的禁忌。

他繼而在《中國圖騰文化》一書中將圖騰文化的發展分成三個階段：

㈠圖騰是作為親戚的某種物象

㈡圖騰是作為祖先的某種物象

㈢圖騰是作為保護神的某種物象

圖騰解說即如上述，但由於研究學域的不同，對圖騰研究的著重點也往往各異，諸如人類學家或民族學家，他們著重在研究「圖騰主義」，以探討「社會組織」與「原始宗教」。而社會學家則比較偏重「圖騰制度」中「氏族組織」或「氏族婚姻」、「社會結構」、「圖騰轉變」、「圖騰綜合」等的研究。宗教學家、神話學家則又比較重視「圖騰崇拜」；其中包括圖騰儀式（入社儀式、繁殖儀式、祭祖儀式）、圖騰犧牲、圖騰勝地、圖騰轉化等。

三、圖騰詮釋

㈠鯀禹治水　何聽何從

鯀與禹的治水是夏代歷史上的大事。正史之記載最早見於《尚書 堯典》：

「帝曰：咨四岳，湯湯洪水方割，蕩蕩懷山襄陵，浩浩滔天，下民其咨，有能俾乂？僉曰：於！鯀哉。帝曰：吁！咈哉。方命圮族。岳曰：异哉。試可，乃已。帝曰：往欽哉。九載積用弗成。」顯然鯀的治水是得力於四岳的保薦，結果花了九年工夫也未見成效。所以《尚書 舜典》說：「流共工于幽州，放驩兜于崇山，竄三苗于三危，殛鯀于羽山四罪而天下咸服。」更把鯀目爲四凶之一，殛殺在羽山，才又改用禹來治水。《尚書 益稷》上說：「予乘四載，隨山刊木」，禹用了四年的時間，採開鑿河道的方法而成功。⑤基本上這些敘述都是歷史。但也有一些載籍卻把他們增飾上神話的色彩。如：

1. 左傳昭公七年：「昔堯殛鯀于羽山，其神化爲黃熊以入於羽淵，實爲夏郊，三代祀之。」

2. 郭璞引開筮：「鯀死三歲不腐，剖之以吳刀，化爲黃龍也。」

3. 王嘉拾遺記：「堯命夏鯀治水，九載無績。鯀自沉於羽淵，化爲玄魚。」

4. 史記正義引帝王世紀：「父鯀，妻脩己，見流星貫昴，夢接意感。又呑神珠薏苡，坼胸而生禹，名文命，字密。身長尺二寸。本西夷人也。」（亦見《繹史卷十一引》）

5. 揚雄蜀王本紀：「禹本汶山郡，廣柔縣人。生於石紐，其地名刳兒畔。禹母呑珠孕禹，坼腹而生於塗山」（亦見太平御覽卷八十二引）

6. 吳氏春秋越王無余外傳：「鯀娶於有莘氏之女，名曰女嬉，年壯未孳，嬉於砥山得薏苡而呑之，意若爲人所感，因而妊孕，剖脅而生高密，家於西羌，地名石紐，石紐在蜀四川也。」

7.繹史卷十引遁甲開山圖：「古有大禹，女媧十九代孫，壽三百六十歲，入九嶷山飛去。後三千六百歲，堯理天下，洪水既甚，人民墊溺，大禹念之，乃化生於石紐山泉。女狄幕（暮）汲水，得石子如珠，愛而吞之，有娠，十四月生子，及長，能知泉源，代父鯀理洪水。堯知其功，如古大禹知水源，乃賜號禹。」

8.天問：「鴟龜曳銜，鯀何聽焉？」「伯禹腹鯀，夫何以變化？纂就前緒，遂成考功。何續初繼業，厥謀不同？……應龍何畫？河海何歷？鯀何所營？禹何所成？」

在這些材料裡具有神話成份的是⑴鯀身不死，能化為「黃熊」、「黃龍」、「玄魚」等。⑵禹的母親脩己生禹是基於異象：或見「流星貫昴，夢接意感」、或是「吞神珠薏苡，坼胸而生禹」。⑶鯀、禹的治水成敗各有不同：一是「鴟龜曳銜」，一是「應龍何畫」。

這些現象如果用「圖騰詮釋」的理論，是可以解釋的。案《史記夏本紀》：「禹之父曰鯀，鯀之父曰帝顓頊。」而夏族的顓頊，如《史記五帝本紀》所云：「帝顓頊高陽者，黃帝之孫而昌意之子也。」則又是黃帝的後裔。黃帝號為「有熊氏」，基本上他的圖騰應是「熊」，自然夏族的本位圖騰也應該是「熊」，所以當鯀在生命遇到外來刺激或生命遭受威脅之際，化為「黃熊」，正是圖騰崇拜上可以理解的。《史記五帝本記》中說：「黃帝正妃（螺祖）生二子，其後皆有天下。其一曰玄囂，是為青陽，青陽降居江水。其二曰昌意，降居若水。」〈索隱〉：「江水、若水皆在蜀。」所以當黃帝氏族傳續到玄囂與昌意時，勢力已經擴張到西南夷一帶。而西南夷一帶，本屬苗夷族的棲息之地，他的本位圖騰屬於「蛇」，而昌意更娶蛇圖騰氏族之女昌僕爲妻⑥，這種現象在人類學上稱「外婚制」（exogamy）。可以推知黃帝一支，在蜀地定居之後，本位圖騰「熊」在婚制與兼併的融合下，已與「蛇」圖騰氏族整合而產生新的圖騰「龍」。所以〈大荒東經〉中敘黃帝與蚩尤、夸父大戰時，有「應龍」輔助。大概傳到顓頊之後裔鯀、禹之時，就已經以「龍」圖騰自居了。《國語鄭語》云：「夏之衰也，褒人之神化爲二龍，以同（即交合）於王庭。」〈夏本紀〉云：「夏后氏德衰，諸侯叛之，天降龍二，有雌雄。」正是國家阽危時的圖騰顯聖。再就禹字的字形推測，秦公段作[illegible]，疑即象二龍糾結之狀，《楚辭天問》中有「焉有虯龍，負熊以遊？」恐怕也是熊圖騰轉移爲龍圖騰時留下的一些遺跡，所以鯀又能化身爲「黃龍」。至於前文言鯀之妻爲「修己」，從字義上看也就是「長蛇」。揚雄《蜀王紀》說：「禹本汶山郡廣柔縣人也，生於石紐。」石紐即在蜀。又禹姓「姒」，「姒」字從女從以，「以」即「已」字，也意謂禹爲蛇圖騰之女子所生。一說：禹娶塗山女（〈天問〉：「焉得彼塗山女，而通之於台桑。」）《華陽國志》也說：「禹娶塗山，今江州塗山是也。」案江州即是巴縣，塗山在巴縣東。巴字也作蛇形，《說文》：「巴，蟲也。或曰食象它，象形。」《山海經海內南經》有「巴蛇食象，三歲而出其骨。」〈天問〉有「一蛇呑象，厥大何如？」也在在說明禹之時已具蛇圖騰之崇拜。

至於鯀、禹治水時的異象，如〈天問〉所言，「鴟龜曳銜，鯀何聽焉？」若也以圖騰信仰推測，則「鴟」「龜」皆爲圖騰氏族，而蛇圖騰氏族之鯀竟聽取異族建議的治水之策，無怪乎會失敗。相反的，其子禹在治水時則是「應龍何畫？」作爲啓示，應龍若也以圖騰視之，則禹的成功正是得力於同族的幫助，所以屈原在〈天問〉有「伯禹腹鯀，夫何以變化？纂就前緒，遂成考功。何續初繼業，厥謀不同？……應龍何畫？河海何歷？鯀何所營？禹何所成？」的詰問，就顯得很合理了。

最後，鯀化爲「玄魚」的神話，於《山海經大荒北經》云：「有魚偏枯，名曰魚婦。顓頊死即復蘇，風道北來，天乃大水泉，蛇乃化爲魚，名曰魚婦。」則鯀的祖先顓頊已有「蛇」「魚」圖騰轉化的現象。而《莊子盜蹠》也有「禹偏枯」之說，則鯀化爲「玄魚」也與圖騰相關，加之，古史中的人名，如鯀之爲「玄」「魚」二字的組合，或許也就是圖騰氏族的遺跡。

㈡、羿焉彈日、常娥奔月

《左傳》襄公四年，晉魏絳引〈夏訓〉云：「昔有夏之方衰也，后羿自鉏（今河南境內）遷窮石，因夏民以代夏政。恃其射也，不修民事而淫於原獸，棄武伯、伯困、雄髡、龍圉而用寒浞。寒浞、伯明氏之讒子弟也，伯明后寒棄之，夷羿收之，信而使之以爲己相。浞行媚於內而施賂於外，愚弄其民，而虞羿於田，樹之詐慝，以取其國家，外內咸服。羿猶不悛，將歸自田，家眾殺而烹之，以食其子，其子不忍食諸，死於窮門。靡奔有鬲氏。浞因羿室生澆及豷，恃其讒慝詐僞而不德於民，使澆用師滅斟灌及斟尋氏。處澆於過，處豷於戈，靡自有鬲氏收二國之燼，以滅浞而立少康。少康滅澆於過，后杼滅豷於戈，有窮由是遂亡，失人故也。」這段記事，歷史學者謂之「少康中興」，其中所敘之羿，是一個恃其善射而不修民事的歷史人物。但羿究有幾人，載籍所言十分複雜；有帝嚳時羿：《說文》：

「羿、帝嚳射官。」有堯時羿，《淮南子本經》：「堯乃使羿誅鑿齒於疇華之野。」有舜時羿，《山海經海內經》：「帝俊（舜或嚳？）賜羿彤弓素矰，以扶下國。」有夏時羿，〈天問〉：「帝降夷羿，革孽夏民。胡射夫河伯而妻彼雒嬪？馮珧利決，封豨是射。」〈離騷〉：「羿淫游以佚田兮，又好射夫封狐。」《淮南子覽冥》：「羿請不死之藥於西王母，姮娥竊以奔月……。」其中夏時之羿則歷史與神話參半。若以圖騰以爲詮釋似可復原歷史的面目。案四位羿或同一氏族的分化，即如洪興祖《楚辭補注》引賈逵說：「羿之先祖，爲先王射官。帝嚳時有羿，堯時也有羿，羿是善射者之號。」而夏時有窮羿是興於東夷的鳥圖騰氏族，所以「羿」字從羽。《左傳》所謂：「因夏民以代夏政」、〈天問〉所謂：「帝降夷羿，革孽夏民。」正是代表東方鳥圖騰氏族的一次侵略龍、蛇氏族（夏）的勝利。當夷羿壯大之前，氏族間一定有過一次劇烈的內戰，所以〈天問〉有「羿焉彈日？烏焉解羽？」王逸注：「羿仰射十日，中其九日，日中九烏皆死，墮其羽翼。」《淮南子本經》有：「（羿）上射十日，下殺猰貐。」的記載。因爲鳥圖騰的氏族往往又是日圖騰，所以《淮南子精神》云：「日中有踆烏。」

高誘注：「踆猶蹲也，謂三足烏。」日中有烏也見於楚帛。若然，則羿仰射十日的神話無非是氏族之間的征戰，「日」原是氏族的名稱，後人誤釋爲太陽。而且羿之善射，不僅射日，又堯時羿有所謂「禽封豨於桑林」並以嫦娥爲妻，夏時羿有所謂「又好射夫封狐」或「封豨是射」以及「射夫河伯而妻彼雒嬪」或純狐（左傳）等的傳說，其中「又好射夫封狐」之狐字，聞一多以爲係「豬」字以協韻⑦。雒嬪、純狐、嫦娥就文字的形、音、義看，應不是同一人之分化。雒嬪當是鼊（龜）圖騰氏族的女子，就《左傳》所言，寒浞佔有了羿之妻室後，與雒嬪生下澆，澆字爲五耗切，王逸注作奡⑧，與鼇字音同，而與純狐生下另一個兒子叫豷，豷是一歲的豬，當也是圖騰。至於嫦娥，《淮南子覽冥》有「羿請不死之藥於西王母，姮娥竊以奔月…」的神話。雖然嫦娥與月的關係從古有常儀之官的訛誤演變而來⑨。如果從圖騰角度觀察，嫦娥或也是月圖騰之氏族，爲鳥圖騰之羿所佔有，「奔月」之說，只是嫦娥趁其不備，竊不死之藥，逃歸本圖騰之氏族而已。

㈢天命玄鳥，降而生商

殷契的誕生事蹟，最早見於《詩經》的〈玄鳥〉與〈長發〉兩篇，〈玄鳥〉云：「天命玄鳥，降而生商，宅殷土芒芒。」又〈長發〉云：「有娀方將，帝立子生商。」由於文字較少，但已有神話的色彩。及至《楚辭天問》有「簡狄在台，嚳何宜？玄鳥致貽，女何喜？」的詰問，又〈離騷〉云：「望瑤台之偃蹇兮，見有娀之佚女……鳳凰既受詒兮，恐高辛之先我。」又〈九章思美人〉云：「高辛之靈盛兮，遭玄鳥而致詒。」除了衍生出玄鳥與鳳凰之不同外，也並無異說。《史記殷本紀》：「殷契母曰簡狄，有娀氏之女，爲帝嚳次妃。三人行浴，見玄鳥墮其卵，簡狄取吞之，因孕生契。」而漢王充《論衡》亦採此說法云：「契母簡狄浴于川，遇玄鳥墜其卵而吞之，遂生契焉。」迨及《拾遺記》云：「商之始也，由有神。簡狄游於桑野，見桑鳥遺卵於地，有五色文……簡狄拾之，貯以玉筐，覆以朱紱。夜夢神母謂之曰：『原懷此卵，即生聖子，以繼金德。』狄乃懷卵，一年而有娠，經十四月而生契。」又沈約注《竹書紀年》云：「初高辛氏之世妃簡狄，以春分玄鳥至之日，從帝祀郊禖，與其妹浴於玄丘之水。有玄鳥銜卵而墮之，五色甚好，二人競取，覆以二筐，簡狄先得而吞之，遂孕。剖胸而生契。長爲堯司徒，成功於民，受封於商。」神話雖更爲濃厚，或增飾了一些材料，大體上還是出於同一系列的傳遞。

在這些載籍中有一共同故事：契是母親簡狄吞下玄鳥卵而生。神話學者謂之感生神話。如果從「圖騰詮釋」的角度觀之。契的父親是嚳，據《史記五帝本紀》索隱引皇甫謐說：「帝嚳名夋。」《初學記》引《帝王世紀》也說：「帝嚳生而神異，自言其名曰夋。」在《山海經》中較具神話性的則分見如下：

「大荒之中，有山名曰合虛，日月所出；有中容之國。帝俊生中容，中容人食獸木實，使四鳥；豹、虎、熊、羆。」（大荒東經）

「有司幽之國，帝俊生晏龍，晏龍生司幽，司幽生思士，不妻，思女，不夫。食黍，食壽。是使四鳥。」（大荒東經）

「有白民之國。帝俊生帝鴻，帝鴻生白民，白民銷姓。黍食。使四鳥；豹、虎、熊、羆。」（大荒東經）

《山海經》中的資料夋都作俊，其共同特性是「使四鳥」、「黍食」。夋這個字甲骨文作 ，對它的解釋有二，一以爲象猴子，一以爲象鳥。徐旭生就以爲是鳥，而懷疑帝俊屬鳥圖騰信仰⑩。又〈大荒東經〉云：「有五彩之鳥，相鄉棄沙。惟帝俊下友，帝下兩壇，彩鳥是司。」帝俊以五彩鳥爲友，也是有趣的聯想。所謂五彩鳥，在〈大荒西經〉〉中說：「有五彩鳥三名，一曰皇鳥，一曰鸞鳥，一曰鳳鳥。」的記載，實則俗稱「鳳凰」。《楚辭》中稱「鳳凰」與此是一致的。至於鳥圖騰的崇拜，往往可以追溯到少昊氏，《左傳昭公十七年》：「秋，郯子來朝，公與之宴。昭子問焉曰：『少昊氏鳥名官，何故也？』郯子曰：『吾祖也，我知之。昔者黃帝以雲紀，故爲雲師而雲名。炎帝氏以火紀，故爲火師而火名。共工氏以水紀，故爲水師而水名。太皞氏以龍紀，故爲龍師而龍名。我高祖少皞摯之立也，鳳鳥適至，故紀於鳥，爲鳥師而鳥名。鳳鳥氏曆正也，玄鳥氏司分者也，伯照氏司智者也，青鳥氏司啓者也，丹鳥氏司閉者也，祝鳩氏司徒也，鴡鳩氏司空也，爽鳩氏司寇也，鶻鳩氏司事也，五鳩，鳩民者也，五鴩爲五工正，利器用，正度量，夷民者也，九扈爲九農正，扈民無淫者也。……』」這段文字也是中國古籍中，最早被解釋爲圖騰詮釋的資料。

㈣后稷遭棄、牛羊避之

周族始祖后稷的事蹟最早見於《詩經大雅、生民》：「厥初生民，時維姜嫄。生民如何？克禋克祀，以弗無子……誕置之隘巷，牛羊腓字之。誕置之平林，會伐平林。誕置之寒冰，鳥覆翼之。鳥乃去矣，后稷呱矣。」其中「牛羊會避開他」，「鳥會覆翼他」，已經具有神話色彩。及至《楚辭天問》云：「稷維元子，帝何竺之？投之於冰上，鳥何燠之？」或就是本此現象以發問。而記載最詳細的則爲《史記周本紀》：「周后稷名棄，其母有邰氏，曰姜原。姜原爲帝嚳元妃。姜原出野，見巨人跡，心忻然悅，欲踐之，踐之而身動，如孕者，居期而生子，以爲不祥。棄之隘巷，馬牛過者，皆避不踐，徙置之林中，適會山林多人，遷之而棄渠中、冰上，飛鳥以其翼覆薦之。姜原以爲神，遂收養長之，初欲棄之，因名曰棄……」。如果以「圖騰詮釋」的角度觀察，這些神話現象是可以解釋的。案后稷之母爲有邰氏，后稷也封於邰。《史記索隱》以邰爲犛牛。《莊子逍遙游》：「今夫犛牛，其大若垂天之雲。」司馬注即以犛爲旄牛。而姜原之姜字，亦從羊，又與羌爲一字，《說文》：「羌、西戎，羊種也。」羌族本三苗之後裔，而羌族中就有參狼羌、白馬羌、犛牛羌三大支⑪。如此則后稷之母系應爲羌族，是爲牛羊等獸圖騰信仰的氏族。而周族之始祖后稷和商族之始祖契都是帝嚳之子，前已言及，帝嚳是東方鳥圖騰的氏族，明乎此，則「牛羊避之」、「鳥覆翼之」的神異現象，無非就是母系氏族與父系氏族皆對后稷的庇護而不忍捨棄的一種暗示而已，只是後人以字面的意義來解讀歷史的緣故。

㈤孟津之會、蒼鳥群飛

在圖騰社會中，殷、周應是兄弟之邦，但在歷史的敘事上，周是伐殷而取得政權的。在殷周的許多征戰中，武王會諸侯於孟津以伐紂是一件大事。在《楚辭天問》中有一段詰問：「會朝爭盟，何踐吾期？蒼鳥群飛，孰使萃之？列擊紂躬，叔旦不嘉。何親揆發，定周之命以咨嗟？」其中「蒼鳥群飛」似在助武王伐紂，是十分神異的。若稽之《史記周本紀》：「武王即位……九年，武王上祭于畢，東觀兵，至於孟津……武王渡河，中流，白魚躍入王舟中，武王俯取以祭。既渡，有火自上復下，至於王屋，流爲烏，其色赤，其聲魄云。是時，諸侯不期而會孟津者八百諸侯，諸侯皆曰：紂可伐矣。」

其中又增添了「有火自上復下，至於王屋，流爲鳥，其色赤，其聲魄云」的神話材料。又王嘉《拾遺記》云：「周武王東伐紂，夜濟河，時雲明如畫，八百之族皆齊而歌。有大蜂狀如丹鳥，飛集王舟，因以鳥畫其旗。翌日而梟紂，名其船曰蜂舟」。文中已用「八百之族」比「諸侯」，更明顯指出同族的關係，而以「以鳥畫其旗」，正又是圖騰崇拜的轉移意義。前文已言之，周應爲鳥圖騰之氏族，當然其同姓諸侯也應同爲鳥圖騰，所以「蒼鳥群飛」也應是指八百諸侯之群聚孟津而言。而「鳥」字在《尚書泰誓》篇則作「鵰」，不管何者，也都可能是鳥圖騰的顯聖作用。而且鳥圖騰的氏族往往又崇拜日圖騰，一如《春秋元命苞》云：「火流爲鳥。鳥、孝鳥，何知孝鳥？陽精，陽天之意。鳥在日中，從天以昭孝。」傳說伏羲作「易」，易字從日從勿，勿即有羽毛的意義，而羿字或翌字也都爲羽與廾的合體字，廾也有日的意義，所以都是日與鳥圖騰的代表同一氏族。

(六)妲己亡殷、圖騰復仇

殷紂亡國的原因甚多，據《史記殷本紀》所載：「(紂)好酒淫樂，嬖於婦人，愛妲己，妲己之言是從。於是使師涓作新淫聲、北里之舞、靡靡之樂。厚賦稅，以實鹿臺之錢，而盈鉅橋之粟，益收狗馬奇物，充仞宮室，益廣沙丘苑台，多取野獸飛鳥置其中。慢於鬼神，大聚樂戲於沙丘，以酒爲池，懸肉爲林，使男女裸相逐其間，爲長夜之飲。百姓怨望，而諸侯有叛者。於是紂乃重辟刑，有炮烙之法。以西伯昌、九侯、鄂侯爲三公。九侯有好女入之紂，九侯女不喜淫，紂怒殺之，而醢九侯，鄂侯爭之強，辨之疾，并脯鄂侯，而伯昌聞之竊嘆，崇侯虎知之以告紂，紂囚西伯羑里。西伯之臣閎夭之徒求美女、奇物、善馬以獻紂，紂乃赦西伯……。而用費中爲政，費中善諛好利，殷人弗親。紂又用惡來，惡來善毀讒，諸侯以此益疏：王子比干諫弗聽，商容賢者，百姓愛之，紂廢之。……微子數諫不聽，乃與太師少師謀遂去。比干曰：『人臣者不的不以死爭。』迺強諫紂，紂怒曰：『吾聞聖人之心有七竅。』剖比干觀其心，箕子懼，乃佯狂爲奴，紂又囚之，殷之太師少師乃持其祭器奔周，周武王於是率諸侯伐紂，紂亦發兵距之牧野。甲子日，紂兵敗，紂走入登鹿台，衣其寶玉衣，赴火而死。周武王遂斬紂頸，懸之白旗，殺妲己，釋箕子之囚，封比干之墓，表商容之閭。」從這段記載看，商紂之所以荒淫亡國，罪在妲己。而妲己爲一弱女子之身，何以要亡紂？據《史記殷本紀》集解引皇甫謐云：「妲己爲有蘇氏美女。」《國語鄭語》引史蘇云：「殷辛伐有蘇氏，有蘇氏以妲己女焉，於是乎與膠鬲比而亡殷。」就文義觀之，妲己似爲有蘇氏刻意之安排，與膠鬲合作以女色亂殷紂之朝政。若再比類《國語晉語》云：「昔夏桀伐有施，有施人以妹喜女焉，妹喜有寵，於是乎與伊尹比而亡夏。」則二者如出一轍。案妲己爲己姓，己字即象蛇之形。而「有蘇」在〈周本紀〉中作「有莘」。〈世本〉云：「莘國姒姓，夏禹之後，即散宜生等求有莘美女獻紂者。」而「姒」字亦從「以」，「以」與「已」實爲一字，前文已言之，夏族也爲蛇圖騰氏族，合以上諸義，則夏爲殷所滅，而妲己之刻意以女色淫亂殷紂朝政，若稽之「圖騰詮釋」，則是復仇以報國的紀事而已。

(七)周幽之亡、圖騰警示

周幽的亡國，據《史記周本紀》云：「幽王二年，西周山川皆震，伯陽甫曰：『周將亡矣。』三年，幽王嬖愛褒姒……周太史伯陽讀史記曰：『周亡矣。』昔自夏后氏之衰也，有二神龍，止於夏帝庭而言曰：『余褒之二君。』夏帝卜：殺之與去之與止之，莫吉。卜請漦而藏之，乃吉。於是布幣而策告之，龍亡而漦在，櫝而去之。夏亡傳此器殷，殷亡又傳此器周，比三代莫敢發之。至厲王之末，發而觀之，漦流於庭，不可除。厲王使婦人裸而譟之，漦化爲玄黿，以入王後宮，後宮之童妾，既齔而遭之，及繄笄而孕，無夫而生子，懼而棄之。宣王之時，童女謠曰：『※弧箕服，實亡周國。』於是宣王聞之，有夫婦賣是器者，宣王使執而戮之。逃於道而見鄉者後宮童妾所棄夭子，出於路者聞其夜啼，哀而收之。夫婦遂亡奔於褒。褒人有罪，請入童妾所棄女子者於王，以贖罪，棄女子出於褒，是爲褒姒。當幽王三年，王之後宮，見而愛之，生子伯服，竟廢申后及太子，以褒姒爲后，伯服爲太子。太史伯陽曰：『禍成矣，無可奈何。』褒姒不好笑，幽王欲其笑，萬方故不笑，幽王爲烽燧大鼓，有寇至則舉烽火，諸侯悉至，至而無寇，褒姒乃大笑。幽王說之，爲數舉烽火。其後不信，諸侯益亦不至，幽王以虢石父爲卿用事，國人皆怨。石父爲人佞巧、善諛、好利。王用之，又廢申后去太子也。申侯怒，與繒，西夷、犬戎攻幽王，幽王舉烽火徵兵，兵莫至，遂殺幽王驪山下，虜褒姒，盡取周賂而去。」⑫。就這段記載看，周幽的亡國罪在褒姒，而褒姒的出身有一段神話；原來她的祖先在夏朝時曾以「龍」的圖騰形象顯現，而留下的漦（唾液），竟在木櫝中留存了數代，直到厲王時打開木櫝，漦流到庭上，除之不去。厲王讓婦人裸露身體想驅邪，沒想到它竟流到後宮，使剛換牙的童妾懷孕，生下的就是褒姒。如果從「圖騰詮釋」的角度看，夏后氏原爲蛇圖騰，當其統治中原時，已有龍圖騰的象徵，而褒姒爲「姒」姓，「姒」字之偏旁作「以」，與「已」字通，正作蛇形，而「姒」姓正爲夏族之國⑬，所以夏代將要衰亡時，褒君以龍圖騰顯聖作爲預警。龍亡而漦在，表示龍圖騰的氏族雖滅，卻已經播下復仇的種子。在經過三代的沉潛後，借童妾之身，終以褒姒之美色惑亂周幽的朝政，以至亡國。就史實觀之，夏滅於殷，殷與周皆爲鳥圖騰之兄弟氏族，褒姒使周朝亡國，在圖騰意義上，正是復仇的象徵。屈原似乎最早洞察此意，他在〈天問〉云：「妖夫曳衒，何號於市？周幽誰誅？焉得夫褒姒？天命反側，何罰何佑？」與《史記周本紀》比較，「妖夫曳衒，何號於市」即指周宣王之時，有夫婦賣「檿弧箕服」之器者，因爲他們所賣之器正應驗了「實亡周國」的謠諺，所以被目爲「妖夫」。而他們逃於道中又遇童妾所遺之子，即「褒姒」，所以屈原會問「焉得夫褒姒」。這種因果循環，令屈原有很深的感觸，所以他又會有「天命反側，何罰何佑？」的慨嘆。

結論——圖騰迷思

「圖騰詮釋」在古史神話的解析上不是萬靈丹，其中有一些現象或問題仍有思考的餘地：

㈠圖騰崇拜與自然崇拜孰先。

㈡雙圖騰崇拜存在的可能性。

在神話的起源探討上，許多學者都相信，某些神話是緣起於初民對自然崇拜的結果。像魯迅《中國小說史略》、茅盾《中國神話研究ＡＢＣ》、劉大杰《中國文學發展史》以及袁珂《中國神話傳說》

等都有近似的說法。尤其對日、月、雲、雨、雷、電、山、川、虹或生命樹……之類的神話，如果不用自然崇拜的觀念加以解釋，好像是有一些困難。而自然崇拜形成的心理因素與萬物有靈論也是相通的。所以西方學者多從此觀點思考問題。在神話的源起上，安德烈·蘭（Addrew Lang）就說：「初民相信天地萬物與人類相同，都具有生命、思想與情緒的，所以萬物皆具神靈。」⑭又泰勒（Edward Burnett Tylor）說：「萬物有靈論是宗教哲學的基礎。」（原始文化）只是我們並不知道圖騰信仰是不是從萬物有靈論的基礎上發展而成。何星亮持肯定的態度，他在《圖騰文化與人類文化的起源》中就認爲「圖騰文化在舊石器時代前，萬物有靈時期已經產生，到原始社會末期走向衰落，所以不能用固定的眼光去看圖騰的含義，而應該用動態的角度去界定。」也就是說，圖騰崇拜是在不同的時代中皆有產生的可能，它既是具有傳承，也是因時制宜的思維需要。這種思維與聯想，不但暫時擱置了圖騰崇拜與自然崇拜孰先孰後的問題，似也可以用來省視「雙圖騰」的問題。在圖騰詮釋的推論過程中，例如：我們前文說后羿是東方鳥圖騰氏族，但鳥圖騰氏族又往往崇拜日（太陽），所以我們對「羿焉彈日？鳥焉解羽？」的解說是運用雙圖騰加以詮釋。這種現象或可在長沙馬王堆漢墓一號墓出土的「非衣」帛畫上看出一些端倪：畫的右上方是一個圓形的太陽，其中就是一隻烏。又如《初學記》引《淮南子覽冥篇》，於「羿請不死之藥於西王母，姮娥竊以奔月」之下尙有「托身於月，是爲蟾蜍，而爲月精」十二字。而帛畫之左上方也正作一月亮之形，其中也畫一蟾蜍。則姮娥氏族既爲月圖騰又兼具蟾蜍圖騰之崇拜。

【附　註】

①見拙著《中國神話學》第一章第一節（近期出版）

②潛明茲《中國神話學》頁三五引趙仲牧《審美範疇與思維模式》一文。

③見〈印第安旅行記〉（Voyages and Travels of an Indian Interpreter and Trader）一書

④見〈圖騰藝術史〉一書。

⑤也見《史記 夏本紀》。

⑥《史記 五帝本紀》：「蜀山氏女曰昌僕，生高陽。」

⑦見聞一多《楚辭校補》。

⑧見〈離騷章句〉「澆身被服強圉兮」王逸注。

⑨見崔述考信錄云：「常儀之占月，猶羲和之占日也。儀之音古皆讀爲娥。故詩云：『菁菁者莪，在彼中阿。既見君子，樂且有儀。』……後世傳訛，遂以儀爲娥，而誤以爲婦人。又誤以占爲占居之意，遂謂羿妻常娥竊不死之藥奔於月中。」

⑩見《中國古史的傳說時代》頁七

⑪見王孝廉《中國的神話世界》第一章。

⑫類似之記載也見《國語鄭語》。

⑬ 見《國語晉語》。

⑭ 見劉大杰《中國文學發展史》引。

【參考書目】

中國神話學　潛明茲　寧夏人民出版社　一九九三

中國神話傳說　袁珂　里仁書局　一九八七・九

中國上古史論文選集　杜正勝編　華世出版社　一九七九・一一

中國古史的傳說時代　徐旭生　信仲出版社

中國史前史話　徐亮之　華正書局　一九七四・七

山海經校注　袁珂　里仁書局

楚辭補注　宋洪興祖　藝文印書館

詩經釋義　屈萬里　華崗出版社

尚書釋義　屈萬里　華崗出版社

詩經與周代社會研究　孫作雲　（未刊出版者）

左傳　晉杜預注唐孔穎達疏　藝文印書館

國語　韋昭注　藝文印書館

史記會注考證　漢 司馬遷撰 日 瀧川龜太郎會注考證宏業書局
圖騰藝術史　岑家梧　駱駝出社　一九八七・七
中國圖騰文化　何星亮　中國社會科學　一九九二・一一
楚辭天問中的夏族神話解析　傅錫壬　中外文學十五卷三期　一九八六
楚辭天問中的殷族神話解析　傅錫壬　淡江學報二十七期　一九八八
楚辭天問中的周族神話解析　傅錫壬　成大 第一屆先秦學術國際研討會　一九九二
繹史　清 馬驌　藝文印書館
太平御覽　宋 李昉等編　台灣商務印書館
淮南子注　高誘注　藝文印書館

探討李贄和金聖嘆論水滸之「忠義」

日本福岡大學
人文學部教授　笠　征

李贄和金聖嘆是明末清初兩位著名的思想家和文學批評家，他們也都是評點《水滸傳》的名家，在小說理論批評史上有著重要的繼承發展關係。但是，他們在對水滸英雄是否「忠義」的問題上卻是尖銳地對立的：李贄竭力宣揚水滸英雄的「忠義」，而金聖嘆對此進行了嚴厲的批評，而且是直接針對李贄的。那麼，這是否說明他們在對待封建皇權的態度上，有著根本的不同呢？這是我們正確評價李贄和金聖嘆文學思想中的一個十分重要的問題。

李贄是從「發憤著書」的角度提出水滸的「忠義」問題的。他在著名的《忠義水滸傳敘》中說：

「太史公曰：『《說難》、《孤憤》，聖賢發憤之所作也。』由此觀之，古之聖賢，不憤則不作矣。不憤而作，譬如不寒而顫，不病而呻吟也，雖作何觀乎？《水滸傳》者，發憤之所作也。蓋自宋室不競，冠屨倒施，大賢處下，不肖處上，馴致夷狄處上，中原處下，一時君相猶然處堂燕鵲，納幣稱臣，甘心屈膝於犬羊已矣。施、羅二公身在元，心在宋；雖生元日，實憤宋事。是故憤二帝之北狩，則稱大破遼以泄其憤；憤南渡之苟安，則稱滅方臘以泄其憤。敢問泄憤者誰乎，則前日嘯聚水滸之強人也，欲不謂之忠義不可也。是故施、羅二公傳《水滸》而復以忠義名其傳焉。」以泄憤而加「忠義」於水滸。憤什麼？就是憤「宋室不競，冠屨倒施，大賢處下，不肖處上」，他認爲宋王朝的腐敗，導致外施入侵，百姓塗炭，而眞正有才能的「大賢」則被埋沒了。那些「嘯聚水滸之強人」實際上正是忠心於國於民的「大賢」之輩。而宋王朝只有清除那些腐敗無能的官吏，任用像水滸英雄那樣的「大賢」，才能抵抗外族入侵，保衛領土完整，眞正做到國強民富，繁榮昌盛。這種思想是和他在《因記往事》中論林道乾時所表達的思想完全一致的。林道乾是當時著名的「海盜」，但他之所以爲盜，也不是由於他品行不端，而是因爲明王朝的腐敗，不能任用賢能，才迫使他不得不爲盜的。所以李贄雖說他是「巨盜」、「逋寇」，然而又肯定他有大才，說他有「二十分才，二十分膽」「設使以林道乾當郡守二千石之任，則雖海上再出一林道乾，亦決不敢肆」。李贄說自己不「敢望道乾之萬一」，同情他爲官府所逼而棲身海涯，「唯舉世顚倒，故使豪傑抱不平之恨，英雄懷罔措之戚，直驅之使爲盜也」，憤恨當權者之不能任用賢才，而那些當知府、郡守的反遠遠不如林道乾之類「盜賊」。顯然，李贄的目的是要維護封建皇權的，但是，他對當時王室之腐敗、貪官污吏的橫行又極端憤恨，所以才肯定當時那些反對貪官污吏的「強人」、「盜寇」，說他們才是眞正的「忠義」之輩。正是從這個角度，他賦予《水滸傳》以「忠義」之名。

李贄特別說明：「夫忠義何以歸於水滸也？其故可知也。夫水滸之衆何以一一皆忠義也？所以致之者可知也。今夫小德役小德，小賢役大賢，理也。若以小賢役人，而以大賢役於人，其肯甘心服役而不恥乎？是猶以小力縛人，而以大力縛於人，其肯束手就縛而不辭乎？其勢必至驅天下大力大賢而盡納之水滸矣。則謂水滸之衆，皆大力大賢有忠有義之人可也，然未有忠義如宋公明者也。」爲什麼呢？因爲李贄對《水滸傳》中宋江之接受招安、南征方臘是完全肯定的，並認爲這正是其「忠義」的最典型、最突出表現。他說：「今觀一百單八人者，同功同過，同死同生，其忠義之心，猶之乎宋公明也。猶宋公明者，身居水滸之中，心在朝廷之上，一意招安，專圖報國，卒至於犯大難，成大功，服毒自縊，同死而不辭，則忠義之烈也！」甚至最終水滸英雄或慘死、或出走，成爲一個悲劇，在李贄看來也是至忠至義的表現。他說：「最後南征方臘，一百單八人者陣亡已過半矣，又智深坐化於六和，燕青涕泣而辭主，二童就計於混江。宋公明非不知也，以爲見幾明哲，不過小丈夫自完之計，決非忠於君義於友者所忍屑矣。是之謂宋公明也，是以謂之忠義也。」這就充分說明李贄並不是站在反皇權的立場上來讚揚水滸英雄的，而是從維護皇權又反對腐敗的角度來讚揚水滸英雄的。賦予水滸「強人」以「忠義」之稱，正是表現了他對貪官污吏的切齒痛恨，對王室不競、國家敗落的強烈不滿，對「官逼民反」的深刻認識和大膽揭露。而他寫這篇《忠義水滸傳敘》的直接目的也正是在告誡當時的帝王與衆多的文武大臣，希望他們從忠義之所以歸於水滸中深刻地認識到，必須勵精圖治，任用大賢大德，一心一意把精力放在如何強國富民上，而不能一任私欲的無限膨脹，只顧追求逐利而變得腐化墮落、醜惡不堪，必須改弦更張才能使忠義重新回到朝廷的周圍。他說：「故有國者不可以不讀（《水滸》），一讀此傳，則忠義不在水滸而皆在於君側矣。賢宰相不可以不讀，一讀此傳，則忠義不在水滸，而皆在於朝廷矣。兵部掌軍國之樞，督府專閫外之寄，是又不可以不讀也，苟一日而讀此傳，則忠義不在水滸，而皆為干城心腹之選矣。否則，不在朝廷，不在君側，不在干城心腹，烏乎在？在水滸。此傳之所為發憤矣。」其實，這並不是《水滸傳》作者的寫作目的，而是李贄寫作《忠義水滸傳敘》的眞正目的，而這種思想在容與堂本李卓吾批評水滸傳的評語中也隨處可見。

然而，對能否賦予《水滸傳》以「忠義」之名的問題上，金聖嘆與李贄的看法卻截然相反。金聖嘆在其《第五才子書施耐庵水滸傳序二》中，對給《水滸》加以「忠義」之名者，進行了極其嚴厲的批評。他說：「觀物也審名，論人者辨志。施耐庵傳宋江，而題其書曰《水滸》，惡之至，迸之至，不與中國同也。而後世不知何等好亂之徒，乃謬加以『忠義』之目。嗚呼！忠義而在水滸乎哉？忠者，事上之盛節也；義者，使下之大經也。忠以事其上，義以使其下，斯宰相之材也。忠者，與人之大道也；義者，處己之善物也。忠以與乎人，義以處乎己，則聖賢之徒也。若夫耐庵所云『水滸』也者，王土之濱則有水，又在水外則曰滸，遠之也。遠之也者，天下之凶物，天下之所共擊也；天下之惡物，天下之所共棄也。若使忠義而在水滸，忠義為天下之凶物、惡物乎哉！且水滸有忠義，國家無忠義耶？夫君則猶是君也，臣則猶是臣也，夫何至於國而無忠義？此雖惡其臣之辭，而已難乎為吾之君解也。父則猶是父也，子則猶是子也，夫何至於家而無忠義？此雖惡其子之辭，而已難乎為吾之父解也。故夫以忠義予《水滸》者，斯人必有懟其君父之心，不可以不察也。」在這裡，金聖嘆認為施耐庵對《水滸》中以宋江爲首的一百零八人是持否定態度的，把他們看成是「天下之凶物、惡物」，認爲他們：「其幼，皆豺狼虎豹之姿也；其壯，皆殺人奪貨之行也；其後，皆敲朴劓刖之餘也；其卒，皆揭竿斬木之敗也。有王者作，比而誅之，則千人亦快，萬人亦快者也。如之何而終亦倖免於宋朝之斧鑕？彼一百八人而得倖免於宋朝者，惡知不將有若干百千萬人，思得復試於後世者乎？耐庵有憂之，於是奮筆作傳，題曰《水滸》，意若以爲之一百八人，即得逃於及身之誅僇，而必不得逃於身後之放逐者，君子之志也。」他之所以要寫《水滸》，是爲了說明這些「凶物」、「惡物」是決不會有好結果的，其目的是爲了引起當權者的警戒，也是爲了讓人們不要去效法他們。「是故由耐庵之《水滸》言之，則如史氏之有《檮杌》是也，備書其外之權詐，備書其內之凶惡，所以誅前人既死之心者，所以防後人未然之心也。」所以，如果對《水滸》「妄以忠義予之，是則將爲戒者而反將爲勸耶？」因此它的後果是很嚴重的，「由今日之《忠義水滸》言之，則直與宋江之賺入伙，吳用之說撞籌，無以異也，無惡不歸朝廷，無美不歸綠林，已爲盜者讀之而自豪，未爲盜者讀之而爲盜也。」金聖嘆的這種看法對他這樣的封建士大夫來說是很正常的，而且這大概還和他評點《水滸》的時代背景有關。金聖嘆評點《水滸》恰好在崇禎十四年(1641)前後，他的序即寫於此年二月十五日。這時正是明末以李自成、張獻忠爲首的農民暴動席捲神州大地的時候。正是這一年的一、二月，李自成、張獻忠分別攻陷了洛陽、襄陽，並開始準備向北京進發。金聖嘆所在的蘇州一帶雖然還沒有直接受到威脅，但金聖嘆顯然也是感到了當時明王朝搖搖欲墜的危急形勢，故而他在評點《水滸》中對農民暴動是否定的，也是對農民暴動進行了咒罵的。從這樣一種觀點出發，金聖嘆對稱《水滸》爲《忠義水滸傳》是堅決反對的。金聖嘆的批評是否直接就是指李贄我們不能肯定，但是，賦予《水滸》以「忠義」之稱，確實是由李贄首先提出，並產生了極爲廣泛的影響的，而《忠義水滸傳》之名亦由此而確立。金聖嘆對這種情況當然是很清楚的，所以，他在序二中對賦予《水滸》以「忠義」之名的批評雖然沒有指名，但實際上應當看作主要是對李贄的批評。他之所以沒有直接點李贄的名，可能是因爲自李贄提出後，有很多人響應，已經成爲一種普遍的共識，同時，也許和他在基本的社會思想上和李贄有很多相似之處有關。

特別值得注意的是，金聖嘆和李贄雖然在《水滸》是否「忠義」的問題上有尖銳對立的不同看法，但是他們在一些基本出發點上，其實是有很相似之處的：他們雖然都是維護封建皇權的，但是都極其憤恨朝廷的腐敗和貪官污吏的橫行，借評點《水滸》對之進行了十分嚴厲的口誅筆伐。金聖嘆認爲之所以出現《水滸》中這些「凶物」、「惡物」，是由於朝廷昏庸無能、小人當道肆虐、貪官污吏殘暴。他清醒地看到了《水滸》中對貪官污吏種種暴行的尖銳揭露，以及對當時封建上層的腐敗之無情鞭撻。金聖嘆從維護皇權的角度出發，不贊成百姓的反抗和暴動，但他又認爲百姓的大批進入綠林爲盜，並非他們不安本分，而是那些上上下下的「酷吏贓官」逼迫出來的。金聖嘆認爲《水滸》中所寫的「盜寇」，原來也都是老老實實的好百姓，並沒有想要去做強盜、成爲「綠林好漢」，如果朝廷清明，社會安定，他們是會安於本分，成爲是忠於朝廷的順民的。而且像《水滸》中的這些人物，大多數並不是一般的老百姓，而是一些有傑出才華的國家棟樑之材。他們中有不少人受過良好的教育，有的本是將帥之後（例如楊志），有的是武藝高強的將領（例如魯達），也有的是很正派的清廉官吏（例如林沖），但是由於他們不但得不到朝廷的賞識和重用，反而受到酷吏贓官的無端迫害，才迫使他們不得不上梁山。現實社會不容許他們正常地活下去，逼得他們一個個走投無路，才鋌而走險投身綠林。金聖嘆把這種「英雄落難」稱爲「英雄失路」，他像李贄一樣認識到了這是「官逼民反」的結果。那麼，這「英雄失路」究竟是怎麼造成的呢？金聖嘆認爲這是由於小人得勢掌握了大權，而眞正的賢能之士卻落難或隱退了。高俅當上太尉，王進引退去邊關，便是最突出的表現。這不就是李贄所說的「大賢處下，不肖處上」嗎？金聖嘆反覆指出：促使水滸強人嘯聚山林的原因，就是因爲「亂自上作」，「群小得勢」，故而「天下無道」。這和李贄在《忠義水滸傳敘》和《因記往事》中所體現的思想是一致的。因此，我們不能因爲金聖嘆和李贄在《水滸》忠義與否的看法上的差別，而認爲他們在對待封建皇權的態度上和對《水滸》的評論上也是完全對立的。其實，有關《水滸》是否「忠義」的問題，他們只是由於時代背景不同，而有不同的視角，實際上李贄也是不贊成推翻封建皇權的，也不贊成老百姓和正直官吏上山爲盜、當綠林好漢的。而他們兩人的基本思想其實是很接近的，在那個時代他們都有反對黑暗腐朽的很進步方面，自然也有維護封建皇權的保守方面。而且，從某些方面看，金聖嘆在批評封廷皇權方面比李贄有更爲尖銳的地方。他敢於把矛頭直接指向封建王朝的最高統治者皇帝。他在第一回中評小王都太尉宴請小舅端王時說：「小蘇學士，小王太尉，小舅端王，嗟乎！既己群小相聚矣，高俅即欲不得志，亦豈可得哉！」這個「小舅端王」正是後來的宋徽宗，金聖嘆把他也作爲「群小」中的一個來對待。又在第一回寫到端王即位為天子，「登基之後，一向無事。忽一日，與高俅道：『朕欲要抬舉你，但有邊功方可升遷；先教樞密院與你入名，只是做隨駕遷轉的人。』」金聖嘆在此批道：「一向無事者，無所事於天下也。忽一日與高俅道者，天下從此有事也。作者於道君皇帝，每多微詞焉，如此類皆是也。」他借評點，對皇帝也敢於直接批評，顯然比李贄又進了一步。

下面，我們再來比較李贄和金聖嘆在小說評點中對朝廷腐敗和貪官污吏的批判。李贄有過對《水滸》的評點，這是可以肯定的，但署名李贄評點的《水滸傳》有好幾種，究竟哪一種本子是他評的，學術界頗有爭議，目前無法得出一致的結論。我們認為容與堂本中的評點思想和李贄比較接近，其中保留李贄評點的內容最多，因此，我們在這裡即以容與堂本評點和金聖嘆評點《水滸》作一點比較。容與堂本有關這方面的評語，比如：

第十四回評曰：「晁蓋、劉唐、吳用都是偷賊底。若不是蔡京那個老賊，緣何引得這班小賊出來？」

第十二回評曰：「楊志是國家有用人，只為高俅不能用他，以致為宋公明用了。可見小人忌賢嫉能，遺禍國家不小。」

第十七回評曰：「魯智深、楊志卻是兩員上將，只為當時無具眼者，使他流落不偶。若廟堂之上得有一曹正、張青其人者，亦何至此哉！李卓吾爲之放筆大笑一場。」

第二十二回評曰：「朱仝、雷橫、柴進不顧王法，只顧人情，所以到底做了強盜。若張文選倒是執法的，還是個良民。或曰：『知縣相公也做人情，如何不做強盜？』曰：『你知道縣相公不是強盜麼？』」

第三十五回評曰：「凡是有用人，老天畢竟要多方磨難他。只如宋公明，不過一盜魁耳，你看他經了多少磨難。此揭陽嶺上，其一也。若是那些飽食暖衣、平風靜浪的驕子弟，眞是檻羊圈豕。」

第四十五回評曰：「嗚呼！天下豈少有用之人哉，特無用之者耳！如石家三郎，楊雄用之，便得他氣力。」「今天下豈少石秀其人哉，特無楊雄耳！可嘆可嘆！」

第五十七回評曰：「一僧讀到此處，見桃花山、二龍山、白虎山都是強盜，嘆曰：當時強盜直選地多。余曰當時在朝強盜還多些。」

從這些評語中可以看出李贄把朝中官吏看作是眞正的強盜，飽食終日、無所事事的豬羊畜生，稱蔡京為「老賊」、高俅為「小人」，咒罵他們忌賢嫉能、遺禍國家，其痛恨朝廷腐敗和貪官污吏的心情表露得異常鮮明。

李贄的上述思想在金聖嘆對《水滸》的批評中則更是屢見不鮮。比如：

第一回回評曰：一部大書七十回，將寫一百八人也，乃開書未寫一百八人，而先寫高俅者，蓋不寫高俅，便寫一百八人，則是亂自下生也；不寫一百八人，先寫高俅，則是亂自上作也。亂自下生，不可訓也，作者之所必避也。亂自上作，作者之所深懼也。一部大書七十回，而開書先寫高俅，有以也。

高俅來而王進去矣。王進者何人也？不墜父業，善養母志，蓋孝子也。吾又聞古有「求忠臣必於孝子之門」之語，然則王進亦忠臣也。孝子忠臣，則國家之祥麟威鳳，圓璧方圭者也，橫求之四海而不一得之，豎求之百年而不一得之。不一得之而忽然有之，則當尊之、榮之，長跽事之。必欲罵之、打之，至於殺之，因逼去之，是何為也！王進去而一百八人來矣。」

「天下有道，然後庶人不議也。今則庶人議矣。何用知其天下無道？曰：王進去而高俅來矣。」

第二回回評曰：一百八人，為頭先是史進一個出名領眾，作者卻於少華山上，特地為之表白一遍云：『我要討個出身，求半世快活，如何肯把父母遺體便點污了。』嗟乎！此豈獨史進一人只初心，實惟一百八人之初心也。蓋自一副才調，無處擺划，一塊氣力，無處出脫，桀驁之性既不肯以死伏田塍，而又有其狡猾之尤者起而乘勢呼聚之，而於是討個出身既不可望，點污清白遂所不惜，而一百八人乃盡入於水泊矣。嗟乎！才調皆朝廷之才調也，氣力皆疆場之氣力也，必不得已而盡入於水泊，是誰之過也？」

第十一回寫到楊志因失陷花石綱，被高俅趕出殿帥府，金聖嘆評道：「非寫高俅不受請托也，正寫高俅妒賢嫉能也；非寫高俅惡楊志也，寫當時朝廷無人不如高俅，無人不被惡如楊志也。」

第十四回寫吳用說三阮撞籌時，阮小五道：「如今那官司一處處動撣便害百姓；但一聲下鄉村來，倒先把好百姓家養的豬羊雞鵝盡都吃了，又要盤纏打發他。」金聖嘆深有感慨地批道：「千古同悼之言，《水滸》之所以作也。」阮小二說自從梁山泊有「強人」嘯聚之後，官家也都不敢來了，「我雖然不打得大魚，也省了若干科差。」金聖嘆又批道：「十五字抵一篇《捕蛇者說》。」

第十八回回評曰：「此回前半幅借阮氏之口痛罵官吏，後半幅借林沖之口痛罵秀才，其言憤激，殊傷雅道，然怨毒著書，史錢不免，於稗官又奚責焉？」

此回又寫何濤領兵圍剿石碣村，「未捉賊，先捉船」，金批道：「殊不知百姓之遇捉船，乃更慘於遇賊。」說明百姓之怕官軍，更甚於「強盜」。

此回寫阮小五唱的山歌云：「酷吏贓官都殺盡，忠心報答趙官家。」金聖嘆評道：「以殺盡贓酷爲報答回家，眞能報答國家者也！」

此回又寫阮小五罵官軍：「你這等虐害百姓的賊！直如此大膽！敢來引老爺做甚麼！」金聖嘆評道：「官是賊，賊是老爺。然則，官也，賊也；賊也，官也，老爺也，一而二，二而一者也！」

可見，金聖嘆認爲對老百姓來說，官軍就是「賊」、是「強盜」，而且比眞賊還要可怕，所以他們怕官軍甚於怕賊。官府的盤剝遠遠超過了賊的搶劫。因此，要報國，就是要殺盡酷吏贓官，清除朝廷裡像高太尉之類小人。正是由於滿朝的貪官污吏，奸佞小人，才使得像王進這樣忠孝仁義之人不得容身，像楊志、林冲這樣忠心為國的英武將士橫遭迫害。而清明世界之所以變得如此污濁不堪，歸根到底是由於「亂自上作」。

由此我們可以看到，從根本上說，對當時社會狀況及其嚴重危機的看法，李贄和金聖嘆是基本一致的。而從對當時社會的黑暗腐朽的揭露批判來說，金聖嘆要比李贄更為激烈，所以，他之由哭廟案而導致被殺頭，也就不奇怪了。因此，以對《水滸》衆人是否「忠義」的評價，來衡量李贄和金聖嘆的是非是不正確的。

海峽兩岸譬喻的異稱與分類之比較

臺灣師範大學
國文系所教授　蔡宗陽

提　要

本文先闡述海峽兩岸譬喻異稱的流變，再比較海峽兩岸譬喻的異稱，其次比較海峽兩岸譬喻分類的異同，最後提出適當的名稱與分類。

關鍵詞　海峽兩岸　譬喻　比喻　詳喻　明喻　隱喻　略喻　借喻

一、前　言

八十九學年度筆者向國科會申請專題研究，題目係海峽兩岸修辭格的名稱與分類之比較研究，本文是此專題研究之一。譬喻的異喻甚多，而譬喻的分類，亦衆說紛紜。本文擬分兩岸譬喻異稱的流變與比較、比較兩岸譬喻分類的異同等兩項，逐項加以闡析，並提出適當的譬喻名稱與分類。

二、兩岸譬喻異稱的流變與比較

譬喻的異稱，有取譬、比、辟、譬、取喻、比喻、打比方。譬喻異稱的流變，最早是「取譬」，見於《論語・雍也》：

能近取譬，可謂仁之方也已。

《論語》採用「取譬」，黃永武《字句鍛鍊法》也採用「取譬」。①

其次是「比」，見於《詩・序》：「詩有六義焉：一曰風，二曰賦，三曰比，四曰興，五曰雅，六曰頌。」②《詩・序》採用「比」。劉勰《文心雕龍・比興》云：「比者，附也。」劉勰也採用「比」。唐朝孔穎達《毛詩正義》云：「比者，比方於物，諸言『如』者，皆比辭也。」③元朝王構《修辭鑑衡・卷一》云：「比興深者通物理。」《毛詩正義》、《修辭鑑衡》、七十五年十一月福建教育出版社印行的徐炳昌《篇章的修辭》皆採用「比」。

再其次是「辟」，見於《墨子・小取》：「辟（同『譬』）也者，舉也（同『他』）物以明之也。」《墨子》採用「辟」。

又其次是「譬」，見於《荀子・非相》云：「譬稱以明之。」《荀子》採用「譬」。

俟漢朝有「譬喻」一詞，見於王符《潛夫論・釋難》云：「夫譬喻也者，生於直告之不明，故假物之然否以彰之。」《潛夫論》採用「譬喻」。大陸學者有民國十五年六月上海商務印書館印行的王易《修辭學》、二十年八月上海開明書店印行的陳介白《修辭學講話》、二十一年四月上海開明書店印行的陳望道《修辭學發凡》、二十四年六月印行的宋文翰《國語文修辭法》、三十二年五月上海正中書局印行的鄭業建《修辭學》、四十二年三月棠棣出版社印行的譚正璧《修辭新例》，皆採用「譬喻」。臺灣學者有民國六十年三月臺灣中華書局印行的徐芹庭《修辭學發微》、六十四年一月三民書局印行的黃師慶萱《修辭學》、六十四年十月臺灣商務印書館印行的張嚴《修辭論說與方法》、七十年六月黎明文化事業公司印行的蔣金龍《演講修辭學》、七十年十月益智書局印行的董季棠《修辭析論》、七十三年六月高雄復文出版印行的吳正吉《活用修辭》、八十年二月國立空中大學印行的沈謙《修辭學》、八十九年四月國家出版社印的黃師麗貞《實用修辭學》，皆採用「譬喻」。

迨及宋朝有「取喻」，見於陳騤《文則・丙一》云：「取喻之法，大概有一。」《文則》採用「取喻」。

洎乎民國五十二年二月有「比喻」，見於天津人民出版社印行的《現代漢語修辭學・第五章現代漢語修辭方式分說㈠》云：

比喻式是根據類似的聯想和對事物關係的新認識，選取另外的事物來描繪本事物的內在特徵。

《現代漢語修辭》採用「比喻」。大陸學者有民六十八年八月湖南人民出版社印行的曹毓生《現代漢語修辭基礎知識》、六十九年六月浙江人民出版社印行的倪寶元《修辭》、七十年四月寧夏人民出版社印行的高葆泰《語法修辭六講》、七十一年七月湖北人民出版社印行的鄭遠漢《辭格辨異》、七十二年三月（北京）商務印書館印行的趙克勤《古漢語修辭簡編》、七十二年九月安徽教育出版社印行的濮侃《辭格比較》、七十二年十月書目文獻出版社印行的黃漢生《修辭漫議》、七十二年十月福建人民出版社印行的鄭頤壽《比較修辭》、七十二年十二月北京出版社印行的王希杰《漢語修辭學》、七十三年一月甘肅少兒童出版社印行的錢覺民、李延祐《修辭知識十八講》、七十三年四月湖南人民出版社印行的黃民裕《辭格匯編》、七十三年七月吉林人民出版社印行的程希嵐《修辭學新編》、七十三年九月吉林人民出版社印行的宋振華、吳士文、張國慶、王興林《現代漢語修辭學》、七十四年九月北京出版社印行的李裕德《新編實用修辭》、七十五年四月雲南教育出版社印行的駱小所《實用修辭》、七十五年五月吉林文史出版社印行的季紹德《古漢語修辭》、七十五八月商務書館香港分館印行的黎運漢、張維耿《現代漢語修辭學》、七十五年九月上海教育出版社印行的吳士文《修辭格論析》、七十五年十月湖南人民出版社印行的李維琦《修辭學》、七十六年六月北京大學出版社印行的姚殿芳、潘兆明《實用漢語修辭》、七十六年十月鷺江出版社印行的鄭頤壽、林承璋《新編修辭學》、七十七年五月貴州人民出版社印行的蔣希文《修辭淺說》、七十八年六月遼寧人民出版社印行的陸稼祥《辭格的運用》、七十八年七月中共中央黨校出版社印行的桂海、鮑慶林《語法修辭新編》、七十八年十二月河南教育出版社、香港文化教育出版社印行的張靜、鄭遠漢《修辭學教程》、七十九年十月河北教育出版社印行的武占坤《常用辭格通論》、八十年三月中國經濟出版社印的周靖《現代漢語語法修辭》、八十年二月百花洲文藝出版社印行的劉煥輝《修辭學綱要》、八十年六月中國青年出版社印行的成偉鈞、唐仲揚、向宏業《修辭通鑒》、八十年六月廈門大學出版社印行的鄭文貞《篇章修辭學》、八十年十月貴州民族出版社印行的賈銀忠《涼山彝語修辭學基礎》、八十一年二月（北京）中華書局印行的布裕民、陳漢森《寫作語法修辭手册》、八十一年六月陝西人民出版社印行的馬鳴春《稱謂修辭學》、八十一年十月華南理工大學出版社印行的胡性初《實用修辭》、八十二年六月中國世界語出版社印行的楊鴻儒《當代中國修辭學》、八十六年六月五南出版印行的古遠清、孫光萱《詩歌修辭學》、八十七年六月百花洲文藝出版社印行的傅惠鈞、張學賢、應守岩《古漢語比較修辭》、八十七年八月武漢出版社印行的周健民《廣告修辭》，皆採用「比喻」。

至於「比喻」又叫「打比方」，大陸方面有民國七十二年十二月北京出版社印行的王希杰《漢語修辭學‧第十章聯繫》云：「比喻，又叫譬喻，俗稱打比方。」七十八年六月遼寧人民出版社印行的陸稼祥《辭格的運用‧三分格論述》云：「比喻就是我們所説的打比方。」臺灣方面有民國八十年二月國立空中大學印行的沈謙《修辭學‧第一章譬喻》云：「譬喻，又稱比喻，也就是俗謂的『打比方』，是一種最常見的修辭方法。」

譬喻異稱的流變，先有《論語‧雍也》的「取譬」，再有《詩‧序》的「比」、《墨子‧小取》的「辟」、《荀子‧非相》的「譬」、王符《潛夫論‧釋難》的「譬喻」、陳騤《文則‧丙一》的「取喻」、張弓《現代漢語修辭學》的「比喻」、王希杰《漢語修辭學》的「打比方」。譬喻的異稱甚多，雖然各異，但實同，現在大陸學者多半用「比喻」④，臺灣學者多半用「譬喻」⑤。

三、比較兩岸譬喻分類的異同

海峽兩岸修辭學專家學者對譬喻的分類，衆說紛紜，莫衷一是。茲經過分析、比較，將譬喻的分類，歸納爲下列數類，並加以闡析。

㈠不分類

僅論譬喻，並未分類者，在民國之前，有《詩・序》、《論語・雍也》、《墨子・小取》、《荀子・非相》、王符《潛夫論・釋難》、孔穎達《毛詩正義》、王構《修辭鑑衡》。民國以來，臺灣有黃永武《字句鍛鍊法》、大陸有倪寶元《修辭》、鄭遠漢《辭格辨異》、上海師範學院中文系漢語教研室編《修辭》、徐炳昌《篇章的修辭》、鄭文貞《篇章修辭學》、胡性初《實用修辭》、周健民《廣告修辭》。或僅言及譬喻的理論，或僅言及譬喻的意義，或舉例詮證譬喻的眞諦，或辨析比喻與非比喻、借喻與借代。

㈡二分法

將譬喻分爲兩種者，在民國之前，僅劉勰《文心雕龍・比興》分爲比義和比類兩種。民國以來，大陸有唐鉞《修辭格》將比分爲顯比格、隱比格兩種⑥。夏宇衆《修辭學大綱》將比喻分爲顯比、隱比兩種⑦。趙克勤《古漢語修辭簡論》、李裕德《新編實用修辭》將比喻分爲明喻、暗喻兩類⑧。明喻又叫顯比，暗喻又叫隱喻。因此，唐、夏、趙、李四氏分類相同，只是名異質同。此外，路燈照、成九田《古詩文修辭例話》從加深讀者對作品內容的理解力來看，可分為「以質比實」、「以實比虛」兩種。曾師忠華《作文津梁》分為基本的譬喻、變化的譬喻兩種。基本的譬喻又分為明喻、隱喻、略喻、借喻四種。變化的譬喻又分為形喻、交喻兩類⑨。古遠清、孫光萱《詩歌修辭學》把譬喻分為近取譬、遠取譬兩種。

㈢三分法

將譬喻（又叫比喻）分為明喻（又叫直喻）、隱喻（又叫暗喻）、借喻三種者最多，最早的是大陸陳望道《修辭學發凡》⑩，其次是大陸宋文翰《國語文修辭法》、譚正璧《修辭新例》、張弓《現代漢語修辭學》、華中師範學院中文系現代漢語教研組編《現代漢語修辭知識》⑪、曹毓生《現代漢語修辭基礎知識》、黃漢生《修辭漫談》、鄭頤壽《比較修辭》、王希杰《漢語修辭學》、錢覺民、李延祐《修辭知識十八講》、程希嵐《修辭學新編》、駱小所《實用修辭》、季紹德《古漢語修辭》、黎運漢、張維耿《現代漢語修辭學》、吳士文《修辭格論析》、李維琦《修辭學》、王德春主編《修辭學》、姚殿芳、潘兆明《實用漢語修辭學》、湖北省天門師範語文教研組編《語文基礎知識》、路燈照、成九田《古詩文修辭例話》、鄭頤壽、林承璋主編《新編修辭學》、蔣希文《修辭淺說》、葉子雄《語法修辭》、程祥徽、田小琳《現代漢語》、張靜、鄭遠漢《修辭學教程》、唐松波、黃建霖主編《漢語修辭格大辭典》、劉煥輝《修辭學綱要》⑫。布裕民、陳漢森《寫作語法修辭手册》、楊鴻儒《當代中國修辭學》、傅惠鈞、張學賢、應守岩《古漢語比較修辭學》。臺灣有徐芹庭《修辭學發微》、張嚴《修辭論說與方法》、蔣金龍《演講修辭學》、董季棠《修辭析論》⑬。以上各家將譬喻分爲三類，內容相同，名稱稍異，可以說是名異實同。大部分修辭學專家學者皆將明喻、隱喻、借喻三種，當作譬喻的基本類型，因此主張三分法者最多。

㈣四分法

將譬喻分爲四類者，大陸有高葆泰《語法修辭六講》、宋振華、吳士文、張國慶、王興林主編《現代漢語修辭學》、陸稼祥《辭格的運用》、武占坤主編《常用辭格通論》、賈銀忠《涼山彝語修辭學基礎》，將譬喻分爲明喻、暗喻、借喻、引喻四種⑭。曾師忠華《作文津梁》、董季棠《重校增訂修辭析論》，將譬喻分爲明喻、隱喻、略喻、借喻四種⑮。華中師範學院中文系現代漢語教研組編《現代漢語修辭知識》將譬喻的多樣化用法又分爲反面設喻、迂迴設喻、反復設喻、喻中有比四種。吳士文《修辭格論析》將隱喻又分爲平列式、修飾式、移接式、同位式四種。大陸黎運漢、張維耿《現代漢語修辭學》將譬喻的變化形式分爲平列式、偏正式、同位式、注釋式四種⑯。各家分法，以不同角度，產生不同類別，各有特點。

㈤五分法

將譬喻分爲五類者，臺灣有黃師慶萱《修辭學》、吳正吉《活用修辭》分爲明喻、隱喻、略喻、借喻、假喻五種⑰；大陸有周靖《現代漢語語法修辭》分爲明喻、暗喻、借喻、博喻、引喻五種⑱；沈謙《修辭學》分爲明喻、隱喻、略喻、借喻、博喻五種⑲，蔡宗陽〈論譬喻的分類〉分爲明喻、隱喻、略喻、借喻、合喻五種⑳。五分法雖各有不同，但明喻、隱喻（又叫暗喻）、借喻三種基本類型卻是相同。

㈥六分法

將譬喻分為六種者，大陸有王希杰《漢語修辭學》認為譬喻的變式有六種：倒喻、反喻、強喻、迂喻、曲喻、博喻；程希嵐《修辭學新編》依譬喻的用法，分為復喻、進喻、強喻、弱喻、反喻、回喻六種㉑。吳桂海、鮑慶林《語法修辭新編》將譬喻分為明喻、暗喻、借喻、引喻、諷喻、較喻六種㉒。劉煥輝《修辭學綱要》依譬喻的變式分為倒喻、反喻、回喻、博喻、曲喻、引喻六種㉓。或以運用方法分，或以變化方式分，或以一般方式分，各有不同特點。而臺灣則無六分法。

㈦七分法

將譬喻分為七種者，大陸有鄭業建《修辭學》分為直喻、隱喻、引喻、博喻、借喻、交喻、反喻七種㉔；馬鳴春《稱謂修辭學》分為明喻、暗喻、借喻、較喻、擴喻、倒喻、縮喻七種㉕。鄭、馬二氏相同者，有借喻、明喻（又叫直喻）、隱喻（又叫暗喻）三種基本類型，其他四種方式都是譬喻的變化方式。而臺灣則無七分法。

㈧八分法

將譬喻分為八種者，大陸王德春主編《修辭學詞典》認為譬喻的變化形式有八種：較喻、回喻、反喻、曲喻、引喻、博喻、倒喻、擴喻㉖。而臺灣則無八分法。

㈨九分法

將譬喻分爲九種者，大陸有李維琦《修辭學》認爲常見的譬喻有九類：第一、二、三類是明喻，第四、五、六、七類是暗喻，第八、九類是借喻㉗。表面上細分九類，其實也是在明喻、暗喻、借喻三種基本類型之中。濮侃《辭格比較》將譬喻分爲明喻、暗喻、借喻、倒喻、引喻、反喻、曲喻、較喻、潛喻九種。而臺灣則無九分法。

㈩十分法

將譬喻分爲十種者，除了陳騤《文則》之外。尚有大陸成偉鈞、唐仲揚、向宏業《修辭通鑒》依譬喻的變式分爲博喻、引喻、曲喻、倒喻、對喻、回喻、互喻、反喻、逆喻、較喻十種㉘。而臺灣則無十分法。

⑪十一分法

將譬喻分爲十一種者，大陸有陳介白《修辭學講話》分爲明喻法、隱喻法、諷喻法、提喻法、換喻法、借喻法、引喻法、詳喻法、交喻法、形喻法、字喻法十一種㉙。而臺灣則無十一分法。

⑫十二分法

將譬喻分爲十二種者，有大陸黃民裕《辭格匯編》分爲明喻、暗喻、借喻、博喻、倒喻、反喻、縮喻、擴喻、較喻、回喻、互喻、曲喻等十二種㉚。而臺灣則無十二分法。

⑬二十一分法

將譬喻分爲二十一種者，大陸有唐松波、黃建霖主編《漢語修辭格大辭典》認爲譬喻的變化形式有二十一種：潛喻、博喻、約喻、縮喻、擴喻、屬喻、引喻、曲喻、聯喻、回喻、擇喻、反喻、逆喻、對喻、疑喻、物喻、事喻、互喻、合喻、頂喻、較喻。較喻又分爲三類：強喻、弱喻、等喻㉛。蔡宗陽〈論譬喻的分類〉將譬喻的內容分爲二十一小類：明喻分作說理式、反復式、相反式、聯想式、虛假式等五種，隱喻分作比較式、諧音式、否定式、選擇式、迂迴式、正反式等六種，略喻分作補充式、引證式、轉移式、引出式等四種，借喻分作因果式、正反式、反詰式等三種，合喻分作相關式、同類式、正反式等三種，共計二十一種㉜。

㈣二十四分法

將譬喻分爲二十四種者，大陸池太寧、陸稼祥主編《修辭方式例解詞典》分爲暗喻、博喻、補喻、倒喻、等喻、對喻、反喻、反客爲主的比喻、互喻、回喻、較喻、詰喻、借喻、類喻、明喻、強喻、曲喻、弱喻、同位喻、物喻、詳喻、虛喻、音喻、引喻等二十四種㉝。臺灣蔡宗陽〈論譬喻的分類〉將譬喻的形式分爲二十四小類：明喻分爲單一式、連續式、詳敘式等三種，隱喻分爲單一式、連續式、屬相式、疑擬式、同位式等五種，略喻分爲單一式、連續式、平列式、順敘式、倒敘式等五種，借喻分爲單一式和連續式兩種，合喻分爲互相式、頂針式、倒敘式、明隱式、雙明式、雙隱式、雙略式等七種㉞。

四、結語

通觀各家論譬喻的分類，或多或少，或從形式，或從內容分，或從基本類型分，或從變化方式分，或作法分，或從文體性質分，見仁見智，各有特色。筆者認為理想的譬喻分類，必須會通各家分類的特點，並以不同角度來分。因此，就文體與作法來分，可分為記敘性、論說性、抒情性三種㉟。就基本的類型來分，可分為明喻、隱喻、略喻、借喻、合喻五種㊱。就形式分，以〈論譬喻的分類〉中的二十四類為主，再加一小題「多明式的合喻」，成為二十五類㊲。就內容分，以〈論譬喻的分類〉中二十一類為主㊳。至於譬喻的名稱，大陸學者多半採用「比喻」，而臺灣學者多半採用「譬喻」。

【附　註】

① 見黃永武《字句鍛鍊法》，頁八，（臺北）臺灣商務印書館印行，民國五十八年八月初版。

② 見十三經注疏本，《毛詩》，頁十五，（臺北）藝文印書館印行。《詩・序》作者，衆說紛紜。《四庫提要》云：

以為〈大序〉子夏，〈小序〉子夏、毛公合作者，鄭玄《詩譜》也。以為子夏所序《詩》即今《毛詩・序》者，王肅《家語》注也。以為衛宏受學謝曼卿作《詩序》者，《後漢書・儒林傳》也。以為子夏所創，毛公及衛宏又加潤益者，《隋書・經籍志》也。以為子夏不序《詩》者，韓愈也。以為子夏惟裁初句，以下出於毛公者，成伯璵也。以為詩人所自製者，王安石也。以〈小序〉為國史之舊文，以〈大序〉為孔子作者，程子明道也。以首句即為孔子所題者，王得臣也。以為《毛傳》初行，尚未有〈序〉，其後門人互相傳授，各記其師說者，曹粹中也。以村野妄人所作，昌言排斥而不顧者，則倡之鄭樵、王質，和之者朱熹也。

余師培林以為《詩・序》作者係衛宏，其理由四：(一)《漢志》著錄《毛詩故訓傳》三十卷，而無一言及〈序〉。(二)兩漢文章未用〈序〉文，至魏始有引之者。(三)《傳》意與〈序〉意往往有出入，如〈秦風・無衣〉、〈豳風・狼跋〉等篇是。若〈序〉與《傳》皆出自毛公之手，則必無此現象。(四)范曄所記極為詳盡，且為正史，必信而可徵。至謂孔子、子夏所作，觀乎〈周頌・潛〉，〈序〉用〈月令〉：「季冬獻魚，春獻鮪」之文，則其說不攻自破矣。見余師培林《詩經正詁》，頁二十四至二十五，(臺北)三民書局印行，民國八十二年十月初版。

作者假如是子夏，則「比」在《論語》的「取譬」之後，如果是衛宏，則「比」在《荀子》的「譬」之後。

③ 見十三經注疏本，《毛詩》，頁十五。

④ 用「比喻」一詞者，有夏宇衆《修辭學大綱》(見該書頁一〇至二四，北平師大講義，民國五十六年四月臺一版。華中師範學院中文系現代漢語教研組編《現代漢語修辭知識》(見該書頁一五至二九，湖北人民出版社印行，民國六十一年六月版。)高葆泰《語法修辭六講》(見該書頁二一七至二二七，寧夏人民出版社印行，民國七十年四月初版。)趙克勤《古漢語修辭簡論》(見該書頁一八至二三，北京商務印書館印行，民國七十二年三月初版。)黃漢生《修辭漫議》(見該書頁一〇至六七，書目文獻出版社印行，民國七十二年十月初版。)

鄭頤壽《比較修辭》（見該書頁二二三至二三四，福建人民出版社印行，民國七十二年十月初版。）王希杰《漢語修辭學》（見該書頁二八二至二九七，北京出版社印行，民國七十二年十二月初版。）錢覺民、李延祐《修辭知識十八講》（見該書頁七至一六，甘肅兒童少年出版社印行，民國七十三年一月初版。）上海師範學院中文系漢語教研室編《修辭》（見書頁八一至八六，上海教育出版社印行。）黃民裕《辭格匯編》（見該書頁五至一六，湖南人民出社印行，民國七十三年四月初版。）程希嵐《修辭學新編》（見該書頁一四九至一七九，吉林人民出版社印行，民國七十三年七月初版。）宋振華、吳士文、張國慶、王興林《現代漢語辭學》（見該書頁七八至八六，吉林人民出版社印行，民國七十三年九月初版。）季紹德《古漢語修辭》（見該書頁一至二三，吉林文史出版社印行，民國七十五年五月初版。）黎運漢、張維耿《現代漢語修辭學》（見該書頁一〇一至一一一，商務印書館香港分館印行，民國七十五年八月初版。）吳士文《修辭格論析》（見該書頁一二四至一二五，上海育出版社印行，民國七十五年九月初版。）李維琦《修辭學》（見該書頁二〇五至二一五，湖南人民出版社，民國七十五年十月初版。）王德春《修辭學詞典》（見該書頁七，浙江教育出版社印行，民國七十六年五月初版。）姚殿芳、潘兆明《實用漢語修辭》（見該書頁三七六至三九四，北京大學出版社印行，民國七十六年六月初版。）、鄭頤壽、林承璋主編《新編修辭學》（見該書頁一五五至一六三，鷺江出版社印行，民國七十六年十月初版。）路燈照、成九田《古詩文修辭例話》（見該書頁二二至三〇，臺灣商務印書館印行，民國七十六年十月初版。）蔣希文《修辭淺說》（見該書頁七二至八〇，貴州人民出版社印行，民國七十七年五月初版。）吳桂海、鮑慶林《語法修辭新編》（見該書頁二三五至二四二，中共中央黨校出版社印行，民國七十八年七月二版。）程祥徽、田小琳《現代漢語》（見該書頁三八二至三八六，香港三聯書店印行，民國七十八年十一月初版。）張靜、鄭遠漢《修辭學教程》（見該書頁二一八至二三〇，河南教育出版社，香港文化教育出版社印行，民國七十八年十二月初版。）唐松波、黃建霖主編《漢語修辭格大辭典》（見該書頁一至四九，中國國際廣播出版社印行，民國七十八年十二月初版。）浙江省修辭研究會編著《修辭方式例解詞典》（見該書頁八至二一，浙江教育出版社印行，民國七十九年九月初版。）武占坤《常用辭格通論》（見該書頁一至三七，河北教育出版社印行，民國七十九年十月初版。）周靖《現代漢語語法修辭》（見該書頁二九三至二九九，中國經濟出版社印行，民國八十年二月初版。）劉煥輝《修辭學綱要》（見該書頁二四七至二五七，百花洲文藝出版社印行，民國八十年二月初版。）成偉鈞、唐仲揚、向宏業主編《修辭通鑒》（見該書頁三四九至三八八，中國青年出版社印行，民國八十年六月初版。）鄭文貞《篇章修辭學》（見該書頁三八〇至三八七，廈門大學出版社印行，民國八十年六月初版。）馬鳴春《稱謂修辭學》（見該書頁三七六至三九八，陝西人民出版社印行，民國八十一年六月初版。）胡性初《實用修辭》（見該書頁二六〇至二六二，華南理工大學出版社印行，民國八十一年十一月初版。）

⑤ 採用「譬喻」一詞者，有陳介白《修辭學講話》（見該書頁一〇九至一二八，信誼書局印行，民國六十七年七月初版；早期版本有民國二十年八月上海開明書店印行，四十八年十一月啓明書局印行。）陳望道《修辭學發凡》（見該書頁七二至八〇，上海教育出版社印行，民國六十八年九月新一版；其他版本有民國二十一年四月上海開明書店印行，二十一年一月上海大江書鋪印行上冊，八月印行下冊，六十五年七月上海人民出版社印行，

七十年一月香港大光出版社印行，七十八年一月文史哲出版社印行再版；另有民國五十五年六月臺灣學生書局印行三版，但改書名爲《修辭學釋例》。）鄭業建《修辭學》（見該書頁一五〇至一七三，上海正中書局印行，民國三十三年五月初版，三十五年二月滬一版。）譚正璧《修辭新例》（見該書頁九至十九，棠棣出版社印行，民國四十二年三月初版。）徐芹庭《修辭學發微》（見該書頁五六至七〇，臺灣中華書局印行，民國六十年三月初版、六十三年八月再版。）宋文翰《國文修辭學》（見該書頁一三至一六，新陸書局印行，民國六十年十一月初版。）黃師慶萱《修辭學》（該書頁二二七至二五〇，三民書局印行，民國六十四年一月初版。）張嚴《修辭論說與法》（見該書頁九六至一〇〇，臺灣商務印書館印行，民國六十四年十月初版。）蔣金龍《演講修辭學（見該書頁一〇三至一一〇，黎明化業公司印行，民國七十六年六月初版。）董季棠《修辭析論》（見該書頁三三至四九，益智書局印行，民國七十年十月初版；增訂版頁三五至五一，文史哲出社印行，民國八十一年六月初版。）吳正吉《活用修辭》（見該書頁一六五至二四七，復文圖書出版社印行，民國七十三年六月初版。）曾師忠華《作文津梁》（見該書頁一〇五至一〇七，學人文教出版社印行，民國七十四年八月初版。）沈謙《修辭學》（見書上册頁二至八九，國立空中大學印行，民國八十年二月初版。）蔡宗陽〈論譬喻的分類〉（見民國八十一年四月國立臺灣師範大學國文研究所印行《中學術年刊》第十三期，頁二六三至二八五。）

⑥ 見唐鉞《修辭格》，上海商務印書館印行，民國十八年十月初版，頁四至二〇

⑦ 夏宇衆《修辭學大綱》，見該書頁一〇至二四，北平師大講義，民國五十六年四月臺一版

⑧ 趙克勤《古漢語修辭簡論》，見該書頁一八至二三，北京商務印書館印行，民國七十二年三月初版。

⑨路燈照、成九田《古詩文修辭例話》，見該書頁二三至三〇，臺灣商務印書館印行，民國七十六年十月初版。以及見曾師忠華《作文津梁》，見該書頁一〇五至一〇七，學人文教出版社印行，民國七十四年八月初版。

⑩見陳望道《修辭學發凡》，見該書頁七二至八〇，上海教育出版社印行，民國六十八年九月新一版；其他版本有民國二十一年四月上海開明書店印行，二十一年一月上海大江書鋪印行上册，八月印行下册，六十五年七月上海人民出版社印行，七十年一月香港大光出版社印行，七十八年一月文史哲出版社印行再版；另有民國五十五年六月臺灣學生書局印行三版，但改書名爲《修辭學釋例》。

⑪華中師範學院中文系現代漢語教研組編《現代漢語修辭知識》，見該書頁一五至二九，湖北人民出版社印行，民國六十一年六月版

⑫以上見同註④。《修辭通鑑》依其說明事理的方式、性質和作用，又可分爲描寫性比喻、議論性比喻、抒情性比喻三種。

⑬以上見同註⑤。董季棠《修辭析論》，原版分三類，增訂版分四類。

⑭以上見同註④。

⑮見同註⑤。

⑯以上見同註④。

⑰見同註⑤。

⑱見同註④。

⑲見同註⑤。
⑳見三民書局印行《文法與修辭》，下册，頁二。
㉑見同註④。
㉒見同註④。
㉓見同註④。
㉔見同註⑤。
㉕見同註④。
㉖見同註④。
㉗見同註④。
㉘見同註④。
㉙見同註⑤。
㉚見同註④。
㉛見同註④。
㉜見同註④，頁二八五。
㉝見同註④。
㉞見同註④。

㉟ 參閱成偉鈞、唐仲揚、向宏業《修辭通鑒》的分類。

㊱ 見同註⑤蔡文，頁二七六。拙作《文法與修辭》下册，將譬喩分爲詳喩、明喩、隱喩、略喩、借喩五種。（詳見民國九十年一月三民書局印行該書，頁十一。）

㊲ 見同註⑤、及同註④，拙作「論譬喩的分類」中的「雙明式的合喩」，是指兩小句「明喩」組成的「合喩」。這裏再加一小類，凡是三小句或三小句以上「明喩」組成的「合喩」，叫做「多明式的合喩」。

㊳ 見同註㊲。

國家圖書館出版品預行編目資料

慶祝莆田黃錦鋐教授八秩日本町田三郎教授七秩嵩壽論文集/慶祝莆田黃錦鋐教授八秩日本町田三郎教授七秩嵩壽論文集編委會編. -- 初版. -- 臺北市 :文史哲,民 90
面; 公分.
含參考書目
ISBN 957-549-362-1 (精裝)

1.漢學 – 論文,講詞 2.中國文學 – 論文,講詞等 3.教育 – 論文,講詞等
030.7 90008369

慶祝莆田黃錦鋐教授八秩日本町田三郎教授七秩嵩壽論文集

編　　者：慶祝莆田黃錦鋐教授八秩日本町田三郎教授七秩嵩壽論文集編委會
出版者：文史哲出版社
登記證字號：行政院新聞局版臺業字五三三七號
發行人：彭正雄
發行所：文史哲出版社
印刷者：文史哲出版社
臺北市羅斯福路一段七十二巷四號
郵政劃撥帳號：一六一八〇一七五
電話 886-2-23511028・傳真 886-2-23965656

精裝新臺幣六四〇元

中華民國九十年六月初版

ISBN 957-549-362-1